谢国娥　孙定东　编著

中国对外贸易概论新编

華東理工大學出版社
·上海·

前　　言

《中国对外贸易概论》是我国外贸高等教育中所设置的一门主要的专业基础课。近年来，该课程不但是研究生、大学本科和大学专科的必修课，还是我国国际商务专业技术资格考试和全国外经贸行业外销员统考的课程之一，因此受到广泛重视。作者在多年的教学过程中发现，国内许多同类教材多多少少存在着理论性过强、与当前的实践结合不够紧密、可读性和趣味性不足等问题，本教材力求在这些方面能够有所创新。

本书借鉴欧美国家教材的先进体例，每章设有学习目标，书中还广泛穿插专家视点、新闻摘录、拓展资料、统计资料、案例研究等，大大增强了教材的可读性和趣味性，同时能够加深读者对专业术语和基本理论的理解，并拓展读者的思维与视野。本书内容翔实，条理清楚，紧扣中国对外贸易实践，可作为高等院校经贸类专业和相关专业的教材，也可作为国际商务专业技术资格考试和外销员统考的培训参考用书。

全书共分十二章。第一章导论部分简要介绍我国对外贸易的起源与发展，通过对历史的回顾，加深读者对我国改革开放政策的理解；同时，为了对后面章节内容有更好的掌握，我们在此介绍了对外贸易的一些基本概念。这是我们在内容安排上的一个创新。

第二章主要讨论中国发展对外贸易的理论依据。作者认为许多贸易理论虽然是由发达国家的学者基于其本国利益而提出的，但仍然具有广泛的适用性，我国在发展对外贸易过程中可以参考、借鉴；同时也强调了马克思主义国际贸易理论在我国的主导地位。

第三章主要讨论中国对外贸易发展战略，包括对外贸易总体发展战略、出口贸易战略和进口贸易战略。为使条理清楚，本书将“大经贸”战略和“走出去”战略归入对外贸易总体发展战略。出口贸易战略主要是指目前仍在起作用的出口商品战略、市场多元化战略、以质取胜战略和科技兴贸战略；进口贸易战略存在局限，今后需进一步调整。

第四章主要介绍中国对外贸易管理。我们将对外贸易管理分为立法管理、经济管理和行政管理三个方面，并放在同一章介绍，从而显得系统而完整。在内容安排上，也有创新，比如，对中国对外贸易立法体系进行了系统梳理；对经济调控手段的效应进行了具体分析，如税收、汇率、信贷、价格对进出口的影响。同时，从对外贸易经营管理、货物进出口管理、进出口商品检验管理、海关管理、外汇管理等方面介绍了我国对外贸易管理的行政手段。

第五章主要介绍中国对外贸易的各种促进措施，包括出口货物退税、出口信贷、出口信用保险、国际保理、外贸发展基金等财政金融措施，也包括设立一些促进贸易的特殊区域和机构，如保税区、出口加工区、高科技工业园区和进出口商会及贸易促进会等。相比同类教材，本章紧密结合当前实践及未来趋势，内容相当新颖、实用。

第六章主要讨论对外贸易价格和对外贸易经济效益，两者之间关系本来紧密，因此放在同一章里介绍。本章重点介绍了对外贸易价格的作价原则，对外贸易价格的影响因素、对外贸易宏、微观经济效益的一系列衡量指标以及对外贸易宏、微观经济效益的影响因素。这些指标实用而精练。

第七章主要介绍中国的技术贸易。作者认为中国对外贸易不仅包括货物贸易，也包括技术贸易、服务贸易。本章重点介绍了技术引进的各种方式、国际上主要的几种技术引进模式、我国技术出口的理论依据以及我国技术进出口的宏、微观管理。与同类教材相比，本章内容编写有较多创新之处。

第八章主要讨论中国的资本流动。作者认为，对外投资和引进外资作为资本流动的两个方面在当前具有同等重要的地位，也是中国对外贸易必要的组成部分，因此，首次将这一内容纳入中国对外贸易的教材体系。本章主要讨论了我国利用外资的两种方式（直接投资与间接投资），指出了我国在外资结构、外债规模、外资投向、投资环境、利用外资效益等方面应注意的问题；同时，重点介绍了发展中国家对外直接投资的理论，指出了我国对外投资的几种类型以及我国在对外投资中存在的问题。

第九章专门讨论中国的服务贸易。主要内容包括服务贸易的概念、分类及特征，中国服务贸易的现状、服务业的开放以及中国服务贸易发展存在的突出问题。

第十章对中国对外贸易体制改革进行了回顾，并对加入世界贸易组织后的对外贸易体制改革进行了重点介绍。

第十一章主要介绍中国加入世贸组织专题。重点介绍了关贸总协定的八个回合谈判、世贸组织的产生、基本原则、中国加入WTO的过程以及入世后的权利与义务等内容。

第十二章专门讨论中国与各主要贸易伙伴的对外贸易关系、影响因素以及未来发展趋势。

本书从2002年初起笔到今年底完成出版，历时整整5年。在此期间，不少资料经过多次更新，力求与时俱进、精益求精。作为本书的主要撰稿者，我首先要感谢合作者孙定东老师，他在工作和攻博的百忙之余及时完成了第九、十、十二章三章内容的撰写，使得书稿能够圆满付梓。我还要感谢黄建国教授，他给我提供了诸多帮助，使我有良好的工作条件完成编写任务。另外，我也要感谢研究生王玲、何春香、陶叶萍、赵海鸥、刘维炜对本书稿的审阅和校对工作，感谢谢飞、洪璇对我的支持和帮助，使我能更专心地投入工作。最后，对女儿顺顺表示歉意，因为将几乎全部的课余时间都投入到本书稿的写作，几年里少有时间陪伴她。

谢国娥

2006年11月28日

目　录

第一章 导 论

本章目标

1. 了解我国对外贸易的起源与发展。
2. 了解我国的对外开放政策。
3. 鉴别对外贸易的一系列概念。

第一节 中国对外贸易的起源与发展

中国对外贸易的起源可以追溯到两千多年前的“丝绸之路”。迄今为止，中国对外贸易的发展史大致可分为三个阶段：从西汉时期的张骞通西域到鸦片战争前的封建社会阶段；从鸦片战争爆发后到新中国建立前的半殖民地半封建社会阶段；新中国建立以后至今的社会主义初级阶段。

一、封建社会的对外贸易

中国对外贸易始于秦朝而兴于汉代，汉朝张骞和班超连续通商西域，不仅促进了中国同西方诸国的政治文化交流，而且对经济和贸易往来也起了巨大的推动作用。著名的“丝绸之路”就是在这一时期开始形成的。当时的地中海东岸一带是商业十分发达的古罗马帝国的疆域，中国同古罗马帝国的贸易就是通过这条“丝绸之路”进行的。中国输往古罗马帝国的商品主要有丝织品、皮毛、铁器及其他金属制品，古罗马方面用于交换的物品主要有香料、药材、玻璃、各种织物及宝石。公元前七世纪以后，由于阿拉伯帝国的兴起，中国与阿拉伯地区的贸易交往日益增加。此外，与朝鲜、日本、印度也有一定的贸易往来。

从汉朝末年到隋朝时期，由于战乱，对外交往和贸易受到抑制，仅存在国与国之间的“朝贡”贸易。直至唐朝，全国出现了统一安定的局面，经济文化得到快速发展，成为当时世界上最强盛的国家之一，吸引了周围各国前来进行贸易。唐代的丝织业、陶瓷业和金属铸造业都很发达，这些手工业品便成为出口的主要产品。当时由于南方的造船业和航海技术的进步，广州、潮州、泉州等港口的贸易得到很大发展，唐政府还在广州设置了“市舶使”，以管理对外贸易。

宋朝时海上贸易的发展速度超过陆路贸易，丝织品和瓷器是宋代的两个主要出口商品。宋朝还建立了管理对外贸易的专职机构——“市舶司”，其职能相当于海关，对进出港口的货物及船舶进行监督和管理，对进口货物进行征税，并将所得上缴国库。元朝时，由于建立了横跨欧亚两大洲的大帝国，通往西方的陆路和海上交通都比较畅通，对促进国内外经济交流起到了积极作用，这一时期的对外贸易管理也更有条理。明朝初期，由于政权不稳定，社会经济发展受到影响，北方陆路贸易衰落，东南沿海的对外贸易也因倭寇骚扰和实行“海禁”而陷入停滞状态。明朝中后期，由于经济发展，明朝恢复了“市舶司”，并派郑和下西洋。郑和率领庞大的船队在1405—1433年的28年间，七下西洋，足迹遍布东南亚、南洋诸岛、阿拉伯半岛和东非一带，与许多国家建立了贸易和外交关系，使中国成为当时最大的海上贸易强国。

清朝初期，清政府由于害怕汉族人在海外组织力量反击，于1656年颁布“禁海令”，使这一时期对外贸易大大衰落。清康熙年间，社会经济有了发展，“海禁”逐渐放松，并设江、浙、闽、粤四海关对对外贸易实行严格管理。

整个封建社会的对外贸易的特点是：官方垄断对外贸易；“朝贡贸易”占重要地位；丝织品和陶瓷是长期占优势的出口产品；自然经济限制了对外贸易的发展规模；海关管理制度开始兴起。

二、半殖民地半封建社会的对外贸易

鸦片战争以后，清政府被迫同英国签订了中国历史上第一个不平等条约——《中英南京条约》。此后，一直到20世纪初，欧美列强通过战争及其他手段强迫清政府签订了一系列不平等条约。清政府被迫割让领土、开埠通商，给予列强种种特权。如在华驻军、领事裁判、协定关税、海关管理、内河航运、兴建铁路、设立银行、开矿办厂、自由经商等，完全丧失了对外贸易的自主权，呈现出典型的半殖民地半封建社会的性质。

这一时期对外贸易的主要特征是：对外贸易被帝国主义和官僚买办资产阶级所控制和垄断；进出口商品结构完全适应于帝国主义在中国掠夺资源、倾销商品的需要；对外贸易长期入超和不等价交换；贸易对象主要集中于英国、日本、德国、美国、法国、俄国等少数国家。此后，在列强的控制和压迫下，中国的对外贸易一直处于被动状态。

三、社会主义对外贸易的建立

解放后，我国通过没收对外贸易中的官僚资本、建立国营对外贸易企业，以及

改造私营进出口业，同时废除了帝国主义在华的一切特权，实行对外贸易统制，从而建立起新中国的社会主义对外贸易。

官僚资本是帝国主义的总买办，它控制了旧中国的金融业、工业、交通运输业、国内贸易和对外贸易。新中国建立后，政府没收了蒋、宋、孔、陈四大家族官僚资本的外贸企业。由于在解放战争中，这些外贸企业的外汇基本被卷逃或汇出大陆，所没收官僚资本的外贸企业资产是有限的，国家对它们进行了民主改造和重新组织，使之转变为社会主义的国营外贸企业。

在没收官僚资本的同时，为了恢复国民经济、发展对外贸易，政府依靠国家政权和整个社会经济的力量，在山东、东北、华北、华东等解放区进行对外贸易的基础上逐步建立起由中央人民政府贸易部领导的国营对外贸易企业，其中有经营对社会主义国家贸易的中国进口公司，经营对资本主义国家贸易的中国进出口公司，以及中国畜产、油脂、茶叶、蚕丝、矿产等国营外贸公司，这些公司在各地设有分支机构。

此外，政府对私营进出口企业实行利用、限制和改造的政策。利用他们与国外厂商的贸易关系，经营进出口业务的经验和专长，对国际市场的熟悉和了解，以及对许多出口商品的产销、加工、保管、运输等方面的丰富知识；限制他们的剥削和盲目经营，制止他们的投机违法活动；通过国家资本主义的道路，逐步把私营进出口企业改造成为社会主义对外贸易企业。

四、社会主义对外贸易的发展

从 1949 年新中国建立至今，我国对外贸易的发展可分为两个阶段：改革开放前的对外贸易与改革开放后的对外贸易。这两个阶段是以 1978 年 12 月召开的十一届三中全会作为分水岭的，在这次会议上我党作出了改革开放的重大决策。在这两个不同阶段，对外贸易在我国国民经济中的地位也有所不同。前一阶段，对外贸易在我国国民经济中处于辅助地位；后一阶段，对外贸易在我国国民经济中居于重要战略地位。

从建国初期到十一届三中全会前的这段历史时期，我国的对外贸易发展经历了国民经济恢复和进行社会主义建设时期；“大跃进”和国民经济调整时期；“十年动乱”时期。在这几个时期中，我国对外贸易发展有快有慢，各个阶段呈现出不同的特征。

在国民经济恢复和建设时期(1950—1957 年)，我国对外贸易在中央政府的领导下，取得了快速的增长。我们同前苏联、东欧等社会主义国家建立和发展了贸易经济关系，同时粉碎了美国等主要资本主义国家的封锁禁运，及时进口了大量用于恢复和发展工农业生产以及交通运输所必需的重要物资和原材料，同时组织了农副产品和一些原料产品的出口。到1957年，我国已与世界上82个国家和地区建立了贸易关系，并同其中24个国家签订了政府间贸易协议。从1956年起，扭转了几十年的入超局面。1957年我国进出口总额达到31.03亿美元，比1950年11.35亿美元增长了1.73倍，平均每年递增15.4%。占世界进出口贸易额的比重由1950年的0.91%上升到1957年的1.85%。

在“大跃进”和国民经济调整时期(1958—1965年)，由于极“左”思想影响加上连续三年自然灾害，国民经济出现困难，对外贸易也脱离实际，出现大幅度波动。1959年进出口贸易总额猛增到43.81亿美元，比1957年增长41.2%，而1960年起又连年大幅度下降，至1962年降为26.63亿美元，倒退到1954年的水平，比1957年下降了14.18%。由于中国对苏东国家贸易急剧缩减，为了适应社会主义经济建设的需要，中国的对外贸易对象开始转向西方发达国家和地区。1963—1965年，我国对外贸易迅速回升，1965年进出口总额达到42.45亿美元。中国不仅保持了国际收支平衡，而且还于1964年底，提前一年还清了对前苏联的全部债款。到1965年，中国已与世界上100多个国家和地区建立了贸易关系。

“十年动乱”(1966—1976年)时期，中国的对外贸易再次陷入停滞状态。1969年，对外贸易总额只有40.29亿美元，比1966年下降12.7%。后期，周恩来、邓小平先后主持中央工作，国民经济有所恢复，对外贸易也有所回升，1975年进出口总额达147.5亿美元。但是，1975年底全国开展“批邓、反击右倾翻案风”运动，并把对外贸易称为“卖国”，正在回升的对外贸易又开始回落，1976年中国的进出口总额仅为134.33亿美元，比1975年下降了8.9%。

这一阶段，由于指导思想上片面强调自力更生，对外贸易只被看作是社会主义扩大再生产的补充手段，其作用局限于互通有无、调剂余缺，因此发展受到很大限制。

1978年12月我党召开了十一届三中全会，在这次会议上，党中央作出了改革开放的重大决策。中央在总结历史经验和研究当时世界经济特点的基础上，把对外开放作为基本国策，并将对外贸易摆在国民经济的重要战略地位。从此，对外贸易的发展走上了快车道。

1. 进出口额增长迅速，增长率高于国内生产总值(GDP)和世界贸易增长率

1978年进出口贸易总额仅约200亿美元，1985年第六个五年计划完成时，进出口总额约700亿美元；1990年第七个五年计划完成时，进出口总额突破1 100亿美元；1995年第八个五年计划完成时，进出口总额达2 809亿美元；2000年第九个五年计划完成时，进出口总额达4 743亿美元；2005年第十个五年计划完成时，进出口总额达14 221.2亿美元。数据显示，从1978年到2005年，我国进出口贸易额共计增长了约70倍，尤其是入世以来，对外贸易的增长速度更是惊人，每年都以超过20%的速度增长。这一速度远远高于同期国内生产总值的增长速度(8%～

10%)，也大大高于世界贸易的平均增长速度(约7%)。中国对外贸易的持续增长，尤其是出口贸易的高速增长，使中国在世界贸易中的位次不断提升，中国对外贸易在世界贸易中的比例也不断提高。1978年中国出口贸易在世界贸易中仅占0.75%，居第32位。2005年中国成为世界第三大贸易国，出口占世界出口总值6.5%，进口总额、出口总额和贸易总额均排在世界的第三位，仅次于美国、德国(贸易规模居世界前10位的国家依次为：美国、德国、中国、日本、法国、英国、意大利、荷兰、加拿大和比利时)。

2. 进出口商品结构不断优化

在进出口贸易规模迅速扩大的同时，我国进出口商品结构也不断得到改善，尤其是出口商品结构提升明显。据统计，1980年，初级产品出口占总出口的比重为53.4%，工业制成品所占比重为46.6%，两者几乎各占半壁江山；1990年，初级产品出口占总出口的比重下降为25.69%，工业制成品所占比重则为74.4%，显示出口商品结构顺利实现以初级产品为主向以工业制成品为主的转变；2000年，初级产品出口所占比重进一步下降为10.2%，工业制成品所占比重为89.8%；2005年，初级产品在出口中的比重仅为6.4%，工业制成品的比重为93.6%，说明在我国出口商品结构中，工业制成品占据了绝对的主导地位(参见统计资料1－1)。相对而言，我国进口商品在进出口总额中的比重变化较小，初级产品和工业制成品的比例较为稳定。

统计资料1－1：

中国几个时期的进出口商品结构比较

单位：(%)

年份	进口		出口	
	初级产品	工业制成品	初级产品	工业制成品
1980	34.8	65.2	53.4	46.6
1985	17.1	82.9	54.2	45.8
1990	18.5	81.5	25.69	74.4
1995	18.5	81.5	14.4	85.6
2000	20.8	79.2	10.2	89.8
2005	22.38	77.62	6.4	93.6

资料来源：《中国对外贸易统计年鉴》、《中国海关统计》。

3. 进出口市场不断扩展

改革开放以来，尤其是上世纪90年代以来，我国在“市场多元化”战略思想的指导下，在努力深度拓展美、日、欧盟等发达国家和地区市场的同时，大力开拓非洲、拉美、东欧和独联体、澳洲等重点市场和新兴市场，出口市场布局渐趋合理，已初步形成市场多元化格局。1980 年，与中国开展贸易往来的国家和地区只有 180 个左右，到 1999 年已达 228 个。统计资料 1－2、1－3、1－4 分别显示了 2005 年前十位出口市场、前十位进口市场及前十位贸易伙伴。

统计资料 1－2：

前十位出口市场(2005)　　金额单位：亿美元

排序	国别(地区)	1—12 月	同比(%)	占比(%)	占比变化
	总值	7 620.0	28.4	100.0	0.0
1	美国	1 629.0	30.4	21.4	0.3
2	欧盟	1 437.1	34.1	18.9	0.8
3	中国香港	1 244.8	23.4	16.3	－0.7
4	日本	839.9	14.3	11.0	－1.4
5	东盟	553.7	29.1	7.3	0.1
6	韩国	351.1	26.2	4.6	－0.1
7	中国台湾省	165.5	22.2	2.2	－0.1
8	俄罗斯	132.1	45.2	1.7	0.2
9	加拿大	116.5	42.8	1.5	0.1
10	澳大利亚	110.6	25.2	1.5	0.0

注：按照国别(地区)出口额由大到小排序。

统计资料 1－3：

前十位进口来源地(2005)　　金额单位：亿美元

排序	国别(地区)	1—12 月	同比(%)	占比(%)	占比变化
	总值	6 601.2	17.6	100.0	0.0
1	日本	1 004.5	6.5	15.2	－1.6
2	韩国	768.2	23.4	11.6	0.5
3	东盟	750.0	19.1	11.4	0.2
4	中国台湾省	746.8	15.3	11.3	－0.2
5	欧盟	736.0	5.0	11.1	－1.4
6	美国	487.3	9.1	7.4	－0.6

续表

7	澳大利亚	161.9	40.1	2.5	0.4
8	俄罗斯	158.9	31.0	2.4	0.2
9	沙特阿拉伯	122.5	62.8	1.9	0.6
10	中国香港	122.3	3.6	1.9	−0.2

注：按照国别（地区）进口额由大到小排序。

数据来源：中华人民共和国海关统计。

统计资料 1－4：

前十位贸易伙伴（2005）　　金额单位：亿美元

排序	国别（地区）	1—12月	同比（%）	占比（%）	占比变化
	总值	14 221.2	23.2	100.0	0.0
1	欧盟	2 173.1	22.6	15.3	−0.1
2	美国	2 116.3	24.8	14.9	0.2
3	日本	1 844.4	9.9	13.0	−1.5
4	中国香港	1 367.1	21.3	9.6	−0.2
5	东盟	1 303.7	23.1	9.2	0.0
6	韩国	1 119.3	24.3	7.9	0.1
7	中国台湾省	912.3	16.5	6.4	−0.4
8	俄罗斯	291.0	37.1	2.0	0.2
9	澳大利亚	272.5	33.6	1.9	0.1
10	加拿大	191.7	23.5	1.3	0.0

注：按照国别（地区）进出口总额由大到小排序。

前十位贸易伙伴（2005）饼状图

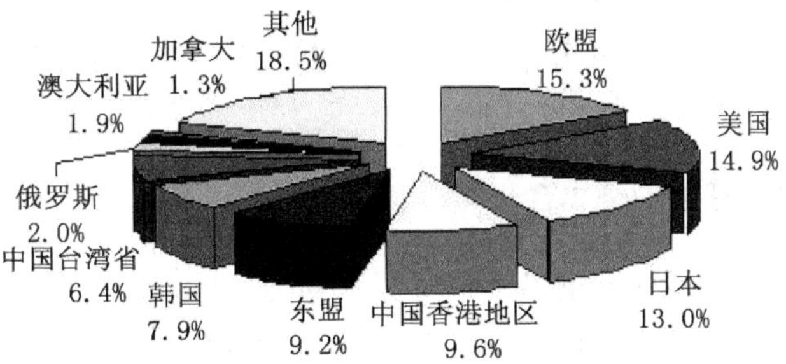

数据来源：中华人民共和国海关统计。

第二节 中国的对外开放

实行对外开放是我党在十一届三中全会以后，坚持实事求是路线，依据马克思主义关于国际经济关系发展的原理和国际、国内的历史经验作出的重大战略决策。邓小平同志在《建设有中国特色的社会主义》一文中曾经指出："我们总结了历史经验，中国长期处于停滞和落后状态的一个重要因素是闭关自守。经验证明，关起门来搞建设是不成功的，中国的发展离不开世界。"在邓小平建设有中国特色社会主义理论的指导下，我国将对外开放作为一项长期基本国策，它关系到我国能不能进一步发展和解放生产力，能不能完善和发展社会主义；也关系到国家能否富强、民族能否振兴。可以说，对外开放与经济体制改革一起构成发展社会主义市场经济，实现社会主义现代化事业的两个轮子，而对外开放的经济政策的实质就是要大力发展外向型经济。

正是在改革开放政策的指导下，我国的对外贸易才取得了今天的成就，因此，本节将详述中国的对外开放政策。

一、对外开放政策的确立

新中国建立以后，由于经济工作中长期存在"左"的倾向和几千年封建社会所遗留下来的小农经济思想的影响，加上国际政治、经济环境的影响，我们将自力更生方针同参与和利用国际分工对立起来，片面强调自力更生，结果导致自给自足和闭关自守。后经过拨乱反正，肃清"左"倾错误，总结历史教训，改善外交关系，我党逐渐在实行对外开放的意识上达成统一。

十一届三中全会后，1980 年 6 月，邓小平同志在一次接见外宾时，第一次将对外开放政策公诸于世。在 1981 年 11 月召开的五届人大四次会议上的《政府工作报告》中，进一步明确："实行对外开放政策，加强国际经济技术交流，是我们坚定不移的方针。"1982 年 12 月，对外开放政策写入我国新宪法，对外开放政策作为我国的基本国策从此确立。

二、我国对外开放的基本含义与内容

我国的对外开放是面向世界上所有国家和地区的开放，也是面向所有领域的开放，即全方位的开放，不仅包括经济贸易领域的对外开放，也包括政治、文化、艺术、体育、军事、科技等领域的对外开放。由于经济是基础，因此，本教材主要研究经济领域的对外开放。

经济领域对外开放的基本含义是：大力发展和不断加强对外经济技术交流，积极参与国际交换和国际竞争，以生产和交换的国际化取代闭关自守和自给自足，促进经济的变革，使我国经济结构由封闭型经济转变为开放型经济，以加速实现四个现代化。

我国对外开放的主要内容是：大力发展对外贸易，特别是发展出口贸易；积极引进国外先进技术和设备，特别是有助于企业技术改造的适用的先进技术；积极有效地利用外资，尤其是外商直接投资；积极开展对外承包工程和劳务合作；发展对外经济技术援助和多种形式的互利合作；建设经济特区和开放沿海城市，带动内地开放。上述内容中最重要的是前三项，即发展对外贸易、引进先进技术设备、利用国外资金。其中，发展出口贸易是利用外资和引进技术的物质基础，是对外开放政策的最根本内容。因此，实行对外开放政策，必然使对外经济贸易在国民经济中处于重要的战略地位。

三、对外开放的格局

十一届三中全会后，我国在不断总结经验的基础上，由点到面，由浅入深，从南到北，从东到西，形成了以经济特区和沿海开放城市为重点的全方位、多渠道、多层次的开放格局。

（一）沿海地区的对外开放

1. 赋予广东、福建两省以特殊政策

1979 年 7 月，中央批准对广东、福建两省在对外经济活动中实行特殊政策和灵活措施。包括：扩大两省的经济自主权，增强其经济发展活力；在发展外贸、吸收外资和引进先进技术等对外经贸业务上，给予一定的机动权；国家对两省 10 年内新增财政收入，大部分留给省里安排建设。这些政策措施对两省利用其人文、地理优势，发展外向型经济起到了重要作用。

2. 举办经济特区

1980 年 5 月，首先批准在深圳、珠海、汕头、厦门建立经济特区；1988 年 4 月，第七届全国人大第一次会议批准举办海南经济特区。当时特区的优惠政策措施包括：允许以社会主义公有制为主，多种经济成分并存，大力发展外商投资企业；经济运行主要采取市场调节手段，充分发挥市场机制的作用；对投资当地的外商给予较多的优惠待遇，如特区的外资企业不论是生产型企业还是非生产型企业，均按15%的税率征收企业所得税，在减免关税上，特区在管理线内进口的生活消费品和市场物资多是免征或减征关税；对特区政府授予相当于省级的经济管理权限等。

入世后，按照世界贸易组织的协议，成员国对所有的投资者和企业都必须实行无差别的“国民待遇”，成员国关境内必须实行统一的政策，因此，目前特区的优惠政策已陆续取消，与国内其他地区政策统一。

3. 开放14个沿海城市

在特区取得初步的发展和经验后，1984年3月，中央根据邓小平同志的建议，决定进一步开放大连、秦皇岛、天津、烟台、青岛、连云港、南通、上海、宁波、温州、福州、广州、湛江、北海等14个沿海城市。同样给予这些城市在对外经贸活动中的自主权，给予外商投资企业、老企业技术改造以优惠待遇，并在大部分有条件的沿海开放城市建设经济技术开发区。这样，我国的对外开放在沿海从南到北形成了主干线。

4. 扩大沿海开放地区

1985年2月，中央又决定将长江三角洲、珠江三角洲、闽南厦(门)漳(州)泉(州)三角地区的51个市县开辟为沿海开放区。1988年3月，中央再将沿海开放区扩展到北方沿海的辽东半岛、山东半岛及其他沿海地区的一些市县，加上河北省东部沿海地区以及天津、北京两市，构成环渤海经济区。至此，基本上所有沿海市县都进入了对外开放的行列。

5. 开发上海浦东新区

1990年4月，中央决定开发与开放上海浦东新区，使上海成为国际经济、贸易、金融、航运中心，从而带动长江三角洲及整个长江流域的经济发展。浦东开发区享受与经济技术开发区和经济特区相同的优惠政策，并批准举办我国第一家保税区——上海外高桥保税区，同时设立我国第一个出口加工区和全国外汇交易中心、证券交易中心。

(二) 中西部地区的对外开放

1992年春天，邓小平同志视察南方后发表重要讲话，强调要抓紧有利时机，加快改革步伐，力争使国民经济更好更快地上一个新台阶，让对外开放向中西部地区及内地发展。

1. 沿江开放城市促进长江流域经济发展

长江中下游地区经济基础好、地理位置优越，对全国经济的辐射作用大，长江黄金水道连接流域各省并通向世界。1992年8月，中央决定对外开放重庆、岳阳、武汉、黄石、九江、芜湖等6个长江沿岸城市，批准设立长江三峡经济开放区，实行与沿海开放城市和沿海经济开放区同样的政策。沿江各城市通过加强基础设施建设，如京九铁路和三峡工程，创造良好的投资环境，广泛吸引外资，从而促进了整个长江流域的经济发展。

2. 沿边地区逐步开放

我国沿边地区地域辽阔，资源丰富，边民相互交往历史悠久，具有开展边境贸易与经济合作的良好条件。1991年，中央决定开放满洲里、丹东、绥芬河、珲春4

个北部口岸。之后，逐步形成了沿周边国家的东北、西北、西南三大开放地带。一种以边贸为先导，以内地为依托，以高层次经济技术合作为重点，以开拓周边国家市场为目标的沿边开放新格局已经形成。

3. 内地进一步对外开放

继沿海、沿边与沿江地区的对外开放后，我国于 1992 年 8 月进一步开放一批内陆省会城市，实行沿海开放城市的政策。这些城市包括：哈尔滨、长春、呼和浩特、石家庄、太原、合肥、南昌、郑州、长沙、成都、贵阳、西安、兰州、西宁、银川等。在上述部分城市设立了经济技术开发区和高新技术产业开发区，在财政、投资、税收等方面给予了一系列优惠政策。

此外，我国还在一些大中城市陆续建立了 15 个保税区、32 个国家级经济技术开发区和 53 个高新技术产业开发区。至此，中国已形成了沿海、沿江、沿边、内陆地区相结合的全方位、多层次、宽领域的对外开放格局。这些对外开放地区，由于实行不同的优惠政策，在发展外向型经济、出口创汇、引进先进技术等方面起到了窗口和对内地辐射的作用。

第三节 对外贸易的一些基本概念

要研究中国对外贸易的概况，了解对外贸易的一些基本概念是必需的。

一、对外贸易

对外贸易(Foreign Trade)是指一个国家或地区同其他国家或地区进行商品和劳务的交换活动，是从一个国家或地区的角度来看这种商品或劳务的交换活动。一些岛国如英国、日本等也常用“海外贸易(Oversea Trade)”这一概念。包括货物与服务的对外贸易称为广义对外贸易，不包括服务在内的对外贸易则称为狭义对外贸易。

国内贸易与对外贸易的相同之处：都属于流通领域；运动过程的实质相同，即货币—商品—货币；交换的规模受生产力和生产规模制约；遵循市场经济规律。

国内贸易与对外贸易的不同之处：贸易的基础不同；面临的环境不同；所使用的货币不同；承担的风险不同。

二、有形贸易与无形贸易

按商品形式与内容的不同，对外贸易可划分为有形贸易与无形贸易(Visible Trade，Invisible Trade)。前者指实物商品的进出口，也称货物贸易(Goods

Trade)。后者又称劳务贸易、服务贸易(Service Trade),是指一切不具备物质自然属性的商品或称无形商品的国际交换活动,包括运输、保险、金融、旅游、技术转让等劳务的提供与接受以及其他非实物形态的进出口。服务贸易大体分五类:对外投资收入与支出、运输劳务收支、国际旅游、私人无偿转让,包括"侨汇"和"劳工汇款"、专利和许可证贸易(又称技术贸易)。世贸组织列出的服务行业包括以下12个部门:商业、通讯、建筑、销售、教育、环境、金融、卫生、旅游、娱乐、运输、其他。

有形商品的进出口须经过海关手续,从而表现在海关的贸易统计上,是国际收支的主要构成部分;无形贸易虽然也构成国际收支的一部分,但因不经过海关手续,通常不显示在海关的贸易统计上,而显示在一国的国际收支平衡表上。参见统计资料1-5。

统计资料1-5:

1997—2006年中国服务贸易进出口差额

单位:亿美元

年份	1997	1998	1999	2000	2001	2002	2003	2004	2005	2006
总计	—32.21	—25.88	—48.01	—57.12	—61.29	—66.99	—84.77	—95.46	—92.63	—89.06
运输	—69.90	—44.62	—54.78	—67.25	—66.89	—78.92	—103.26	—124.76	—130.21	—133.54
旅游	39.44	33.96	32.34	31.17	38.83	49.87	22.19	65.90	75.37	96.27
通讯服务	—0.18	6.11	3.96	11.03	—0.55	0.80	2.11	—0.32	—1.18	—0.26
建筑服务	—6.19	—5.26	—5.55	—3.92	—0.17	2.83	1.06	1.29	9.74	7.03
保险服务	—8.71	—13.74	—17.17	—23.64	—24.84	—30.37	—42.51	—57.43	—66.50	—82.83
金融服务	—2.98	—1.36	—0.56	—0.20	0.22	—0.39	—0.81	—0.44	—0.14	—7.46
计算机和信息	—1.48	—1.99	0.42	0.91	1.17	—4.95	0.66	3.84	2.18	12.19
专有权利使用费和特许费	—4.89	—3.57	—7.17	—12.01	—18.28	—29.81	—34.41	—42.60	—51.64	—64.30
咨询	—1.22	—2.40	—2.44	—2.84	—6.13	—13.46	—15.65	—15.82	—8.61	—5.55
广告、宣传	—0.03	—0.54	0.02	0.21	0.19	—0.22	0.28	1.50	3.61	4.90
电影、音像	—0.34	—0.24	—0.27	—0.26	—0.22	—0.66	—0.36	—1.35	—0.20	0.16
其它商业服务	24.26	7.76	3.20	9.67	15.38	38.29	85.92	74.73	74.97	84.32

数据来源:国家外汇管理局《国际收支平衡表》,遵循WTO有关服务贸易的定义,剔除了其中的政府服务。

三、总贸易和专门贸易

总贸易和专门贸易(General Trade,Special Trade)又称总贸易体系和专门贸易体系,是贸易国家记录和编制进出口统计的两种不同方法。

总贸易体系又称一般贸易体系,是以货物通过国境作为统计对外贸易的标准。凡是进入本国国境的货物一律记为进口,称为"总进口"(General Import);凡是离开本国国境的货物一律计为出口,称为"总出口"(General Export),两者之和为总贸易额。目前,采用总贸易体系的约有90个国家和地区,包括日本、英国、加拿大、美国、澳大利亚、独联体、东欧等国家,我国采用的也是总贸易体系。

专门贸易则以关境作为统计对外贸易的标准。关境是指一国海关法规全部生效的领域。关境与国境可能存在不一致,例如保税区和自由贸易区的存在使国境要大于关境;而几个国家结成关税同盟,对外统一征收关税,内部则自由贸易互免关税,此时关境要大于国境。目前采用专门贸易体系的约有83个国家和地区,包括德国、意大利、法国等。专门贸易体系下,外国货物在进入本国关境之后才列为进口,称为"专门进口"(Special Import);凡是离开关境的货物都要列入出口,称为"专门出口"(Special Export),两者之和称为专门贸易额。

由于国境与关境可能不一致,所以总贸易额和专门贸易额也可能存在不一致。譬如外国货物虽进入国境,但存放在保税区的保税仓库内,不进入关境,因而只能算总进口,不能算专门进口。存放在保税仓库内的货物再提出并出口,只能算总出口,却不能算专门出口。

四、出口贸易、进口贸易与过境贸易

一国对外贸易按商品流向不同分为:出口贸易、进口贸易与过境贸易(Export Trade,Import Trade,Transit Trade)。

出口贸易又称输出贸易,是指本国生产或加工的商品输往国外市场进行销售。从国外输入的商品,未在本国消费,又未经本国加工而再次输出国外,称为复出口或再输出(Re-export Trade)。

进口贸易又称输入贸易,是指将外国商品输入本国市场进行销售。输往国外的商品未经消费和加工又输入本国,称为复进口或再输入(Re-import Trade)。

过境贸易又称通过贸易,是指某种商品从甲国经乙国输往丙国销售,该商品的输入和输出对乙国而言即为过境贸易。这种贸易对乙国来说,既不是进口,也不是出口,仅仅是商品过境而已。乙国虽然没有直接参与此项交易,但商品要进出该国的国境或关境,并要经过海关统计,从而构成了该国进出口贸易的一部分。

五、直接贸易、间接贸易与转口贸易

一国对外贸易按有无第三国参与分为:直接贸易、间接贸易与转口贸易(Direct Trade,Indirect Trade,Entrepot Trade)。

直接贸易是指货物生产国将货物直接出口到消费国，消费国直接进口生产国的货物时两国之间发生的贸易，即由进出口两国直接完成的贸易。

间接贸易是指商品生产国不直接向消费国出口，商品消费国也不直接从生产国进口，而经由第三国商人来完成贸易。

商品生产国和消费国通过第三国进行的贸易，对第三国而言就是转口贸易。转口贸易又可分为两种：一种是直接转口贸易，商品还是从生产国直接运往消费国，但转口国商人参与商品的交易过程，分别与生产国的出口商和消费国的进口商订立买卖合同；另一种是间接转口贸易，商品由生产国输入转口国，再由转口国商人负责向消费国输出。从事转口贸易的大多数国家和地区是因为地理位置优越、运输便利、贸易限制较少，如伦敦、鹿特丹、新加坡和我国香港地区等。统计资料1－6显示的是2005年按主要来源地划分的香港转口货值，从资料中可以看出中国内地是香港地区转口贸易的主要来源地。正是由于转口贸易的存在，使得中美之间的贸易统计数据相差很大，从而使中美双方对于中美之间的贸易逆差问题看法不同，专家视点1－1是专家对这一问题的分析。

根据各国、各港口的发展经验，发展转口贸易对一个地区成为贸易中心有着重要的战略意义。从地理位置、货源与集散能力、政策环境、综合服务能力四个发展转口贸易的基本条件看，中国上海可以借鉴国际经验，较大规模地发展国内转口贸易、国际转口贸易，尤其是加工型转口贸易。具体地说，我们可以通过加快并完善外高桥保税区建设，建立符合国际惯例的经济运行机制，使之成为上海发展转口贸易的重要基地；在浦东新区陆家嘴贸易区内，广招客商，形成以国内转口贸易为主的贸易体系；尽快组织本市外贸公司率先进入保税区，并创造条件，吸引国际、国内外贸公司进入区内，形成以国际转口贸易为主的贸易体系；重点完善金融、商品集散和信息服务三个条件，保证转口贸易体系的形成和发展。

统计资料1－6：

2005年按主要来源地划分的香港转口货值

主要来源地	货值(百万港元)	占整体转口的比重(%)	与2004年比较的变动(%)
中国内地	1313211	62.1	15.7
日本	186065	8.8	−4.2
中国台湾	152496	7.2	13.9
韩国	74030	3.5	15.0
美国	64304	3.0	4.1
马来西亚	49008	2.3	15.1
德国	28554	1.4	4.3

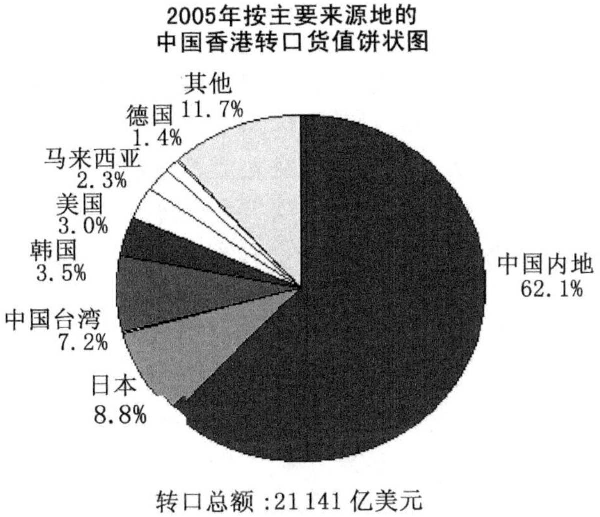

资料来源：香港特别行政区政府工业贸易署。

专家视点 1－1：

统计数据缘何相去甚远？

中美双方对于中美之间的贸易统计数据相差很大导致对于中美之间的贸易逆差问题的看法不同，原因何在？

中国国际战略学会的一位专家认为，主要是中美双方的统计方法不一样。他举例说，按照美方的统计方法，2002 年，美国对中国的逆差达到 1 030 亿美元，而根据中方的统计，2002 年的贸易总额是 971 亿美元。2003 年，美国预计中国对美国的贸易顺差可能达到 1 330 亿，而中方的统计显示，2003 年上半年总的贸易数字是 564 亿美元，全年可能 1 000 亿美元。"美方所算出来的逆差比我们算的贸易总额都多，这肯定是有问题的"。

这位专家告诉记者，之所以出现这么大的分歧，原因就在于，中方的统计计算的是从中国港口出口到美国港口的贸易。然而，在中美贸易中，现在有很多是转口贸易，比如我国香港、澳大利亚、巴西等地的商人到中国内地购买货物，到他们本地港口后，又转卖到了美国。中国在计算这部分贸易的时候，把贸易额加给了香港地区、澳大利亚、巴西。然而，美国的计算方法是把所有原产地为中国的产品都算在了中国的头上。做转口贸易的商人是为了牟利，他们和美国之间签订的合同，和中方没有关系，中方计算的是直接贸易额。

怎样才是解决之道？

这位不透露姓名的专家告诉记者说，即使是在中国所计算的顺差中，有 65％

都让美国在华的独资公司与合资公司赚走了。"美国人也知道这一点。但是每到选举或者经济不景气的时候，政客便旧事重提，说中国的贸易逆差那么大，抢走了美国的就业机会，以便争得选民的支持。美国的大财团也知道这个问题，他们对这个事情没有异议"。那么如何解决呢？

中国国际战略学会高级研究员庄茂成在主题发言中谈到："造成美国逆差的主要原因在于美方对中国所需的许多产品实行严格的出口限制。……如果美方自己不采取积极措施，放宽对华出口限制，今后两国间的贸易摩擦则将不可避免地有增无减。"

另有专家表示，中国人力资源价格便宜的优势将不可避免地吸引更多的美国商人把工厂搬到中国来。统计数据表明，在华外资企业在当地生产的产品出口增加是中国贸易顺差扩大的直接原因，2002 年中国对外出口中，外资企业的产品份额已经超过 50%。看来，美国应该着力调整国内经济结构才是。

资料来源：《北京现代商报》第 442 期，2003.11.20。

六、自由结汇贸易与易货贸易

自由结汇贸易是指以货币作为清偿工具的国际贸易，又称现汇贸易(Cash-Liquidation Trade)。但作为清偿工具的货币必须是能在国际金融市场上自由兑换的国际货币，比如美元、英镑、日元、欧元等。这种贸易方式通常不用现金支付，价款结算办法主要有两种：一种为有证支付，即卖方在货物发运前，要以收到买方通过银行开出的符合合同规定要求的信用证或保函为前提，银行起中间保证作用；另一种为无证支付，即无须金融机构从中作保，完全凭双方的信用，价款结算虽然也通过银行，但银行只受委托，代表有关交易方面办理货款支付。在支付时间上，有预付、即付和延付三种。世界上大多数国家采取现汇贸易，我国对西方发达国家和港、澳、台地区的贸易也主要采取这种贸易方式。

易货贸易(Barter Trade)是指不以货币为媒介，直接以货物相交换的国际贸易，它分为直接易货和综合易货两种形式(参见拓展资料 1－1)。它通常起因于贸易双方的货币不能自由兑换，且两国都缺乏可兑换外汇，于是双方把进口和出口直接联系起来，互通有无，以使贸易大体平衡。同自由结汇贸易相比较，易货贸易可以缓解进口支付能力不足的矛盾，计划经济国家之间以及发展中国家之间的贸易很多都采取了这种方式。然而易货贸易也有明显的局限性：由于取决于对对方商品的直接需求，交换的商品不易对路，可供交换的商品种类有限；由于双方的进出口要直接保持平衡，贸易规模受到限制；货物计价通过政府间谈判确定，而不是由市场竞争来决定，所以贸易条件常常不如市场定价那样合理。我国原来对前苏联和东欧实行的记账贸易现都改为现汇贸易。近几年由于国际性债务危机频繁爆发和某些发达国家的巨额贸易逆差导致一些国家外汇短缺，使得易货贸易又有了盛行的趋势（参见拓展资料1－2）。

拓展资料1－1：

易货在国际贸易实践中主要表现为下列两种形式。

1. 直接易货

直接易货又称为一般易货。从严格的法律意义上来讲，易货就是指以货换货。这种直接易货形式，往往要求进口和出口同时成交，一笔交易一般只签订一个包括双方交付相互抵偿货物的合同，而且不涉及第三方。它是最普遍也是目前应用最广泛的易货形式。对于需要通过运输运送货物的交易方来说，由于这种易货形式一般要求进出口同时进行，因此，运用中存在困难。于是在实际业务中，就产生了一些变通的做法，最常见的即为通过对开信用证的方式进行易货贸易。在采用对开信用证进行易货时，交易双方先签订换货合同，双方商定彼此承诺在一定时间购买对方一定数量的货物，各自出口的商品按约定的货币计价，总金额一致或基本一致，货款通过开立对开信用证的方式进行结算，即双方都以对方为受益人，开立金额相等或基本相等的信用证。由于交货时间的差异，双方开立信用证的时间也就有先有后，先进口开证的一方为了使对方也履行开证义务，一般都在信用证内规定该证以对方按规定开出信用证为生效条件；或规定，该证的金额只能用来作为对方开立回头证之用，以此控制对方。

2. 综合易货

综合易货多用于两国之间根据记账或支付（清算）协定而进行的交易。由两国政府根据签订的支付协定，在双方银行互设账户，双方政府各自提出在一定时期（通常为1年）提供给对方的商品种类、进出口金额基本相等，经双方协商同意后签订易货协定书，然后根据协定书的有关规定，由各自的对外贸易专业公司签订具体的进出口合同，分别交货。商品出口后，由双方银行凭装运单证进行结汇并在对方国家在本行开立的账户进行记账，然后由银行按约定的期限结算。应注意的是，一定时期终了时，双方账户如果出现余额，只要不超过约定的幅度，即通常所说的“摆动额”，原则上顺差方不得要求对方用外汇支付，而只能以货物抵冲，即通过调整交货速度，或由逆差方增交货物予以平衡。

资料来源：《国际贸易实务》，http://www.beidabiz.com。

拓展资料 1－2：

易货贸易:一种全新而古老的贸易方式

——埃及大力推行易货贸易的背景

自 2002 年下半年以来，埃及政府在对外贸易活动中一直寻求与其贸易伙伴开展易货贸易，很多埃及企业也希望通过易货方式进行贸易和项目合作。如 2003 年上半年埃及政府提出，希望与俄罗斯、乌克兰、澳大利亚等国以易货贸易方式进口小麦，埃及则以柑橘、磷酸盐、冶金制品等作为易货物品；棉花进出口商协会、埃及广播电视联盟均表示，希望通过易货贸易方式（或以埃镑结算）进行贸易和项目合作。2002 年 6 月，埃及易货俱乐部在开罗正式创立，并作为会员加入总部位于澳大利亚的国际易货俱乐部（1992 年成立，专为中小企业服务）。

一、埃及易货贸易方式产生的经济和制度根源

在金融业高度发达、货币作为一般等价物广泛运用的今天，易货贸易这种古老的贸易方式在埃及得以新生，这与埃及当前所面临的经济形势、外汇管理体制、经济结构特点及政府实施“限进奖出”的外贸政策等因素密切相关。

1. 经济发展现状

服务业在埃及国民经济中占有举足轻重的地位。近年来，服务业收入占埃及 GDP 的比重超过了 50%，其中仅旅游业的比重就达到 11.2%。在对外贸易活动中，埃及货物贸易每年的逆差约为 100 亿美元。其国际收支平衡主要依赖旅游、苏伊士运河过船费、侨汇等服务贸易赚取的收入。上世纪后期，由于埃及房地产投资项目上得过多、大项目耗资过大、银行放贷不规范等，经济发展中的一些结构性矛盾和金融隐患逐渐暴露出来，经济出现下滑势头。在接下来的中东局势动荡、“911”事件、反恐战争、美国打击伊拉克战争等一系列事件的打击下，埃及旅游业及相关服务业遭受重创，给国民经济发展带来严重影响，外汇收入大幅下降，国际收支失衡，失业率上升，市场需求萎缩，经济下滑趋势进一步加剧。

2. 外汇管理体制及变革情况

自“911”事件以后，由于外汇收入下降，外汇供应失衡，银行、外币兑换所将从市场买进的外币上交，外币卖出业务冻结，形成了外币有行无市、只进不出的局面。从 2002 年初开始，埃镑自由兑换外币制度已名存实亡。而与此同时，外汇黑市（主要是美元黑市）交易活跃，形成了黑市和官方牌价并存的格局。政府直接参与外汇资源分配，保证重点商品进口和重点企业用汇。一般企业和居民用汇，则只能到外汇黑市购买。

3. 产业结构特征

埃及的产业结构特征决定了其必须保持必要的进口。由于埃及目前是一个粮

食不能自给的国家,每年要花大量外汇进口粮食,以保障人民基本生活的需要。如每年进口400～500万吨小麦、100万吨食用油和40万吨食糖,分别占国内消费总量的55%、90%和40%左右。在阿拉伯国家中,埃及的工业制造水平位居前列,石化、交通、电力、纺织、服装、制药、食品、钢铁、水泥等行业近年来取得了较快的发展,在汽车组装、家用电器、信息技术产业等方面建立了一些组装厂。但从总体上来看,埃及的加工业水平不高,工业体系不健全,生产所需的原材料、零部件主要依赖进口。埃及生产所需的工业装备、仪器、仪表等也基本上依赖于进口。

埃及政府提倡易货贸易出于两方面的考虑:一是在外汇短缺的情况下,为满足人民生活和发展生产的需要而进口,即需求拉动型;二是在进口需求存在的前提下,为扩大出口而提出的一种交换市场的条件,即市场互换型。因此,即使未来埃及外汇收入增加,政府为扩大出口仍会采用易货贸易方式开展贸易。

二、政府在易货贸易中的作用

翻开中埃双边经贸交往的历史,我们可以看到,从1956年开始的30年里,中埃两国一直是在政府的主导下,实行记账贸易:贸易由双方国营公司执行,每年通过记账清算。在这种方式下,中国从埃及进口过大量棉花(不仅仅是进口长绒棉)。直到1985年1月1日两国才实行现汇贸易。

当前的易货贸易方式是以单项合同来洽谈易货条件,这与过去的记账贸易虽有很大的不同,但是政府在交易过程中仍扮演重要的角色,表现在:

第一,政府可以在更广泛的范围内促进交易的完成。有很多易货贸易合同特别是一些大宗贸易合同都是由政府提出,由双方政府共同协商和协助寻找易货方。在易货品的选择和价值实现方面,进口方政府可帮助在更广泛的范围内寻找对方易于接受的易货商品;出口方政府可帮助在更广泛的范围内寻找作为支付物品价值的实现对象。

第二,可供易货的商品一般是大宗商品,有些是受政府管制,需要政府提供相应的倾斜政策。埃及是一个资源比较缺乏的国家,目前石油自给并略有出口;天然气储量虽然较大,但目前尚处于初期开发阶段;大理石、花岗岩虽储量较大,但均为分散的私人经营,且产品品质很难控制,给易货带来困难。目前,可用来易货的商品主要有:长绒棉、亚麻、少量石油和石化产品、钢铁、组装轿车、石膏、磷酸盐、柑橘等。这些产品大部分都是受政府严格控制的商品,易货时需政府提供政策支持。

第三,在支付方面,有很多做法与现汇贸易存在较大差别,有些甚至与现行法律不协调,这需要双方政府协商对此作出相应的制度安排。如果B向A支付本国货币,而A在B国没有办事机构也没有账户,收取货款,或向C支付货款,都将非常困难。在我国贸易和金融管理制度方面会遇到的问题包括:出口收汇问题、出口退税问题等。这些都需要政府制定相应的管理办法,特别是要建立相应的交易机制。

第四，特别是在扩大型易货贸易模式下，由于参与交易的主体较多，这必然导致交易费用增加、交易周期延长、风险增大。政府对一些重点业务可提供补贴，或建立保险机制，对交易过程中可能发生的货币汇兑风险，由履约担保方面提供支持。

资料来源：中国驻埃及大使馆经商处郑厚斌，2003年8月。

七、水平贸易与垂直贸易

一国对外贸易按经济发展水平分为：水平贸易与垂直贸易(Horizontal Trade, Vertical Trade)。

水平贸易是指经济发展水平比较接近的国家之间开展的贸易活动。例如，发达国家之间以及发展中国家之间所展开的贸易活动。各发达国家之间尽管生产力水平相近，但仍存在着各种差异，如各国工业部门发展的不平衡，技术水平各有长短，资源供应也各不相同，需要通过国际贸易来取长补短，弥补不足。各发展中国家之间存在的水平贸易，则是为了相互支持，相互弥补民族工业部门的短缺，以改变国际分工中的不利地位，与发达国家相抗衡。

垂直贸易，是指经济发展水平不同国家之间开展的贸易活动。发达国家与发展中国家之间进行的贸易大多属于这种类型。由于这些国家在国际分工中所处的地位以及经济技术发达程度相差甚远，因此，一般是发达国家从发展中国家进口农产品、工业原料或劳动密集型的工业产品，而向这些国家出口工业制成品，特别是资本密集型或技术密集型的工业制成品。

八、陆路、海路、空运和邮购贸易

一国对外贸易按货物运输方式不同分为：陆路、海路、空运和邮购贸易。

陆地毗邻国家之间的贸易多采取陆路贸易(Trade by Roadway)，主要运输工具是火车和卡车。货物通过海上运输的国际贸易称为海路贸易(Trade by Seaway)，运输工具主要是各类船舶，这是国际贸易的最主要运输方式。单位价值较高或数量较少的货物，为争取时效，往往以航空货运方式运输的称为空运贸易(Trade by Airway)。数量很少的交易，通常也有采取邮政包裹的方式寄送的，称为邮购贸易(Trade by Mail Order)。

九、对外贸易额

对外贸易额(Value of Foreign Trade)是以金额表示的一国在一定时期内(通常为1年)的对外贸易规模，又称"对外贸易值"。

一定时期内(通常为1年)一国从国外进口商品的全部价值，称为进口贸易总额或进口总额。一定时期内一国向国外出口商品的全部价值称为出口贸易总额或出口总额，两者相加即为进出口总额(值)或对外贸易额。对外贸易额一般用本国货币表示，但为了便于国际比较，许多国家也用美元来表示。统计资料1-7显示了我国2005年12月及全年的进出口总值、出口总值及进口总值。按照国际惯例，在统计进出口时，通常按离岸价(FOB，不包含保费、运费的成本价)来计算出口贸易额，按到岸价(CIF，成本加保费加运费价)来计算进口贸易额，因此世界出口货物总额总是小于世界进口货物总额。

与一个国家的进出口总额不同，世界进出口总额没有任何独立的经济意义，因为一国的出口即是另一国的进口，若是加总会有重复计算。国际货物贸易额一般单指世界出口货物总额。

统计资料1-7：

2005年全国进出口简要情况表　　金额单位：亿美元

项目	12月当月		1—12月累计	
	绝对值	增减(%)	绝对值	增减(%)
进出口总值	1398.1	20.0	14221.2	23.2
出口总值	754.1	18.2	7620.0	28.4
进口总值	644.0	22.2	6601.2	17.6
进出口差额	110.1	−0.9	1018.8	217.4

数据来源：中华人民共和国海关统计。

十、对外贸易量

对外贸易量(Quantum of Foreign Trade)是指以不变价格计算的反映贸易规模的指标。

由于国际金融市场上货币价值常处于波动之中，各国商品价格也不稳定，所以单纯用货币计量的对外贸易不能确切地反映出贸易的实际规模。因而在实际工作中，往往要用以固定年份为基期计算的进口或出口价格指数除当时的进口额或出口额的方法，得到相当于按不变价格计算的进口额或出口额，这样可以剔除掉价格变动的影响，准确地反映出贸易的实际规模。计算公式为：

出口贸易量＝出口额/出口价格指数

进口贸易量＝进口额/进口价格指数

十一、贸易差额

贸易差额(Balance of Trade)是指一国一定时期内(通常为1年)出口总额与进口总额之间的差额,用以表明一国对外贸易的收支状况。当出口总额大于进口总额时,称"贸易顺差"(Favourable Balance of Trade)或"贸易盈余"(Trade Surplus),又称"出超"。当出口总额小于进口总额时,称"贸易逆差"(Unfavourable Balance of Trade)或"贸易赤字"(Trade Deficit),又称"入超"。当进出口总额相等时,称为"贸易平衡"。

贸易差额是衡量一国对外贸易乃至国民经济状况的重要指标。在一般情况下,贸易顺差表明一国在对外贸易收支上处于有利地位,表明其产品在国际市场竞争中处于优势;贸易逆差则反映一国在对外贸易收支上处于不利地位,其产品在国际市场上缺乏竞争力。但是长期贸易顺差与逆差都不是好事,从长期趋势来看,过大的顺差和逆差都不利于一国经济的发展,贸易应基本保持平衡,保持国际收支平衡是一国政府的最高目标。例如,中美贸易逆差经常成为美国对中国施压的借口,导致两国贸易摩擦和可能的政治关系恶化(参见新闻摘录1-1)。

新闻摘录1-1:

美中贸易逆差又创新高,可能导致政治关系恶化

美国同目前已经成为美国第四大贸易伙伴的中国的贸易逆差2002年又创新高,有可能恶化中美关系。

美国很有可能会对北京施压,迫使中国在市场准入方面让步,同时许诺采取措施使人民币坚挺。美国对中国的贸易赤字2002年上涨了四分之一,高达1030亿美元,数额之高是两国贸易史上从未有过的。中国对美国出口2002年增长了22%,而从美国进口只增长了15%,目前中国部分的贸易赤字占美国4350亿美元的总贸易赤字的四分之一。按照美方统计,中国从美国所赚取的贸易顺差2002年比前2001增长了8%,占其经济总量(12万亿美元,$1.2 trillion)的1%。中国3260亿美元的贸易出口中三分之一流入美国。美方统计的中美贸易顺差包括经中国香港的转口贸易,其总量占总贸易顺差的一半。

美中贸易赤字上扬的原因之一是越来越多的美国公司开始搬到中国,在中国生产产品后再出口回美国。虽然还是美国公司的产品卖给美国人,但是给中美贸易赤字上大加一笔。无论如何,美国国会和商界利益集团会对中美贸易赤字大做文章,以此作为中国虽然于2001年12月"入世"但是不遵守游戏规则的例证。美国目前最希望进入中国市场的是其农业产品,尤其是玉米、大豆和棉花。

中国最大的贸易伙伴日本预计会同美国一起并肩指责中国，中国从1995年起长期保持1美元兑换8.3元人民币，然而随着美元贬值，人民币随之相对其他币种的币值降低，所以日本最关心的问题是中国应该调高人民币对美元币值。

资料来源：《华盛顿观察》2003年第8期，2003.02.26。

十二、对外贸易依存度

对外贸易依存度又称对外贸易系数(Ratio of Dependence on Foreign Trade)，是指一国的对外贸易额占其国民生产总值(GNP)或国内生产总值(GDP)的比重，它是反映外贸在一国国民经济中所处地位的重要指标。一般认为，其计算公式为：

外贸依存度＝对外贸易额/GNP(或GDP)

外贸依存度越大，表明该国对国际经济的依赖程度越深，同时依存度也表明对外贸易在该国国民经济发展中的地位与作用。外贸依存度可以分成出口依存度和进口依存度。出口依存度是指一国在一定时期内的出口贸易额占GNP(或GDP)的比重，进口依存度是指一国在一定时期内进口贸易额占GNP(或GDP)的比重。我国内地对外贸易依存度已经由改革开放前的12%上升到目前的40%以上，而我国香港地区的对外贸易依存度一直在200%左右。但也有专家对上述外贸依存度的计算公式提出异议，参见专家视点1-2。

专家视点1-2：

薛荣久：对我国贸易依存度计算的置疑与建议

为了分析对外贸易与经济发展之间的关系，我国一般用对外贸易依存度来表示，其计算公式有三种：一是对外贸易总额/国民生产总值或国内生产总值，表明对外贸易在国民生产总值中的地位，被称为贸易依存度。二是出口贸易额/国民生产总值或国内生产总值，表明出口贸易在其中的地位，被称为出口依存度。三是进口贸易额/国民生产总值或国内生产总值，表明进口贸易在其中的地位，被称为进口依存度。依此公式计算，我国2002年外贸依存度为50%(6207亿美元进出口贸易总额/12330亿美元国内生产总值)，出口依存度为26.4%(3255.7亿美元出口贸易额/12330亿美元国内生产总值)，进口依存度为23.9%(2952.0亿美元进口贸易额/12330亿美元国内生产总值)。一些地区也用第一公式计算本地区的贸易依存度。笔者对此提出置疑和解决建议。

一、在按第一公式计算一国或地区的对外贸易依存度时，将虚假地提高对外贸易在国民生产总值中或国内生产总值中的比重或地位。这是因为对外贸易中的出口贸易与进口贸易是不同商品或生产要素的交换，在贸易额上存在重叠性。如果把重叠性的贸易额与整个国民生产总值或国内生产总值相比，势必会夸大对外贸易所占的比重。为了比较真实地反映对外贸易在我国国民生产总值或国内生产总值中的地位，笔者建议以下面办法计算：第一，把国民生产总值或国内生产总值加倍，再与对外贸易总额相比。按此公式计算，我国2002年的贸易依存度应为25.1%。第二是只用出口依存度表示。第三是用出口贸易额与进口贸易额的平均数与国民生产总值或国内生产总值相比。按此公式计算，2002年我国贸易依存度为30%。现在联合国公布的外贸与国内生产总值关系时，只公布出口依存度。

二、在服务贸易迅速发展的情况下，国家和地方政府在公布对外贸易依存度时，不能只公布货物贸易依存度，还应公布服务贸易依存度，以表明国家和地方政府对外贸易在国民生产总值或国内生产总值中的实际地位，并发现我国对外贸易发展中的不平衡性。为此建议各级政府在公布贸易依存度时，用三个贸易依存度表示。第一，整个贸易依存度，其中包括货物贸易与服务贸易。第二，货物贸易依存度。第三，服务贸易依存度。照此方法，2000年，世界总贸易依存度为25.1%，发达国家为21.8%，发展中国家为35.6%，中国为24.1%。货物贸易依存度：世界为20.5%，发达国家为17.4%，发展中国家为30.1%，中国为21.1%。服务贸易依存度：世界为4.6%，发达国家为4.3%，发展中国家为5.5%，中国为3.1%。从上可知，在世界总贸易依存度上，我国高于发达国家，但低于世界和发展中国家。在货物贸易依存度上，我国高于世界和发达国家，但低于发展中国家。在服务贸易依存度上，中国服务贸易依存度最低，它表明我国服务贸易落后于货物贸易。现在联合国公布的外贸与国内生产总值关系时，已经把服务贸易计算在贸易总额中。

资料来源：http://www.wtolaw.gov.cn 2003-04-22 10:10:28 国际商报。

十三、贸易条件

由于一国进出口商品的种类繁多，通常用贸易条件指数来反映贸易条件的改善程度。在国际贸易中，贸易条件(Terms of Trade，TOT)有以下几种。

净贸易条件是指一国在一定时期(通常为1年)内的出口商品价格指数与进口商品价格指数之比，其公式为：

净贸易条件指数=(出口价格指数/进口价格指数)×100

收入贸易条件是在净贸易条件的基础上，把贸易量加进来。其公式为：

收入贸易条件指数=(出口价格指数/进口价格指数)×出口数量指数

单项因素贸易条件是在净贸易条件的基础上，考虑出口商品劳动生产率提高或降低后贸易条件的变化。其公式为：

单项因素贸易条件指数＝（出口价格指数/进口价格指数）×出口商品劳动生产率指数

双项因素贸易条件不仅考虑到出口商品劳动生产率的变化，而且还考虑到进口商品的劳动生产率的变化。其公式为：

双项因素贸易条件指数＝（出口价格指数/进口价格指数）×（出口商品劳动生产率指数/进口商品劳动生产率指数）×100

例如：某国以 1990 年为基期，当时的出、进口商品价格指数和贸易条件指数均为 100，到 2000 年，出口价格指数下降了 5%，为 95；进口商品价格指数上升 10%，为 110，而同期该国的出口数量指数则为 130，该国 2000 年的贸易条件变为：

净贸易条件指数＝(95/110)×100＝86.36；

收入贸易条件指数＝(95/110)×130＝112.27。

这表明该国 2000 年的净贸易条件恶化，但由于出口量大幅度上升，收入贸易条件改善。

长期以来我国贸易条件处于十分不利的地位，出口换汇成本昂贵。一是由于国际市场上初级产品贸易条件指数一直呈下降趋势，而初级产品在我国出口中占相当的比例；二是在同类产品的价格方面，我国出口商品的价格要低于发达国家产品的价格，这是我国贸易条件恶化的主要原因之一；三是在制成品出口构成上，主要通过劳动密集优势和价格优势扩大出口规模，占领国际市场。例如，我国每年对外出口的鞋就有 36 亿双，全球差不多每人一双，但如此大的市场占有率却远不及外国出口一架飞机的回报。因此，优化贸易条件任重而道远。专家视点1－3是对优化贸易条件的一些看法。

专家视点 1－3：

关键是优化贸易条件

国务院发展研究中心对外经济研究部副部长隆国强认为，中国目前没有必要对贸易逆差倾注过多的注意力（从 2004 年 5 月中旬海关公布的数据看，2005 年前 4 个月，中国贸易逆差累计已达 107 亿美元），相反，应该将注意力放到“优化中国的外贸条件”上来。“尽管一些部门不承认这一现实，但我们认为，外贸条件恶化是一个不争的事实”。

按照国际贸易教科书的解释，“贸易条件恶化”是指同一种商品的出口价格低于进口价格的现象。

从目前中国出口数量增幅远高于出口价值增幅的状况可以发现，中国的出口价格处于下降的过程中；同时，进口商品价格明显上升。在隆国强看来，“这是明显的贸易条件恶化”。

解决这一问题主要依靠调整出口商品结构。隆国强指出，中国的出口商品主要是技术含量较低的劳动力密集型产品。这些商品是世界几乎任何国家都可以生产的。因此，中国只能争取平均利润，而无法获得像外国产品那样的超额利润。

“我认为，商务部外贸司正在进行的‘中国出口商品品牌工程’有助于解决这一问题”，因为“品牌效应”可以给商品带来一定的超额利润。据商务部人士透露，“中国出口商品品牌工程”是2004年的工作要点，近期商务部将组织中国部分知名品牌到英国巡展。

“但是，如何降低进口价格是一件非常困难的事情”。因为中国目前只在大豆、铁矿石的进口方面可以对价格构成一定影响，在其他商品上则根本没有“发言权”。

当然，可以通过和出口国达成长期进口协议来锁定价格，但这一价格肯定不会是最低的。因此，这种方式也未必能够将中国的进口价格降下来。隆国强说：“总之，中国要扭转贸易条件恶化，目前只能从出口着手，而且还将是一个漫长的过程。

资料来源：《财经时报》2004.6.7。

十四、对外贸易的地理方向

对外贸易的地理方向(Direction of Foreign Trade)又称对外贸易地区分布或国别构成，是指从一国对外贸易角度而言的对外贸易额的地区分布和国别分布状况，即指一国出口商品的去向和进口商品的来源，从而反映出一国与世界其他国家之间经济贸易的关联程度。通俗地说，就是一国的贸易伙伴国，新闻摘录1－2显示欧盟已成为我国最大的贸易伙伴。

新闻摘录1－2：

欧盟将成为我国最大的贸易伙伴

海关总署消息，2004年前五个月贸易统计表明，欧盟东扩后由原先的第三大贸易伙伴跃居为中国第一大贸易伙伴，日本降为第二，美国降为第三。

海关统计显示，2004年1至5月中国与欧盟双边贸易总额达到657.2亿美元，增长35.9%，占中国进出口总额的15.5%。日本位居第二，仍为中国第一大进口来源地，双边贸易总额为641亿美元，增长27.2%。美国成为中国第三大贸易伙伴，仍为中国第一大出口市场，1至5月中美双边贸易总额达623.6亿美元，增长34.4%。

在其他七个主要贸易伙伴中，中国2004年前五个月与韩国、加拿大和澳大利亚等三国的双边贸易总额的增幅均超过40%，增速分别为48.4%、47.6%和46.8%。

资料来源：新华社2004.6.11。

十五、对外贸易商品与服务结构

对外贸易商品构成(Composition of Foreign Trade)是指一定时期内(通常为1年)各类商品进出口贸易在一国进出口贸易中的构成,通过计算各类商品的进出口贸易额在一国对外贸易额中所占的比重来表示。对外贸易商品构成可以反映出一国的经济发展水平、产业结构状况。从统计资料1-8中,可以看到2005年中国进出口商品构成情况,其中初级产品在出口中的比重仅为6.4%(490.4/7620),工业制成品在出口中的比重为93.6%,说明在我国出口商品结构中,工业制成品占据了绝对的主导地位。

对外贸易服务构成是指一定时期内一国服务进出口中各类服务的构成,反映一国第三产业的发展水平。统计资料1-9显示了我国2006年服务贸易的构成情况,当年中国服务贸易出现逆差,逆差额为89亿美元。逆差的主要项目是运输、保险、专有权利使用费以及特许费,逆差分别为133.5亿美元、82.8亿美元和64.3亿美元。

统计资料1-8:

2005年中国进出口商品构成表 金额单位:亿美元

商品构成(按SITC分类)	出口		进口	
	金额	增减(%)	金额	增减(%)
总值	7620.0	28.4	6601.2	17.6
一、初级产品	490.4	20.9	1477.1	26.0
0类 食品及活动物	224.8	19.2	93.9	2.6
1类 饮料及烟类	11.8	−2.5	7.8	42.6
2类 非食用原料(燃料除外)	74.9	28.1	702.1	26.8
3类 矿物燃料、润滑油及有关原料	176.2	21.7	639.6	33.3
4类 动植物油、脂及蜡	2.7	80.8	33.7	−20.0
二、工业制品	7129.6	29.0	5124.1	15.4
5类 化学成品及有关产品	357.7	35.7	777.4	18.7
6类 按原料分类的制成品	1291.3	28.3	811.6	9.7
7类 机械及运输设备	3522.6	31.3	2906.3	14.9
8类 杂项制品	1941.9	24.2	608.7	21.4
9类 未分类的商品	16.1	44.6	20.1	31.4

数据来源:中华人民共和国海关统计。

统计资料 1－9：

2006 年中国服务贸易进出口分行业情况

单位:亿美元

行业	进出口	增幅(%)	出口	增幅(%)	进口	增幅(%)	差额
总计	1917.5	22.1	914.2	23.7	1003.3	20.6	−89.1
运输	553.8	26.2	210.2	36.2	343.7	20.8	−133.5
旅游	582.7	14.1	339.5	15.9	243.2	11.8	96.3
通迅服务	15.0	38.1	7.4	52.2	7.6	26.7	−0.3
建筑服务	48.0	14.0	27.5	6.2	20.5	26.6	7.0
保险服务	93.8	21.0	5.5	−0.2	88.3	22.7	−82.8
金融服务	10.4	239.7	1.5	0.0	8.9	456.9	−7.5
计算机和信息服务	47.0	35.6	29.6	60.8	17.4	7.2	12.2
专有权利使用费和特许费	68.4	24.8	2.1	30.6	66.3	24.7	−64.3
咨询	162.2	41.0	78.3	47.2	83.9	35.7	−5.6
广告、宣传	24.0	34.0	14.5	34.3	9.6	33.6	4.9
电影、音像	2.6	−10.4	1.4	2.2	1.2	−21.4	0.2
其他商业服务	309.5	17.8	196.9	16.6	112.6	20.0	84.3

数据来源:国家外汇管理局

第二章　中国发展对外贸易的理论依据

本章目标

1. 学习并掌握我国发展对外贸易的各种理论。
2. 了解传统贸易理论。
3. 探讨马克思主义国际贸易理论。
4. 领会国际贸易新理论。

我国对外贸易的指导理论是马克思主义经济学，并在此基础上吸纳了西方经济学中的科学成分，使得这一理论更加丰富和完善。

第一节　西方传统贸易理论

一般认为，西方传统贸易理论包括古典贸易理论和新古典贸易理论。

一、古典贸易理论

古典贸易理论是在批判重商主义的基础上产生的。重商主义认为，金银就是财富，要取得金银就应鼓励出口，限制进口，争取贸易顺差。亚当·斯密用他的“看不见的手”的经济学观点，对重商主义思想进行了深刻的批判，提出了国际贸易的绝对成本学说。这一学说经过大卫·李嘉图的发展，形成了比较成本理论，至此正式建立起了古典经济学的大厦。

（一）绝对成本理论

绝对成本理论（Theory of Absolute Cost），又称绝对优势理论（Theory of Absolute Advantage）、地域分工说（Theory of Territorial Division of Labor），是英国经济学家、资产阶级经济学古典学派的主要奠基人之一、国际分工和国际贸易理论的创始者亚当·斯密（Adam Smith，1723—1790）提出的。在李嘉图之前，经济学中占主导地位的是亚当·斯密的绝对优势理论。这种理论认为，自由贸易会引起国际分工，国际分工的基础是有利的自然禀赋，或后天的有利生产条件。它们都可以使一国在生产上和对外贸易方面处于比其他国家绝对有利的地位。如果各国都按照各自有利的生产条件进行分工和交换，将会使各国的资源、劳动力和资本得到最有效的利用，将会大大提高劳动生产率和增加社会物质财富。

斯密还通过举例说明他的理论。他假设有两个国家（英国和葡萄牙）、两种商品（毛呢和葡萄酒）和一种生产要素（劳动）。他假定英国生产 1 单位的毛呢要 70 人/年的劳动，生产 1 单位葡萄酒用 120 人/年的劳动；而葡萄牙生产 1 单位毛呢用 110 人/年的劳动，生产 1 单位葡萄酒用 80 人/年的劳动。通过比较，他发现英国在毛呢的生产上具有绝对成本优势，而葡萄牙则在葡萄酒的生产上具有绝对成本优势。那么，英国专门生产自己具有绝对成本优势的毛呢，而葡萄牙专门生产自己具有绝对成本优势的葡萄酒，并相互交换，则贸易双方都是可以获利的。该理论可用表 2－1 说明。

表 2－1(a)　分工前所需的劳动量

国家	葡萄酒产量（单位）	所需劳动人数（人/年）	毛呢产量（单位）	所需劳动人数（人/年）
英国	1	120	1	70
葡萄牙	1	80	1	110

表 2－1(b)　分工后所需的劳动量

国家	葡萄酒产量（单位）	所需劳动人数（人/年）	毛呢产量（单位）	所需劳动人数（人/年）
英国			2.7	190
葡萄牙	2.375	190		

表 2－1(c)　两国交换结果

国家	葡萄酒产量（单位）	毛呢产量（单位）
英国	1	1.7
葡萄牙	1.375	1

从表 2－1 可见，英国、葡萄牙两国在有分工的情况下，产量比分工前都提高了。通过交换（国际贸易），两国居民的消费都增加了。

斯密的理论观点表明，各国获得的对外贸易利益取决于各国生产商品的绝对成本优势；一个国家出口的应是本国生产效率高的商品，进口的应是别国生产效率高的商品；交易的结果是使贸易双方都获益。因此，斯密主张解除国家对贸易的管制，包括关税征收和发放补贴。但是，斯密的观点也包含了非科学的成分，有一定的局限性。比如，一个国家只能出口有绝对优势的产品，才能从国际贸易中获得收益。按照这种理论，国际贸易的范围，包括国家和商品都会受到很大的限制。因为倘若一个国家在任何商品的生产上都不具备优势，那么这个国家便不能出口任何商品，由于进口终归要由出口所得来支付，所以这个国家也就不能进口任何商品，该国也就不能参与国际贸易。

（二）比较成本理论

在马克思主义产生以前，对国际贸易理论贡献最大的当数古典经济学家大卫·李嘉图(David Ricardo,1772—1823)。比较成本理论(Theory of Comparative Cost)，又称比较优势理论(Theory of Comparative Advantage)，是英国经济学家大卫·李嘉图的学说。1817 年李嘉图在斯密绝对成本学说的基础上，运用国际贸易"2×2 模型"，提出了"比较成本学说"。该理论认为，每一个国家不一定生产各种商品，而应集中生产优势最大或劣势最小的商品，然后进行国际贸易。这样一来，资本和劳动力在不变的情况下，生产总量将增加，如此形成的国际分工对贸易各国都有利；资本与劳动力在国际间不能自由流动的情况下，按照比较成本理论的原则进行国际分工，可使劳动配置更合理，生产总额将增加，同样对贸易各国都有利。但其前提必须是完全的自由贸易。

李嘉图同样以英国和葡萄牙两国为例说明他的理论。他假定英国生产 1 单位毛呢要 100 人/年的劳动，生产 1 单位葡萄酒用 120 人/年的劳动；而葡萄牙生产 1 单位毛呢用 90 人/年的劳动，生产葡萄酒用 80 人/年的劳动。按照绝对优势理论，这两个国家之间是不可能进行贸易的。因为英国在任何一种商品的生产上都不具备优势，所以不能出口；由于不能出口，当然也就不能进口。而李嘉图认为这种结论是不对的，英国可以出口其具有比较优势的毛呢，而进口不具备比较优势的葡萄酒。同样，葡萄牙生产葡萄酒比生产毛呢有比较优势，因此可以出口葡萄酒而进口毛呢，这样两国都可以从贸易中得到好处。李嘉图由此提出国际分工理论，认为英国可专门生产毛呢，而葡萄牙专门生产葡萄酒。这一理论可用表 2－2 说明。

表 2－2(a)　分工前所需的劳动量

	1 单位葡萄酒	1 单位毛呢	共计
英国	120 人/年	100 人/年	220 人/年
葡萄牙	80 人/年	90 人/年	170 人/年
两国相加	200 人/年(2 单位葡萄酒)	190 人/年(2 单位毛呢)	390 人/年

表 2－2(b)　分工后所需的劳动量

	2 单位葡萄酒	2 单位毛呢	共计
英国		200 人/年	200 人/年
葡萄牙	160 人/年		160 人/年
两国相加	160 人/年(2 单位葡萄酒)	200 人/年(2 单位毛呢)	360 人/年

从表 2－2 可以看出，由于按比较优势进行了国际分工，两国生产同样数量的葡萄酒和毛呢所需的劳动量由 390 人/年减少到 360 人/年，即节约了 30 人/年。其中英国节约了 20 人/年，葡萄牙节约了 10 人/年。这些被节约的劳动力再从事生产，其产品便成为国际贸易的收益。这无疑在原有的产品总量上有了一个增加量，使人们能消费更多的产品，从而增加了福利。

这样，李嘉图把在两国之间进行成本比较改为在国内商品之间进行成本比较，就为各国都可以参加国际贸易并能从中获得好处的自由贸易主张奠定了理论基础，其比较成本说被西方经济学家称为国际贸易的万古不变理论，并一直占据主导地位，其他经济学家只是在这一理论的基础上进行一些补充，包括进行一些庸俗化。

然而，按比较优势进行国际贸易也不是绝对的，因为一国的比较优势并不是无限的。任何一种产品，随着生产量的增加，或迟或早都要达到边际成本，当边际成本上升到一定程度以后，其产品就不再具有比较优势，也就不能再出口。所以，除资源垄断和技术垄断的行业外，在那些产品没有替代品的行业中，国际分工不可能是绝对的，而只能是相对的和部分的。

这一理论给我们的启示是，我们应当认识到国际分工的“度”，不能认为我国没有比较优势的产品，就绝对不能生产；而是在一定条件下，我们也能生产这些产品。这是我们在制订外贸发展战略时必须考虑的。

二、新古典贸易理论

在新古典国际贸易理论中，贡献最大的当属瑞典著名的经济学家赫克歇尔(1879—1952)和俄林(1899—1979)。他们提出的要素禀赋理论又称要素比例学说或赫克歇尔一俄林理论(也称 H-O 模型)(1933 年)。俄林也因此获得 1977 年的诺贝尔经济学奖。20 世纪 40 年代萨缪尔森发展了赫一俄理论，因此该理论也被称为赫一俄一萨(H-O-S)理论。要素禀赋理论在理论和实际运用中的成功使其在 20 世纪前半叶至 70 年代末这段时期内成为国际贸易理论的典范，至今仍在国际贸易中占据重要地位。赫克歇尔和俄林所运用的分析工具是由新古典经济学所建立起来的等产量线、无差异曲线、生产可能性边界等，因此，该理论也被称之为新古典贸易理论。新古典贸易理论与古典贸易理论的研究思路不同，它指出比较成本差异的原因不在于技术或劳动生产率，而在于各国资源禀赋的差异和生产不同商品所使用的各种生产要素的密集程度不同。这一理论对当时发达国家与发展中国家之间广泛的贸易现象具有很强的解释力。

(一) H-O 模型的前提假设

H-O 模型的前提假设共有 11 条，其中最主要有以下 6 条：

(1) 两国、两产品、两种生产要素。

(2) 生产要素在世界各国是同质的；并且生产要素在各国的供给是固定的，在国内可在产业间流动。

(3) 关于生产函数的假定有三个方面：生产函数是线性的，且为不变规模收益(constant return to scale)；生产要素边际生产率为正数但递减。各国相同产品的生产函数相同，没有技术的差距。没有要素密集度逆转(factor-intensity reversals)，即不同的产品以不同的要素生产，相同产品的要素组合总是相同的。

(4) 两国对两种产品的需求形态(demand pattern)相同，各种商品消费比例取决于价格而非收入，即收入水平和偏好不决定贸易类型(pattern of trade)。

(5)没有完全的专业化分工现象，即假定两国在自由贸易下均生产两种产品。

(6)没有运输成本和贸易障碍，商品和要素市场是完全竞争的。

当我们逐渐放松这些假设前提时，我们会得到其他国际贸易理论。

(二) H-O 模型有关概念

生产要素是指生产活动必须具备的主要因素或在生产中必须投入的或使用的主要手段，通常指土地、劳动(用 L 表示)、和资本(用 K 表示)三要素，如果加上企业家才能则称之为四要素。

要素禀赋(factor endowments)是指一经济体所拥有的可用于生产商品和劳务的经济资源的总供给，既包括“自然”存在的资源，也包括“获得性”资源(如技术和资本)，这是一个绝对量的概念。

要素丰裕度(factor abundance)是指一国的生产要素禀赋中某种要素的供给比例大于别国同种要素的供给比例，其相对价格低于别国同种要素的价格，即一国拥有经济资源的相对丰富性，或资源相对供给量，它可用两个不同的指标表示：

Ⅰ：相对要素供给总量(从供给计算人均资本)，若 TK/TL(A)＝￥3 000/劳动力；TK＊/TL＊(B)＝￥10 000/劳动力，则 A 为劳动丰裕的国家，而 B 为资本丰裕的国家。

Ⅱ：相对要素价格(从供求计算利率/工资)，一般说来，资本的租用价格是 R，劳动的价格是工资率 W，而 $P_k/P_l=R/W$。若 $P_k/P_l(A)=R/W(A)=2/1$；$P_k*/P_l*(B)=R*/W*(B)=1/2$，则 A 为劳动丰裕的国家，而 B 为资本丰裕的国家。

要素密集度(factor intensity)是指生产单位产品所投入的要素配备比例。要素密集度主要通过两种产品中投入的生产要素，比如资本—劳动比率比较而确定，与生产要素的绝对投入量没有关系，只是一个相对的概念。若 $K/L(Y)>K*/L*(X)$，则 X 为劳动密集型、Y 为资本密集型商品。也就是说，产品生产过程中投入的哪种生产要素所占的比例最大，则把该产品归入这种要素密集型产品。如，生产小麦投入的土地占的比例最大，便称小麦为土地密集型产品；生产纺织品劳动所占的比例最大，则称之为劳动密集型产品；生产汽车资本所占的比例最大，于是称为资本密集型产品。

（三）H-O 模型分析

1. 总体均衡分析

使用的分析工具：生产可能性曲线和社会无差异曲线。

与古典贸易模型相比，H-O 模型对一国生产可能性的假设方面有两点不同：

第一，关于两国生产各种商品能力不同的原因。古典贸易模型解释为生产技术的不同，而 H-O 模型则强调要素的禀赋不同。

第二，关于产品生产机会成本的假定。古典贸易模型假设劳动是唯一的投入要素，每单位劳动投入的产出是不变的。因此，每单位产品的机会成本是固定的，生产可能性曲线是一条直线。但 H-O 模型假设有两种要素投入，产品生产的机会成本是递增的。即当一国将其生产资源从一种产品的生产转移到另一种产品的生产上时，所必须放弃的该产品的数量会越来越大。机会成本的递增将使生产可能性曲线具有外凸的形状。

2. H-O 定理

H-O 定理认为，各国的相对要素丰裕度或要素禀赋是国际贸易中各国具有比较优势的基本原因和决定因素。一国应当出口密集使用该国相对丰裕而便宜要素的商品而进口密集使用该国相对稀缺而昂贵要素的商品。换言之，劳动丰裕型国家应该出口劳动密集型产品，进口资本密集型产品；而资本丰裕型国家应该出口资本密集型产品，进口劳动密集型产品。这种国际分工和贸易模式可使贸易双方共同获利。

赫、俄的研究表明，各国之间生产要素相对稀缺性的差异是产生比较成本差异的必要条件，因而也是国际贸易的必要条件，从而使得比较优势理论和劳动价值论彻底脱离了关系。

但要素禀赋理论也有明显的局限性，其所依据的假说条件都是静态的，忽略了经济因素的动态变化，因为在国际贸易中，科学技术起着越来越重要的作用，技术革新可以改变要素的成本和比例，从而改变比较成本。

（四）要素价格均等化学说

要素价格均等化定理，也叫斯托珀一萨缪尔森定理，意思是国际贸易促使各贸易国的商品价格发生变化，商品的价格趋于均等，商品价格的变化引发了参加贸易的各国生产结构调整，使各国的生产要素重新配置，生产要素的价格在各国之间趋向均等化。H-O 理论认为，要素价格均等只是一种趋势，而美国经济学家萨缪尔森于 20 世纪 40 年代发表的一系列论文则论证了自由贸易导致要素价格均等是一种必然，而不仅仅是一种趋势。这一学说因而被称为赫一俄一萨（H-O-S）学说，它揭示了国际贸易对要素价格的影响。

由要素价格均等化定理可以引申出另一个结论，国际贸易会提高一国丰裕要素所有者的收入，降低稀缺要素所有者的收入。当然，由于该理论的诸多假设，得出的结论不一定与现实生活相吻合。

三、里昂惕夫之谜

20 世纪 40 年代，美国是世界上资本拥有量最多的国家，按照 H-O 模型可以确定其贸易模式应为出口资本密集型产品，进口劳动密集型产品。二战后，美国经济学家里昂惕夫(Wassily Leontief)对美国的国际贸易模式进行了实证分析，却发现美国的贸易模式和 H-O 理论相悖。这被称为里昂惕夫之谜(The Leontief Paradox)，或里昂惕夫反论、里昂惕夫悖论。

里昂惕夫于 1953 年利用美国投入产出模型计算了 1947 年美国的贸易结构，对 H-O 理论进行了实证分析(见表 2－3)。他将生产要素分为两类，即资本和劳动，对 200 多个子部门进行了分析，再整合为 50 个产业部门，其中有 38 个部门和国际贸易有关。计算出每百万美元的进口商品和出口商品的资本和劳动投入，其中美国的进口是利用美国的进口替代产业的资料计算的，因为无法获得其贸易伙伴进出口产品的投入—产出数据。如果 H-O 模型对美国成立，即使其进口替代品的 K/L 高于进口产品的 K/L，这一比例仍应低于出口产品的 K/L，所以这一技术上的处理并不影响检验结果的有效性。

表 2－3　1947 年美国每百万美元出口产品和进口替代产品的资本和劳动投入需求

生产要素及单位	出口商品	进口替代品	进口/出口
资本 K(美元)	2 550 780	3 091 339	
劳动力 L(人/年)	182	170	
K/L(美元/人/年)	14 015	18 184	1.3

如表 2－3 所示，美国进口替代品的资本与劳动的比例为 18 184，出口商品的资本与劳动的比例为 14 015，前者是后者的 1.3 倍，说明美国进口商品的资本密集度比出口商品的资本密集度要高，其他经济学家对美国其他年份的贸易结构进行了验证，也得出了同样的结论。不同历史时期的数据都说明美国在出口劳动密集型产品而进口资本密集型产品。这一实证研究结果与 H-O 模型预测的贸易格局相反，被称为“里昂惕夫之谜”。

受里昂惕夫对资源禀赋理论的实证研究的启发，国际经济学界纷纷尝试用新的理论来说明和解释现实现象，于是一大批新的国际贸易理论涌现出来。

第二节　马克思主义国际贸易理论

我国是一个社会主义国家,我国发展对外贸易除了借鉴西方贸易理论的精华外,必须以马克思主义理论为指导。

一、马克思主义国际分工理论

马克思批判地继承了资产阶级古典经济学家关于国际分工理论,阐明了分工产生和发展的历史过程,揭示了国际分工对资本主义工业化国家和落后国家的不同作用。

马克思主义国际分工理论指出,国际分工是人类社会生产力和社会分工发展到一定阶段的必然产物,是一国内部的社会分工超越国家界限向外发展的结果。18 世纪后期,以大机器生产为标志的第一次工业革命使资本主义的社会化大生产最终形成。以机器技术为基础的社会化大生产的不断发展,使商品跃出国界,从而把一系列国家和地区纳入到国际分工和国际交换中,国际分工体系和生产国际化开始形成。19 世纪末的第二次产业革命,国际分工有了进一步发展,形成了统一的世界市场,使一些国家的生产和消费都成为世界性的了。二战以后发生的第三次科技革命,使人类社会生产力向更高程度发展,国际分工和生产国际化进一步加强,世界各国、各民族经济的相互需要和相互依赖达到了空前的程度。现代工业为了符合规模经济的要求,一家工厂的产量可能需要在几个、十几个甚至更多的国家市场上销售才能取得利润。此外,为了降低成本,增强竞争能力,跨国公司将它们的生产环节配置在世界各地;而且现代工业要求产品日新月异,需要大量的科研费用和巨额的建厂投资,单个企业往往不能独立负担而要求国际分工协作。因此,二战以后国际分工向部门内部、企业内部分工发展的趋向加强。

新中国成立在二战以后,是在国际分工、生产国际化高度发展的基础上进行再生产活动的。社会主义生产方式是在资本主义生产方式经济矛盾激化、阶级矛盾激化的基础上产生的,而且一般是在资本主义世界经济和政治中比较薄弱的环节中产生的。它在经济建设中必然面临着技术落后和资金不足的巨大困难,必须充分吸收西方世界已经取得的生产力和科学技术的全部成就;像封建社会那样自给自足及闭关自守是肯定不行的,因此,社会主义经济建设存在着积极参与和利用国际分工的客观必然性和必要性,而参与和利用国际分工的最重要的手段是大力发展对外贸易。尤其在当前经济全球化趋势下,我国企业如何充分利用国内国外两个市场、两种资源,积极参与国际竞争、国际分工,关系到我国国民经济发展的速度和效益。

当然，我们应该认识到，国际分工也有两重性：一方面，现代国际分工仍具有不平等性，今天的跨国公司和历史上的掠夺者在本质上并没有区别，现存的国际经济秩序、世界贸易和金融体制使它们处于有利地位，使发展中国家处于不利地位；另一方面，我们也应该认识到，今天的世界和过去相比已经发生了很大的变化，殖民地和半殖民地国家已经相继获得了政治上的独立，发展中国家可以组织起来，通过“南北对话”和发展“南南合作”，争取建设合理的、公平的国际经济新秩序。基于这种两重性，我们一方面要积极参与国际分工，参加国际竞争，大力发展对外经济贸易；另一方面，在参与国际分工的同时，还要坚持独立自主、自力更生、平等互利的基本原则。

二、马克思主义国际价值理论

马克思继承了古典经济学的科学成分，创立了彻底的、科学的劳动价值论，从而为建立科学的国际贸易理论奠定了坚实的基础。

国际价值就是国际社会必要劳动时间，马克思称之为国际中等劳动时间或国际平均劳动时间。商品在世界市场上进行交换，要按照生产商品的国际社会必要劳动时间为基础进行，国际社会必要劳动时间决定国际价值。由于马克思国际价值理论的提出，就使得同一种商品具有国内价值与国际价值两种根本不同的价值尺度。当商品在国内进行交换时，是以国内价值作为衡量的尺度；而在国际上交换时，则是以国际价值作为衡量的尺度。马克思指出，各种商品在这两种不同的价值尺度之间存在着不同的比例关系，存在着差异，这种国内价值和国际价值之间的差异，有两种情况（假设最简单的两个国家、两种商品的模型）：

1. 绝对差异

交换的两国各有一种商品的国内价值低于国际价值，即各有一种商品的生产占优势。两国应分别进行专业化生产并出口国内价值低于国际价值的商品，进口国内价值高于国际价值的商品，从而双方都可实现以较少的社会劳动换取较多的国际社会劳动，都可实现社会劳动的节约，实现互利。

2. 比较差异

交换双方有一国的两种商品的国内价值均低于国际价值，即该国在两种商品的生产上都具有优势，但优势程度不同，这时，该国应进行专业化生产并出口优势程度较大的商品，进口优势程度较小的商品；而另一国两种商品的国内价值均高于国际价值，即两种商品的生产均处于劣势，但劣势程度不同，此时，该国应进行专业化生产并出口劣势程度较小的商品，进口劣势程度较大的商品，利用绝对劣势中的相对优势。这样，参加交换的双方都可以实现社会劳动的节约。马克思指出，即使经济技术比较落后，劳动生产率比较低的国家，在国际交换中，它们所付出的实物形态的物化劳动多于它所得到的，但是它由此得到的商品比它自己所生产的更便宜，从而节约社会劳动获取经济利益。[①]

总之，一国参加国际分工和交换，能够发挥本国的绝对优势或相对优势，从而使本国的社会劳动更有效地发挥作用，使该国由此所节约的社会劳动创造出追加的价值。反之，同样的社会劳动，不参加国际分工，搞一国的自给自足，就不能发挥本国的绝对优势或相对优势，它的劳动效率就低，创造的社会价值就少。因此，对外贸易可以增加一国的价值总量。

三、马克思主义社会再生产理论

马克思主义社会再生产理论指出，社会生产各部类之间以及每个部类内部必须保持一定的比例关系，如第一部类（生产生产资料的部类）和第二部类（生产消费资料的部类）之间，农业、轻工业和重工业之间，农业生产内部、工业生产内部，都必须保持适当的比例关系。只有这样，社会再生产才能顺利发展，取得高的经济发展速度和好的经济效益。社会生产各部类之间及其内部的比例关系，不仅在价值形态上要求平衡，而且在实物形态上也要求平衡。

马克思指出，由于各国的气候条件、资源情况、生产水平、经济结构和科学技术条件等不同，各国社会总产品的实物构成往往有差距。也就是说，在一国范围内，不可能在实物形态上达到社会扩大再生产所要求的平衡关系，任何一个国家都不可能生产自己发展经济所需要的一切，也不可能自己消费自己所生产的一切。而改革开放可以建立国内外优势互补的实物形态的平衡关系，通过建立以国内资源和市场为主、国内外资源和市场适当有机结合的新的经济循环，在更广阔的市场范围内进行资源配置，我国国民经济才有可能建立起超越本国经济内在力量的扩大再生产规模，建立起更高的国民经济综合平衡，从而取得最佳的经济发展速度和经济效益。具体地说，通过对外贸易可以同国外进行实物形态的转换，即可以把生产资料转换成消费资料，把消费资料转换成生产资料，或者在生产资料和消费资料内部实现转换，从而满足扩大再生产所需要的实物形态的平衡关系，以实现社会再生产比例关系的客观要求。

马克思主义社会再生产理论从实物形态上论证了我国发展对外贸易的必要性。

四、邓小平理论是我国发展对外贸易的指导思想

邓小平同志建设有中国特色的社会主义理论是我国当前发展对外贸易的主要

① 马克思：《资本论》第3卷，第265页。

指导思想。这一理论是马克思列宁主义基本原理与当代中国实际和时代特征相结合的产物，是对马克思主义、毛泽东思想的继承和发展，是全党全国人民集体智慧的结晶，是中国共产党和中国人民最珍贵的精神财富，是当代中国的马克思主义。

邓小平同志建设有中国特色的社会主义理论的精髓是"解放思想，实事求是"。这一理论围绕"什么是社会主义、怎样建设社会主义"这个首要的基本理论问题，在社会主义发展道路、发展阶段、根本任务、发展动力、外部条件、政治保证、战略步骤、领导力量和依靠力量、祖国统一等重大问题上，形成一系列相互联系的基本观点，构成了这一理论的科学体系。

建设有中国特色的社会主义理论的核心内容是坚持"一个中心、两个基本点"的基本路线，即坚持以经济建设为中心，坚持改革开放和坚持四项基本原则。坚持以经济建设为中心客观上要求我国大力发展对外贸易，以便吸收和利用世界各国，包括资本主义发达国家的资金、资源、技术，以及反映社会化大生产和商品经济一般规律的先进经营方式和管理经验，以加速我国国民经济的发展。改革开放是我国建设社会主义的总方针，而对外开放的最根本内容就是大力发展对外贸易。经济体制改革要求发展对外贸易，因为我国要建立社会主义市场经济，就是要充分发挥市场机制对资源配置的基础性作用，通过价格杠杆和竞争机制的功能，把资源配置到效益较好的环节中去。大力发展对外贸易可以引进国外的竞争机制，加速我国经济的国际化，使我国的价格体系向国际价格体系靠拢，使我国产业结构和经济结构同世界市场有机地结合起来，从而加快培育和发展我国的社会主义市场经济。因此，大力发展我国经贸事业，也是我国建立社会主义市场经济的客观要求。

第三节　国际贸易新理论

一、国际贸易新理论产生的背景

二战以后，随着跨国公司的兴起和经济全球化不断加强，多边贸易体制形成并不断完善和发展。传统的国际贸易理论遇到挑战，国际贸易中的许多新现象（如发达国家之间的贸易量大大增加、同类产品间的贸易大大增加、国际贸易中的不完全竞争现象等）无法用传统的贸易理论来解释，甚至与传统贸易理论相悖。传统贸易理论之所以出现危机，是因为其理论依据的前提假设在现实中发生了很大变化。无论是古典比较优势理论，还是新古典的要素禀赋理论，都是以一系列严格的假设条件为前提的。这些假设条件使这些理论对于当今国际贸易中的许多问题无法给予科学圆满的解释，而且如果改变其中的某一些假设条件，就可能导致完全不同的结论。在此情形下，新的国际贸易理论出现成为必然。

新贸易理论的产生渊源可以归结为两个:一是随着世界经济和贸易的发展,传统贸易理论已不能令人信服地解释许多重要的国际贸易现象;二是产业组织理论的发展为新贸易理论的产生提供了坚实的理论基础。如果说以新古典学派一般均衡分析为基础的比较优势贸易理论是“国际贸易的完全竞争理论模型”,那么,新贸易理论则可称之为“国际贸易的不完全竞争模型”。

二、新贸易理论的内容

(一) 技术差距理论

技术差距理论(Technological Gap Theory),又称技术差距模型(Technological Gap Model),是把技术作为独立于劳动和资本的第三种生产要素,探讨技术差距或技术变动对国际贸易影响的理论。由于技术变动包含了时间因素,技术差距理论被看成是对 H-O 理论的动态扩展。

技术差距理论产生于 1961 年,代表人物为美国学者波斯纳(M. V. Posner)。他在《国际贸易与技术变化》一文中,提出了国际贸易的技术差距模型。该理论认为,技术实际上是一种生产要素,但是在各个国家的发展水平不一样,这种技术上的差距可以使技术领先的国家具有技术上的比较优势,从而出口技术密集型产品。随着技术被进口国的模仿,这种比较优势消失,由此引起的贸易也就结束了。

技术差距理论认为,工业化国家之间的工业品贸易,有很大一部分实际上是以技术差距的存在为基础进行的。通过引入模仿时滞(Imitation Lag)的概念来解释国家之间发生贸易的可能性。在创新国(Innovation Country)和模仿国(Imitation Country)的两国模型中,创新国一种新产品开发成功后,在模仿国掌握这种技术之前,具有技术领先优势,可以向模仿国出口这种技术领先的产品。随着专利权的转让、技术合作、对外投资或国际贸易的发展,创新国的领先技术流传到国外,模仿国开始利用自己的低劳动成本优势,自行生产这种商品并减少进口。创新国逐渐失去该产品的出口市场,因技术差距而产生的国际贸易量逐渐缩小,最终被模仿国掌握,技术差距消失,以技术差距为基础的贸易也随之消失。

1963 年,戈登·道格拉斯(Gordon Douglas)运用模仿时滞的概念,解释了美国电影业的出口模式。即一旦某个国家在给定产品上处于技术领先的优势,该国将在相关产品上继续保持这种技术领先的优势。1966 年,盖瑞·胡佛鲍尔(G. C. Hufbauer)利用模仿时滞的概念,解释了合成材料产业的贸易模式。即一个国家在合成材料出口市场上的份额,可以用该国的模仿时滞和市场规模来解释。当他按照各国的模仿时滞对国家进行排序时发现,模仿时滞短的国家最先引进新合成材料技术,并开始生产和向模仿时滞长的国家出口,随着技术的传播,模仿时滞长的国家也逐步开始生产这种合成材料,并逐步取代模仿时滞短的国家的出口地位。

对技术差距理论的经验研究，支持了技术差距论的观点，即技术是解释国家贸易模式的最重要的因素。

（二）产品生命周期理论

产品生命周期理论（Theory of Product Life Cycle）的创始人是美国经济学家、哈佛大学教授刘易斯·威尔士（Louis Wells）和雷蒙德·弗农（Raymond Vernon）。1966年，弗农在美国《经济学季刊》上发表了《产品周期中的国际贸易与国际投资》一文，该文首次提出了"产品生命周期"的概念，认为不同国家间的技术差距是产生国际贸易的重要原因之一。威尔士在此基础上，引入市场营销学中的产品生命理论，具体描述了因技术差距产生国际贸易的过程；他们将产品生命周期理论引入国际贸易理论之中，奠定了国际贸易的产品生命周期理论。该理论认为，产品在其生命的不同阶段由不同的国家生产和出口，以此说明国际贸易的流动方向，将市场营销学的产品生命周期与国际贸易理论结合起来，使比较优势理论从静态发展为动态，它是关于产品生命不同阶段决定生产与出口该产品的国家转移理论。

产品都是有生命周期的，细分为产品开发期、市场引入期、成长期、成熟期和衰退期。新产品的生命周期一般分为三个阶段：

第一阶段：新产品阶段或产品创新阶段，又称引进阶段。消费者不甚了解新产品的特性和如何使用这种新的产品，以及它给人们所带来的方便和好处。在这一阶段，需求主要来自于本国，生产也主要针对本国需要，基本上没有出口。要求投入的技术要素比较高，要求熟练劳动者的技术水平也比较高。这一时期的产品可以说是技术密集型的。

第二阶段：产品成熟阶段，又称增长阶段，技术已经成熟，生产过程已经比较标准化，同时与该产品配套使用的设备比较完善，获得消费者广泛的接受，所有的人都具有使用这一产品的技能，都拥有这种产品，该产品市场饱和，产品销售量的增长率开始下降。与此同时国外的需求也已开始，成熟的技术随着产品的出口而转移出去，产品进口国能够迅速地模仿并掌握技术，进而开始在本国生产。成熟阶段技术开始标准化，产品比较成熟，市场迅速扩张，生产规模急剧扩大，从而要求投入资本比较多。这一时期的产品可以说是资本密集型的。

第三阶段：产品标准化阶段，又称衰退阶段，技术已经不再是新颖和秘密的了，甚至已经开始老化，许多技术都已经包含在生产该商品的机器中了，技术本身的重要性已经逐渐消失，新产品的技术也完成了其生命周期。人们不再需要这一产品，可能它还维持一个很小的市场，生产中使用大量的非熟练劳动者。这一时期的产品可以说是劳动密集型的，比较优势也就随之发生变化。这种变化决定了该产品在国际贸易中的流动方向。

弗农以美国为例阐述了产品生命周期与国际贸易的关系。由于技术的传递和扩散，不同国家在国际贸易中的地位不断变化，比如新技术和新产品最初由美国创新，而后传递和扩散到其他发达国家，再到发展中国家。当美国发明的新产品大量向其他发达国家出口时，正是其他发达国家大量进口的时期；当美国出口下降时，正是其他国家开始生产、进口下降时期；当美国由出口高峰大幅度下降时，正是其他发达国家大量出口时期；而其他发达国家出口下降时，正是发展中国家生产增加、进口减少时期；其他发达国家从出口高峰大幅度下降时期，正是发展中国家大量出口时期(见图 2-1)。产品生命周期理论引导人们通过产品的生命周期，了解和掌握出口的动态变化，为正确制定对外贸易的产品战略、市场战略提供理论依据。

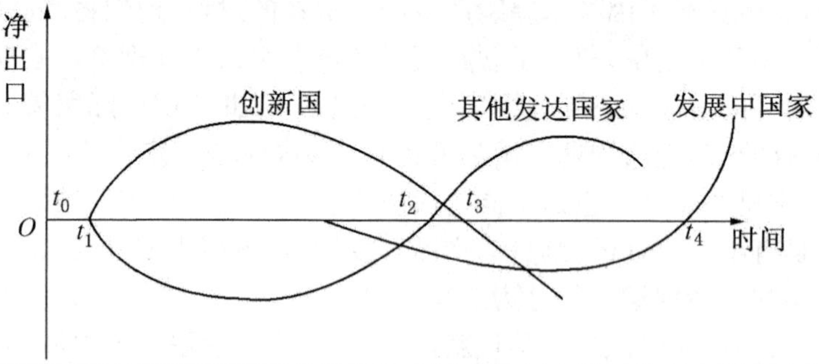

图 2-1　产品生命周期与国际贸易示意图

(三) 重叠需求理论(代表性需求理论)

重叠需求理论(The Overlapping Demand Theory)产生于 1961 年，是瑞典经济学家林德(Staffan B. Linder)在《论贸易和转换》一书中提出的，他从需求的角度阐述了部门内贸易发展的原因，这是对古典贸易理论的补充。这一理论对于解释发达国家之间在二战后国际贸易的迅速发展，特别是产业内贸易理论作出了巨大贡献。

重叠需求理论，是从两国的需求结构与收入水平来研究相互之间密切关系的贸易理论，即从消费者行为方面，解释国际贸易的起因。如果两个国家人均收入水平越是接近，彼此需求结构的重叠部分就越大，因而两国的贸易关系就越密切，国际贸易往往会在收入水平相当的国家间展开。

重叠需求理论的两个假设条件：

第一，需求结构不同的假设(或称消费者行为假设)。假设在一国之内，需求受消费者的收入水平决定。不同收入阶层的消费者偏好不同，收入越高的消费者就越偏好奢侈品，收入越低的消费者就越偏好必需品，但如果消费者收入水平相同，则其偏好也相同。一般情况下，一国对该国平均档次的商品的需求量最大，其成为代表性需求，所以重叠需求理论也称代表性需求理论或需求偏好相似理论。

第二，两国需求重叠的假定。厂商根据消费者的收入水平与需求结构来决定其生产方向与内容，而生产的必要条件是对其产品有效需求的存在；如果两国的平均收入水平相近，则两国的需求结构也必定相似。反之，如果两国的收入水平相差很大，则它们的需求结构也必存在显著的差异。

重叠需求理论的基本观点是，重叠需求是国际贸易产生的一个独立条件。两国之间的需求结构若越接近，则两国之间进行贸易的基础就越雄厚。当两国的人均收入水平越接近时，则重叠需求的范围也就越大，两国重复需要的商品都有可能成为贸易品。如果各国的国民收入不断提高，则由于收入水平的提高，新的重复需要的商品便不断出现，贸易也相应地不断扩大，贸易中的新品种就会不断地出现。所以，收入水平相近的国家，相互间的贸易关系就可能越密切；反之，如果收入水平相差悬殊，则两国之间重复需要的商品就可能很少，贸易的密切程度也就很小。

重叠需求理论与要素禀赋理论各有其不同的适用范围，要素禀赋理论主要解释发生在发达国家与发展中国家之间的产业间贸易（Inter-industry trade），即工业品与初级产品或资本密集型产品与劳动密集型产品之间的贸易，是从供给方面解释国际贸易发生的原因；而重叠需求理论则适用于解释发生在发达国家之间的产业内贸易（Intra-industry trade），即制造业内部的一种水平式贸易，是从需求方面入手分析国际贸易的起因。因此，重叠需求理论是对要素禀赋理论的发展和完善。

（四）规模经济贸易学说（规模经济与国际贸易）

规模经济贸易学说（Economies of Scale and Trade Theory），是以企业生产中的规模经济和世界市场的不完全竞争为基础，解释战后增长迅速的工业国之间的和相同产业之间的贸易理论。该理论产生于 20 世纪 70 年代末，是新贸易理论的核心，从规模经济的角度说明了国际贸易的起因和利益来源，对国际贸易基础做出了一种全新的解释，其代表人物是美国经济学家保罗·克鲁格曼（Paul Krugman）。

规模经济贸易理论的两个假设条件：

第一，企业生产具有规模经济。

规模经济（Economies of Scale）是指在企业生产扩张的开始阶段，企业由于扩大生产规模而使经济效益得到提高。如企业参与国际贸易，获得了更为广阔的市场空间，可以扩大生产规模，随着生产规模的扩大，单位产品的成本呈下降趋势。这种规模经济的取得，使企业增强了竞争力，提高了赢利水平。国内外市场环境的变化对各国企业的市场观念和经营方式提出了更高的要求，规模经济产生规模效应，企业可以扩大生产规模，更加专业化地进行产品的大规模生产。

第二，国际市场的竞争是不完全的。

不完全竞争即垄断竞争（Monopolistic Competition），是一种垄断和竞争并存的市场结构。在实际国际贸易中，大量的市场结构是垄断和竞争混合并存的市场，而这类市场又可分为：垄断竞争市场或寡头垄断市场。

在“规模经济”和“垄断竞争”的条件下，任何一国都不可能囊括一行业的全部产品，从而使国际分工和贸易成为必然。某国集中生产什么样的产品，没有固定的模式，既可以自由发展，也可以协议分工。但发达国家之间工业产品“双向贸易”的基础是规模经济，而不是技术不同或资源配置不同所产生的比较优势。

规模经济贸易理论认为，企业的长期平均成本随着产量增加而下降，企业面对的是市场需求曲线，市场需求量会随着价格的下跌而增加。在参与国际贸易以前，企业所面向的只是国内的需求。由于国内市场需求有限，企业不能生产太多，从而使生产成本和产品价格不得不保持在较高的水平上。如果企业参与国际贸易，产品所面临的市场就会扩大，国内需求加上国外需求，企业生产就可以增加。由于生产处于规模经济阶段，产量的增加反而使产品的平均成本降低，从而在国际市场上增加了竞争能力。规模经济效应使资源禀赋即使在无差异的国家之间也能凭借生产规模的优势形成竞争力，取得贸易利益。

总之，新贸易理论是在传统贸易理论的基础上产生和发展的，它的出现并不意味着它取代了传统的比较优势贸易理论。两者的区别是：首先，从解释对象上看，它们分别解释的是不同的贸易现象，前者主要解释发达国家之间的产业内贸易，而后者则着重解释发达国家与发展中国家之间的产业间贸易；其次，从理论基础上看，前者以规模经济和不完全竞争为前提，建立在不完全竞争理论基础之上，而后者以规模报酬不变和完全竞争为前提，建立在完全竞争理论基础之上。因此，两者不是替代关系，而是互补关系，它们共同丰富和发展了国际贸易的理论体系。

三、国家竞争优势理论

传统的贸易理论认为，一国产业或企业的竞争优势来自生产要素（成本和生产率）方面的比较优势；新贸易理论认为，一国产业或企业的竞争优势来自其在技术、规模等方面的优势。但是，这些理论对现有国际贸易现象的解释力都还不够。

以各国劳动生产率差异和要素禀赋差异为国家竞争优势源泉的比较优势论虽然解释了许多产业的贸易模式，但仍存在许多不完善的地方，例如它不足以解释要素禀赋日益相似的工业化国家彼此之间的产业内贸易。规模经济理论是对传统比较优势论的一大突破。它解释了即使不存在要素禀赋差异贸易也能发生的原因，而且解释了行业内贸易产生的原因是规模经济，指出了规模经济是企业竞争优势的重要源泉。然而，它没有解释什么国家的厂商会获得这些优势，以及哪些产业的厂商可以获得这些优势。在此背景下，国家竞争优势理论得以产生。

国家竞争优势理论是当今世界上竞争战略和竞争力方面的一级权威、哈佛商学院终身教授迈克尔·波特（Michael E. Porter）1990 年提出的。波特认为，一个国家的竞争优势是由一组决定因素及其辅助因素决定的，它们是：生产因素、需求因素、支持性产业和相关产业、企业战略、结构与竞争、机遇和政府（辅助因素）。这些因素可以用一个钻石模型来表示，如图 2－2 所示。

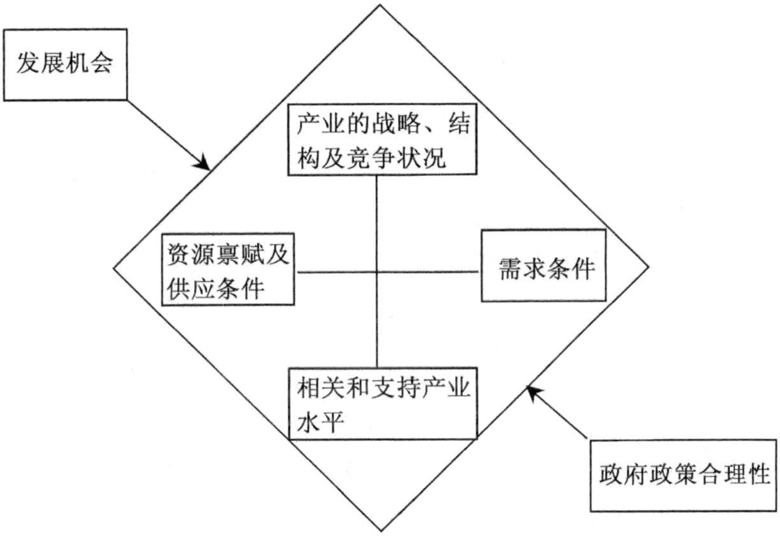

图 2－2　钻石模型（Diamond Model）

1. 生产因素

生产因素即供给因素，包括以下各项内容：

（1）人力资源：人力资源的质量、数量、熟练程度、人力成本；

（2）自然资源：土地的肥沃程度、数量、可耕地、气候、区位和地理规模大小；

（3）知识资源：科技的硬件和软件、政府和私人研究机构、图书馆、统计机构、各种科学协会；

（4）资本资源：资本供应量和成本、资本收益、资本市场的全球化、各国资本之间的流量；

（5）基础设施：邮电通讯系统、支付手段、健康保健、社会福利、文化机构。

2. 需求因素

国内需求因素对竞争优势的影响主要是通过三个方面进行的：一是本国市场上有关产业的产品需求若大于海外市场，则拥有规模经济，有利于该国建立该产业的国际竞争优势。二是若本国市场消费者需求层次高，则对相关产业取得国际竞争优势有利。因为老练、挑剔的消费者会对本国公司产生一种促进改进产品质量、性能和服务等方面的压力。三是如果本国需求具有超前性，那么为它服务的本国厂商也就相应地走在了世界其他厂商的前面。

在这种情况下，企业在本国市场上发展起来的一套生产工艺、营销策略就成为企业今后开拓国际市场的一大竞争优势。例如，德国消费者对赛车的特殊偏好不仅阻止了任何“行车速度限制”立法建议的通过，同时，也为德国企业在该领域赢得领先于世界的竞争优势奠定了基础。同样，在日本，由于受道路和油价的影响，消费者对节油和窄轴距汽车情有独钟，也为日本汽车产业在该领域赢得世界领先水平创造了重要条件。

3. 支持性产业和相关产业

波特认为，一个产业若要形成竞争优势，就不能缺少世界一流的供应商，而且彼此之间必须维持紧密的合作关系。如果在一个国家的一定区域内能为某个产业聚集起健全而且具备国际竞争力的相关和支持性产业，从而形成强大的产业集群，则不仅有利于降低交易成本，而且有助于改进激励方式，创造出信息、专业化制度、名声等集体财富，更能改善创新的条件，因此，更容易形成产业的竞争优势。例如，日本机械工具业的优势离不开世界级的数控机床、电动机和其他零件供应商。瑞典在钢装配制品(如滚珠轴承、切削工具)行业中的竞争力源于它的特殊钢行业。再如，复印机产业和传真机产业的技术大部分是重叠的，连使用的零组件和下游配销系统也几乎相同。波特认为，如果想成功地培养一项产业的国家竞争优势，最好能先在国内培养相关产业的竞争力。日本的传真机产业问世之前，其相关产业如复印机、照相器材、通讯器材等产业已经在世界市场上占据了领先位置。

4. 企业战略、组织结构与竞争

战略就是企业为了收益制定的与组织使命和目标一致的最高管理层的计划。由于各国企业的目标不同，因而企业的战略和结构也不尽相同。比如，从某种程度上讲，美国企业较注重短期目标，而日本和德国企业则较重视长期目标(参见拓展资料 2－1)。不同国家有着特色各异的管理意识形态，它们帮助或妨碍形成一国竞争优势。同时，国家竞争优势的获得还取决于国内的竞争程度，激烈的国内竞争是创造和保持竞争优势最有力的刺激因素。

拓展资料 2－1：

美日两国企业行为差异

就目标而言，决策着眼点的不同对企业竞争优势的影响极为重要。日本松下公司在 1932 年制订的长远发展战略的时间跨度为 250 年。其中，每 25 年为 1 个计划周期。与此相反，美国企业的计划周期要短得多，特别是所谓的“公众企业”(即上市公司)通常都是以本季度财务指标为走向。由于受证券业管理条例、人员的高流动性等因素影响，企业经营环境的稳定性受到严重影响。

在经营策略方面，不同思路的效果也各不相同。例如零部件的采购策略，美国大多采用“公开招标”的方式进行，日本则采用“合作开发”的伙伴式采购策略。受这两种不同采购方式的影响，各企业面对的供货商数量也各不相同。福特公司拥有2 300多家，丰田只有300来家。前者虽然可以通过削弱供货商的地位，来强化自己的竞争实力。但从长远看，将会削弱整个行业的供货基础与竞争能力。与此相反，后者则有利于形成长远且相对稳定的竞争能力。

就微观层面而言，不同的生产经营组织方式完全可能导致不同的结果。以在美的日美两国汽车产业为例，尽管在个人劳动生产率方面，美国企业不低于日资企业，但在整个生产线效率上，日资企业不仅要高出美国企业许多，而且生产质量也比美国企业好。导致这一差异的原因主要是劳动组织方式。美国企业受工会保护劳工权利要求的限制，其分工主要是以个人为单位，工种分得很细。这种分工方式虽然有利于明确责任，但不利于相互协作。日资企业所采取的分工方式是以“小组”为单位，工种分得很粗，每个工人都身兼数职，互相协作。这大大减少了上下工序间因衔接不利而造成的种种浪费现象和质量问题。

在中观层面上，不同的组织方式对行业竞争力也具有同样重要的影响。在研究日本经济时，众多学者都曾经指出，日本的财系结构和“长期相对稳定”的交易方式不仅使“丰田生产方式”取得了辉煌的成果，同时也强化了日本企业在国内外市场的竞争能力。

资料来源：Business Week, October 8,1990。

上述四种因素是国家竞争优势的决定因素，它们的情况如何直接导致国家竞争地位的变化。除此之外，还有两个重要的辅助因素对国家的竞争优势产生影响，即一国所面临的机遇和政府的作用。

5. 机遇

机遇是可遇不可求的因素，引发机遇的事件很重要，它会打破事物原本的状态，提供新的竞争空间。这些事件会使原本的竞争者优势顿失，并创造新的环境。形成影响产业竞争优势的机遇大致有以下几种情形：基础科技的发明创新；传统技术出现断层（如：生物科技、微电子技术等）；生产成本突然提高，例如能源危机；全球金融市场或汇率发生重大变化；全球或地区市场需求剧增；外国政府的重大决策；战争等。例如：微电子技术的进展使日本企业趁机击败了美国与德国在电子行业多年的领先地位，而世界对货船的需求使韩国有机会进入造船业与日本展开竞争。

6. 政府

政府对国家竞争优势的作用主要在于对四种决定因素的影响。政府的补贴、税收、教育和对资本市场干预等政策会影响到生产要素。对国内市场的影响也很微妙，一方面，政府制订本地产品规格标准之后，必然会影响到客户的需求状态；另一方面，政府本身也常常是该国市场的主要客户之一。政府也能以各种方式决定相关产业和支持产业的环境，影响企业的战略、结构、竞争等。这些角色使得政府既可能是产业发展的助力，也可能是障碍。因此，在产业创造竞争优势过程中，政府的角色是正面的还是负面的，要看它对钻石体系的影响。当政府的政策影响到钻石体系的四个关键因素的任何一项时，就会左右产业的竞争优势。但是，应当注意，从事产业竞争的是企业而非政府。竞争优势的创造和提升，最后必须反映在企业上，因为它们才是与外国企业进行竞争的主角。

政府应当做的是建立良好的企业运行外部环境，如宏观市场机制、资源等环境。特别在制订产业政策时应当注意，形成国家竞争优势的产业与各种产业分类方式并无关联性，如知识密集型产业和劳动密集型产业在创造产业竞争力上并没有高低之分。

此外，历史经验证明，发展对外贸易是某些落后国家赶上世界先进水平的重要途径。日本、韩国和我国台湾地区通过发展对外贸易迅速崛起给了我们深刻的启示。参见拓展资料 2-2，2-3。

拓展资料 2-2：

简论日本贸易立国战略

中国作为一个发展中国家，在经历了十几年的改革开放以后，经济发展取得了很大成就，社会物质财富不断增长，人民生活明显改善，国民生产总值(GNP) 稳步提高。截至目前，中国经济的发展已经达到了“起飞”的前夜，或者可以看作是刚刚进入“起飞”阶段。这和二战以后、五六十年代高速增长时期的日本经济形势有许多相似之处。因此，研究日本经济高速增长的课题对于我国具有特别重要的现实意义。

一、贸易立国战略的提出与确立

二战结束后，15 年的侵略战争给日本留下了“丰厚”的遗产：几乎所有的大城市都废墟连片，瓦砾成堆；300 万人因战争丧生，900 万人因空袭流离失所，700 万人从海外返回无处安置；四分之一以上的物质财富化为灰烬，近一半的工业和交通设备受到严重破坏，工农业生产陷于瘫痪状态；老百姓生活贫困至极——缺衣、少食、无处栖身。

日本向何处去重建日本成为战后日本政府迫在眉睫的课题。外务省为此成立了“特别调查委员会”，广泛地吸收日本优秀的经济学家和经济官员研究对策。1946 年 3 月，这个委员会就日本经济的重建问题提出了基本的设想——《重建日本经济的基本问题》报告书。该报告书指出：日本要把战时的统制经济体制转变成为和平的自由经济体制，实现经济的民主化和技术的高度化，立足国内丰富的劳动力资源，发展具有国际竞争能力的新型出口产业，振兴国际贸易，走加工贸易的道路。这份具有战略眼光的报告书最初表达了贸易立国的思想，但还仅仅是一个设想而已。到1948年，由于倾斜式生产方式等政策的实施和美国的援助，日本经济形势稍有好转，但基础还很脆弱。如何重建日本经济的课题再次成为日本经济学界和一般国民所关心的热点问题。有人主张通过引进新技术，仿效30年代的美国大力开发国内资源，以此实现日本经济的自立与工业化，这被称为“开发主义”；而另一部分人则认为日本人口多、资源少、生活水平低，国内市场有限，必须把日本经济的自立与发展问题放在世界范围内进行解决，由此，必须大力发展工业，扩大出口，以作为进口粮食和其他物资的代价。这一主张被称为“贸易主义”。这两种对立的争论引起了日本政府的高度重视，并基本采纳了后者的观点，从此确定了贸易立国的经济发展战略。

二、贸易立国战略的主要措施

(1) 注重建立对外贸易的管理部门，并健全、加强其职能。1949年成立了主管贸易和产业的通产省。1954年设立了受通产省指导的特殊法人——日本贸易振兴会，负责海外市场调查，收集经济信息与情报，联系和组织国际贸易活动，并向海外宣传日本的贸易政策，介绍日本的企业和产品等。同年，日本还设立了出口会议，由总理大臣亲自出席，内阁各有关大臣及政府职能部门的官员参加，包括产业界和经济学界的企业家和学者代表组成。每年召开2～3次会议，议定年度出口目标，研究如何扩大出口等问题。该措施对于提高出口商品的质量和信誉，促进出口，起到了积极作用。

(2) 通过行政指导和立法手段促进企业的合理化，推动产业向高级化方向发展，以加强日本出口商品的国际竞争力，并获得高附加价值。50年代，日本政府通过各种形式的审议会、调查会、协议会和委员会等加强产业界与政府的联系、交流和协商。同时，还利用政府的权力与地位及其财税政策与其所控制的金融部门诱导企业向政府规划的高级化产业目标迈进。60年代，政府又积极撮合汽车行业大企业的合并与协作。五六十年代，日本为加强出口贸易，核心的产业政策目标是实现重化学工业化。为此，不仅依靠行政指导手段，还制定了一些专门的法规。如《振兴特定工业临时措施法》、《振兴电子工业临时措施法》、《机械工业振兴临时措施法》、《扶植石油化学工业对策》等。在扶植大企业、促进产业高级化的同时，对中小企业也给予指导照顾，促进其联合、协作，与大企业形成系列化分工，在金融税制方面亦给予优惠。

(3) 采取一系列鼓励出口的政策措施。对出口企业实行优惠的外汇配额和贷款，甚至实行出口预付金融制度，成立了进出口专业银行。在税收方面实行出口收入扣除制度，按出口多寡比例加速折旧等。还建立出口保险制度，减少了出口企业的风险。

(4)制定恰当的进口政策。五六十年代,日本的进口政策和制度主要是围绕两个方针展开的。一个是为出口而鼓励的进口,主要是进口原材料、燃料和非最终商品的初级产品,再就是鼓励为提高产业结构而进口高技术含量的机械设备;另一个方针就是为保护本国落后的基础产业如农业,幼稚产业如轿车业、计算机产业等,而实行的限制进口的政策。

(5) 1955 年日本正式加入关贸总协定,日本利用其缔约国的地位和权利通过贸易谈判消除西方国家对日本商品的歧视政策,扩大对其出口,并最大限度地保护本国的农业和幼稚产业。同时,为了适应关贸总协定和西方国家的要求,有计划地逐步开放国内市场,在事先向产业界进行充分宣传、诱导的基础上,定出各种产业得到保护的最后期限,促进企业在开放市场的时间表前提高国际竞争能力,分阶段实行贸易自由化。

(6) 除了商品贸易外,日本还进行海外直接投资、技术贸易,开展国际经济合作等。但在高速增长时期,日本对海外投资与国际经济合作的规模很小。特别是技术贸易,直到 80 年代初期,日本技术输出与技术引进的价值之比才达到 30% 左右,而 70 年代以前一般都在 10% 以下。可见,在六七十年代,日本主要是引进技术,而不是输出技术。

三、贸易立国战略的效果

日本的贸易立国战略推动了 50 年代中期至 70 年代初期日本经济的高速增长,增强了日本的综合国力。由于贸易立国战略的提出,明确了日本经济的发展方向和目标,使日本的产业界努力与国际市场接轨,把企业置身于国际竞争的大舞台中,极大地增强了日本商品的国际竞争力,使日本出口贸易的规模不断扩大,刺激了国际市场对日本商品的有效需求,从而使日本的出口产业获得了极大地发展,带动了整个国民经济的起飞,使日本出现了 1956—1973 年高速增长的经济局面。

日本在贸易立国战略思想产生的初期,也曾一度把扩大出口的主要精力投放到轻工业和劳动密集型产业上,但很快就发现,以轻工业和劳动密集型产业作为重点出口产业,所获得的附加价值不仅较低,而且,其吸收劳动力、扩大国内就业市场的能力亦很有限,而且,无力同西方发达国家高技术含量的出口商品相竞争。因此,为了有效地实现贸易立国战略,日本实行了扶植以重化学工业为中心的产业政策,使日本的生产能力与综合国力发生了质的飞跃,对外贸易收支从 1965 年开始出现了持续稳定增长的大幅度盈余(也有个别的入超年份)。如果没有贸易立国的战略,那么,日本极其贫乏的国内资源,与五六十年代那种狭隘有限的国内市场容量是无法支持经济高速增长的。同时,以振兴出口为中心的贸易立国战略,由于不断扩大出口规模,也就有能力不断扩大进口,特别是对原材料和燃料的需求,这就弥补了资源匮乏的不利条件。日本贸易立国战略,使日本政府和经济界把很大精力都集中在国际贸易上，这使日本企业在获得市场信息、引进先进技术，借鉴高效管理经验方面都处于领先和有利的地位，促进了企业活力的增强。

资料来源：《求是学刊》，1998 年 1 月，冒洁生，费兴旺（有删减）。

拓展资料 2－3：

论韩国的贸易立国及其发展

韩国原是一个资源匮乏、经济技术落后的国家，但是，经过几十年的艰苦奋斗，经济技术发展实现了腾飞，取得了举世瞩目的成就，一跃而成为新兴工业化国家，并开始向发达国家迈进。这种“江汉奇迹”离不开机遇，也离不开韩国的各项政策措施。从某种意义上可以说，“贸易立国”就是其经济腾飞的钥匙。

一、贸易立国的由来及其发展

1953 年朝鲜战争结束后，到 60 年代初，韩国经济发展缓慢，社会生产的主要目标就是保护和促进消费品工业，提高消费品的自给率，维持国内低水平的消费需求。这一时期，韩国资金不足、产品短缺，几乎谈不上出口，整个经济处于贫穷落后状态。如何摆脱这种局面，走出困境，韩国选择了贸易立国的道路。

贸易立国是 1961 年朴正熙上台后韩国制订第一个五年计划时提出的。其主要内容是：通过发展加工出口工业，实现国民经济的自立。贸易立国的实质是实施“出口导向型”外贸发展战略，经济发展的侧重点从国内市场转向国际市场。

贸易立国被提出后，韩国的对外贸易特别是出口贸易成为了经济发展的重要动力，以空前的速度大幅度增长。1963—1972 年，韩国的出口额增长了 18 倍以上，工业产品在出口中的比重占 80%以上，国民生产总值年均增长 16.9%。六七十年代，在韩国进出口贸易的迅速发展中，相对于进口的增长速度，出口贸易得到了更为快速的发展。这既是进口替代战略阶段的内向型企业通过工业的发展转化为出口企业的具体反映，也是出口导向型经济中加工贸易型工业形态“以进养出”的结果。1964 年 11 月 30 日韩国的出口额首次突破 1 亿美元，韩国政府把这一天定为“出口日”，后来改为“贸易日”。1971 年突破 10 亿美元大关，1977 年超过 100 亿美元，1980 年达到 175 亿美元，1995 年突破 1 000 亿美元大关。31 年出口额增长了 1 000 倍，这在世界上是花费时间最短的。从 1964 年以后，年均出口增长 25.1%，也创下了世界纪录。出口对象国也从 1964 年的 41 个国家和地区增加到几乎世界上所有的国家和地区。出口商品品种也从 142 个增加到 7 723 个。难怪韩国经济学界说，60 年代至 70 年代末是“出口立国”，70 年代至 90 年代是“出口兴国”，从现在至 2000 年实现出口 2 000 亿美元目标是“出口富国”阶段。

二、贸易立国与调整产业结构

顺应形势，抓住机遇，调整产业结构，促进出口，是韩国贸易立国方针得以顺利实施的重要保证。韩国在60年代初期果断地变内向型经济发展战略为外向型经济发展战略，积极引进外资、技术和经营管理经验，并按照国际分工和产业技术的发展规模，瞄准先进工业国调整产业结构的时机适时加以利用。这就打破了产业结构内向循环的封闭模式，同发达国家的产业结构形成联动机制。韩国60年代大力发展劳动密集型轻纺工业，劳动密集型产业出口迅速发展。70年代加快了重化学工业发展，资金密集产品出口开始大增。近年来，随着产业结构的进一步改善，劳动密集型产品呈现相对减少的趋势，技术密集型产品出口兴起。这都是及时准确捕捉并积极利用各个时期国际产业结构变动机遇的结果。不论从长期发展战略考虑，还是从提高国际竞争力的角度出发，韩国不是被动地让产业结构适应市场需求的变化，而是主动调整产业结构。影响国际市场需求的变化，从根本上提高其产品的国际竞争力，促进出口的进一步增长。

1. 抓住美、日等发达国家转移劳动密集型产业的机会，发展面向国际市场的劳动密集型产业。

60年代，西方发达国家正处在战后发展的“黄金时代”，国际贸易迅速发展，美、日等发达国家调整产品结构，向外转移劳动密集型产业，国际市场对劳动密集型产业产品的需求又不断增长。韩国及时抓住这个有利时候，发展面向国际市场的劳动密集型产业。

韩国在头两个五年计划期间(1962年—1971年)首先发展轻纺工业，依靠外国资金、技术和设备，雇佣本国廉价的劳动力，从国外进口原材料和半成品，进行加工和装配，然后把成品销往国外，这样做不仅可以充分利用已有的工业基础和廉价的劳动力等优势，而且投资少、生产周期短、见效快，从而有利于克服资金匮乏、技术落后、市场狭小等不利因素，还可以为以后的发展奠定基础。由于韩国优先发展了轻纺工业，培植了出口“拳头”产品。1967年以后，纺织品一直成为韩国出口的重要商品，从而根本上改变了战后到60年代初以初级产品为主的出口商品结构。

2. 抓住美、日等发达国家转移劳动密集型重化工业的机会，推行重化工业，实现产业升级，从而提高出口产品档次和竞争能力。

70年代，一批劳动力价格更为便宜的新国家和地区进入了出口加工行列，成为了韩国的有力竞争对手。同时，美、日等发达国家为减少对石油的依赖和保护环境，将重化工业中的某些部门转移到发展中国家。韩国又不失时机地抓住一机遇，1973年宣布了《重化工业宣言》。把钢铁、造船、有色金属、电子、石汕化工、水泥、汽车、机械工业作为战略产业，实现产业升级，从劳动密集型工业向资本密集型工业过渡，从而实现更高级的出口导向型工业化。

重化工业的发展使韩国的出口商品结构发生了显著的变化。1973年韩国的重化工业产品出口额只有8.3亿美元，而到1981年则增加到99.6亿美元，9年间增长12倍多。

3. 抓住美、日等发达国家转让技术和改造传统工业的机会,发展技术、知识密集型产业,实现出口产品结构的进一步升级。

80年代以后,世界范围的国际分工发生了重大变化,工业国家的贸易保护壁垒越来越高。发达国家为降低成本,把电子工业中的劳动密集型的装配工序、低层次产品和过时技术等转移到海外。韩国又抓住机遇,利用发达国家转移的高技术改造传统工业,在继续发展钢铁、造船等以熟练劳动力和大规模设备为基础的劳动、资本密集型重化工业的同时,加强了生产半导体、计算机、办公自动化设备、工业机器人等技术、知识密集型产业。从而实现出口产品结构的进一步升级。截至1995年底,韩国的电子产品出口额已高达400多亿美元。

三、贸易立国与政策指施保障

韩国的贸易立国方针之所以得到顺利推行,是与其适时地采取行之有效的政策措施作保障分不开的。

1. 法律保证贸易立国

在不同的历史阶段,韩国都制订了相应的对外贸易法规,使对外贸易活动有法可依。目前,涉及到进出口管理方面的主要法规有:《对外贸易法》、《关税法》、《外汇管理法》、《出口检验法》、《出口保险法》等。此外,还制订了《药检法》、《工业品质量管理法》、《汽车管理法》等特别法。

《对外贸易法》是管理进出口的基本法,1986年制定。为了贯彻好《对外贸易法》还颁布了《对外贸易法施行令》。

2. 建立官民结合的对外贸易管理体制

建立由政府机关领导、民间经贸机构协调、私人企业直接参与的对外贸易管理体制,也是韩国贸易立国方针得到顺利推行的重要保证。

首先,政府的积极干预起到了重要的作用。政府不仅在每个重要时期都制定外贸发展战略和政策措施,而且从组织上予以配合,保证实施。例如,60年代政府把扩大出口作为政治经济活动的重心,除总统亲自抓出口外,还建立了出口的决策和执行系统。从1965年开始,每月召开一次由总统主持、各有关部门和大企业代表参加的全国贸易促进会议,专门了解有关出口情况,研究和解决有关问题。与此同时,民间的促进贸易机构也纷纷成立,如韩国贸易协会、大韩贸易振兴公社、商事仲裁协会等。它们作为政府和企业之间的纽带,调查海外市场行情、寻找贸易机会、协调企业关系。此外,韩国还实行了严格的贸易管理制度,包括进出口注册制度、奖惩制度。"贸易日"已成为政府奖励出口企业的一种手段和象征,企业已将"贸易日"得到的奖励作为评价经营成果的最高荣誉。

3. 组建综合贸易商社

韩国政府吸收日本的经验推广综合商社制，扶植自己的大型贸易企业。1975年4月，商工部公布了《关于选定综合贸易商社的条件》，11月，指定三星物产为第一家综合贸易商社，接着又指定大宇实业、双龙、国际商事、韩一合纤、高丽贸易、晓星物产、乐喜金星商事、鲜京、三和、锦湖实业、现代综合商事、栗山实业等为综合贸易商社。被选为综合贸易商社的大公司可以得到金融、税收、进出口等方面的许多优惠。综合贸易商社以其庞大的组织系统和雄厚的财力，实现了开发、进口、加工出口、情报收集以及金融、保险、运输、仓储等垂直一体化的外贸运营体系。因而商社在对外贸易方面的作用日益重要，现在韩国的出口贸易中近一半是由综合贸易商社承担的。

4. 建立出口工业区和自由出口贸易区

1962年，韩国建立了蔚山工业区，此后又建立了汉城出口工业区、仁川出口工业区、龟尾电子工业区等，积极吸引外国私人直接投资。1964年韩国公布了《出口工业区建设法》。1969年10月成立了出口自由区，设立促进委员会。1970年1月1日政府颁布了《出口自由区设置法》。自从这一法律颁布以来，韩国又设立了马山出口自由区和里里出口自由区。出口自由区在韩国的对外经济关系方面具有重要的意义，对韩国的经济发展和出口起到了重要的作用。

5. 推进贸易自由化进程

韩国不断地开放市场，推进贸易自由化进程。70年代末、80年代初，韩国约有30%的进口商品受到限制，到1983年时对进口商品的限制剩下20%。1985年10月，实行“进口自由化计划”后，连续3年陆续向604种商品开放市场，到1988年时可自由进口商品的比重已增至95.4%，1990年时达到97%，1996年7月解除28种农、牧、渔业产品的进口禁令。最后的一项促进贸易自由化计划规定，韩国将在1996—2000年期间，再逐步开放48个商业部门，其中包括32个商业服务部门，12个生产制造部门和4个农业及渔业生产部门。这样，到本世纪末韩国的1148个商业部门中将有1116个向外商开放。

6. 建立全球性行销网络

仅韩国的贸易商社就在海外设立了2400多家分社，形成了遍布全球的行销网络。每年还有数千名推销员活跃在世界各地，从事市场调查、广告宣传和商品推销活动。韩国在对外贸易中采取灵活多样的销售策略和行之有效的促销手段。对美国、西欧等贸易顺差国开放市场，增大进口；对日本、澳大利亚等贸易逆差国控制市场，增大出口；对东南亚、中东、南美等地区，采取扩大投资和技术转让等办法。促进机器设备等商品的出口；80年代中期以后，对中国和俄罗斯等国则采取了更为灵活的贸易方式，使韩国的海外市场更加多元，外贸额逐年增加。

四、贸易立国与经济发展

韩国的经济起飞是从60年代初提出贸易立国方针后开始的。对外贸易的长期稳定发展，大大地促进了经济发展。1995年韩国的对外贸易额增长速度高达30％。1962年韩国的国民生产总值仅为23亿美元，人均国民生产总值仅87美元。1970年人均国民生产总值为253美元，1984年为2044美元，1991年为6316美元，1993年达7670美元，30年增长32倍多。据世界银行1995年年底发表的数据，从1985年到1994年韩国的年人均国民生产总值增长率达8.2％，仅次于泰国，居世界第二。1994年韩国的经济增长速度为8.4％，依靠出口取得的经济增长速度为4.4％，经济增长的一半以上是靠出口取得的。出口在国民生产总值中所占的比重高达23％，1995年韩国的经济增长速度又增至9.3％，增幅已居“亚洲四小龙”之首。

资料来源：宋魁. 论韩国的贸易立国及其发展，东北亚论坛1997年第2期。

第三章　中国对外贸易发展战略

本章目标

1. 介绍“大经贸”战略的含义。
2. 阐述“走出去”战略。
3. 了解出口商品战略。
4. 考察“以质取胜”战略。
5. 详述“市场多元化”战略。
6. 理解“科技兴贸”战略。
7. 了解进口贸易发展战略。

第一节　对外贸易总体发展战略

对外贸易发展战略是指在该国国民经济总体发展战略的指导下，在一个比较长的历史时期内，有关对外贸易发展的全局性决策和长期性规划。它属于部门经济发展战略，这种战略有时是就整个外经贸发展而提出的，有时专门针对出口或进口。改革开放以来，我国的对外贸易作出了一系列的战略规划，对对外贸易总量、商品结构、市场结构、未来发展方向等方面进行了卓有成效的指导和调节。

迄今为止，就整个外经贸发展而提出的战略有“大经贸”战略和“走出去”战略。

一、“大经贸”战略

1994 年 5 月，我国明确提出了对外贸易的发展战略——“大经贸”战略，即实行以进出口贸易为基础，商品、资金、技术、劳务合作与交流相互渗透、协调发展，外经贸、生产、科技、金融等部门共同参与的经贸发展战略。具体内容包括：

扩大开放：拓展对外经贸的广度和深度，形成对内对外全方位、多领域、多渠道的开放格局，实现经营主体多元化。

加快融合：实现对外贸易、利用外资和其他对外经济技术合作业务的大融合；加快商品贸易、技术贸易和服务贸易的融合，实现三者的协调发展；实现双边、区域和多边经贸合作；推进贸易、生产、科技、金融等部门的密切合作，提高企业的国际竞争力。

转变功能：在扩大外贸规模，提高对国民经济增长的贡献度的同时，着力发挥其促进产业结构调整，加快技术进步，提高宏观和微观经济效益两方面的作用。

实施"大经贸"战略最重要的成果，是外经贸经营主体的数量极大增加，形成了千军万马参与国际经贸竞争与合作的崭新格局。国家逐步放宽了取得外经贸经营权的资格标准，实现了由审批制向登记制的转变，指定公司经营的商品范围逐步放开。上世纪 80 年代末期，全国只有不到 100 家专业外贸公司具有进出口经营权，外商投资企业数量极少。而截至 2003 年底，全国共有 11 万家内资企业获得进出口经营权，从事进出口业务的外商投资企业达 23 万余家，各方面发展进出口的积极性得到充分调动。

在此战略指导下，我国对外贸易取得了可喜的成绩，拓展资料 3－1 从一个侧面反映了这一点。

拓展资料 3－1：

新思路新举措带来新突破，河南"大经贸"战略初见成效

已经过去的 2002 年，对河南省外经贸来说，无疑是辉煌的一年。全省抓住加入 WTO 的机遇，积极实施"大经贸"战略，大力发展外向型经济，对外贸易和经济技术交流合作规模继续扩大，全年进出口总值首破 30 亿美元大关，达 32 亿美元，同比增长 14.7%，多元化开拓国际市场的力度明显加强。

没有规模就没有效益。2002 年，河南外经贸规模进一步扩大，其中出口 20.9 亿美元，同比增长 22%；外贸出口和进出口总额均创历史新高。

外经贸运行的质量和水平直接影响外经贸的效益。2002 年，河南外经贸运行的质量和水平明显提高，经济结构调整迅速到位。通过培育开发新品，全省出口商品进一步多元化：高新技术产品出口 3 877 万美元，同比增长 75.3%。其中，生命科学和材料科学成为出口主导产品，具有比较优势的劳动密集型产品、特色商品、农副产品出口也明显增多。2002 年，全省铝锭、毛发制品、玻壳出口分别达 1.698 亿美元、1.639 亿美元和 1.271 亿美元，在出口商品中列前 3 位。农产品出口总额 2.31 亿美元，增长 13.4%。大宗传统优势出口农产品——冻猪肉、大蒜、蜂蜜和芝麻等，均有大幅增长。

中原商海引来各国商贾前来淘金，全省吸收外资规模跃居中西部前列。2002 年，全省新批外商投资企业 290 家，同比增长 29.5%。截至目前，已有 7166 家外资企业落户中原，合同外资 106.6 亿美元，实际使用外资 53.6 亿美元，外来投资的国家和地区逾 90 个。外资来源日益多元化发展，全省新批外资大项目增多，40 多

个“块头”超1000万美元的外商投资项目纷纷落户，同比增长82%，单个项目合同外资额创历史新高。大型跨国公司来豫投资增多，世界500强企业中有20家来豫落户。

体制改革是解决外贸企业深层次矛盾的有效途径。“九五”期间，河南外经贸行业实行统一政策、放开经营、平等竞争、工贸结合、政企分开，逐步适应参与国际竞争。外资工作方面，以下放审批权限、提高工作效率为突破口，促进了全省利用外资工作。严厉打击走私、骗退税和逃套汇等违法犯罪行为，为“大经贸”战略实施创造了良好的环境。

2002年，河南还加大多元化开拓国际市场的力度。在对香港、东盟、日本、韩国、欧盟和美国六大传统出口市场全面增长的基础上，对俄罗斯、印度、非洲、中东等新兴市场的出口也出现大幅增长。

资料来源：《人民日报·海外版》，2003年02月13日第1版。

二、“走出去”战略

实施“走出去”战略是对外开放新阶段的重大举措，国家鼓励和支持有比较优势的各种所有制企业对外投资，带动商品和劳务出口，形成一批有实力的跨国企业和著名品牌，积极参与区域经济交流和合作。

中国政府于2000年确立实施“走出去”战略，将对外经济发展战略从“引进来”为主，调整到“引进来”和“走出去”相结合。2001年政府进一步将“走出去”战略写进《国民经济和社会发展第十个五年计划纲要》。之后，越来越多的中国企业纷纷走出国门，对外投资、对外承包工程、对外劳务合作迅速发展，中国企业的身影出现在世界各地，多种形式的境外经济合作取得长足进展。

1. “走出去”战略提出的背景

上世纪90年代中期以来，国际国内经济形势发生了重大变化。国际上，经济全球化使世界经济格局重新“洗牌”，各国政府不得不重新估量自己在新的世界大格局中的地位，认真思考如何在一个更加开放、更加相互依存、更加市场化的世界中生存发展。同时，他们面临着一个共同的课题：调整发展战略，变革体制，夺取新的战略主动权。从国内看，短缺经济的结束引发传统产业出现了普遍的过剩，开拓国内外市场，调整经济结构，培育新的经济增长点，提高国民经济整体素质成为我国经济发展的关键。随着“入世”谈判的进展，中国开放的大门进一步加快了开启的速度。国界对国际竞争的屏蔽作用越来越小，国内企业不仅面临着发展空间受到挤压的危险，还面临着丧失本土生存空间的可能。同时，就业的压力、资源保障以及生态环境的制约比以往更为严重地影响着我国经济的发展。

经济全球化把整个地球整合成了一个“地球村”，我国只有顺应这一潮流，突破国界的局限，把视野和目标从国内拓展到全球，建立一个在全球化环境中同样能够取得成功的经济体系，才能确保中国现代化目标的实现和长远持续的发展。基于此，我国政府适时地提出了“走出去”战略。

2. 实施“走出去”战略的措施

“十五”期间，为实施“走出去”战略，推动对外经济合作，国家在财税、信贷、保险、外汇、国别导向等方面制定了一系列发展对外投资、承包工程、劳务合作等业务的政策措施，深化管理体制改革，推进“走出去”便利化，并初步建立起对外经济合作的促进体系、服务体系、保障体系和监管体系，实施“走出去”战略的政策推动效应日益明显。如商务部会同有关部门制定出台的资源类境外投资和对外经济合作项目前期费用扶持、境外加工贸易贷款贴息、对外承包工程贷款贴息和保函风险专项资金等政策，一些省市也制定了一些支持企业“走出去”的具体措施。

3. 实施“走出去”战略的成效

虽然我国企业还处于“走出去”的起步阶段，但实施这一战略已初见成效。据统计，目前我国从事跨国经营的各类企业已发展到 3 万多家，“走出去”各项业务实现大幅增长。“十五”期间，对外直接投资(非金融类)实现跨越式增长，2002—2005 年四年累计投资净额 179 亿美元，年均增长 36%；2001—2005 年五年间，对外承包工程累计完成营业额 726 亿美元，年均增长 24%，比“九五”时期增长 1 倍；对外劳务合作累计完成营业额 173 亿美元，年均增长 6%，比“九五”时期增长 49%；2005 年末在外各类劳务人员达 56 万人，比“九五”期末增加 12.5 万人。截至“十五”期末，对外直接投资额超过 500 亿美元；境外中资企业超过 1 万家；对外承包工程累计签订合同额 1 811 亿美元，完成营业额 1 353 亿美元；对外劳务合作累计签订合同额 401 亿美元，完成营业额 348 亿美元，累计派出劳务人数达到 345 万人。

中石油、中石化、华源、海尔等一批骨干企业积极开展跨国经营，取得较好成效。万向、远大空调、新希望等民营企业以开展境外加工贸易为切入点，积极拓展国际市场。中建、港湾、机械装备、上海建工等大型专业工程公司在对外承包工程和劳务合作中的优势和骨干作用日益显著，经营水平不断提高。目前，已有 39 家中国企业进入美国《工程新闻记录》(ENR)杂志评选的世界最大 225 家国际承包商行列，11 家进入国际工程咨询设计商 200 强，显示出我国企业实力不断增强。在实施“走出去”战略过程中，我国还培养和锻炼了一批懂经营、会管理、熟悉国际惯例的人才。实施“走出去”战略，海尔的经验值得借鉴，参见案例研究 3－1。

案例研究 3－1

海尔："绿地投资"的先驱

海尔的发展历程分为四个阶段：1984—1990 年，内向型发展阶段；1990—1996 年，出口阶段；1996—1998 年，海外投资阶段（在印尼等地投资）；1999 年以后，本土化阶段（在美国南卡罗来纳州投资、设计、生产、销售）。

海尔"走出去"靠的是一条渐进式道路，即在逐步取得国内市场领先地位的基础上，开始推进国际化。1990 年，海尔冰箱开始出口德国和美国市场，拉开了海尔产品进入海外市场的序幕。经过九年努力，海尔的营销国际化取得了丰硕成果：冰箱、冰柜、空调、洗衣机等出口到美国、日本、澳大利亚以及欧洲、东南亚、中东、拉美等市场，共 87 个国家和地区，海尔的冰箱、空调、洗衣机的生产技术也出口到印度尼西亚、马来西亚、菲律宾和西班牙等国家，还在印度尼西亚、菲律宾、马来西亚、伊朗和美国等国投资设厂，并逐步推行海外投资的本土化，成为中国企业"走出去"的典范。

海尔"走出去"过程中，采取了系统化的组合措施：

首先，创立世界名牌。海尔给自己制定了许多严格的标准，如"产品零缺陷"，"物流零距离"，"仓储零库存"，"用户零烦恼"等。海尔的质量管理实现了瞬间的控制有效。在中国成为著名品牌后，海尔提出了"国门之内无名牌"的观念，认为在开放的市场上，只有是世界的才是民族的，要想成为民族品牌，必须在国际竞争中成为世界著名品牌。海尔着手扩大其世界影响，走向世界，争取国际权威质量认证，获得了美国、日本、澳大利亚、俄罗斯、加拿大以及欧盟、美洲等国家和地区的多种产品认证，成为中国获得国外认证证书最多的企业。在创立世界名牌的过程中，海尔的生产、技术、质检、环保、服务等多方面与国际接轨，在世界上处于领先地位，品牌价值迅速提升。这为海尔进军海外市场奠定了坚实的基础。

其次，建立国际化的营销网络。海尔确立了"先难后易"的出口战略。首先将产品打入挑剔的发达国家市场，在德国、美国获得良好声誉后，向西欧、日本、澳大利亚等更多的发达地区市场拓展，并以居高临下之势，迅速推向中东欧、拉美、中东、南非等市场。在海外销售过程中，主要依赖外国专营经销商设立营销网点，并建立国际物流中心，保证对海外经销商的产品供应，赢得了国际信誉。

第三，构建国际化技术研发网络。海尔坚持技术研发目标国际化、技术研发课题市场化、技术研发成果商品化的原则，从一开始就引进德国的冰箱生产技术，并逐步培植自己的技术研发力量，以资本为纽带，与国内众多科研院所建立合作关系，形成自己的研发体系。在海外，与许多大公司、技术中心建立交流、合作、协作网，建立东京、洛杉矶、蒙特利尔、悉尼、阿姆斯特丹以及我国香港等信息中心；建立东京、蒙特利尔、里昂等设计分部，根据国际市场信息，跟上国际技术潮流，开发本土化的产品。

第四，建立海外生产体系。海尔坚持循序渐进的“走出去”战略，认为产品出口是“走出去”的初级阶段，企业发展到一定水平就要向技术输出、资本输出迈进，在海外投资设厂。1996年12月，海尔首次在印度尼西亚设立海尔莎保罗有限公司，拥有51%的股份，标志着生产开始国际化。此后，海尔抓住东南亚金融危机对外投资的有利时机，加快在东南亚投资的步伐。1999年，海尔在美国南卡罗来纳州设立冰箱厂，形成了设计中心在洛杉矶、营销中心在纽约、生产中心在南卡罗来纳的美国本土经营体系，并实施海外投资生产、设计、营销等全方位的本土化，获得了较好的效益。

海尔“走出去”的主要特点是：经营范围——海尔自己的核心产品；发展进程——从创造国内名牌、国际名牌着手，到出口，再到跨国投资，渐进性发展；对外投资方式——以“绿地投资”即新建企业为主；跨国投资效果——成功率高，发展快。

海尔“走出去”的成功，与以下因素密不可分：长期把开发国际市场作为市场营销的战略组成部分，跟踪国际技术和产品信息变化，坚持高质量，以创造世界名牌为导向，根据各国用户的不同需求不断开发新技术、新产品，进行技术创新、产品创新，致力于推行本土化战略，等等。

资料来源：新华网，2005-04-13，桑百川、郭桂霞。

更多时候，我们将对外贸易发展战略区分成出口贸易战略和进口贸易战略，后面章节分别述之。

第二节　出口贸易战略

一、我国发展出口贸易的意义

我国是发展中国家，发展出口贸易有着特别重要的意义。

第一，出口贸易是我国外汇收入的主要来源；第二，出口贸易的规模制约着我国进口及引进技术和利用外资的规模；第三，出口贸易可以带动国民经济的技术改造，使国内经济建立在高技术基础上；第四，出口贸易可以推动我国产业结构和经济结构的优化；第五，出口贸易可以促进我国对外经济贸易关系的发展，有利于创造我国经济建设良好的外部环境；第六，出口贸易可以增加劳动就业的机会，这在当前就业矛盾突出的情况下，尤其重要。据估计，我国每出口1亿元工业品，一年可为1.2万人提供就业机会。而制定切实可行的出口贸易战略，是我国发展出口贸易的重点措施。

二、出口贸易战略内容

在我国出口贸易的发展过程中，每个阶段都制定了出口贸易的发展战略，以下就其中仍在起作用的重点战略进行详述，它们分别是出口商品战略、市场多元化战略、以质取胜战略、科技兴贸战略等几个方面。

（一）出口商品战略

出口商品战略是指我国为了达到预定的出口战略目标，根据我国在一定时期内比较优势与竞争优势的状况和国际市场的需要，对出口商品的构成所做出的战略性安排。

"六五"期间(1981—1985)出口商品战略：改革开放初期，我国产业结构和生产技术落后，据此制定的出口商品战略是：发挥四个优势(资源丰富优势，传统技艺精湛优势，劳动力众多优势，现有工业基础优势)，扩大商品出口。根据该战略，这一时期我国优先发展了石油、煤炭等矿产品和农副土特产品的出口，重点发展了轻纺产品的出口，逐步发展了机电产品及有色金属、稀有金属加工品的出口。

"七五"期间(1986—1990)出口商品战略：考虑到当时初级产品所占比重大，制成品不到50%，且制成品中粗加工产品占绝对比重，附加价值高的精加工品比重低，因此提出了"两个转变"的战略：即由主要出口初级产品向主要出口制成品转变；由主要出口粗加工制成品向主要出口精加工制成品转变。据此，我国减少了一些大宗原料性产品如石油、棉花、粮食及某些矿产品的出口，轻纺产品出口得到较快的发展，纺织品成为我国出口的最大宗商品，同时机电产品及某些高科技产品出口也有了一定的发展。到"七五"期末，我国实现了第一个结构转变目标，出口产品中，工业制成品的比重已大大超过初级产品，约占2/3。

"八五"期间(1991—1995)出口商品战略：从国际市场、国内经济发展的情况看，机电产品贸易增长在各类商品中速度最快，且成为贸易额最大的一类商品。因此，这一时期制定了逐步实现出口商品结构的第二个转变的战略，即逐步实现由粗加工制成品出口为主向精加工制成品出口为主的转变，努力增加附加值高的机电产品、轻纺产品和高技术产品的出口，鼓励那些在国际市场有发展前景、竞争能力强的拳头产品出口。到"八五"期末，我国出口商品结构进一步优化，机电产品已取代轻纺产品，成为我国出口的最大宗商品，轻纺产品及农副产品、资源性产品在出口中的比重虽然下降，但绝对额仍持续增长。

"九五"期间(1996—2000)出口商品战略：考虑到我国出口商品结构虽然不断优化，但仍以粗加工、低附加价值、低技术含量的劳动密集型产品为主，出口商品的总体竞争力较弱，因此，根据“九五”计划中提出的要实现经济增长方式从粗放型向集约型转变的方针，我国在这一时期制定了“以质取胜”为核心的出口商品战略，努力实现外贸出口增长由主要依靠数量和速度转向依靠质量和效益。具体措施为：进一步优化进出口商品结构，着重提高轻纺产品的质量、档次，加快产品升级换代，增加花色品种，创立名牌，提高产品附加值；进一步扩大机电产品出口，特别是成套设备出口，发展附加值高和综合利用农业资源的创汇农业；按照国际标准组织出口商品生产，加强售后服务。到“九五”期末，高新技术产品出口增长迅速；轻纺产品出口结构有明显的升级，附加值有较大提高；在农副产品中，减少了粮食作物的出口，增加了创汇农产品的出口。

“十五”期间(2001—2005)出口商品战略：经过改革开放以来20多年的经济发展，我国的产业结构和出口商品结构都有了较大的提升，特别是高科技产业发展迅速、产品出口快速增长，但是我国出口商品结构总体上尚未实现第二个转变，即由粗加工制成品出口为主向精加工制成品出口为主的转变，出口产品中低技术、低附加值产品仍占主导地位。因此，这一时期我国提出要继续贯彻“以质取胜”战略，重视科技兴贸，优化出口商品结构；加快推进外经贸领域的两个根本性转变，基本实现外经贸发展从主要依靠规模扩张和数量增长向主要依靠质量和效益提高的根本性转变，增强我国外经贸的国际竞争力，努力保持对外经济贸易的可持续发展。到“十五”期末，我国机电产品出口占世界机电产品出口总额的比重由“九五”期间的3.4%升至8.5%，在世界机电产品出口国排位升至第四，仅次于德国、美国和日本，迈入世界机电产品出口贸易大国行列。机电产品已连续12年保持我国第一大类出口商品地位。在保持总量快速增长的同时，机电产品出口结构明显改善，高新技术机电产品出口一年上一个台阶，由2000年的350.3亿美元上升至2005年的逾2000亿美元，占全国机电产品出口比重50.1%，年均增长43.5%。

由此可见，高新技术产品出口与我国出口商品结构的调整及优化关系密切，与我国外贸的可持续发展也休戚相关，拓展资料3－2也说明了这一关系。

拓展资料3－2：

中国出口商品结构与高新技术产品出口

一、我国已成为贸易大国

改革开放以来，我国对外贸易迅速发展，进出口总额由1978年的206.4亿美元增加到1999年的3607亿美元，年均增长15.4%，远远高于同期世界贸易的增长速度。对外贸易总量跃居世界第九位。

20世纪80年代，我国成功地实现了出口商品结构从以初级产品为主向以工业制成品为主的转变。1992年，工业制成品已占出口商品总额的80%，1999年更是高达89.8%。在进口商品中，初级产品与工业制成品在进口总额中的比重1995年分别为18.5%和81.5%。在工业制成品进口中，机电产品仍是最大宗的进口产品，在进口总额中的比重从"七五"末的40.2%上升到"八五"末的44.6%。近年来，我国对外贸易中高附加值商品出口也呈不断上升的势头。截至1998年底，全国累计批准外商投资企业32.47多万家，合同吸收外资占世界第二，在发展中国家居第一位。外汇储备达1450亿美元，20年增长了830倍，仅次于日本，居世界第二位。

二、出口商品结构面临新的挑战

我国工业制成品在出口商品总额中所占比重已经达到世界先进水平，但工业制成品中低附加值产品的比重仍然较高，机电产品出口在外贸出口总额中的比重虽然已经超过纺织品，成为我国第一大类出口商品，1999年达到44%，与发达国家相比差距仍然很大，日本机电产品出口比重已达75%。我国高新技术产品出口与发达国家的差距就更大了。1999年，高新技术产品出口占外贸出口总额的比重仅占12.7%。目前发达国家高新技术出口占出口商品总额的比重已达到40%以上。

在1997年的亚洲金融危机中，原料性产品和传统产品的国际贸易受冲击最大，普遍出现了贸易量萎缩、价格下滑现象，而高新技术产品受到的冲击则很小，仍然保持了稳定高速的增长。提高高新技术产品在工业制成品出口中的比重，是我国出口商品结构的第二步战略性调整，是提高出口产品竞争力、由贸易大国走向贸易强国的必由之路。

三、高新技术产品出口的国家利益

世界银行高级副行长、首席经济学家斯蒂格利茨认为，未来十年中国将面临三个关键性挑战：第一个挑战是进一步突出以发展国内经济作为推动经济增长的发动机，以继续开放作为补充。中国是一个大国，大规模的出口将导致其他国家做出"保护主义"反应。第二个挑战是减少脆弱性，减少经济波动的频次及其社会后果。第三个挑战是在面临家庭结构变化和城市化等重大社会和人口发展趋势之际，维护和加强社会凝聚力。

中国已是出口大国，但在世界前十位的出口大国中，只有中国是发展中国家，其出口产品以低附加值的劳动密集型产品为主。中国在出口总量上可与发达国家相比，而在出口产品结构上却与许多发展中国家相同。中国按目前的出口产品结构继续扩大出口，可能引发以下不利结果：

(1) 在低附加值劳动密集型产品的国际市场上，与处于同一出口产品结构的发展中国家发生更激烈的竞争和贸易摩擦，将受到更多的反倾销指控。

(2) 进一步降低低附加值劳动密集型产品的国际市场价格，造成外贸出口"丰产不丰收"，即出口额增长引起出口效益下降。

(3) 中国出口产品的国际市场份额下降。

因此，中国外贸出口的主要任务是尽快实现出口产品结构的战略性调整，发展高附加值的高新技术产品出口，从外贸大国向外贸强国转变。

在亚洲金融危机中，我国外贸出口中初级产品和一般工业制成品均受到重大冲击，而高新技术产品却保持了持续增长的态势，为我国外贸出口增长和经济稳定与发展作出了突出贡献。亚洲金融危机的影响表明，发展高新技术产品出口对减少经济的脆弱性，减少经济波动的频率具有积极作用。

从中国的经济发展阶段和现阶段高新技术产业的基本特征看，在一个较长的时期内，高新技术产品出口将以劳动密集型产品为主，出口产品附加值将略高于一般工业制成品而低于发达国家的高技术产品。发展高新技术产品出口的主要目的是获得国际技术扩散和国际高技术产业分工的利益，推动传统产业的结构调整，保证外贸出口的稳定增长和国民经济的持续发展。

资料来源：《科技日报》，http://mlxx.net/science/rkx/left1.htm。

"十一五"期间(2006—2010)出口商品战略：在"十五"期末已经取得的成绩上进一步加快转变对外贸易增长方式，促进对外贸易由数量增加为主向质量提高为主转变，到 2010 年，货物贸易、服务贸易进出口总额分别达到 2.3 万亿美元和 4 000亿美元。要优化出口结构，以自有品牌、自主知识产权和自主营销为重点，扩大具有自主知识产权、自主品牌的商品出口，控制高能耗、高污染产品出口，引导企业增强综合竞争力。

(二) 市场多元化战略

1. 提出背景

长期以来，我国出口市场过于集中。例如：1990 年，我国出口额 520 亿美元当中，对西方发达国家和港澳市场的出口占 75%以上，而对其他 100 多个发展中国家和地区及原苏联、东欧国家的出口却不到 25%(前苏联、东欧占 5.8%，周边 11 国 6.6%，东盟占 6%，中东 2.7%，拉美 1.27%，非洲 1.26%)。1998 年，我国出口市场结构中香港地区占 21%，美国占 20.6%，日本 16.1%，欧盟 15.3%，东盟 5.9%，韩国 3.4%，其余市场占 17.7%。由于亚洲金融危机，当年我国出口增长大幅度滑坡，使我国出口贸易出现自 1977 年以来 21 年中的最低增长值，主要原因也是出口市场过于集中。

我国出口市场高度集中的分布态势对出口贸易的强劲增长形成了约束，而且令其置于更加不稳定的市场环境中。出口市场多元化战略的提出始于"七五"计划末(1990 年)，并于"八五"计划正式启动，同时在"九五"计划和"十五"计划中进一步强调。如"十五"计划提出："积极参与和维护全球多边贸易体系，发展双边和多边贸易，相互促进，实现市场多元化。在巩固提高传统市场占有率的基础上，大力开拓新市场，拓展出口渠道。”

2. 市场多元化战略的内容及意义

出口市场多元化战略是根据国际政治经济条件的变化，有重点、有计划地调整出口市场结构，在巩固传统市场的基础上努力开拓新市场，改变出口市场过于集中的状况，逐步建立起出口市场多元化的总体格局。具体内容为：继续巩固发展西方发达国家和港澳台地区市场；特别重视和发展亚洲、非洲、拉丁美洲等第三世界国家市场；发展同独联体、东欧国家的贸易；积极拓展周边国家市场（发挥地缘优势）。其意义有：

(1) 市场多元化是有效地同某些西方国家在政治上、经济上进行必要斗争的需要。国际经贸关系不可能不受到国际政治斗争的影响。苏联解体后，美国不断地在人权、武器销售、最惠国待遇、市场准入、知识产权、所谓劳改产品出口等问题上频频对我施压。面对严峻的国际政治形势，如果我国贸易市场过分集中在少数西方大国，势必受制于人。

(2) 市场多元化是冲破贸易保护主义和区域集团排他性限制的需要。随着世界经济区域集团化趋势的发展，贸易保护主义正日趋加剧，成为我国发展对外经济贸易的一大威胁。区域集团成员国间取消关税和非关税壁垒，进一步扩大区域经济交流，生产社会化的进一步发展，势必出现排他倾向。而且，由于区域集团成员国实行统一的对外贸易政策，从而影响我国对整个区域的出口。只有抓紧时机，在区域集团最终形成之前，加快发展与各集团成员国之间的双边贸易和经济合作，同时加速发展与集团以外国家的经济贸易关系，才能有效冲破各种限制，打进集团内部，拓展外部市场，变被动为主动。

(3) 市场多元化是加强我国同第三世界国家的团结和合作、在国际事务中发挥更大作用的需要。在世界格局由一极称霸向多极转变的过程中，广大第三世界国家都愿意同我国发展各个领域的合作，以抵制来自西方国家的政治、经济压力。我国为争取有利于社会主义现代化建设的外部环境，发展对外经贸关系，同样需要第三世界的支持与合作。

(4) 市场多元化是有效遏制台湾当局的“弹性外交”，促进祖国统一的需要。近年来，台湾当局凭借其经济实力，以经济援助、贸易和投资合作为诱饵，加紧在第三世界国家推行“弹性外交”，并在几个小国得手。对此，必须引起高度注意。

总之，改变目前过于集中的市场格局，加快实施出口市场多元化战略，是避免各种风险，争取更大的发展回旋余地，保证我国对外贸易长期持续、快速发展的必由之路。

3. 实施市场多元化战略措施

(1) 利用发达国家在综合国力竞争中的矛盾，继续巩固和深度开拓发达国家市场。发达国家市场容量大，市场条件好，有多种层次的消费需求。我国同各发达国家的贸易也不平衡，即使是在我国贸易中占较大份额的国家，我国出口占其进口的比例也很小，有进一步开拓的潜力。如我国对日本贸易额仅占其对外贸易额的4.4％，出口占其进口的5％；对美国贸易占其对外贸易额的1.7％，出口占其进口的1.5％；对德国贸易额仅占其对外贸易额的0.7％，出口占其进口的0.6％；对意大利贸易占其对外贸易额的0.8％，出口占其进口的0.6％；对英国贸易占其对外贸易额的0.4％，出口占其进口的0.46％；对法国贸易占其对外贸易额的0.47％，出口占其进口的0.3％；对加拿大贸易占其对外贸易额的0.9％，出口占其进口的0.5％。继续扩大对发达国家市场出口，不仅对增加出口创汇有重要意义，而且有利于促进企业经营管理水平和出口商品档次的提高。我国的现代化建设需要发达国家的先进技术和管理经验以及生产建设必需的物资。发达国家为促进本国经济发展，既要输出工业产品，也需要进口我国的资源性产品、劳动密集型轻纺产品、传统的土特产品和工艺品，以及部分机电产品等。因此，我国同西方工业发达国家发展经贸关系，具有商品结构上互补的客观需要和经济技术上相互合作的潜力。双方共同采取积极的和切实有效的政策、措施，进一步推动双边经贸关系的发展是符合各自经济利益的，也有利于世界经济的繁荣发展。当前，西方国家在普遍地进行产业结构调整；我国正在深化改革，进一步扩大对外开放，沿海地区正在加快发展外向型经济。因此，进一步发展我国同西方工业发达国家的经济贸易关系，具有广阔的前景。

(2) 大力开拓发展中国家市场，扩大多种经贸合作。这是实施市场多元化的重点。我国向绝大多数发展中国家的出口占其进口总额的比重不到1％，进口更少，许多市场有待开拓。如果我们对这些国家出口占其进口的比重提高一至二个百分点，加在一起就可以增加百十亿美元的出口。不少发展中国家有着比较丰富的自然资源，与我国在经济上有一定的互补性。

开拓发展中国家市场，关键是要端正认识。同发达国家市场相比，发展中国家市场条件要差一些，开拓的困难多一些。但相对来讲这些市场的竞争不像发达国家市场那么激烈，生意好做一些。一些资料表明，香港地区一些中小商人靠向非洲等发展中国家转口我国出口商品起了家，发了大财。台湾当局在同这些国家“断交”时，许多农耕队员和使馆人员都留在当地做买卖，办企业、农场，也大都发了财。这说明发展中国家市场有很大潜力。当然开拓这些市场需要有很强的事业心、艰苦奋斗精神和开拓精神。在发展中国家经营比发达国家的条件差，没有艰苦奋斗精神，没有吃苦精神是很难开拓这些地区市场的。在这方面，我们要认真总结经验教训。要重视商品质量，援外工程质量和我们企业的信誉。要看到这些市场虽不发达，但它们是西方国家的传统市场，所以消费者是用西方国家商品和工程的质量来要求我们的。我们出口到这些国家的商品一定要按出口到西方国家的商品质量来要求。这些国家的工程监理是受过西方教育或是请欧美专家来监理。我们在这些市场,就是要同西方国家来竞争。只有保证质量,才能建立起我们的信誉。对商品和工程的质量要求是全面的,标准应该是国际标准。商品质量要讲究内在质量包装装潢、守信履约、售后服务,不是光强调内在质量,忽视其他。今后机电产品出口所占比重越来越大,售后服务一定要跟上。

为鼓励企业积极开拓发展中国家市场,扩大与发展中国家多种多样的经贸合作,国家采取了一系列鼓励政策措施。表现在:①鼓励企业积极参加发展中国家举办的国际知名博览会和专业性交易会,或者自行组织举办高水平的商品、技术展销会。考虑到运输距离较远等实际困难,国家对展品的运输和宣传等费用给予必要的资助。②授予国际经济技术合作公司外贸经营权,并鼓励一些有条件的国际经济技术合作公司利用援外和承包工程的渠道,在非洲、拉美、南太地区设立分拨中心、保税仓库和维修点,扩大销售和售后服务。将对外承包工程和在国外投资办企业带出的设备、材料等,视同一般贸易出口,给予退税等。③组织外贸企业在一些重点开拓市场设立贸易中心、分拨中心,批零商店,举办展销会。对出口到这些市场的商品在配额分配、许可证签发上给予适当照顾。在这些地方设立企业,政策放宽。④保险公司开设对拉美、非洲、中东、南太地区贸易和投资的保险业务,增加中国人民保险公司风险保险基金,并免征营业税。中国银行对外贸企业开展远期贴现业务;中国银行不愿办理的贴现业务,允许外贸公司找其他银行贴现。⑤改善运输条件。凡有国际运输经营权的企业,有条件的都可以开辟远洋直达班轮航线,有的可建立南太地区轻型船队。⑥扩大出口信贷,有出口成套设备和大型机电设备订货合同的,都可以申请出口卖方信贷,有的还可提供买方信贷。⑦在发展中国家办企业,还可以申请合作基金贷款、外贸发展基金贷款。⑧解决我国同一些发展中国家贸易只出不进或顺差过大的问题。凡是国内需要进口的商品,在同等条件下要优先从发展中国家进口,对某些特殊进口给予力所能及的资金支持。鼓励在这些国家办企业,搞好开发进口。⑨进一步改革海外企业的人事制度和分配制度。根据其业绩和工作需要,可延长有关人员在外工作年限。实行当地同职人员的工资待遇,还要制定其配偶、未成年子女随同出国的规定,以解决他们的后顾之忧。⑩及时向企业提供信息,编辑出版开拓发展中国家市场的经贸合作指南。希望我国企业用好这些条件,在开展同发展中国家的经济贸易合作中,大展身手。

(3) 积极开拓独联体国家和东欧国家市场。这一市场是我国的传统市场。开拓这些国家市场要采取灵活的贸易方式。过去我国同这些国家贸易采取记账式贸易方式,1991 年先后改为现汇贸易。但这些国家现汇短缺,要采取现汇、专项贸易、地方易货、边境贸易等相结合的灵活方式。要拓宽易货商品的范围。过去我方多用轻纺产品、粮油食品等交换其木材、钢材、水泥、化肥等。俄罗斯等国家对这些原材料商品的出口已开始限制，要在换独联体、东欧国家的电站、适用的机械设备等方面开辟路子，引进一些较先进适用的技术、设备，对上世纪50年代引进建设的重点成套工程项目进行技术改造。要同这些国家大的生产企业发展业务关系，建立比较稳定的合作渠道。

当前开拓独联体和东欧国家市场最紧迫的任务是打击假冒伪劣商品。我国商品在这些地区的消费者中本来有着良好的信誉，但近来由于一些单位和企业不遵守国家边境贸易管理规定，一些国内外“倒爷”混水摸鱼，不少假冒伪劣商品流入这些国家市场，其中以轻工产品最为严重，加上当地有的电台、电视台、报刊大肆渲染，使我国商品信誉受到严重损害，反应强烈。这种状况如不改变，不仅不能进一步开拓这些市场，有的商品还可能被挤出这些市场。为此，①整顿边贸秩序，对挂靠公司进行清理整顿，对不法经营和不具备条件者要终止其经营权。②推动组织大型外贸公司和企业开拓独联体等国家市场，发挥外贸主渠道作用。尽可能控制我国商品在独联体等国家的批发环节，将国外个体户“倒爷”纳入我国商品的经销网。③对目前尚无设置商检和海关机构的边境口岸，要限期设立，商检和海关要会同工商部门整顿旅客购物场所的商品质量。④组织外贸、商检、海关、旅游、工商、技术监督等部门制订有关法规，齐抓共管，从生产、流通各个环节进行综合治理。

(4) 密切同港澳台地区的经济贸易联系和合作。港澳地区同祖国内地有着特殊的经济联系，在我国对外开放和发展对外经济贸易中起着重要作用。不论现在还是将来，香港地区继续保持它在远东和国际上金融、贸易和航运中心地位，这有利于香港的稳定和发展，符合我国的利益。我国内地的政治和社会的稳定，经济的不断发展，也是香港、澳门地区繁荣和稳定必不可少的条件。今后，面对国际经济的激烈竞争和区域经济集团化的发展，我国内地与港澳地区按照互补互利、互相促进、共同发展的原则，积极开展多方面、多层次、多形式的经济贸易合作，增强国际竞争能力，不仅有利于港澳地区的繁荣稳定，也有利于我国内地加快现代化建设的步伐。为此，我们既要着力于加强现实的合作，又要着眼于未来，超前探索研究更高层次的合作；既要充分发挥在劳动密集型产业领域的合作，又要进一步扩大发展新兴产业和高新技术领域的合作；继续保证对港澳地区出口物资的稳定供应，并充分发挥港澳地区在我国内地企业走向世界、广泛发展同世界各国经贸关系中的积极作用。

(5)此外，行业协会应加强协调，维护良好的经营秩序。据报道，我国企业在国外市场上存在着一种很不好的现象，就是某个企业经过奋斗，把商品打进那个国家的市场，商品好销了，工程项目有了，其他公司也往那儿挤，一哄而起，相互之间削价竞销，压价竞标，自相残杀。这种现象在某些发展中国家市场相当严重。在东南亚一些市场，我们的机电产品，特别是成套设备很有潜力，但是我们自己争得一塌糊涂，压价不是几美元、几十美元，而是几百万、上千万美元的损失。这不仅使肥水外流，也损害了我们的信誉，还容易招致反倾销，无易与一种自杀行为。实施“市场多元化”战略，这个问题必须解决。我们对第一家开拓市场的企业要进行保护。对大的项目，我们要提倡组织联合投标，中标可能会更有把握，大家可以分包、利益均沾；此外，必须与我国驻当地使领馆经商处联系，接受其协调、指导；经商处要及时向国内反馈信息。国内商会在协调时，也要根据使馆经商处提供的资料进行裁决。实施市场多元化战略的例子可参见案例研究 3-2。

案例研究 3-2：

农产品出口目标市场多元化分析及措施

入世给我国优势农产品出口带来了很大的机遇，如何扩大优势农产品出口规模成为学者研究的重点。立足于国内现状，针对我国农产品的比较优势，进行改革现有农业政策等方面的研究固然重要，但出口目标市场地区的经济发展水平、消费偏好、农产品需求情况以及相关的政策、管理体制都是不容忽视的重要因素。笔者从实现我国农产品出口目标市场的多元化方面进行了新的研究和探讨。

一、农产品出口目标市场多元化

根据我国国内资源、农业生产特点和不同目标市场的态势，我国农产品出口目标市场多元化战略可以表述为：以亚洲市场为主体，欧洲、北美市场为开拓重点，同时加强与非洲、拉美等发展中国家市场的联系。

1. 国外市场情况

(1) 亚洲市场。亚洲市场仍然是我国农产品出口的主体目标市场，要依托地缘和饮食习惯的优势，进一步提高我国新鲜蔬菜、水果以及肉类、水产品类在这一市场的占有率。

(2) 欧洲、北美市场。鉴于这两个市场强大的购买力，应将其作为今后一段时期内的目标市场开拓重点。以高质量、高附加值、深加工的畜产品、园艺产品、水产品以及特色农产品为突破口，通过各种营销手段，逐步占领市场，并通过农产品出口来提高农业经营效益，增加外汇收入。

(3) 非洲、拉美等发展中国家市场。以加强联系，建立稳定的双边贸易关系为主要目的，出口价格比较低廉的粮食（尤其是大米）、蔬菜、烟草以及小食品，为将来的市场扩大奠定基础。

2. 农产品出口情况

(1) 谷物产品出口重点在亚洲。由于东亚国家的转基因产品政策对我国比较有利，市场需求可能维持相对的稳定。为减少取消出口补贴对我国部分谷物产品竞争力的影响，可以实行针对大宗谷物产品的出口信贷支持政策。从出口的目标市场来讲，我国玉米在亚洲，尤其是在日本、韩国仍然会有一定竞争力。粳稻不仅可以在日、韩两个重点市场发展，还可以向中东、非洲市场拓展。花生是净出口的产品，主要出口市场是欧盟、中东、韩国、澳大利亚等国。扩大花生出口关键是发展无公害标准化生产，以满足不同国家的产品检验标准。小麦及其产品是净进口的形势，但由于地理优势等原因，我国小麦及其加工产品在东南亚仍将有一定市场。

(2) 畜产品和水产品出口要巩固提高亚洲东南亚市场，开拓欧美市场。肉鸡、蛋鸡及其相关产品的出口目标市场主要是东亚和东南亚。对于我国牛、羊肉类产品的出口来讲，可以充分发挥地缘和文化上的优势，积极开拓中东、中亚地区市场，然后在提高质量和加工水平、丰富产品花色的基础上进一步开拓法国、英国、德国和沙特阿拉伯、美国等市场。对于活羊的出口，我国应该积极开拓中东穆斯林国家市场，尤其是沙特阿拉伯、科威特等石油富国的市场。对于我国的特色畜产品，如兔肉及上种肉鸡、蛋鸡等，通过绿色化和集约化生产途径，充分发掘这些特色畜产品的出口潜力，尤其是要开拓欧美等发达国家市场。对于我国出口一直不太多的活猪及猪肉产品来讲，应通过丰富加工品种，提升品牌竞争力来促进出口，以稳定香港及东南亚市场为主，同时重视扩大对俄罗斯的出口。对于水产品，日本无疑是我国最重要的出口市场，其次是美国、韩国、欧盟和我国香港地区。

(3) 园艺产品出口对亚洲市场的依赖性很强。蔬菜出口目标市场主要是日本、韩国、俄罗斯、东南亚各国和港澳台地区，同时要积极开拓欧美市场，分散经营风险。目前出口的蔬菜品种主要有大蒜、大葱、辣椒、扁豆、生姜、食用菌、山野菜等，要注意开发适合欧美口味的蔬菜新品种。苹果和梨等的主要目标市场仍是东南亚。我国特有的亚热带水果无论在日本、韩国还是欧美都极具竞争力，应加强市场营销工作。我国的果汁出口形势好于鲜果出口，主要出口美国、荷兰、日本、澳大利亚和德国等。花卉属于消费档次较高的强竞争性产品，产品的附加值较高，出口目标市场主要集中在邻近的日本、泰国、马来西亚等国和我国的香港地区。

二、实现农产品出口市场多元化的主要措施

(1) 全方位提高出口农产品竞争力。随着世界经济的发展水平的提高，农产品国际市场竞争将从价格竞争为主逐步转向价格因素的、非价格因素的(质量、信誉、服务等)全方位竞争。而农产品综合竞争力涉及到生产、流通、外贸各环节，农业、教育、财政等各部门，需要通过农业结构调整、农产品生产基地建设以及国内农业政策改革等一系列措施来降低生产成本，提高产品质量，以及通过发展农产品加工业来提高产品附加值，最终使我国农产品在综合竞争力提高的基础上在国际市场争得一席之地。

(2) 细化对出口农产品目标市场的研究。目前国内对这方面研究比较薄弱。在不同的市场条件下,要打开新局面,就要做到知己知彼,在对目标市场深入研究从而对各种影响因素全面把握的基础上,因地制宜、灵活机动地运用营销战略。对目标市场的研究不仅包括该市场的进口品种、质量、包装要求等需求特点,以及维持市场正常运作的各种政策法规、管理体制,还应研究在目标市场上竞争对手的市场占领情况。

(3) 充分利用 WTO 规则维护我国农产品贸易的正当权益。随着我国农业产业结构调整的深入开展,农产品品质、质量的提高,农业国际竞争力的增强,各国针对我国农产品出口采取的限制措施可能会进一步增多。因此,需要积极利用 WTO 贸易规则,解决与其他国家的贸易摩擦。如利用 WTO 争端解决机制,比较公平、快速地解决其他国家对我国不合理的倾销、反倾销;利用 WTO 谈判的参与权和制定新规则的发言权,扭转被动接受和承受别人谈判结果的不利局面,充分表达我国利益,从而为我国农产品新市场的开拓创造一个良好的外部环境。

资料来源:http://www.jgny.net/nong/2002。

(三) 以质取胜战略

随着全球经济的发展,人们收入水平的提高,在国际贸易的激烈竞争中,产品质量已处于竞争的焦点,价格竞争已退居次要地位。产品能否在国际市场上竞争取胜,质量是决定性的因素。一直以来,我国出口贸易发展十分迅速,但主要是依靠扩大出口数量,以低质低价、削价竞销为代价取得的。这种粗放型的外贸增长模式难以为继,使我国外贸不断陷入"贫困化"增长,即只有量的增长,缺少质量与效益的提高。为改变这种状况,国务院 1991 年提出当年为"质量、品种、效益年",以提高全民的质量意识;并在 1996 年《中华人民共和国国民经济和社会发展"九五"计划和 2010 年远景目标纲要》中明确提出要致力于提高我国产品质量、工程质量和服务质量的总体水平,同时制定了《质量振兴纲要(1996—2010 年)》,以此指导质量工作。从此,大家达成共识,出口商品质量是国际市场竞争的基础,出口商品质量影响着企业的效益和信誉,出口商品质量涉及我国国民经济发展战略,出口商品质量涉及国家和民族的信誉。"以质取胜"战略也成为我国外贸领域优化出口商品结构、转换增长模式的核心战略之一。

1. "以质取胜"战略的内涵

实施以质取胜战略,必须牢固树立"质量第一、信誉第一"和"质量是效益的核心"的观念。这一战略包括以下几方面的内容:

(1) 提高出口商品的质量和信誉。我国出口商品质量较低除了有生产技术方面的原因,更主要的原因是质量观念淡薄,缺乏责任心和严格的管理。因此,必须强化全民族的质量意识,尤其需要通过提高出口商品生产者和外贸企业经营者对商品质量和信誉的认识，加强对生产过程、产品品质以及包装储运的质量管理，加大对我国出口商品质量的监督检查和执法力度，提高我国出口商品的质量和信誉。

(2) 优化出口商品结构。1993 年，《国务院关于加快科技成果转化、优化出口商品结构的若干意见》指出，进入九十年代，科技竞争成为世界经济贸易竞争的重要因素，更新观念、转变机制，推动高新技术成果商品化、科技商品产业化、科技产业国际化，优化我国出口商品结构，依靠科技进步提高我国出口商品的技术含量和技术附加值，是当前亟须解决的问题，也是以质取胜的基础。因此，优化出口商品结构主要是指提升出口商品的总体结构水平，加大高附加值、高技术含量产品及大型成套设备的出口比重；提高传统出口商品的质量、档次和水平，以适应不断变化的国际市场需求。

(3) 打造自主知名品牌。质量是企业的生命，更是品牌的生命。企业制造出优质的产品，打造出知名品牌，是增强市场竞争力，实现以质取胜的关键。企业要创出世界知名品牌，要具备三个条件：其一是品牌价值必须在 10 亿美元以上，这是按照标准公式计算出来的价值；其二，它在国际市场的营业额必须占总营业额的 20%以上；其三是企业获取的利润，要有三分之一以上来自母国以外。达到了这三个条件，才能够称其为国际知名品牌。在这方面，我国的企业还有很长的路要走。

2. 实施“以质取胜”战略的措施

(1) 推行 ISO9000 系列标准体系。与商检、质量技术监督、生产等部门协同配合，加快建立健全出口商品的科研开发体系和质量监督保证体系，各尽其责，确保出口商品符合国际市场的需要；广泛有力地推行 ISO9000 系列标准体系(参见拓展资料 3 - 3)。同时增强质量意识，完善质量保证体系，打击假冒伪劣。这里，建立和推行 ISO9000 系列标准体系并不是终点，而是起点。在建立质量管理体系后，还必须不断采取措施完善管理，加强培训，自始至终按标准执行。参见案例研究 3 - 3。

拓展资料 3 - 3：

ISO9000 系列标准简介

ISO9000 不是指一个标准，而是一族标准的统称。ISO9000 系列标准是国际标准化组织(简称 ISO)汇集西方发达国家质量管理专家，在总结发达国家质量管理科学经验的基础上起草并正式颁布的一套质量管理与质量保证的国际标准，并以此作为质量体系认证的依据。

ISO9000 系列标准遵循管理科学的基本原则，以系统论、自我完善与持续改进的思想，明确了影响企业产品/服务质量的有关因素的管理与控制要求，并且作为质量管理与质量保证的通用标准，适用于所有行业/经济领域的组织。

ISO9000 系列标准的宗旨：

通过提高企业经营的效果与效率，使所有相关方受益，包括让顾客满意；

促进质量管理在全球范围的开展与提高；

企业间交流与合作的“共同语言”；

消除非关税壁垒，促进国际贸易的开展。

ISO9000 系列标准的精髓：

凡事有人负责、凡事有章可循、凡事有据可查、凡事有人监督。

资料来源：国家认证认可监督管理委员会。

案例研究 3－3：

浅谈 ISO9000 系列标准与企业质量管理

ISO9000 系列标准所提供的管理方法何以能脱颖而出，成为目前全球 100 多个国家和地区所普遍采纳的管理模式？通过 ISO9000 质量体系认证，企业是否就能高枕无忧，质量得到长久保证？以 ISO9000 系列标准为依据所建立的质量保证体系，认证后又怎样才能继续保持有效地运行？

汕头经济特区奥星光通讯设备有限公司通过 ISO9000 质量体系认证至今已 2 年，作为公司一名内审员，笔者经历了申请认证、贯宣标准，编制文件、建立体系、通过认证、保持证书的各个阶段，对 ISO9000 系列标准从一无所知到有所认识、有所体会。下面，笔者就这几个问题谈谈感受。

一、贯彻 ISO9000 系列标准，有利于全面提高企业的质量管理水平与市场竞争力

1. 有利于促进企业把生产经营活动的程序做成一种习惯

美国 MBA 教程强调，真正的管理就是习惯。其实，这也可用以概括以 ISO 标准为基础建立起来的企业管理模式。以 ISO9000 系列标准为基础建立起来的质量保证体系，通过一套系统的、全面覆盖各个管理要素的文件体系，对企业整个生产经营环节进行全面规范、法制式约束，将之程序化、法规化。其中程序文件具体阐述了开展各项职能活动的方法，强调可操作性，要求所有文件都必须具备“5W、1H”要素（what、who、when、where、why、how），即对某项活动该如何做、谁来做，时间、地点、材料、设备、依据的标准、文件、操作方法都必须交代得清清楚楚、明明白白，便于操作人员理解和执行。日常运作中，员工必须以文件为准绳，严格根据文件要求，按部就班，一步不漏地严格执行，直至把文件中的各项要求做成一种习惯。贯彻 ISO9000 系列标准，从某种意义上说，是一次经营观念、管理思想上的革命。取得认证，意味着企业按照国际惯例建立起一整套科学的质量管理体系，

对企业的管理水平无疑是一个很大的促进。

2. 有利于明确责职，加强协调

ISO9000 质量保证体系的一个很大的特点，是在程序文件中对各部门、各类人员的职责和权限都界定清楚，明确落实。所有与质量有关的职责都有部门承担，职责的界定必须做到无漏项、无重复，职能部门之间的活动接口都要接口清晰，权责分明，处理清楚，可操作性强。这样在生产经营活动中，各部门、各员工都知道自己在公司中的职责是什么，任务是什么，接口该怎样进行，线条一清二楚，结果是扯皮减少了，工作效率提高了，管理上重纵向、轻横向的现象减少了，找缺陷、重协调的现象增多了。

3. 有利于树立和改善企业形象，增强市场竞争力

申请认证、取得认证的过程，就是企业质量管理水平得到全方位、大幅度推动的过程。上至公司最高层领导，下至每一位普通员工，都得接受 ISO9000 系列标准的培训，他们所执行的每一项质量活动，都必须符合 ISO9000 系列标准的要求。质量意识因此被宣贯到每一位员工。1997 年 5—6 月，经过全员努力，我公司终于通过了邮电通信质量体系认证中心(PTQC)的质量体系认证，获得 ISO9000 国际国内双认证证书。公司的企业形象在客户心目中有了质的飞跃，产品市场竞争力大幅度提高。通过认证后不久，参加广东湛江举行的全国通信电缆光缆秋季交易订货会，与会的 31 个省、市、自治区代表以无记名投票方式进行选举，我公司光荣入选，成为原邮电部光缆选型正式入选的 15 家光缆厂家之一。之后，国际海缆在汕头登陆，我公司参加在北京举行的西欧国际海缆和中美国际海缆陆上延伸段的投标工作，一举中标，成为国际海缆陆上延伸段光缆供应商之一。原邮电部、军网等一级干线也都采用我公司产品，其它单位的合同订单更是络绎不断。1998 年，我公司实现产值超亿元，在市场竞争日趋激烈的情况下，仍创历史最高水平。应该说，取得 ISO9000 质量体系认证功不可没。

二、端正认识，妥善处理通过认证后企业存在的问题

1. 通过认证只是企业发展的新起点

一旦通过 ISO9000 质量体系认证，证书到手，企业是否就能高枕无忧，质量管理水平就能直接达到国际先进水平呢？答案当然是否定的。ISO9000 系列标准和其它所有标准一样，都是协调的产物，都是一定时期、一定范围相对先进的科学经验的总结，它只是全面地规定了质量管理的一些基本要求，而不可能是质量管理和质量保证的最高要求。企业可根据自己的实际情况加以完善和补充。例如，由美国克莱斯勒、福特、通用及货车制造公司联合制订的 QS9000 标准，其第一部分的内容就是在完全保留 ISO9001-1994 第四章四个要素全部内容的基础上，增加了美国汽车行业的众多新要求，从而使其更具可操作性、适用性，也更具行业特点。市

场经济是一个复杂多变的系统，企业的持续发展是一个系统工程。因此，对ISO9000系列标准实施动态管理显得尤为重要。取得认证后，企业应结合自身实际情况，不断完善质量管理体系，使其在动态中不断得到发展，保持先进性和适用性，这样标准体系才能真正成为帮助企业提高产品质量、增强市场竞争力的有效手段。

最近，我公司接受了SGS国际认证机构第三次监督评审后，便对原有标准进行及时完善和补充。关于光纤着色后进行检验这一环节，我公司的《检验规范》中原来是这样规定的："光纤着色后送品管进行衰减指标及长度的检验，并由检验人员用酒精进行擦试，擦拭后着色层应不易脱落。"SGS的审核员指出："这一环节上的规定不够细化，可操作性不强。光纤着色后由检验人员用酒精进行擦拭，是用什么辅助材料进行擦拭，用棉球，还是用铁丝？用多大力度？擦几次，十次，还是一百次？酒精浓度是多少？都必须规定清楚。"通过审核员的指导，我们立即将文件改为"光纤着色后送品管进行衰减指标及长度的检验，由检验人员用酒精棉球，以08—12N的力擦拭三次，酒精浓度为95%，擦试后着色层应不易脱落。"这样就使得原文件更具可操作性，更符合我公司质量管理的要求。

2. 通过认证后出现的问题不容忽视

据深圳爱基玖千咨询机构负责人介绍，有的企业，为了通过质量体系认证，经过了1～2年的准备，耗费了大量的人力、物力、财力，可一旦取得证书，便自认为是拿到了走向市场的"通行证"，从此 可以"松口气"了。对认证检查出来的不符合项，不再进行认真分析，许多工作和要求也不再按标准严格执行。旧办法、旧习惯重新抬头，等到一进行监督审查，才发现质量记录一落千丈，要什么没什么，结果被认证机构重新收回证书。只得重新申请认证，在人力、财力、物力方面又得进行一次较大的投资。这对企业来讲，是个很大的损失。

我公司在通过质量体系认证后一段时间也出现过没有严格执行标准的问题。通过认证之后，产品的可信度和市场竞争力日益增强。在质量管理方面，虽不像有的企业那样老办法、旧习惯卷土重来，但是，随着时间的推移，一些旧习惯又露端倪。质量记录漏记、错记、划改而不签名、丢失，油墨超期而未查出，原材料、设备标识不清，仪表仪器未严格按期进行计量等问题又有所抬头。另外，少数员工素质不高、敬业精神不强、质量意识淡薄，认为通过认证便万事大吉，日常工作中不再按文件规定要求执行，工作粗心大意，马虎应付。我们曾对公司1998年度的纠正预防措施进行过一次粗略统计，其中，由于工作责任心不强造成不合格品(项)的出现竟超出一半。对此，公司管理层极为重视，通过进一步严格标准、强化管理，问题才得到妥善处理。

三、保持质量体系持续、有效运行的措施和建议

1. 高层领导的推动

20 世纪 90 年代的质量管理是高层经理(厂长)的管理。成功的质量体系，离不开企业领导的重视和支持。只有企业的领导，特别是最高管理层充分认识到贯彻 ISO9000 系列标准对于提高企业管理水平、增强市场竞争力的重要意义，高度重视，主动参与，积极支持，加强学习，以身作则，变“要我做”为“我要做”，才能保证质量体系的贯彻执行。

2. 加强教育培训

人是质量体系中最活跃、最重要的因素。在质量体系工作中，决策要由人来做出，程序要由人来执行，设备要由人来操作。人员素质高低，直接影响管理成效及产品质量，而提高素质最有效的办法就是教育培训。应持续不断地开展培训活动，进行质量意识的再认识、再教育，使每个人都清楚自己的职责和工作程序，特别是对转岗人员和新来人员要及时进行培训考核，合格后方可上岗。

3. 加强质量管理约束机制

ISO9000 系列标准之所以科学、先进，与其具有一套自我约束和自我完善的机制分不开。应加大力度，加强质量管理约束机制，坚决执行内部质量审核、纠正和预防措施，以及管理评审等项活动。对内部质量审核，要加强内审员的培训，不断提高审核水平。对管理评审，要做好评审前的资料准备工作，抓住关键。对内部质量审核、管理评审及日常生产活动所提出的纠正和预防措施，应注重分析原因，狠抓纠正措施的落实，举一反三，树立忧患意识，防微杜渐，把各种可能出现的损失降低到最低限度。

4. 充实资源

创造有利条件，配备必要的资源，包括人才、设备、技术，完善检测手段，改善检测环境，提高智能化检验水平。

5. 建立奖励分明的约束考核机制，奖勤罚懒。

四、结束语

认证非终点，质量无止境。通过质量体系的认证只是企业管理质量工作的一个新起点，巩固和提高比争取、通过更艰难。21 世纪是充满机遇与竞争的质量世纪，在新的起跑线上，只有认认真真、扎扎实实地做好体系建设的各项工作，不断提高质量管理和产品质量水平，才能为企业带来更大的效益，使企业立于不败之地。

资料来源：http://www.chinesetax.com.cn/Article/BIAOZHUNZHILIANG/200407，徐雪琳。

(2) 依靠科技进步调整及优化出口商品结构

我们可以依靠科技进步优化我国出口商品结构，提高机电产品、成套设备的出口比重；同时通过技术引进或改造提高传统出口商品的质量、档次和水平。此外，广交会、华交会等大型交易会也可在引导我国出口商品结构调整及优化中发挥作用，详情参见拓展资料 3－4。

拓展资料 3－4：

广交会引导我国出口商品结构不断优化

作为我国对外贸易的窗口，广交会除了不断促进出口成交外，客观上还肩负了优化我国出口商品结构的导向任务。

巨大的摊位供求矛盾给广交会带来的不止是压力，同时还带来了百里挑一地精选参展企业的优势。广交会展区的变迁就是一个活生生的例子。近年来，广交会通过调整展区设置，不断扩大高附加值、高技术含量的商品，特别是名牌商品的参展面积。为了给信息产品、家用电器、生物技术产品、医疗设备、新型材料及制品、仪器设备增加摊位数量，广交会先是将低附加值的草柳和陶瓷请出主馆，第 89 届又把石雕挪到分馆，同时在主馆增加了一定数量的机电和纺织品摊位。本届广交会机电产品摊位总数比上届增长 9.4%，轻工工艺类摊位数由上届的 50%下降为 48.3%。

据了解，从第 82 届广交会起，广交会将摊位细分为保证性、保持性、分配性和招展四大类摊位进行管理。其中保证性摊位专门用于培养有志于在国际市场创立中国名牌的企业。凡品牌出口额在千万美元以上、出口国别地区 10 个以上、获得 ISO9000 质量保证体系认证、连续三年商检合格率达到 100%，并在主要出口国家和地区获得注册的企业都有可能入主保证性摊位。虽然资格审查比较严格，但这类企业所受礼遇令其他企业羡慕，它们不仅能在摊位数量上得到优待，而且黄金地段更是唾手可得。目前，广交会保证性摊位已达 447.5 个，商务部所列的“重点支持和发展的名牌出口商品”尽在其中，主要都集中在广交会展馆的“金三角”地带。

与此同时，广交会还不遗余力地推动“科技兴贸”战略。为吸引高科技信息企业参展，广交会不惜折半收取摊位费，不断扩大重点展区的特装布展范围。据统计，广交会的摊位数已由第 78 届的 4 528 个增加到第 88 届的 7 503 个。“九五”期间，广交会摊位数增长近 66%，展场面积增至 17.8 万平方米，是目前国内最大的展馆。然而，这相对于全国 16 万家三资企业、3 万多家拥有外贸自主经营权的生产企业和 1 万家各类外贸公司的需求而言，只是杯水车薪。因此，不断扩大场馆面积和摊位数量就成为摆在广交会眼前的迫切需要解决的问题。

资料来源：http://info.china.alibaba.com 2001－04－23。

(3) 培育在国际市场上的名牌商品和知名企业

企业价值的体现，就是看竞争能力。中国制造的产品只有完成从量到质的转变，创出国际知名品牌，才有国际竞争力，才有国际主流市场上的话语权，才能真正实现以质取胜。

为了能够打造出口商品知名品牌，我国商务部近年已启动品牌战略，详见新闻摘录 3－1。

新闻摘录 3－1：

商务部将启动品牌战略　三类商品四大市场成重点

南方网讯　2004 年 4 月 17 日，商务部部长助理傅自应在广交会上接受采访时表示，商务部近期将启动出口品牌战略，力促中国从贸易大国向贸易强国迈进。他介绍，品牌战略首先要促进国内企业建立具有自主知识产权的自主品牌，改变贴牌生产状态，打造一批出口名牌商品。

1. 政策措施向“品牌”倾斜

傅自应告诉记者，商务部今后一段时间里将会采取一系列政策措施来保证品牌战略的有效实施。他着重强调，商务部作为流通领域的主管部门，在推动货物出口方面的主要责任是帮助已具一定知名度的商品推向国际市场。

这一品牌战略思路在第 95 届广交会上无处不见。本届广交会首设品牌展区，共设展位 2 000 多个，占总展位的 7%，广交会方面称，今后广交会要围绕品牌，打造广交会的“中国第一展”金字招牌，品牌展区展位面积会继续增加。生产企业、名牌企业和出口具有竞争力的企业最有可能进入这些位于展会要道上的品牌展区，而没有注册商标、无知识产权的产品将会被拒之门外。

2. 自主品牌少成贸易“软肋”

傅自应也坦言，目前我国出口商品中，拥有自主知识产权的品牌很少，名牌出口商品少之又少，中国实施品牌战略任重道远。

2003 年我国进出口贸易总量达 8 512 亿美元，全球排名第四，贸易大国地位基本确立；但我们同时感到，与大国地位不能匹配的是，庞大的贸易总量中拥有自主品牌、营销网络的还不多。

最近世界品牌实验室公布的全球最具影响的 100 个著名品牌中，中国仅有“海尔”一家进入。从我国出口商品的贸易方式看，加工贸易占 50%以上，一般贸易中估计也有一半以上为定牌生产。这些都成为我国贸易增长的“软肋”。

3. 三类商品和四大市场成重点

傅自应指出，为保证品牌战略的落实，商务部将对三类商品和四大市场作为战略重点予以推动。

三类商品推动是指，增加高科技产品中拥有自主知识产权的比重；对主打出口产品重点培养一批重点商标，它们主要包括占中国出口商品 55%以上的机电产品；具有竞争优势的传统出口产品增加其附加值，它们主要包括轻工产品、纺织品和一部分农产品。

同时商务部首先圈定北美、欧洲、东南亚和中东北非为品牌战略开拓的出口市场，扩大品牌占有率。傅自应说，商务部结合产品优势和当地需求在四大市场策略也各不相同，比如，家电产品可以在四大市场全面推进，而食品则主要向东亚市场推广。

4. 重点扶持企业将调整

原来广交会安排展位位置和面积时会向商务部重点扶持的出口品牌企业倾斜，本届进入广交会品牌展区的共有302家企业、320个品牌，范围已远远超出原先的118家。

傅自应表示，商务部重点扶持的企业是个动态的名单，今后将根据品牌内涵、出口商品结构的不断变化进行调整。他同时透露，商务部目前正在着手建立和完善品牌评价机制。

最后，他留给我们一个关于品牌战略切入点的思考。他反思外贸公司和生产企业的关系时指出，以往我们一直认为传统外贸公司要走工贸结合之路，现在看来，必要的分工仍然存在，外贸公司发挥自身优势把出口品牌做大做强，也不失为一种明智选择。

资料来源：http://www.southcn.com/news。

（四）科技兴贸战略

科技兴贸战略是按照党中央、国务院的要求，从1999年开始由原外经贸部会同科技部、发改委、信息产业部、财政部、海关总署、税务总局、质检总局等八部门共同组织实施的。在“十五”规划中多处提到科技兴贸，如“推动有自主知识产权的高新技术产品出口”，“培育一批具有较强技术开发能力、拥有自主知识产权的高新技术产品出口企业”，“促进有自主知识产权的关键技术开发和产业化”，“在我国优势技术领域培育一批高新技术企业，使之成为在该技术领域具有较强技术开发能力、拥有自主知识产权的出口企业中坚力量”。

2003年11月，国务院办公厅转发了商务部、科技部等八部门共同制定的《关于进一步实施科技兴贸战略的若干意见》，进一步提出“大力支持和鼓励具有自主知识产权的高新技术产品出口”，并“优先支持具有自主知识产权及高附加值的高新技术产品出口，全面提高企业的研究开发能力和自主创新能力，大力引进先进技术和关键设备改造传统出口产业”。

在“十一五”期间，我们将科技兴贸与知识产权保护结合起来，以贯彻落实科学发展观为知识产权兴贸工程的指导思想，建立以企业为主体、以市场机制为基础、政府引导的知识产权创造、管理保护与应用互动创新体系，提高引进技术的消化吸收和创新能力，扩大具有自主知识产权和自主品牌的高新技术产品出口，为实现我国由贸易大国向贸易强国的历史性跨越奠定坚实的知识产权基础。

1. 科技兴贸战略的内涵

科技兴贸战略的核心内容包括两方面：一是大力促进高新技术产品出口，在我国优势技术领域培育出一批国际竞争力强、附加值高、出口规模较大、拥有自主知识产权的高新技术出口产品和企业；二是利用高新技术改造传统产业，提高传统出口产品的技术含量和附加值，选择出口额最大的机电产品和纺织品作为高新技术改造传统产业重点，初步完成我国出口商品结构由以低附加值、低技术含量产品为主向以高新技术产品为主的转变。它是“以质取胜”战略的进一步提升。

2. 科技兴贸战略的具体措施

逐步形成以融资和便利化为基础，政策性支持为引导，集成各方面资源，有利于产业壮大、企业成长的科技兴贸宏观政策体系。加快政府职能转变，进一步减少和规范行政审批项目；认真履行入世承诺，建立政策统一、公开透明、高效通畅、内外贸合一的流通管理体制；进一步放开经营权，促进中小高新技术企业出口；加快高新技术产品出口促进体系建设；进一步改善投资环境，引导外商投资高新技术产业；建立和完善高新技术产品出口信息服务体系和中介服务机构；推动高新技术产业的国际合作，加强对知识产权的管理和保护。

根据我国高新技术产业的发展现状和国际市场的需求变化，对《中国高新技术产品出口目录》进行动态调整，重点支持计算机及外围设备、通讯设备、视听设备、集成电路、软件等 12 类高新技术产品，培育高新技术产品出口的新增长点。按照统筹区域发展的要求，继续抓好 20 个科技兴贸重点城市、25 个高新技术产品出口基地，充分发挥其示范、辐射和带动作用，推动振兴东北老工业基地、西部大开发战略的实施；通过制定《鼓励引进技术目录》，吸引更多的跨国公司把更高技术含量、更大附加值含量的加工制造环节和研发中心向我国转移，带动全国高新技术产品出口的增长。按照“培育大企业集团、保护外资企业、扶持民营企业、促进中小企业、改革流通企业”的原则，培育和发展出口主体，增强我国企业的国际竞争力。

按照“巩固主要市场、开拓新兴市场、加强区域合作、推动重点企业”的原则优化高新技术产品出口市场结构，将实施科技兴贸战略与发展多双边和区域经济合作有机结合起来，在“10＋1”、“10＋3”以及 CEPA 的框架内，充实科技兴贸方面的合作内容，提升合作层次，形成区域经济合作与科技兴贸战略良性互动的局面。此外，应充分发挥科技兴贸部际联合工作机制的作用，继续推动各省市建立科技兴贸联合工作机制，真正把科技兴贸落到实处。

3. 科技兴贸战略的效果

我国抓住新一轮全球生产要素优化重组和生产能力转移的重大机遇，积极实施科技兴贸战略，促进了一批高新技术产业、企业和产品的快速发展。珠三角、长三角和环渤海地区产业积聚效应日益凸显，初步形成了各具特色的高新技术产业集群，产生了一批科技水平高、国际竞争力强的优势企业和产品。具体效果如下：

一是高新技术产品出口迅猛增长。“十五”期间我国高新技术产品出口年均增长43%左右，高出全国外贸出口增幅18个百分点；2005年高新技术产品出口达到2183亿美元，是“九五”期末的6倍，占外贸出口比重达到28.6%，比“九五”期末提高13.7个百分点。

二是推动了国内产业结构升级。“十五”期间引进国外先进适用技术累计金额730亿美元，占我国改革开放以来引进技术总额的35%左右；2005年，以信息产业为主体的高技术产业规模达到3.3万亿元，增加值近8000亿元，占GDP比重达到5.2%，高技术产业已成为我国国民经济的支柱产业。

三是形成了若干个各具特色的高新技术产品出口“增长集群”。珠江三角洲已成为世界知名的IT加工组装中心和重要出口基地；长江三角洲已经成为现代通信、软件、微电子等领域的外商投资集中地带；环渤海地区的移动通信、航空航天和集成电路产业呈现迅速发展的态势。

四是显著增强了企业国际竞争力。一批有自主知识产权的知名品牌和著名企业迅速崛起，企业出口规模迅速扩大。2005年高新技术产品年出口额超过1亿美元的企业达到279家。

五是提高了利用外资质量。以信息产业为代表的高新技术产业“十五”期间累计吸引外商直接投资超过700亿美元，高新技术产品在外商投资企业出口额中所占比重从“九五”期末的25%提高到42.5%。

六是优化了与主要贸易伙伴的贸易结构，2005年高新技术产品占我对香港地区、欧盟和美国的出口额的比重分别比“九五”期末提高了1.1倍、76%和92%。

我国高新技术产品出口增长速度虽然很快，却存在“三靠”、“三低”的特点，即主要依靠加工贸易、主要依靠外资企业、主要依靠低劳动成本优势；有自主知识产权的产品比重低、出口产品附加值低、出口产品利润率低。因此，今后要继续深入实施以质取胜战略和科技兴贸战略，增加具有核心技术、自主知识产权和自有品牌的商品出口，着力提高出口商品附加值。

以上各个战略并不是独立存在的，它们同时并存，相互作用，共同指导我国对外贸易的发展，解决我国对外贸易领域的不同问题。

第三节　进口贸易战略

一、进口贸易战略内容

相对于出口贸易战略而言，长期以来，我国的进口贸易战略仅限于进口商品战略。当然，这里的商品不仅指有形的货物，也包括技术。各个时期我国都制定了关于进口商品的战略安排。

“六五”时期对进口商品结构所作的规划是：引进先进技术和关键设备；确保生产和建设所需的短缺物资的进口；组织好国内市场所需物资和以进养出物资的进口；对本国能够制造和供应的设备，特别是日用消费品，不要盲目进口，以保护和促进民族工业的发展。

“七五”时期的规划是：重点引进软件、先进技术和关键设备，以及必要的、国内急需的短缺生产资料。

“八五”时期的规划是：按照有利于技术进步、增加出口创汇能力和节约使用外汇的原则合理安排进口，把有限的外汇集中用于先进技术和关键设备的进口，用于国家重点生产建设所需物资以及农用物资的进口；防止盲目引进和不必要的引进；发展替代进口产品的生产，促进民族工业的发展；国内能够生产供应的原材料和机电设备争取少进口或不进口；严格控制奢侈品、高档消费品和烟酒、水果等商品的进口。

“九五”时期的规划是：积极引进先进技术，适当提高高新技术、设备及原材料产品的进口比例，努力发展技术贸易和服务贸易。这是我国在五年规划中，第一次提出要发展服务贸易，可以说是外贸领域转变增长方式的积极信号。

“十五”时期的规划是：增加国内急需的关键技术设备和重要资源的进口，弥补国内资源的不足，促进产业结构和技术水平的升级。

“十一五”时期对进口商品结构所作的规划是：鼓励进口先进技术设备和国内短缺资源，完善大宗商品进出口协调机制，实行进出口基本平衡的政策，发挥进口在促进我国经济发展中的作用；发展服务贸易，积极稳妥地扩大服务业开放。

二、对进口贸易的再认识

虽然我国在改革开放后制定了明确的进口贸易战略，但在实践中客观上存在着重出口轻进口的倾向，这是对进口作用的片面理解。这种做法尤其在当前已不能适应新形势下国民经济发展的需要。因此，我们必须对进口的作用进行再认识。

第一，重视进口有助于提高国民福利。贸易政策的失衡，鼓励出口而限制进口，很重要的原因在于更关注生产者利益而忽视了消费者利益，这在经济发展初期是可以理解的，也是迫不得已的。谁都知道，没有生产就没有收入，也就谈不上消费。但经济发展到了一定阶段，就必须全面考虑消费与生产的互动作用，并要更加重视放松进口管制，以扩大进口规模、降低进口成本和提升消费者的福利水平。中共十六大报告再次强调指出，发展经济的根本目的是提高全国人民的生活水平和质量，满足人们多样化的物质文化需求，这也应成为确立进出口贸易战略所遵循的基本原则。

第二，重视进口有助于发挥后发优势。对于发展中国家来说，后发优势的主要表现之一就是通过技术引进缩短与发达国家的差距，进而实现赶超。中国 20 世纪 80 年代出现的贸易逆差，主要也是机械设备和技术等投资品的大规模进口，其积极作用不能低估。近年来，中国 40%左右的进口产品均为机械设备，其中相当部分是高技术含量的投资品，每年的技术引进规模达到数十亿美元；外商直接投资中，投资品进口每年均在 150 亿美元左右。这在很大程度上促进了国内企业的技术改造，加快了技术进步的步伐，也为 1990 年后尤其是近年的出口剧增奠定了基础。但不可否认的是，过高的关税水平以及严格的计划、配额、许可证甚至进口登记管理，加大了企业引进技术的成本，降低了进口效率。为了解决这个问题，国家曾经出台了技改进口和外商投资企业资本项下进口免征关税增值税等措施，但随之又出现了假合资、走私、寻租等新问题，于是又开始调整。贸易政策的不稳定，缘于贸易目标的含糊与摇摆；而贸易目标的不清晰，重要原因在于对进口的积极作用认识不足，看重进口造成的冲击而忽视其所能起到的奠基作用。

第三，进口不仅仅可以为出口提供重要的技术、设备、原材料、零部件等方面的支持，还可以改善贸易环境，扩大出口市场。中国之所以成为贸易摩擦最多的国家，不容忽视的一个原因就是出口增长迅速，且持续拥有巨额贸易顺差。这种情况下，扩大进口也是为出口打开更广阔的通道，创造更好的出口环境。

第四，重视进口还有助于在全球范围内实现资源的优化配置，推进国内产业结构调整。中国人均资源短缺，自给自足或许可以做到，但要实现全面小康则必须充分利用国际资源——其中一个重要手段就是进口。例如，中国的土地和水资源比较稀缺，而劳动力相对富裕，因此应多进口土地和水资源密集型的粮食等农产品，从而腾出自己宝贵的农业资源生产劳动密集型且附加值高的出口农产品，这对于调整农业结构、提高农民收入意义重大。在工业品和服务贸易领域，也有通过进口发挥比较优势、优化资源配置的问题。这首先是因为中国的资源有限，不可能建立所谓“大而全”的生产体系，所有产品都自己生产，对于不具有比较优势的产品需要用进口来弥补；其二，即使是能够自己生产甚至具有竞争优势的产品，也不能禁止进口，因为这时的进口起的是激活市场、提高资源利用效率的作用；其三，扩大进口有利于促进出口，带来更高层次上的贸易平衡。例如，中国是纺织品服装生产大国，但每年仍有大量的纺织品服装产品进口，这不但没有压制国内同类产业的发展，反而带动了本国企业的技术进步和产品质量提高，增强了国际竞争力。与此相反的是国内众多的服务贸易产业，长期的垄断经营和市场保护造成了银行、保险、电信等行业非但不具备国际竞争力，而且还极大损害了国内消费者的权益，制约了国民经济与社会的全面进步。

第五，重视进口有助于建立开放的市场体系和灵敏的市场机制。过高的关税、非关税壁垒造成的进口限制，严重扭曲了国内的市场体系，阻碍了市场机制的形成，这对整个国民经济的负面影响是难以估量的。例如，汽车长期处于高保护状态下，产生的两个直接结果就是汽车走私屡禁不止和国内汽车生产水平低、成本高、服务差。政府为了几个企业而采取的限制进口政策，使消费者每年多付出了300多亿元，并且生命财产安全还受到更大损害；国家虽然得到了几百亿元的税费收入，但考虑到由于汽车走私造成的税收流失、质量问题导致事故造成的医疗费用上升、环境污染导致的环保费用支出增加、市场信号扭曲导致的重复投资浪费以及产业发展水平低、规模小导致现实和潜在收益减少等等，国家层面的损失可能大于赢利。更加不可不察的是，国内长期存在的市场分割、地区封锁，在内在逻辑和思维方式上，正与把国内市场封闭起来一脉相承。放松进口管制不单是把中国市场与国际市场更紧密地连在一起，还可以冲垮国内区域市场封锁的藩篱，建立统一的市场体系，修复并完善市场经济机制。其对中国的长远利益、无形利益，远比看得见的眼前收益大得多。

总而言之，放松进口管制和扩大进口规模，将在资源、技术、市场机制及体制等多方面拓展中国的发展空间，不能不予以高度重视。国家应进一步深化外经贸管理体制改革，调整外经贸战略，使之更好地为我国的经济社会发展目标服务。

第四章　中国对外贸易管理

本章目标

1. 了解我国对外贸易管理的法律手段、经济手段及行政手段。
2. 了解我国对外贸易立法体系及《对外贸易法》。
3. 熟悉货物贸易管理立法、技术贸易管理立法及服务贸易管理立法。
4. 掌握对外贸易的几种经济调控手段，如税收、信贷及汇率等。
5. 领会对外贸易经营管理、货物进出口管理等行政手段。
6. 了解进出口商检管理、海关管理、外汇管理等行政管理手段。

对外贸易管理是以国家法律、规章和方针政策为依据，从国家宏观经济利益和对内、对外政策的需要出发，对进出口贸易进行领导、控制和调节。世界各国为了维护本国的政治、经济利益，发展对外经贸关系，都采取一系列措施来管理本国的对外贸易活动。我国同样如此，通过制定有关法规，运用经济杠杆和采取必要的行政手段进行对外贸易管理。

第一节　对外贸易立法管理

对外贸易立法管理是指在对外贸易中借助法律规范的作用对进出口活动施加影响的一种手段。它具有权威性、统一性、严肃性、规范性的特点，是我国进行外贸管理的基础手段。对外贸易的法律规范体现在一国对外贸易的国内立法及其正式参加或缔结的双边、多边国际经济贸易公约、条约、协定里。

一、中国对外贸易立法体系

（一）宪法

宪法是国家最高权力机关依据特定立法程序制定的国家根本大法，在我国法律体系中具有最高的法律效力。国家的立法行为和政府的行政管理行为都要遵循宪法的基本原则。例如，《宪法》第五条规定实行依法治国，建设社会主义法治国家，一切法律、行政法规和地方性法规都不得同宪法相抵触；第十四条规定应完善经济管理体制;第十五条规定实行社会主义市场经济,加强经济立法,完善宏观调控;第十八条允许外国的企业和其他经济组织或者个人依照中国法律的规定在中国投资,同中国的企业或者其他经济组织进行各种形式的经济合作;第五十六条规定公民有依照法律纳税的义务。宪法的这些规定对外贸立法具有根本的指导意义。宪法本身的权威性确定了中国外贸法制建设首先以宪法为依据。

（二）立法法

我国《立法法》第八条规定,国家基本经济制度以及财政、税收、海关、金融和外贸的基本制度只能由全国人大或全国人大常委会制定法律或授权国务院制定行政法规。也就是说,对外贸易法律法规的制定属于中央立法范畴,地方政府仅就其根据国家相关法律规定享受的税收分成部分享有处分权。

《立法法》还规定,在中国制定的现行法律法规中有与中国签订的国际公约和条约中的规定相抵触的地方,适用国际公约和条约的规定。因此,世界贸易组织的其他成员可以以这一点向我国法院起诉,要求适用世界贸易组织的规定。

（三）约束政府行为的其他基本法律

我国已初步建立起直接规范政府行为的行政法规体系。例如,《国务院组织法》、《行政诉讼法》、《国家赔偿法》、《行政处罚法》、《行政复议法》、《行政许可法》、《政府采购法》和《认证认可条例》等。这些法律在一定程度上确保了企业对政府的法律诉讼权利,初步确定了企业与政府在法律制度上的对等地位。因此,外贸管理机关要按照上述行政法规对政府的职责和执法程序的规定,完善对外贸易管理制度。

（四）世界贸易组织的规则以及我国缔结和参加的其他国际条约和承认的国际贸易惯例

1.《世界贸易组织协定》和我国的《加入议定书》

《世界贸易组织协定》即《建立世界贸易组织的马拉喀什协定》,协定正文只是一个框架,规定了一些原则性问题。世界贸易组织的具体规则包含在该协定的四个附件中。附件一包括 1994 年《关税与贸易总协定》等 15 个协定,它们包含了世界贸易组织的实体规则。附件二是《关于争端解决规则与程序的谅解》,包含有关世界贸易组织争端解决机构及其程序的一些规定。附件三是《贸易政策审议机制》,它包含对成员的贸易政策进行审议的原则性规定。附件四包括《政府采购协定》、《民用航空器贸易协定》、《国际奶制品协定》和《国际牛肉协定》等四个所谓的"诸边协定",但后两个协定已于 1997 年年底终止了。要加入世界贸易组织,就必须接受《马拉喀什协定》和它的前三个附件包含的所有协定,也就是所谓的"一揽子协定",不得提出保留。附件四包含的协定可以由成员自由决定是否参加其中的一个或者多个。《世界贸易组织协定》和我国的《加入议定书》是对我国有法律效力的

“入世”文件，于2001年12月11日生效。

2. 我国参与的其他国际条约

主要包括：《各种国际商品协定》、《国际货物销售合同公约》、《国际金融组织及条约》、《国际海关组织及条约》、《保护知识产权组织和公约》、《国际运输公约》、《国际商事仲裁和司法协助公约》等。

3. 我国与其他国家签订的多边和双边的经济贸易协定

我国已同220多个国家或地区建立了贸易关系，同其中130多个国家或地区签订了有关贸易关系的双边条约、协定，与60多个国家或地区签订了避免双重征税和防止偷漏税协定，与近70个国家或地区签订了促进和保护投资协定。

4. 我国承认的国际贸易惯例

国际贸易惯例是国家之间相互贸易交往中，当事人经常引用、用以确定当事人之间权利义务关系的规则。中国适用国际贸易惯例的原则是：具有经济内容并为中国所承认的国际惯例，在有关国际条约和中国经济法律没有规定或允许适用的情况下，可以被适用。长期以来，中国在对外贸易活动以及处理对外贸易纠纷方面，对国际贸易中被广泛承认的国际贸易惯例是尊重的。中国承认的国际贸易惯例有《国际贸易术语解释通则》、《联合运输单证统一规则》、《跟单信用证统一惯例》、《国际货物销售合同公约》、《仲裁示范法》等。

（五）初步建立的专门性的对外贸易法律法规体系

我国在“入世”前后全面清理了有关法律、法规和规章，初步建立起符合社会主义市场经济需要，符合世界贸易组织规则和国际惯例要求，统一、完备、透明的专门性的对外贸易法律法规体系。

1. 法律层次

主要包括专门性的外贸法律，如《对外贸易法》、《海关法》、《进出口商品检验法》以及三部关于外商投资的法律等，还包括非专门性的涉外经济法律中有关对外贸易的规定，如《民法通则》、《专利法》、《商标法》等。

2. 法规层次

包括《货物进出口管理条例》、《技术进出口管理条例》、《进出口关税条例》、《外汇管理条例》、《知识产权海关保护条例》、《反倾销条例》、《反补贴条例》、《保障措施条例》等对外贸易管理的各个方面的行政法规。

3. 规章层次

包括各对外贸易管理主管机构颁布的对外贸易法规的实施细则、管理办法及各种规定，例如《出口许可证管理规定》、《出口商品配额管理办法》、《货物自动进口许可管理办法》、《外商投资产业指导目录》、《海关审定进出口完税价格办法》、《出入境人员携带物检疫管理办法》、《出口收汇核销管理办法》等等。由于我国的改革开放处于不断深化的发展过程中，因此，对外贸易法律法规往往比较简单和原则，大量的行政规章的出台增强了对外贸易法律法规的可操作性，这也是我国对外贸易立法的一个特点。

二、《对外贸易法》简介

2004年4月6日，修订后的《对外贸易法》颁布，并从2004年7月1日起正式实施。较之十年前的文本，修订本新增三十五条、修改二十九条、删去两条，修改幅度相当大，除一些原则性规定外，大部分内容都有变动。

1.《对外贸易法》的基本框架和主要内容

修订后的《对外贸易法》共十一章七十条。第一章“总则”对《对外贸易法》的立法宗旨、适用范围以及发展对外贸易的基本原则作了规定。第二章“对外贸易经营者”，对经营者的主体资格及其权利义务进行了规范，并且增加了国家可以对部分货物的进出口实行国营贸易管理的内容。第三章“货物进出口与技术进出口”及第四章“国际服务贸易”对外贸客体——货物贸易、技术贸易和国际服务贸易的管理进行了规范。第五章“与对外贸易有关的知识产权保护”是修订时新增加的一章，规定了通过实施贸易措施，防止侵犯知识产权的货物进出口和知识产权权利人滥用权利，并促进我国知识产权在国外的保护的相关内容。第六章“对外贸易秩序”、第七章“对外贸易调查”、第八章“对外贸易救济”和第九章“对外贸易促进”，就外贸主体在经营活动中的行为以及国家进行贸易调查的范围、程序，可以采取的贸易救济措施，国家及贸易组织在贸易促进方面的行为作了规定。第十章“法律责任”，规定了对不同主体的各种违法行为进行法律追究，通过刑事处罚、行政处罚和从业禁止等多种手段，对对外贸易违法行为进行处罚。第十一章“附则”，规定了对敏感物项——“军品、裂变和聚变物质或者衍生此类物质的物质”、文化产品依照相关法规管理，边境贸易可采取灵活优惠的原则，以及该法对单独关税区的非适用性，并规定了该法的生效日期。

2.《对外贸易法》的基本原则

(1) 扩大对外开放，发展对外贸易，维护对外贸易秩序，保护对外贸易经营者的合法权益，促进社会主义市场经济的健康发展。

(2) 适用于货物进出口、技术进出口和国际服务贸易以及与对外贸易有关的知识产权保护。

(3) 实行全国统一的对外贸易制度。

(4) 维护公平、自由的对外贸易秩序。

(5) 根据平等互利、互惠对等的原则发展多边、双边贸易关系。

三、货物贸易管理立法

（一）货物进出口管理立法

《货物进出口管理条例》及其配套规章构成了中国货物进出口管理的主要法律依据。该条例于2001年12月31日由国务院制定发布，目的是规范货物进出口管理，维护货物进出口管理秩序，促进对外贸易健康发展。

《货物进出口管理条例》的内容主要有：国家对货物进出口实行统一的管理制度。国家准许货物的自由进出口，依法维护公平有序的货物进出口贸易，除法律、行政法规明确禁止或者限制进出口的货物外。属于禁止进口的货物不得进口；国家规定有数量限制的限制进口货物，实行配额管理，其他限制进口货物实行许可证管理；进口属于自由进口的货物不受限制；属于关税配额内进口的货物，按照配额内税率缴纳关税，属于关税配额外进口的货物，按照配额外税率缴纳关税。国家对部分进出口货物实行国营贸易，实行国营贸易管理的货物，国家允许非国营贸易企业从事部分数量的进出口；国务院外经贸主管部门基于维护进出口经营秩序的需要，可以在一定期限内对部分货物实行指定经营管理。条例规定，国家采取出口信用保险、出口信贷、出口退税、设立外贸发展基金等措施，促进对外贸易发展。

与此同时，为了配合该条例的实施，国务院有关部委相继颁布了新的配套部门规章，如《出口许可证管理规定》、《货物进口许可证管理办法》、《货物自动进口许可管理办法》、《出口商品配额管理办法》、《原油、成品油、化肥国营贸易进口经营管理试行办法》、《货物进口指定经营管理办法》等等。

（二）进出口商品检验管理立法

进出口商品检验制度是实行对外贸易管理的主要手段之一，通过进出口商品检验，增强出口商品在国际市场上的竞争能力，维护国家的对外信誉，防止伪劣商品的进口，保护国家的政治和经济利益。我国在这方面颁布的法律、法规和规章有《进出口商品检验法》及其配套法律、法规和规章，如《进出口商品检验法实施条例》、《进出境动植物检疫法》、《进出境动植物检疫法实施条例》、《边境贸易进出口商品检验管理办法》、《进出境集装箱检验检疫管理办法》、《出入境检验检疫报验规定》、《进口汽车检验管理办法》、《出口煤炭检验管理办法》、《进出口商品复验办法》、《出入境检验检疫标志管理办法》、《强制性产品认证管理规定》等等。

（三）海关管理立法

为了加强海关监管，建立、健全海关稽查制度，近年来中国根据世贸组织规则的要求，对海关法律法规进行了全面的清理与修订，已初步建立了比较完整、协调的海关法律框架体系，为海关透明、统一执法提供了缜密的法律依据。

1.《海关法》

我国于 1987 年颁布了《海关法》，由于新形势的需要，该法于 2000 年进行了修订。修订后的《海关法》是一部比较便于企业遵守和海关执行的海关工作“基本法”，它比较全面地体现了现代海关管理的基本法律原则，有利于在海关与管理相对人之间建立先进、良性的海关管理激励机制，提高守法率。同时，对海关的执法监督、执法程序的完善，能够有效防止执法腐败。满足了当前和今后一个时期我国对外经济贸易管理、进出口税收征管、打击走私违法等海关执法和企业守法的需求，对更好地贯彻党的改革开放政策、促进对外经济贸易的发展具有重大意义。

2.《海关法》的配套法规与规章

除了《海关法》外，还有一些时效性及操作性都更强的行政法规及规章作为对具体执行办法的补充，如《进出口关税条例》、《知识产权海关保护条例》、《海关对中国籍旅客进出境行李物品的管理规定》、《海关稽查条例》、《保税区海关监管办法》、《海关对报关员的管理规定》、《海关对企业实施分类管理办法》、《货物进出口管理条例》、《海关审定加工贸易进口货物完税价格办法》、《海关加工贸易单耗管理办法》、《海关审定进出口货物完税价格办法》、《海关对报关单位注册登记管理规定》，等等。

3. 与海关管理相关的法律

对《海关法》的执行发生影响的法律法规主要有：《刑法》、《刑事诉讼法》、《行政复议法》、《行政处罚法》、《行政诉讼法》等。比如，当海关缉私工作人员在处理涉嫌走私犯罪的案件时，就要遵照《刑法》和《刑事诉讼法》中的相关规定；而执法相对人在对海关工作人员的某些执法行为有异议时，则可援引《行政复议法》、《行政处罚法》中的规定，以争取对自己合法权利的保护。

4. 国际海关组织及条约的约束

中国政府缔结或参加的国际海关组织及相关条约、协议也是中国海关立法体系的组成部分。如我国于 1983 年正式加入海关合作理事会(1994 年更名为世界海关组织，参见拓展资料 4－1)，该理事会制定了一系列国际公约，中国海关已加入了其中六个公约，即《关于建立海关合作理事会的公约》、《关于协调商品名称及编码制度国际公约》(简称“HS 公约”)、《关于货物凭 ATA 报关单证册暂准进口海关公约》、《关于简化和协调海关业务制度国际公约》(简称《京都公约》)、《海关暂准进口公约》、《关于在展览会、交易会、会议等事项中便利展出和需用货物进口海关公约》。除此之外，中国还加入了联合国国际海事组织制定的《1972 年集装箱关务公约》。其中最主要的是《京都公约》，内容囊括了各项海关业务制度，被公认为国际海关领域的基础性公约，是世界海关法典的纲要。

拓展资料 4－1：

世界海关组织(WCO)简介

世界海关组织(World Customs Organization,WCO)的前身是1952年成立的海关合作理事会(Customs Co-operation Council,CCC),这是该组织的正式名称。1994年,为了更明确地表明该组织的世界性地位,海关合作理事会年会通过了一项有关为该组织命名一个工作名称的议案。因此,该组织获得了一个工作名称,即“世界海关组织(WCO)”,从而使该组织与“世界贸易组织(WTO)”相对应。

WCO是世界范围唯一专门研究海关事务的国际政府间组织,它的使命是:加强各成员海关工作效益和提高海关工作效率,促进各成员在海关执法领域的合作。

资料来源:中国海关网站。

(四)外汇管理立法

进出口贸易必然涉及到外汇的收付,因此,外汇管理也是货物进出口管理的主要组成部分。我国的外汇管理,正在由过去的以行政管理为主转变为以法制管理为主,这对提高我国的金融监管水平,保持国际收支平衡,促进对外贸易健康有序发展有着十分重要的意义。

1.《外汇管理条例》

我国外汇管理至今尚未制定法律,目前的《外汇管理条例》是外汇管理的基本行政法规,由国务院于1996年1月29日发布,1996年4月1日起实施,1997年1月14日国务院进行了修改并重新发布,主要规定了我国外汇管理的基本原则与制度。内容有:人民币在经常项目下的可自由兑换;经常项目外汇收支管理规定,如结售付汇制度、进出口收付汇核销制度、居民个人外汇管理等;资本项目外汇管理规定,即对资本项目外汇收支实行管制的政策,对外商投资、境外投资和外债的管理等;金融机构外汇业务管理规定;人民币汇率和外汇市场管理规定等等。

2.《外汇管理条例》的配套法规与规章

《外汇管理条例》作为基本的行政法规,不可能包罗一切外汇收支活动细则,它只能作一些概括性和原则性的规定。因此,还需要配套的法规与规章来规范外汇管理的具体业务。其中涉及贸易外汇管理的主要有:《出口收汇核销管理办法》、《出口收汇核销管理办法实施细则》、《关于调整出口收汇核销和外汇账户管理政策的通知》、《出口收汇核销管理操作规程》、《贸易进口付汇核销监管暂行办法》、《关于完善售付汇管理的通知》、《贸易进口付汇核销管理操作规程》、《外汇指定银行办理结汇、售汇业务管理暂行办法》、《进出口收付汇逾期未核销行为处理暂行办法》、《境内机构经常项目外汇账户管理操作规程》、《关于进一步加强加工贸易深加工结转售付汇及核销管理有关问题的通知》、《关于调整经常项目外汇管理政策的通知》

等等。

（五）维护贸易秩序的立法

反倾销、反补贴、保障措施是国际上通行的制止不正当竞争、规范国际贸易秩序、保护国内产业安全的重要措施。随着经济全球化步伐的加快，目前世界各国在参与国际竞争中，注意遵循世界贸易组织规则，不断降低关税，取消非关税壁垒，同时努力寻求保护国内产业健康发展的各种方式方法。反倾销、反补贴、保障措施是世界贸易组织允许的维护公平贸易、保护国内产业安全的有效手段，因此，为越来越多的国家所采用，其中反倾销手段的使用频率最高。

我国于 2001 年 11 月 26 日出台了《反倾销条例》、《反补贴条例》和《保障措施条例》，2002 年 1 月 1 日起施行。之后，原外经贸部又于 2002 年 2 月 10 日审议通过了《反倾销调查立案暂行规则》、《反补贴调查立案暂行规则》、《保障措施调查立案暂行规则》以及《反倾销调查公开信息查阅暂行规则》、《反倾销调查信息披露暂行规则》、《反倾销调查抽样暂行规则》、《外经贸部反补贴调查听证会暂行规则》和《外经贸部保障措施调查听证会暂行规则》，2002 年 3 月 13 日，又发布了《反倾销新出口商复审暂行规则》、《倾销及倾销幅度期中复审暂行规则》和《反倾销退税暂行规则》，2003 年颁布《反倾销产业损害调查与裁决规定》、《反补贴产业损害调查与裁决规定》、《保障措施产业损害调查与裁决规定》以及《关于保障措施产品范围调整程序的暂行规则》，这些规则的出台使得我国反倾销、反补贴案件的调查和裁决有了具体依据，越来越严格遵循世贸组织规则，有利于我国政府恪守入世承诺，遵循国际惯例，依法行政，也有利于我国在国内市场不断开放的情况下防止国外低价倾销产品对我国市场的冲击。

另一方面，加入 WTO 后，随着我国出口产品在国际市场占有量的不断增加，所面临的反倾销、反补贴及保障措施的挑战更为严峻。以上这些条例和配套法律、规则的适时颁布将使中国企业增强对这些规则的理解与掌握，从而有利于在对外的应诉中把握主动；也有利于我国对滥用这些措施的国家进行报复，从而遏制他们频频对我国出口产品提起诉讼。

四、技术贸易管理立法

我国技术贸易管理立法由技术进出口管理的法律、法规和规章，保护知识产权的法律、法规和规章构成。

（一）技术进出口管理立法

改革开放以来，我国在技术进出口管理方面公布过三个行政法规：《中华人民共和国技术引进合同管理条例》（1985 年）、《中华人民共和国技术引进合同管理条例施行细则》（1987 年）、《技术出口管理暂行办法》（1990 年）。这些法规的颁布和实施，对规范当时的技术进出口合同管理、维护技术进出口秩序起到了积极的作用。但随着技术贸易的发展，它们已不能适应当前和今后我国技术进出口管理工作的需要，与后来出台的有关法律不够衔接，有些内容也不符合 WTO《与贸易有关的知识产权协定》(TRIPS)的有关规定。因此，国务院于 2001 年 12 月 10 日颁布了统一的技术进出口管理法规《技术进出口管理条例》。为贯彻落实该《条例》，原外经贸部于 2001 年 12 月 30 日颁布了《禁止进口、限制进口技术管理办法》、《禁止出口、限制出口技术管理办法》、《技术进出口合同登记管理办法》三个部门规章，随后又公布了《禁止进口、限制进口技术目录》、《禁止出口、限制出口技术目录》。同年，为加强管理、鼓励软件出口，还颁布了《软件出口管理和统计办法》。

《技术进出口管理条例》的主要内容有：国家对技术进出口实行统一的管理制度；技术进出口具体形式包括专利权转让、专利申请权转让、专利实施许可、技术秘密转让、技术服务和其他方式的技术转移等；技术进出口管理分禁止进出口技术、限制进出口技术和自由进出口技术三类，并实行目录管理；技术进出口合同自技术进出口许可证颁发之日起生效或自依法成立时生效，不以登记为合同生效的依据。

(二) 知识产权保护立法

知识产权是技术贸易的主要内容，知识产权保护方面的法律法规也是我国技术贸易管理的重要组成部分。

1. 有关知识产权保护的国内立法

我国在改革开放的初期就开始了知识产权保护的法制建设。通过借鉴国际公约、条约规定和其他国家在知识产权保护立法方面的先进经验，我国不断建立健全了知识产权保护的立法体系。现有的知识产权保护法律体系主要由法律、行政法规和部门规章三个部分组成。其中，专门法律主要包括《商标法》(1983 年施行，1993 年第一次修正，2001 年第二次修正)、《专利法》(1985 年施行，1992 年第一次修正，2000 年第二次修正)、《著作权法》(1991 年施行，2001 年修正)等；专门行政法规包括《商标法实施条例》(2002 年)、《专利法实施细则》(2001 年施行，2002 年修订)、《著作权法实施条例》(2002 年)、《知识产权海关保护条例》(2004 年)、《计算机软件保护条例》(2002 年)、《集成电路布图设计保护条例》(2001 年)、《植物新品种保护条例》(1997 年)等；专门部门规章包括《驰名商标认定和保护规定》(2003 年)、《集体商标、证明商标注册和管理办法》(2003 年)、《专利实施强制许可办法》(2003 年)等。在不断建立健全知识产权法律体系的同时，中国政府也根据实际需要对相关法律法规进行了修改。

2. 参加知识产权保护的国际条约

在不断完善国内法律体系建设的同时，从上世纪 80 年代起，中国相继参加了一些主要的知识产权保护国际公约、条约和协定。自 1980 年中国加入《建立世界知识产权组织公约》起至今，中国先后加入了《保护工业产权巴黎公约》、《关于集成电路知识产权条约》、《商标国际注册马德里协定》、《保护文学和艺术作品伯尔尼公约》、《世界版权公约》、《保护音像制作者防止非法复制公约》、《国际专利合作公约》、《商标注册用商品和服务国际分类尼斯协定》、《国际承认用于专利程序微生物保存布达佩斯条约》、《建立工业品外观设计国际分类洛伽诺协定》、《国际专利分类斯特拉斯堡协定》、《国际植物新品种保护公约》、世贸组织《与贸易有关的知识产权协定》等(参见表 4－1)。

表 4－1　中国加入知识产权国际公约情况一览表

条约名称	加入情况
建立世界知识产权组织公约	自 1980 年 6 月 3 日起，中国成为世界知识产权组织的成员国
保护工业产权巴黎约	自 1985 年 3 月 19 日起，中国成为巴黎公约成员国
关于集成电路知识产权保护条约	自 1989 年起，中国成为该条约首批成员国之一
商标国际注册马德里协定	自 1989 年 10 月 4 日起，中国成为马德里协定成员国
保护文学和艺术作品伯尔尼公约	自 1992 年 10 月 15 日起，中国成为伯尔尼公约的成员国
世界版权公约	自 1992 年 10 月 30 日起，中国成为世界版权公约的成员国
保护音像制作者防止非法复制公约	自 1993 年 4 月 30 日起，中国成为录音制品公约的成员国
国际专利合作条约	自 1994 年 1 月 1 日起，中国成为专利合作条约成员国
商标注册用商品和服务国际分类尼斯协定	自 1994 年 8 月 9 日起，中国成为该协定成员国
国际承认用于专利程序微生物保存达佩斯条约	自 1995 年 7 月 1 日起，中国成为该条约的成员国
建立工业品外观设计国际分类洛伽诺协定	自 1996 年 9 月 19 日起，中国成为中国成为该条约的成员国
国际专利分类斯特拉斯堡协定	自 1997 年 6 月 19 日起，中国成为该条约的成员国
国际植物新品种保护公约	自 1999 年 4 月 23 日起，中国成为 UPOV 的成员国
世贸组织《与贸易有关的知识产权协定》	自 2001 年 12 月 11 日起，中国成为 WTO《与贸易有关的知识产权协定》成员国

资料来源：中华人民共和国商务部条约法律司。

五、服务贸易管理立法

《对外贸易法》规定了我国发展国际服务贸易的基本原则，即国家促进国际服务贸易的逐步发展;在国际服务贸易方面根据所缔结或者参加的国际条约、协定中所作的承诺,给予其他缔约方、参加方市场准入和国民待遇。同时规定了国家限制和禁止国际服务贸易的几种情况,并对国际服务贸易的管理部门作了原则性规定。因此,《外贸法》是我国国际服务贸易立法框架的根本基础。近年来,我国加快了服务贸易立法步伐,但立法未成体系,不少领域还是空白,在一些重要的服务贸易领域还没有统一的法律。即使已颁布的一些有关服务贸易的法律法规也比较抽象,缺乏可操作性。不仅立法层次低,而且影响到法律的统一性和透明度。一些规定与《服务贸易总协定》还存在一定的差距。今后,需加强这方面的立法。

第二节　对外贸易经济调控手段

经济调控手段是指国家通过调节经济变量,对微观经济主体行为施加影响,并使之符合宏观经济发展目标的间接调控方式。目前,我国实行的是社会主义市场经济,国家对经济的宏观调控,应采用以经济手段为主的间接调控模式。与之相适应,对外贸易宏观调控也应依靠市场机制作用,以经济调节手段为主要方式,通过间接调控影响对外贸易经营行为。此外,我国已加入世贸组织,应按照世贸组织通行规则的要求,以经济手段调控外贸企业的经济活动,减少对企业的直接干预,从而维护市场竞争的公平秩序。

目前,我国对外贸易领域的经济调控手段有税收手段、汇率手段、信贷手段和价格调节手段等。国家运用这些经济杠杆,通过市场机制,影响各调控对象的利益,以实现调控外贸活动和外贸经济关系的目的。经济调节手段的主要特点有:间接性、非歧视性、非强制性以及通过市场机制起作用。

一、对外贸易税收

对外贸易税收包括进出口关税及其进出口环节的其他税费,如进口商品的增值税、消费税等。

(一)进出口关税

关税是一国根据本国经济、政治的需要,由海关按照国家制定的关税税法、税则,对准许进出境的货物和物品所征收的一种税,是比较公开和透明的对外贸易调节工具。

征收关税会引起进口商品的国际价格和国内价格的变动,从而影响到出口国和进口国在生产、贸易和消费等方面的调整,引起收入的再分配。关税对进出口国经济的多方面影响称为关税的经济效应。这里主要分析进口关税对进口国的经济影响。

1. 贸易小国的关税效应

假定进口国是个贸易小国，即该国某种商品的进口量占世界进口量的很小一部分，因此，该国的进口量的变动不能影响世界市场价格，如同完全竞争的企业，只是价格的接受者。这样，该国征收关税后，进口商品国内价格上涨的幅度等于关税税率，关税全部由进口国消费者负担。贸易小国对某种进口商品征收关税后，将产生的经济效应如图 4－1 所示。图 4－1 中的 D 为国内需求曲线，S 为国内供给曲线；P 为没有国际贸易下的国内价格，Q 为国内产量和消费量；P_f 为自由贸易下的国际价格（也是国内价格），Q_1Q_4 为进口量；P_t 为征收关税后的国内价格（等于国际价格加关税额），Q_2Q_3 为进口量。

（1）消费效应（Consumption Effect）：征收关税降低了该商品的国内消费量。征收关税前，国内需求量为 Q_4，征收关税后引起价格上涨，需求量减少到 Q_3。由于征收关税，引起国内消费量的减少，就是关税的消费效应。关税给消费者带来损失，其损失为 a＋b＋c＋d 的面积，它们代表了关税带来的消费者剩余的减少。由于征收关税，国内消费者减少消费，从而降低了国民福利水平。

（2）生产效应（Production Effect）：征收关税增加了该商品的国内产量。征收关税前，国内供给量为 Q_1，征收关税后引起价格上涨，供给量增加到 Q_2。由于征收关税，刺激国内供给量的增加，就是关税的生产效应。关税给生产者带来利益，其利益为 a 的面积，代表了生产者剩余的上升。由于征收关税，一些国内资源从生产更有效率的可出口商品转移到生产较缺乏效益的可进口商品，由此造成了该国资源配置效率的下降。

（3）财政收入效应（Revenue Effect）：征收关税给国家带来了财政收入。只要关税不提高到禁止性关税的水平，它会给进口国带来关税收入，这项收入等于进口商品数量乘以税率，其数额为 c 的面积。应该看到，关税收入的一部分要用来支付征收关税这一行为的费用，如海关官员的报酬等，因此，关税收入只有一部分成为财政收入。

（4）贸易效应（Trade Effect）：征收关税减少了该商品的进口量。征收关税前，该国进口量为 Q_1Q_4，征收关税后，进口量减少到 Q_2Q_3。由于征收关税，导致进口量的减少，就是关税的贸易效应。

（5）收入再分配效应（Redistribution of Income Effect）：征收关税使消费者的收入重新分配。征收关税后，生产者增加了面积为 a 的利益，这是由消费者转移给生产者的；国家财政收入增加了面积为 c 的利益，这也是由消费者转移给政府的，该收入最后如何分配，视政府如何使用而定。

总体来说，征收关税后，消费者损失了面积为 a＋b＋c＋d 的消费者剩余，其中面积 a 转移为增加的生产者剩余；面积 c 转移为增加的国家财政收入；面积 b＋d

称为保护成本，是征收关税而损失的国际贸易和生产专业化利益。这一部分是国内没有任何人能得到相应补偿的，这是由于关税使本国的生产资源从效率较高的部门转移到效率较低的部门，即一国的生产资源向没有比较优势的进口竞争部门集中，因此而造成了国民的福利净损失。

至此，我们可以得出结论：对贸易小国来说，从静态的纯福利经济效应角度来分析，征收关税弊大于利。

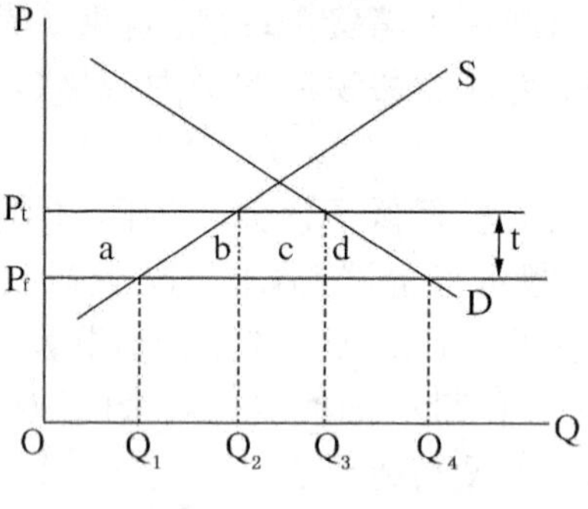

图 4-1　贸易小国的关税效应

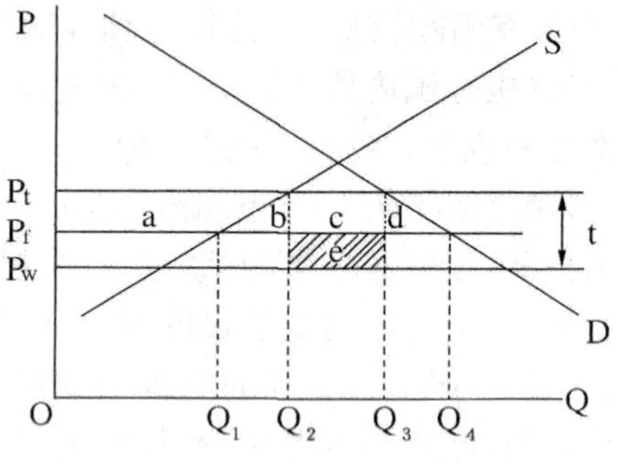

图 4-2　贸易大国的关税效应

2. 贸易大国的关税效应

如果进口国是一个贸易大国，即该国某种商品的进口量占了世界进口量的较大份额，那么该国变动进口量就会影响到世界价格。因此，大国征收关税虽然也有上述小国的种种关税经济效应，但由于大国能影响世界价格，因此从局部均衡分析所得的征收关税的代价和利益对比的净效果，就不同于小国情况了。贸易大国对某种进口商品征收关税以后，将产生的经济效应如图 4-2 所示。图 4-2 中 P_f 为自由贸易下的国际价格（也是国内价格），Q_1Q_4 为进口量；P_w 为征收关税后的国际价格，P_t 为征收关税后的国内价格（等于国际价格加关税额），Q_2Q_3 为进口量。

（1）价格效应（Price Effect）：进口大国征收关税而引起国内价格上涨必然导致进口量的缩减，就可能迫使该商品的国际市场价格下降。这就是说，大国进口商品价格上涨的幅度不会等于关税税率，而是低于关税税率。大国征收关税，进口商品国内价格从 P_f 上涨到 P_t；同时国际市场价格从 P_f 下跌到 Pw，价格上涨部分和下跌部分加在一起才等于进口关税税额。大国进口商在进口商品时支付的进口关税，不是全部由进口国的消费者负担的，而是由进口国消费者和出口国的生产者（通过出口商）共同负担的。大国向出口国转嫁了部分关税。

（2）贸易条件效应（Terms of Trade Effect）：在大国情形下，征收关税会降低世界市场价格，结果，大国进口商在世界市场上购买进口商品的国际价格下降。如果该国出口价格不变，则进口价格的下跌意味着该国的贸易条件得到了改善，其利益为面积 e。与小国相比，在其他条件不变的前提下，大国关税对本国生产者的保护作用相对较小。这是由于大国关税引起的价格上涨，部分地被出口国下降的价格所抵消了，因此进口的数量下降不像小国情况那么多。由此也可看出，与小国相比，大国征收关税能获得较多的财政收入，其中一部分收入是“剥削”出口国得到的。

一般说来，小国从征收关税中遭受的净损失，永远等于面积为 b+d 的保护成本，因为外国出口价格或世界价格不受其影响。而大国征收关税对该国净福利的影响，则要把关税的保护成本 b+d 与贸易条件改善而获得的利益 e 相比较：如果该国贸易条件改善利益 e 超过关税保护的代价 b+d，则意味着从征收关税中获得了净利益；如果贸易条件改善利益 e 与保护成本 b+d 相等，那该国从关税中既未获得收益，也未遭受损失；最后，贸易条件改善的利益 e 比保护成本 b+d 小，该国仍会从征收关税中遭受净损失。

应该指出，上述考察的只是关税的局部均衡效应，其分析带有短期的静态的特征。事实上，关税还会带来种种动态影响。比如，关税对幼稚产业的保护，可以带来国内产业发展的长期利益；对某些停滞产业的保护，能够保护国内就业，保护国内经济的稳定等等。关税对国内经济也会产生消极的影响，比如过度保护使得国内企业不思进取，技术进步缓慢，劳动生产率低下等。因此，考察关税的经济效应和关税对本国净福利的影响，必须结合经济发展的动态来看。

出口关税的经济效应不太被人关注，原因是征收出口关税会增加出口成本，不利于扩大出口，因而大多数国家对出口不征收关税或仅对少数商品征收出口关税，目的是限制资源型产品及短缺产品的过度出口，从而保障国内生产的需要。

（二）进口商品国内税

进口商品国内税是指对进口商品征收的增值税和消费税，为方便纳税人，由海关在对进口货物征收关税的同时，代为征收，因此也称海关代征税。代征税与关税性质不一样，它们的征税依据不在于进口，而在于将这些进口货物在国外经过的生产流通环节与国内同类货物经过的生产流通环节同等对待。这样，国内同类货物已征收的流转税，进口货物也要征收，从而使它们在国内市场上公平竞争。

1. 进口商品的增值税

按照我国增值税法规定，增值税是指以企业生产的产品中新增加的价值额或劳务中的增值额为课税对象征收的一种税。增值税的纳税人是指在中华人民共和国境内销售货物或者提供加工、修理修配劳务以及进口货物的自然人、法人、非法人社会组织。增值税纳税人分一般纳税人和小规模纳税人。增值税一般纳税人由县以上国家税务机关在接到符合要求的申请后 30 日内审批认定，对认定为增值税一般纳税人的，在其税务登记证副本上加盖“增值税纳税人”确认专用章。一般纳税人可以用其购进货物时的“进项税额”去抵扣其销售货物时的“销项税额”，从而使实际缴纳的增值税有所减少。凡符合增值税一般纳税人条件的增值税纳税人都必须主动向主管国家税务机关申请认定增值税一般纳税人资格,未被认定的是小规模纳税人。小规模纳税人经认定为增值税一般纳税人后,不得再转为小规模纳税人。对符合增值税一般纳税人条件但不申请办理增值税一般纳税人认定手续的纳税人,按销售额和适用税率(6%)计算应纳税额,但不得使用增值税专用发票或要求税务机关代开增值税专用发票,不得抵扣进项税额。

海关在进口环节代征的增值税和国内产品征收的增值税一样,基本税率为17%,但对于一些关系国计民生的重要物资,其增值税率较低,为13%。这些物资包括:粮食、食用植物油;自来水、暖气、冷气、热水、煤气、石油液化气、天然气、沼气、居民用煤制品;图书、报纸、杂志;饲料、化肥、农药、农机、农膜;金属矿和非金属矿等产品;国务院规定的其他货物。

根据《增值税暂行条例》规定,下列进口货物免征增值税:直接用于科学研究、科学试验和教学的进口仪器、设备;外国政府、国际组织无偿援助的进口物资和设备;来料加工、来件装配和补偿贸易所需进口的设备;由残疾人组织直接进口供残疾人专用的物品。

进口商品增值税计算公式为:

进口商品增值税=组成计税价格×增值税税率

组成计税价格=关税完税价格+关税+消费税

2. 进口商品的消费税

消费税是对我国境内从事生产、委托加工和进口应税消费品的单位和个人,就其销售额或销售数量,在特定环节征收的一种税。简单地说,消费税是对特定的消费品和消费行为征收的一种税。

我国从1994年1月1日起开始实施消费税,按我国《消费税暂行条例》规定,应征收消费税的产品有烟、酒及酒精、化妆品、护肤护发品、贵重首饰及珠宝玉石、鞭炮焰火、汽油、柴油、汽车轮胎、摩托车、小汽车等11类消费品,对这些消费品分别实行从价征税(3%~45%不等)或从量定额征税。经国务院批准,自2006年4月1日起,我国对进口环节消费税税目、税率及相关政策进行了调整,如新增对高尔夫球及球具、高档手表、游艇、木制一次性筷子、实木地板、石脑油、溶剂油、润滑油、燃料油、航空煤油等产品征收消费税;停止对护肤护发品征收消费税;调整汽车、摩托车、汽车轮胎、白酒的消费税税率;石脑油、溶剂油、润滑油、燃料油暂按应纳消费税税额的30%征收;航空煤油暂缓征收消费税;子午线轮胎免征消费税。其中,对进口白酒类征收复合消费税时,应按20%的税率计征从价消费税,同时按1元/千克的税率计征从量消费税。对进口卷烟(包括烟草制的卷烟和烟草代用品制的卷烟,10位商品编码分别为:2402200000、2402900010)仍按海关总署2004年第4号公告规定的计税方法计征复合消费税。调整后征收进口环节消费税的商品共14类。这次调整的政策导向就是鼓励低耗能、低污染产业，同时抑制高耗能、高污染产业，从而促使消费者改变消费观念，使产业结构朝着有利于国民经济可持续发展的方向发生变化；同时也体现了国家通过税收杠杆来调节收入分配的不公平，如对游艇等奢侈品征税，是对高收入阶层税收的一种补充，使税收功能得到更公平的体现。此次政策调整是1994年税制改革以来消费税最大规模的一次调整，对于进一步增强消费税调节功能，促进环境保护和资源节约，更好地引导有关产品的生产和消费，全面落实科学发展观和构建节约型社会具有重要意义。

消费税的计算公式有三种情况：第一，按从价定率计算。

消费税＝组成计税价格×消费税税率

组成计税价格＝(关税完税价格＋关税)/(1－消费税税率)

第二，按从量定额计算。

消费税＝应税消费品数量×单位税额

第三，从价定率与从量定额结合计算，比如卷烟，白酒类。

上述14类消费品进口除了应征收关税外，还要征收消费税和增值税。因此，虽然关税水平在下降，但进口这些物品的总体税收负担仍然很重，期待这些进口货物价格大幅下降仍很遥远，参见拓展资料4－2。

拓展资料4－2：

我国进口车关税2006年7月1日起下降至25％

我国入世承诺的汽车及其零部件降税承诺，将在2006年7月1日全部兑现。财政部昨天宣布，从7月1日起，部分汽车进口税率降至25％，零部件的进口关税税率降至10％。市场人士认为，此次税率下调对销售影响不大，车价可能会小幅下调。

据财政部介绍，小轿车、越野车、小客车整车的进口税率由28％降至25％，车身、底盘、中低排量汽油发动机等汽车零部件的进口税率由13.8％～16.4％降至10％。据了解，此次下调是中国针对进口汽车关税税率的最后一次下调，同时也是中国在加入WTO后，进口车税率的一次正常下调。上次调整是在2006年1月1日，税率从30％调整为28％。

商务部有关人士曾经分析，25％的进口关税，加上17％的增值税和目前8％的消费税，进口汽车的综合税率仍然高达50％以上。

资料来源：http://www.sina.net 2006年06月16日 09:54 北京现代商报。

（三）出口退税

出口退税就是将出口货物在国内生产和流转过程中已经缴纳的间接税给予退还的税收优惠措施，使出口商品以含少量税或不含税价格进入国际市场，提高该出口产品的国际竞争力，并力求避免对跨国流动物品重复征税，从而达到刺激一国或地区出口增长的目的。这是国际通行的做法。在我国，出口退税在拉动经济增长、调整出口产品结构、吸引外资、增加就业等方面具有重要作用，是重要的宏观经济调控手段之一。我国人民币汇率自1996年实行盯住美元的做法后，出口退税的税率和适用商品范围的调整更是成为我国政府应对市场变化、力保出口稳步增长的唯一有效的手段。在经受亚洲金融危机的冲击、邻国汇率贬值而维持人民币不贬值的压力下，为保持外贸出口的增长势头，出口退税充分显示了其积极而灵活的政策杠杆作用。

出口退税政策对出口贸易的影响，我们可以从表4-2中看出。我国自1985年开始实行出口退税政策，1991年和1994年我国分别取消出口补贴和外汇留成后，出口退税政策事实上已成为我国最重要的一项出口鼓励措施。后来，由于出口骗税行为屡禁不止，中央政府在1995年两次下调了出口退税率，结果给出口企业带来了诸如出口成本上升、企业利润下降和出口减少等问题。1996年出口退税增长了50.4%，为上世纪90年代的最高增幅，出口退税额高达826亿元，尽管如此，却没有带来出口贸易的大幅度增加，仅增长1.5%，主要的原因是存在大量的骗税行为。1997年由于对出口退税环节加强了治理，出口退税额较上年减少了近394亿元，下降了47.6%，而且我国经济运行主要受到国内市场疲软和东南亚金融危机的影响，经济增速已经连续三年回落，但出口贸易仍增长了21%，这从另一个角度说明1996年出现的情况是极不正常的。1998年，我国调高了不少出口商品的退税率，1999年又分两次提高了部分产品的出口退税率，使我国出口货物的平均退税率提高5.5个百分点，达到15%。由于这一措施的实施，加上世界及东南亚国家经济复苏，1999年下半年外贸出口转降为升，增长速度加快，全年进出口贸易总额3 607亿美元，比上年增长11.3%，其中，出口1 949.3亿美元，增长6.1%，到2002年已经增长到3 255.7亿美元，年均增速18.6%；2003年上半年，我国出口同比增长了34.6%。出口退税的大幅度增加有力地促进了出口贸易的增长。

表4-2 出口退税和出口贸易额之间的关系

年份	出口退税额	比上年增长比例(%)	出口贸易额	比上年增长比例(%)
1985	17.9	—	273.5	4.6
1986	44.0	123.4	309.4	13.1
1987	76.7	74.3	394.4	27.5
1988	113.0	47.3	475.2	20.5
1989	153.0	35.4	525.4	10.6
1990	185.0	20.9	620.9	18.2

续表

年份	出口退税额	比上年增长比例(%)	出口贸易额	比上年增长比例(%)
1991	254.4	37.5	719.1	15.8
1992	285.0	12.0	849.4	18.1
1993	301.0	5.6	917.4	8.0
1994	450.0	49.5	1 210.1	31.9
1995	549.2	22.0	1 487.8	23.0
1996	826.0	50.4	1 510.5	1.5
1997	432.5	−47.6	1 827.9	21.0
1998	437.0	1.0	1 837.1	0.5
1999	627.7	43.6	1 949.3	6.1
2000	810.4	29.1	2 492.0	27.8
2001	1 071.5	32.2	2 661.0	6.8
2002	1 259.2	17.5	3 255.7	22.3
2003	2 039.0	61.9	4 383.7	34.6

数据来源：中华人民共和国海关统计。

出口退税额单位为：亿元；出口贸易额单位为：亿美元。

（四）我国对外贸易税收的作用

对我国来说，对外贸易税收可以起到以下三方面的作用。

1. 增加财政收入

进出口税收是海关代表国家对通过本国关境的进出口商品所征收的，因此，进出口税收便成为国家财政收入的一个重要来源。关税征收的最初目的主要是为了获取财政收入，以此为目的的关税被称为“财政关税”。随着经济的发展和贸易自由化的推进，关税作为财政收入的重要程度不断降低。目前，在发达国家，关税占财政收入的比重已降至3%甚至更低；但是，在许多落后的发展中国家，关税在一国财政收入中仍占有相当的比重，是财政收入的主要来源之一。2005年我国海关征收关税和进口环节税净入库5 287亿元，占我国当年财政收入(30 866亿元)的17.1%。

2. 保护本国产品和市场

通过对进口商品征收关税，提高了进口商品的价格，削弱了它与本国同类产品的竞争能力，大大减少了进口数量，从而保护了本国的同类产业和市场。这种以保护本国的产品和市场为主要目的的关税，被称为“保护关税”。一些经济欠发达的国家，往往采用保护关税，以促进和保护本国幼稚工业的发展；而发达国家为了垄断国内市场，有时也征收保护关税。保护关税税率越高，越能起到保护的作用。

3. 调节进出口商品结构

许多国家都通过制定和调整关税税率调节进出口贸易的商品结构，达到有利于本国经济和贸易发展的目的。比如，世界各国都通过免税、低税和退税来鼓励商品出口，或通过税率的高低、减免来调节商品的进口。关税对进口商品的这种调节作用，主要体现在：对于国内能大量生产或即使目前不能大量生产但将来可能发展的产品制定较高的进口税率，以削弱进口商品的竞争能力，保护本国同类产业的发展；对于非必需品或奢侈品的进口制定更高的税率，以达到限制进口的目的；对于本国不能生产或生产不足的原材料、半制成品、生活必需品或生产上急需的投入品，制定较低的进口税率甚至免税，以鼓励进口、满足本国市场需要。

二、汇率与汇率制度

汇率是一国货币同另一国货币兑换的比率。如果把外国货币当作商品的话，那么汇率就是买卖外汇的价格，是以一种货币表示另一种货币的价格，因此也称为汇价。汇率是调控一国进出口总量平衡和优化进出口商品结构的主要经济杠杆，世界上许多国家都把汇率作为调节进出口贸易的重要手段，我国也不例外。

在讨论汇率对进出口贸易的影响之前，我们需要先了解汇率的标价方法。目前，国际上汇率的标价方法一般有以下三种。

(1) 直接标价法：又称为应付标价法。是以一定单位的外国货币（如 1 个单位或 100 个单位）作为标准，折算为一定数额的本国货币来表示其汇率。在直接标价法下，外国货币数额固定不变，汇率的涨跌都以相对的本国货币数额的变化来表示。一定单位外币折算的本国货币减少，说明外币汇率下跌，即外币贬值或本币升值。目前，除英国和美国外，世界上绝大多数国家都采取直接标价法。我国也采取直接标价法，如 100 美元兑换 798.27 元人民币。

(2) 间接标价法：又称为应收标价法。是以一定单位的本国货币（如 1 个单位或 100 个单位）为标准，折算为一定数额的外国货币来表示其汇率。在间接标价法下，本国货币的数额固定不变，汇率的涨跌都以相对应的外国货币数额的变化来表示。一定单位的本国货币折算的外币数量增多，说明本国货币汇率上涨，即本币升值或外币贬值。反之，一定单位本国货币折算的外币数量减少，说明本国货币汇率下跌，即本币贬值或外币升值。

(3) 美元标价法：又称纽约标价法，是指在纽约国际金融市场上，除对英镑用直接标价法外，对其他外国货币用间接标价法的标价方法。美元标价法由美国在 1978 年 9 月 1 日制定，目前是国际金融市场上通行的标价法。

根据宏观经济学原理，汇率变动对进出口贸易的影响主要是通过价格机制实现的。若本币汇率上升，即本币升值，则意味着外汇汇率下降，表明一定数额的外国货币只能兑换较少的本国货币，必然会使以本国货币表示的进口商品价格降低，从而有利于扩大进口；同时，本币汇率上升会使以本币表示的出口商品成本价格上升，因而不利于出口。相反，若本币汇率下降，即本币贬值，则意味着外汇汇率上升，一定数额的外国货币能够兑换更多的本国货币，必然会使以本国货币表示的进口商品成本价格上升，从而降低了进口商品的竞争力，不利于进口贸易；同时，外汇汇率上升会使以外币表示的出口商品价格降低，增强本国商品在国外市场的竞争力，从而有利于扩大出口。

因此，许多国家在国际收支出现逆差时，利用汇率变动对进出口贸易的作用机制，通过本国货币贬值来促进本国商品出口，减少进口，从而缓解国际收支平衡压力。而当一国出口增长过快、国际收支出现大量顺差时，其贸易伙伴往往会对其施加压力，促使其货币升值，从而增加该国出口商品的成本，抑制出口扩张，同时增加该国进口；而其贸易伙伴的出口因此可望增加，进口得到抑制。参见拓展资料4－3。

拓展资料 4－3：

美国贸易逆差再创纪录　布什承诺将对人民币施压

美国纽约消息　据美国商务部日前公布的统计数据显示，美国 2006 年 1 月份贸易逆差超出预计的 668 亿美元，达到创记录的 685 亿美元。而美国对中国的贸易逆差，则从此前一个月的 163 亿美元攀升至 179 亿美元。

美国商务部的报告还显示，美国 1 月份总进口增长 3.5%，创 1 828.8 亿美元新高。尽管美国出口商也表现强劲，海外销售增长 28 亿美元，至 1 144 亿美元，但仍无法与进口的大幅增长相提并论。经济学家指出，全球经济基本面是推动美国贸易赤字屡创新高的动力。

这一情况对美国政府而言可谓当头一棒。据了解，近日的迪拜公司收购美国港口交易已经令布什政府四面楚歌，而对华贸易逆差的激增，势必令政府试图遏制国会日益加重的不满情绪的努力功亏一篑，并给中国国家主席胡锦涛下月的美国之行制造了紧张气氛。

面对与日俱增的压力，布什 3 月 10 日以贸易为例，称中国为“战略伙伴”，但他承诺将会采取进一步措施向中国施压，迫使其浮动人民币汇率。美国财长斯诺也再次敦促中国履行承诺进行汇率改革。

布什表示，中国在许多方面都令人称奇，它大体上选择了市场和企业的道路，但它对美国而言是一个经济问题，即美国对华贸易逆差巨大。布什还表示，他已经不断敦促中国，要求其为美国厂商提供公平的贸易环境，公平对待美国产品，以及做好知识产权保护，实行更为灵活的汇率机制。

布什政府对人民币汇率施压已经有两年多，美国的批评人士一直在敦促中国加快人民币升值的步伐，称人民币被低估使中国获得了不公平的竞争优势。美国制造商认为，中国人为低估汇率，使得大量廉价中国商品进入美国。

对此，中国人民银行行长周小川3月11日表示，中国不会对美国的施压屈服。他强调，中国将按照自己的原则进行汇改，适当浮动人民币汇率。

资料来源：http://business.cnhubei.com/2006-03-14。

当然，汇率对进出口贸易的影响效应有时不一定能够实现，因为影响进出口贸易的因素实在太多，而且，这种效应在实际经济中存在一个时滞。比如，汇率下跌后，该国出口商品的外币价格下降，但外国对其出口商品的需求并不会立即增加，而本国企业调整生产、组织供给也要有一个过程。因此，出口的增长会有一个时滞。同时，该国进口数量也不会因为本币的贬值而立即减少，已签署的合同仍要执行。这样，在汇率下调的初期，出口商品的外币价格下跌而出口数量增加缓慢，进口商品的外币价格不变而进口数量没有明显减少，因此贸易收支不仅未改善，反而会恶化。只有经过一段时间的调整后，出口扩大，进口减少，贸易收支才会改善。货币贬值对贸易收支改善的滞后影响过程像英文字母J的形状，因而被称为“J曲线效应”。

此外，汇率下跌、货币贬值能否最终改善一国的贸易收支，还要考虑进出口需求弹性，即进出口商品价格变动对商品需求影响的程度。如果一国出口需求弹性和进口需求弹性较大(比如两者弹性之和的绝对值大于1)，汇率贬值使出口价格下降，出口需求较大幅度增长，同时进口商品价格的上升使进口需求较大幅度下降，最后将促使该国贸易收支状况好转；反之则不然。

一国汇率贬值政策能否奏效，还取决于贸易伙伴是否采取同样的贬值措施进行报复，以及本币对外贬值与对内贬值(通货膨胀)的关系。如果贸易伙伴同样实行货币贬值，则会抵消彼此货币贬值的效力；国内通货膨胀也会抵消货币对外贬值的效力。

自2005年7月21日起，我国开始实行以市场供求为基础、参考一篮子货币进行调节、有管理的浮动汇率制度。现阶段，每日银行间外汇市场美元对人民币的交易价仍在人民银行公布的美元交易中间价上下千分之三的幅度内浮动，非美元货币对人民币的交易价在人民银行公布的该货币交易中间价上下一定幅度内浮动。这样既强调了有管理，也突出了浮动汇率的特点，使汇率更具弹性，尽量反映外汇市场供求状况，以此来更好地发挥汇率这一价格信号在优化配置市场资源中的作用，更好地调节国际经济交易。在扩大汇率波动区间后，中央银行应减少市场干预频率，除非当市场汇率由于各种因素的影响，形成趋势性、较长时期内的低估或者高估，并可能对经济运行产生不利影响时，才入市干预。只有这样，外汇市场的基础作用才可以得到较充分的发挥，同时又不会削弱中央银行对外汇的管理。

三、进出口信贷

信贷杠杆是指国家根据国民经济运行状况，通过调整利率和确定不同的贷款方向、贷款数量、贷款成本以控制和引导资金运用、调整国民经济运行的重要手段。进出口信贷则是一国政府通过银行向进出口商提供贷款，以鼓励出口、确保进口的重要措施。在国际贸易中，机器、成套设备、船舶、飞机及其他一些商品的交易，金额巨大，从订货到交付所需时间长，对进口商来说，一时难以筹措巨额货款；对出口商而言，垫支巨额款项虽可促成交易，但不利于资金周转。因此需要银行贷款，支持他们进行进出口交易。随着全球贸易自由化的发展，明显的补贴已经不能采用，许多国家便纷纷转而采用政策性金融手段，大力支持和促进本国产品，尤其是资本货物的出口。

我国进出口信贷的主要任务是贯彻执行国家的产业政策、外经贸政策和金融政策，运用符合国际惯例的出口信贷、出口信用保险、对外担保、对外优惠贷款等政策性金融手段，支持扩大机电产品、成套设备和高新技术产品出口，增加境外投资，从而取得良好的经济效益和社会效益。

我国提供进出口信贷的主要机构是中国进出口银行，该政策性银行是我国外经贸支持体系的主要力量和金融体系的重要组成部分。经过 12 年的发展，已成为我国机电产品、高新技术产品出口和对外承包工程及各类境外投资的政策性融资主渠道，外国政府贷款的主要转贷行和中国政府对外优惠贷款的承贷行。中国进出口银行的国际信用评级与国家主权评级一致。至今为止，该银行在以下几个方面发挥了国家出口信用机构的政策导向作用。

一是重点支持船舶、大型机电成套设备、飞机、计算机、通讯设备以及医药、新材料等高技术含量、高附加值产品的出口，优化我国的出口商品结构，促进产业结构的调整。

二是合理把握贷款投向，推动和支持我国企业在巩固传统出口市场的同时，开拓非洲、拉美、中东等新的市场，促进了出口市场多元化战略的实施。

三是综合运用各种政策性金融手段支持我国企业通过对外承包工程、境外加工贸易、境外投资、资源合作开发等多种形式，扩大与国外的经济技术交流与合作，为实施我国提出的“走出去”的开放战略，在更大范围、更深程度上参与经济全球化进程，发挥了积极的作用。

四是通过支持我国企业扩大出口，促进出口企业及相关行业的发展，有效地增加了就业机会。

过去，我国进出口信贷杠杆作用主要体现在出口信贷方面(参见第五章内容)，但是，从 2006 年起，我国进出口信贷开始对重要进口项目进行支持，如中国进出口银行利用进口信贷支持深圳航空有限责任公司进口飞行器及器材，见拓展资料4－4。

拓展资料4－4：

进出口银行首笔进口信贷助飞民航

中国进出口银行信贷支持将不再只出不进。昨日，中国进出口银行成立以来的第一笔总额逾120亿元人民币的进口信贷框架协议在京签订。根据协议，资金将主要用于对深圳航空有限责任公司飞行器及器材进口、技术服务进出口等项目的融资支持。

中国进出口银行有关负责人表示，进出口银行开办进口信贷是为了支持企业提升出口产品技术含量，增强企业发展后劲，支持国内企业进口关键技术和重大装备，提升发展潜力，同时也是该行开展金融创新的具体举措。

据悉，授信公司——深圳航空有限责任公司目前总资产超过80亿元，经营100多条国内、国际航线，公司计划用9年左右的时间把深航打造成拥有国际化、现代化的管理体系，资产优良、效益突出的真正的国际化航空公司，跻身一流航空公司的行列。

资料来源：上海证券报，2006.01.17。

四、进出口价格杠杆

这里，进出口价格杠杆是个广义概念，如对于金融市场来说，利率是资金的价格，是整个金融市场的核心，可以调节资源配置；对于外汇市场来说，汇率是两国货币的兑换价格，可以调节国际收支平衡。

就狭义的价格概念来说，我国要加快社会主义市场经济的建设，推进价格改革，建立主要由市场形成价格的机制。现在大部分商品价格已经放开，目前主要应理顺生产要素价格，加快调整资源性产品价格改革步伐，稳步推进土地、能源、电力等要素价格的市场化，切实落实土地、环境和劳动保护等相关政策法规，制止“零地价、低地价”等不适当优惠措施，逐步解决人为压低要素成本带来的价格扭曲和资源不合理配置，尽早摘掉“非市场经济国家”的帽子。

第三节　对外贸易行政管理

对外贸易行政管理是国家经济管理机关凭借行政组织权力，采取发布命令、制定指令性计划及实施措施、规定制度程序等形式，按照自上而下的组织系统对对外贸易经济活动进行直接调控的一种手段。它常和对外贸易的立法管理、经济手段结合在一起，是对外贸易管理的辅助手段。在我国市场经济还不完善，法制手段还不健全的情况下，对外贸易行政管理具有相当重要的作用。

行政手段同经济手段相比，具有强制性、权威性、直接性和速效性等特点，能在短时期内集中全力解决重大经济问题；与法律手段相比，它可以根据不同场合、不同情况作出及时反应，因而具有明显的灵活性和速效性。但是，培育和发展社会主义市场经济，客观地要求减少行政手段的运用，要求政府依法行政，要求行政管理符合国际规范、具有公开性和稳定性。

对外贸易行政管理包括对外贸易经营管理、货物进出口管理、进出口商品检验管理、海关管理、外汇管理等内容。

一、对外贸易经营管理

（一）对外贸易经营者和对外贸易经营资格

对外贸易经营者，是指按《中华人民共和国对外贸易法》规定办理工商登记或者其他执业手续，依照本法和其他有关法律、行政法规的规定从事对外贸易经营活动的法人、其他组织或者个人。按照我国修订后《对外贸易法》的规定，从事货物进出口或者技术进出口的对外贸易经营者，应当向国务院对外贸易主管部门或者其委托的机构办理备案登记，这标志着我国外贸经营权从此告别审批制，迎来备案制，彻底拆除外贸经营权门槛。需要注意的是，对外贸易经营者中的个人与自然人的区别。根据《对外贸易法》规定，个人从事外贸经营活动，必须依法办理工商登记。个人（自然人）必须在工商部门注册个人独资企业或个体工商户后，才能从事商品进出口业务；如不办理工商登记，备案登记机关则不予备案登记。个人做外贸，具体到技术层面上，必须到工商部门登记，取得营业执照、组织机构代码，以一个经营主体的面目出现，才能到商务机关办理外贸经营权备案登记，进而办理税务登记、银行开户许可等手续。依法办理工商登记的个体工商户（独资经营者），在经营活动中承担无限责任。

2004 年 7 月 1 日实施的《对外贸易经营者备案登记办法》没有对对外贸易经营者办理备案登记设定任何资格条件（与从事国内贸易的个体工商户相同），此备案登记完全是程序性的。这种备案登记制是一种自动登记的方式，不再是行政审批，不对经营者取得外贸经营权的获得构成任何障碍，只为政府的监管提供一定的信息基础。外贸经营由审批改为备案登记制，既放开了经营权，促进了经营主体多元化，又可保证对外贸易秩序的有效监管和维护。

对外贸易经营者应凭加盖备案登记印章的《登记表》在 30 日内到当地海关、检验检疫、外汇、税务等部门办理开展对外贸易业务所需的有关手续。逾期未办理的，《登记表》自动失效。在 30 天之内只要到上述一个部门办理了手续，表格就视为有效。不到检验检疫部门办理备案登记，则不能办理进出口货物的检验检疫，特别是经营法定检验的货物；不到外汇管理部门办理注册登记，进出口商品外汇不能核销；不到银行办理银行开户许可证，没有账户，进口就无法对外支付、出口不能结汇；新设立的企业与个体工商户不到税务机关办理税务登记证书，就无法依法纳税，也不能办理出口退税；不到海关注册登记，进出口货物就不能报关。

《对外贸易法》及《对外贸易经营者备案登记办法》在放开对外贸易经营权的同时，规定备案登记的制度，使政府有关主管机关能够准确及时地掌握进出口贸易的实际信息，以维护对外贸易秩序，保障国家和企业的贸易利益；一个透明、合理、有序的对外贸易秩序和经营主体多元化竞争环境有利于外贸企业的健康成长。为了避免有些外贸经营者不履行应有的义务，从而为政府管理带来困难，《对外贸易法》将备案登记与海关的验放程序协调一致，最低限度地保障了政府主管机关对外贸秩序的监管，也有利于整体外贸的发展。商务部门将加强与工商、海关、税务、检验检疫、外汇管理、银行等部门的协调，维护外贸经营秩序，帮助企业规范、健康、有效地走出国门。

当然，彻底放开对外贸易经营权并不意味着外贸经营者什么进出口业务都能做，对外贸易经营者经营进出口贸易业务的范围一般与在工商部门登记的经营范围相同。例如：国家对核、生物、化学、导弹等各类敏感物项和技术出口制定了管制法规，一般的对外贸易经营者是不能经营的；国家规定为国营贸易的货物，需经商务部和国务院有关经济管理部门批准的企业才能经营，如进口粮食、植物油、食糖、烟草、原油、成品油、化肥、棉花；出口茶、大米、玉米、大豆、钨及钨制品、煤炭、原油、成品油、丝、棉花及棉制品。对外贸易经营者，在经营限制类的商品时，还要受到限制进出口的货物目录、配额、关税配额、许可证制度等方面的约束。

（二）我国对外贸易经营权制度演变过程

1979 年改革开放之初，我国只有少数国有专业外贸公司可以经营对外贸易。

1985 年 3 月 23 日，外经贸部发布《关于设立外贸公司的条件和审批程序的暂行办法》。

1988 年 7 月 1 日，外经贸部发布《关于审批对外贸易企业有关问题的规定》。

1992 年 9 月 10 日，国务院《关于审批设立外贸公司有关问题的批复》。

1992 年，国务院批转外经贸部、国务院生产办《关于赋予生产企业进出口经营权有关问题的意见》。

1993 年，外经贸部、国家科委发布《赋予科研院所科技产品进出口权暂行办法》。

1993 年，国务院批转国家经贸委、外经贸部、内贸部《关于赋予商业、物资企业进出口经营权试点意见》。

1997 年 1 月，外经贸部发布《经济特区生产企业自营进出口权自动登记暂行办法》。

1998 年 9 月,外经贸部发布《关于赋予私营生产企业和科研院所自营进出口权的暂行规定》。

1999 年 1 月,外经贸部发布《关于对全国大型工业企业实行自营进出口权登记备案制的通知》。

1999 年 5 月,外经贸部发布《关于调整企业申请进出口经营权的资格条件及加强后期管理有关问题的通知》。

2001 年 7 月 10 日,外经贸部公布《关于进出口经营资格管理的有关规定》,规定流通企业申请进出口经营权企业资格条件为:注册资本(金)不低于 500 万元人民币,中西部地区不低于 300 万。生产企业、个人独资企业、合伙企业注册资本(金)不低于 300 万元,中西部地区、少数民族地区不低于 200 万元,科研院所、高新技术企业和机电产品生产企业 100 万元。私营企业可以获得进出口经营资格。

2001 年 12 月 11 日,《中国加入世界贸易组织议定书》生效,中国政府承诺 2004 年 12 月 11 日放开贸易权。

2003 年 7 月 30 日,商务部发出《关于调整进出口经营资格标准和核准程序的通知》,规定流通企业申请进出口经营权企业资格条件为注册资本(金)不低于 100 万元人民币,注册在中西部地区的内资企业和生产企业注册资本(金)不低于 50 万元。

2004 年 4 月 6 日,颁布《对外贸易法》,宣布将审批制改为备案制。

2004 年 6 月 25 日,商务部公布《对外贸易经营者备案登记办法》,审批制退出,备案制登台,废除对外贸易经营者资格条件。

二、货物进出口管理

当代国际贸易发展的主流是自由化和便利化,但不加任何限制的绝对的自由化是不存在的。任何国家对外贸易均存在着不同程度的管制,包括关税的和非关税的管理措施。

(一) 按不同管制程度对进出口货物进行分类

依据我国《对外贸易法》及其配套法律法规,国家有关部门对进出境货物按不同管制程度进行管理。

1. 禁止进出口货物

(1) 危害国家安全或者社会公共利益的;

(2) 为保护人的健康或者生命安全,保护动物、植物的生命或者健康,需要禁止进口或者出口的;

(3) 破坏生态环境的;

(4) 根据我国缔结或者参加的国际条约、协定的规定,其他需要禁止进口或者出口的。

2. 限制进出口货物

(1) 为维护国家安全、社会公共利益或者公共道德,需要限制进口或者出口的;

(2) 为保护人的健康或者安全,保护动物、植物的生命或者健康,保护环境,需要限制进口或者出口的;

(3) 为实施与黄金或者白银进出口有关的措施,需要限制进口或者出口的;

(4) 国内供应短缺或者为有效保护可能用竭的自然资源,需要限制出口的;

(5) 输往国家或者地区的市场容量有限,需要限制出口的;

(6) 出口经营秩序出现严重混乱,需要限制出口的;

(7) 为建立或者加快建立国内特定产业,需要限制进口的;

(8) 对任何形式的农业、牧业、渔业产品有必要限制进口的;

(9) 为保障国家国际金融地位和国际收支平衡,需要限制进口的;

(10) 依照法律、行政法规的规定,其他需要限制进口或者出口的;

(11) 根据我国缔结或者参加的国际条约、协定的规定,需要限制进口或者出口的。

禁止或限制进出口货物的目录由国务院外经贸主管部门会同国务院有关部门制定、调整并公布。限制进出口的货物目录,应当至少在实施前21天公布;经国务院批准,商务部可临时决定禁止或限制规定目录以外的特定货物的进口或者出口。同时,除法律、行政法规明确禁止或者限制进出口外,任何单位和个人均不得对货物进出口设置、维持禁止或者限制措施。

3. 自由进出口货物

除以上禁止与限制进出口以外的货物均为自由进出口货物,可以由有进出口经营权的企业放开经营。世界贸易组织提倡贸易自由化,可以说,今后禁止与限制进出口的货物会越来越少,而自由进出口的货物将越来越多。

但是,基于监测货物进出口情况的需要,我国商务部及有关部门对部分属于自由进出口的货物实行自动进出口许可管理,任何经营者进出口属于自动进出口管理的货物,有关部门均应给予许可。这是一种自动登记性质的许可制度,通常用于国家对这类货物的统计和监督目的。经营者在报关前,向有关主管部门提交自动进出口许可申请,主管部门在收到申请后,立即发放自动进出口许可证明,经营者凭此向海关办理报关验放手续。若无此证明,海关不予放行。这部分货物每年由商务部公布的《自动许可管理货物目录》确定,除此之外,可以自由进出口。

(二) 货物进出口管理的主要手段

目前,国际上对进出口货物进行管理的主要手段有进出口货物配额管理、进出口许可证管理两种，我国同样如此。但是，按照我国加入世贸组织的承诺，在货物进口方面，这两种管理手段将被陆续取消；而在货物出口方面，商务部将视我国的出口情况适时进行调整。

1. 进出口货物配额管理

进出口货物配额管理，是指国家在一定时期内对某些货物的进出口数量或金额直接加以限制的管理措施。在规定的期限和配额以内的货物可以进出口，超过了的不准进出口。依据《对外贸易法》第19条规定，国家对限制进口或者出口的货物，实行配额、许可证等方式管理，据此，国家对有数量限制的限制进出口货物实行配额管理。

世界上大多数国家对一些商品的进出口都制定有配额或许可证管制措施。从各国的情况看，配额与许可证这两种限制性措施既可单独使用，也可以结合在一起使用。长期以来，我国采取了配额与许可证相结合的做法，即配额许可证管理措施，需要配额管理的商品必须要申领许可证。

但是，在加入世贸组织以后，我国对限制进出口货物的管理手段正在发生变化。自2005年3月起，我国取消了限制进口货物的配额管理，这意味着我国过去曾经长期采用的配额与许可证相结合的管理模式已经发生变化。目前，我国的配额管理主要针对部分限制出口货物。在进口贸易方面，现行的管理方式主要是许可证管理，仅仅保留农产品的关税配额管理。这里，关税配额管理与配额管理是两个不同的概念。关税配额管理是指对货物进口的绝对数额不加限制，对在一定时期内在规定的额度内进口的货物，按照配额内优惠税率缴纳关税；属于额度外进口的货物，按照配额外税率缴纳关税。这两种税率相差很大，国家通过这种行政管理手段对一些重要商品（主要是农产品）以规定配额税率这个成本杠杆来实现限制进口的目的，因此关税配额管理是一种相对数量的限制。目前，实行进口关税配额管理的农产品品种有小麦、玉米、大米、豆油、菜籽油、棕榈油、食糖、棉花、羊毛以及毛条等，以任何贸易方式进口以上农产品均受关税配额管理。

对于部分受配额管理的出口货物（参见拓展资料4－6），要求申请者取得配额证明后，到商务部及其授权发放许可证的机关，凭配额证明申领出口货物许可证，凭双证办理出口通关、外汇核销等手续。

2. 进出口许可证管理

进出口许可证管理，是指对外贸易经营者进口或者出口国家规定限制进出口的货物，必须事先征得国家的许可，取得进口或者出口许可证，没有许可证一律不准进口或出口。许可证是国家许可对外贸易经营单位进口或者出口某种货物的证明，也是海关对进出境货物监管的重要依据。

商务部是全国进出口许可证的归口管理部门，负责制定进出口许可证管理的规章制度，发布进出口许可证管理商品目录和分级发证目录，设计、印制有关进出口许可证书和印章，监督、检查进出口许可证管理办法的执行情况，处罚违规行为。商务部授权配额许可证事务局统一管理、指导全国发证机构的进出口许可证事务签发及其他相关工作，许可证事务局对商务部负责。许可证事务局及其委托发证的商务部驻各地特派员办事处和各省、自治区、直辖市及计划单列市商务厅、局为进出口许可证发证机构，在许可证事务局的统一管理下，负责授权范围内的发证工作。各发证机构不得无配额、超配额、超发证范围签发进出口许可证。

自 2005 年起，进口货物配额管理取消，只剩下进口许可证管理，而且受进口许可证管理的商品越来越少，目前只剩下三种特殊货物（参见拓展资料 4－5）。其中，对监控化学品，发证机构凭国家履行《禁止化学武器公约》工作领导小组办公室批准的《监控化学品进口核准单》和进口合同签发进口许可证；对易制毒化学品，发证机构凭商务部《易制毒化学品进口批复单》和进口合同签发进口许可证；对消耗臭氧层物资，发证机构凭国家消耗臭氧层物资进出口管理办公室批准的《受控消耗臭氧层物资进口审批单》签发进口许可证。

我国实行出口许可证管理的商品主要是关系国计民生，大宗的、资源性的，国际市场垄断的和某些特殊的出口货物和国际市场容量有限，有配额限制和竞争激烈、价格比较敏感的出口货物。2006 年我国出口许可证管理货物目录见拓展资料 4－6，分别实行出口配额许可证、出口配额招标和出口许可证管理，其中单纯实行出口许可证管理的货物有 17 种。

拓展资料 4－5：

2006 年进口许可证管理货物目录

一、2006 年实行进口许可证管理的货物 3 种，即监控化学品、易制毒化学品及消耗臭氧层物质，总计 83 个 8 位 HS 编码。

二、其中监控化学品、易制毒化学品在 2006 年将实行两用物项和技术进出口许可证管理，《两用物项和技术进出口许可证管理办法》颁布后，按新办法执行。消耗臭氧层物质仍实行进口许可证管理。

本目录自 2006 年 1 月 1 日起执行。《2005 年进口许可证管理商品目录》同时废止。

资料来源：中华人民共和国商务部对外贸易司 2005.12.27。

拓展资料 4－6：

2006 年出口许可证管理货物目录

2006 年实行出口许可证管理的 46 种货物（312 个 8 位 HS 编码），分别实行出口配额许可证、出口配额招标和出口许可证管理。

(一)实行出口配额许可证管理的货物是:玉米、大米、小麦、棉花、锯材、活牛(对港澳)、活猪(对港澳)、活鸡(对港澳)、蚕丝类、煤炭、焦炭、原油、成品油、稀土、锑砂、锑(包括锑合金)及锑制品、氧化锑、钨砂、仲钨酸铵及偏钨酸铵、三氧化钨及蓝色氧化钨、钨酸及其盐类、钨粉及其制品、锌矿砂、锡矿砂、锡及锡基合金、白银。

(二)实行出口配额招标的货物是:蔺草及蔺草制品、碳化硅、氟石块(粉)、滑石块(粉)、轻(重)烧镁、矾土、甘草及甘草制品。

(三)实行出口许可证管理的货物是:活牛(对港澳以外市场)、活猪(对港澳以外市场)、活鸡(对港澳以外市场)、牛肉、猪肉、鸡肉、消耗臭氧层物质、监控化学品、易制毒化学品、石蜡、铂金(以加工贸易方式出口)、锌及锌基合金、电子计算机、电风扇、自行车、摩托车及其发动机、车架。其中监控化学品、易制毒化学品在2006年将实行两用物项和技术进出口许可证管理,《两用物项和技术进出口许可证管理办法》颁布后,按新办法执行。

资料来源:中华人民共和国商务部对外贸易司 2005.12.27。

三、进出口商品检验管理

进出口商品检验,是指在国际贸易中对买卖双方达成交易的进出口商品,由法定商检机构依法对其品质、数量、规格、包装、安全、卫生、装运条件等进行检验的活动。进出口商品检验管理是指依据世贸组织规则和我国的《商检法》,对进出口商品检验各方面进行管理。

(一) 进出口商检机构

1. 国家商检部门

自2001年起,我国原出入境卫生检疫、动植物检疫和进出口商品检验机构合并成出入境检验、检疫机构,归属中华人民共和国质量监督检验检疫总局。目前,我国官方检验检疫机构为中华人民共和国质量监督检验检疫总局及其分支机构。

国家质量监督检验检疫总局的主要职责是:组织起草有关进出口商品检验方面的法律、法规草案;研究拟定商检工作的方针、政策;制定和发布有关规章制度;组织实施与商检工作相关的法律、法规;组织实施进出口商品法定检验和监督管理;监督管理进出口商品鉴定和外商投资财产价值鉴定;管理国家实施进口许可制度的民用商品的入境验证工作;审批法定检验商品免检,组织办理复验;组织对有关的进出口商品认证管理;组织和管理进出口食品及其生产企业的卫生注册;审批并监督管理从事进出口商品检验鉴定业务的机构(含中外合资、中外合作的检验鉴定机构);垂直管理出入境检验检疫机构;管理国家认证认可监督管理委员会和国家标准化管理委员会等。

2. 各地商检机构

国家质量监督检验检疫总局在各地设立商检机构——出入境检验检疫机构，管理各所辖地区的进出口商品检验工作。目前，国家质检总局在全国设立了585个出入境检验检疫机构(即商检机构)，其主要职责是：贯彻执行进出口商品检验方面的法律、法规及政策规定；实施进出口商品的法定检验和监督管理；负责进出口商品鉴定管理工作；实施外商投资财产鉴定；办理进出口商品复验；实施进出口商品认证认可工作；实施对进出口食品及其生产企业的卫生注册登记；实施民用商品入境验证工作；管理进出口商品检验证单、标志及签证、标识、封识等。

3. 民间商检机构

经国家商检部门许可的、从事检验鉴定业务的机构，可以接受对外贸易关系人或者外国检验机构的委托，办理进出口商品检验鉴定业务。属于社会中介服务机构，经国家商检部门许可才具备从事委托的进出口商品检验鉴定业务的资格。

目前，国际上比较有名的民间检验机构有瑞士公证行(SGS)，它是1878年成立的非官方的最大的检验机构，其总部设在日内瓦，在140多个国家和地区设立了318个分支机构和1 180多个办事处，该机构有综合实验室321个，雇员3.3万人，一年的检验业务量占世界贸易总量的5%，每年的检验收入达几亿瑞士法郎。我国的“中国通标检验公司”就是瑞士公证行和中国技术监督局合资建立的非官方机构，通标公司在几大口岸设立办事处，每年收入达几亿元人民币。

(二) 进出口商品检验分类

我国进出口商品检验分为法定检验、抽查检验及公证鉴定。

1. 法定检验

法定检验是指商检机构根据国家有关法令规定，对指定的重要进出口商品进行强制性检验。这些商品或运载工具未经商检机构检验并签发证书放行单，不准出口或进口，由海关负责监管。法定检验是实施品质管制的主要手段，是国家行政管理措施之一，也是商检工作的主要任务。为了防止低劣商品进口和提高出口商品质量，维护国家利益和促进对外贸易发展，我国实行这一强制性的检验制度，并用法律程序予以保证。

2. 抽查检验

对进出口商品质量及检验工作实行抽查检验或称监督管理，是世界各国通行的做法。其监管范围主要包括：对法定检验以外的进出口商品进行抽查检验；对重要出口商品生产企业派驻质量监督员；对进出口商品质量进行认证，并准许认证合格的商品使用质量认证标志；指定及认可符合条件的国内外检验机构承担特定的检验鉴定工作；对重要进出口商品及其生产企业实行质量许可制度等。

3. 公证鉴定

对外贸易的公证鉴定业务是指凭对外贸易关系人的申请或委托，由第三方公证鉴定检验机构，对申请有关的内容进行检验鉴定，出具权威的、公正的证明，具有法律效力。公证鉴定的性质是委托鉴定，所以它不同于法定检验，也不是行政行为，而是一种服务。检验者与被检验者之间的权利与义务要靠合同来规定，发生争议要靠民事法律规范来调整。

（三）进出口商品检验内容及对象

我国进出口商品检验内容包括商品的质量、规格、数量、重量、包装以及是否符合安全、卫生的要求；商品的装载容器、包装物，以及来自疫区的运输工具。凡是列入《出入境检验检疫机构实施检验检疫的进出境商品目录》的商品在进出口通关时，必须向有关商品检验检疫机构报检。海关凭该检验检疫机构出具的《入境货物通关单》或《出境货物通关单》验放。

四、海关管理

根据我国《海关法》、《海关稽查条例》等有关法律、法规，我国海关的职能为：监督管理进出境的运输工具、货物、行李物品、邮递物品和其他物品；征收关税和其他税费；查缉走私；编制海关统计；实施海关稽查和办理其他海关业务。海关通过履行这些职能，达到维护进出关境秩序，保证国家税收，打击违法犯罪行为，保障国家利益的目的。

（一）海关监管

海关监管的基本制度，就是通过申报、查验、征税、放行四个基本环节，依照国家规定的政策法令、规章制度，对进出境货物、物品、运输工具执行实际监督管理。从海关方面看，海关对一般进出口货物的监管，其业务程序是：接受申报、查验货物、征收税费、结关放行。作为进出境货物收、发货人，相应的报关手续应为：提出申报、接受查验、缴纳税费、凭单取货或装船出运。

凡应受海关监管的进出境货物和物品，统称海关监管货物。海关监管货物主要包括：进出口贸易货物；进口保税货物；寄售代销、展销、维修、租赁的进口货物；来料加工、来件装配、来样加工、补偿贸易和合作、合资经营进口的料件装配、来样加工、补偿贸易和合作、合资经营进口的料、件、设备以及出口的产成品；过境货物、转运货物、通运货物；进出口展览品、礼品、样品、广告品和进口捐赠物资等。

海关监管货物的期限是：进口货物自进境起，到海关放行止；出口货物自向海关申报起，到出境止；加工装配、补偿贸易进口的料、件、设备，生产的产成品，以及寄售代销、租赁、保税货物自进境起，到海关办妥核销手续止，都必须受海关监管。

海关对进出口货物监管放行所依据的凭证是：进出口货物的收、发货人（或代理人）填写的《进出口货物报关单》，以及外经贸管理部门签发的进出口货物许可证，或有关主管部门的批准文件以及正常的商务单据。

（二）海关征税

依据我国《海关进出口关税条例》、《海关进出口税则》，海关必须对进出口货物征收关税。此外，海关还依法代政府税收部门在货物进出口环节征收多种国内税、费，如增值税、消费税、船舶吨税等，以及依法收取海关规费、海关监管手续费、滞报金、滞纳金等。

目前我国的关税征收种类分为进口关税、出口关税，其中主要是进口税。进口货物在办理报关纳税手续后，允许在国内流通，因此，应与国内产品同等对待也要缴纳国内税。为简化手续，进口货物的国内税一般在进口环节由海关代为征收，简称进口环节税，也称海关代征税。监管手续费是指海关按照有关规定，对减税、免税和保税货物实施监督、管理，提供服务而征收的手续费。

海关征税工作，应当遵循准确归类、正确估价、依率计征、依法减免、严肃退补、及时入库的原则。

（三）海关缉私

走私是指逃避海关监管，进行非法的进出境活动，偷逃关税，非法牟取暴利，扰乱破坏社会经济秩序，严重危害国家主权和国家利益的违法犯罪行为。查缉走私是世界各国海关普遍承担的一项职责，也是海关的一项基本任务。我国由于国土辽阔，边境及海岸线漫长，走私活动无孔不入，海关缉私的任务更重。为了严厉打击走私犯罪活动，加强海关的监督管理，更有力地维护国家的主权和利益，《海关法》对我国查缉走私体制做出了明确规定。

一是组建国家缉私警察队伍，专司打击走私犯罪活动。国家缉私警察是对走私犯罪案件依法行使侦查、拘留、执行逮捕、预审的专职刑警队伍。国家缉私警察实行海关与公安双重垂直领导、以海关领导为主的管理体制，按照海关对缉私工作的统一部署和指挥，部署警力，执行任务。国家缉私警察不承担维护社会治安和打击其他刑事犯罪的职责，与地方公安没有隶属关系。由于走私案件具有不同于其他经济案件、刑事案件的特殊性，走私是跨国（境）犯罪，线索稍纵即逝，必须当机立断采取措施。因此，组建国家缉私警察队伍，有利于迅速、有力地打击走私犯罪活动。这是从我国实际出发，借鉴国际通行做法的一项改革措施。

二是联合缉私、统一处理。为了改变原来多部门不规范缉私，政出多门，秩序混乱的弊端，要建立以海关为主，公安、工商等执法部门联合缉私，对查获的走私案件由海关统一处理的制度。各执法部门查获的不构成走私罪的案件，一律交由海关作行政处罚；构成走私罪嫌疑的案件，一律移送缉私警察侦办；查获的走私物品和价款，一律交由海关及时上缴国库，任何单位不得坐支截留。

三是改革现行缉私罚没收支管理办法，坚持收支两条线制度。缉私罚没收入全部上缴中央财政。中央财政留 30%作为补税，其余部分的 50%用于有关缉私部门改善缉私装备、办案、奖励缉私有功单位和人员，另外的 50%返还给省级财政，由省（自治区、直辖市）统一安排，也主要用于反走私工作。缉私罚没收入还要拿出一些支持和奖励缉毒队伍。中央财政要简化返还手续，提高工作效率。

（四）编制海关统计

中国海关统计是中国进出口货物贸易统计，是国民经济统计的组成部分，是国家制定对外经济贸易政策、进行宏观经济调控的重要依据，是研究中国对外经济贸易发展和国际经济贸易关系的重要资料。1981 年，国务院决定海关统计作为中国的官方统计，国家公布对外贸易统计数据使用海关统计数字。1987 年颁布实施的《中华人民共和国海关法》明确规定，编制海关统计是海关的四大任务之一。

我国海关统计的主要任务是按照“准确及时、科学完整、国际可比、服务监督”的要求，对进出中国关境的货物进行统计调查和统计分析，科学、准确地反映对外贸易的运行态势，及时提供统计信息和咨询服务，实施有效的统计监督，开展国际贸易统计的交流与合作，促进对外经济贸易的发展。

1. 中国海关统计制度与方法

中国海关统计制度是参照联合国建议各国政府编制本国对外贸易统计时应统一采用的国际标准制定的，其统计方法与统计口径同各国通行的贸易统计方法是一致的，其数据具有全面性、可靠性和国际可比性。

中国海关统计采用专门贸易记录制。凡能引起中华人民共和国关境内物质资源存量增加或减少的进出口货物，即实际进出中国关境的货物，均列入海关统计。凡列入海关统计范围的进出口货物均根据《中华人民共和国海关统计商品目录》归类统计。该目录采用海关合作理事会制定的《商品名称和编码协调制度》（HS）为基础编制，由 8 位数编码组成，前 6 位数是 HS 编码，后 2 位数是根据中国关税、统计和贸易管理方面的需要而增设的本国子目。全目录计有 8 000 余个 8 位数商品编号。

进口货物按 CIF 价格统计，出口货物按 FOB 价格统计。海关统计的原始资料是经海关实际监管的《进出口货物报关单》。统计项目包括进出口商品的品种、数量、价格、国别（地区）、经营单位、境内目的地、境内货源地、贸易方式、运输方式、关别等。进口货物按海关放行的日期进行统计，出口货物按海关结关的日期进行统计。海关月度和年度统计数据按公历月和公历年汇总编制。

2. 海关统计数据的收集

进出口企业按照报关单的规范格式填制、以电子数据交换的方式向海关申报，经海关通关、审单关员初步审核通过后，再传输到海关统计数据质量检控系统。各地海关统计部门的关员再对报关单上的统计项目逐一认真审核，并通过计算机程序进行错误信息查控、逻辑检控和价格检控等多项数据质量检查把关。确认无误后，按月通过网络将数据传输到海关总署。海关总署信息中心再将各口岸的数据汇总并再行质量查控，经综合统计司查核修正后编制贸易统计报表和对外发布海关统计数据。

五、外汇管理

根据《中华人民共和国外汇管理条例》，外汇是指下列以外币表示的可以用作国际清偿的支付手段和资产：①外国货币，包括外国纸币、铸币等；②外币支付凭证，包括票据、银行存款凭证、邮政储蓄凭证等；③外币有价证券，包括外国政府债券、公司债券、股票、息票等；④特别提款权、欧洲货币单位以及其他外汇资产；⑤其他外汇资产，如黄金、旅行支票等。外汇管理，广义上是指一国政府授权国家的货币金融当局或其他机构，对外汇的收支、买卖、借贷、转移以及国际间结算、外汇汇率和外汇市场等实行的控制和管制行为；狭义上是指对本国货币与外国货币的兑换实行一定的限制。其目的在于保持本国的国际收支平衡，限制资本外流，防止外汇投机，促进本国的经济发展。我国外汇管理的主管机关为国家外汇管理局。

（一）外汇管理的内容

根据外汇管理的含义可知，外汇管理的内容非常广泛，不仅包括对国际收支的管理，也涉及对外汇市场的管理，具体可分为：经常项目管理、资本项目管理、储备项目管理、人民币汇率管理、外汇市场管理等等。经常项目管理又包括贸易外汇管理和非贸易外汇管理。本书中，我们关注的是经常项目下的贸易外汇管理。

（二）贸易外汇管理原则

我国贸易外汇管理原则，一是境内机构的经常项目外汇收入必须调回境内，不得违反国家有关规定将外汇擅自存放在境外；二是对贸易项下外汇支付不予限制，境内机构贸易项下用汇可以按照市场汇率凭相应的有效凭证和商业单据，用人民币向外汇指定银行购汇或从其外汇账户上对外支付；三是实行以事后监管为主的真实性审核，通过对银行付汇数据和进口报关到货数据的核对，审核进口付汇的贸易真实性；以出口收汇核销单为依据对出口外汇收入的真实性进行事后核查。

（三）贸易外汇管理制度

与贸易外汇管理原则相适应，我国贸易外汇管理是以间接管理和事后检查监督管理为主，具体表现为实行银行结汇制、银行售付汇制、出口收汇核销制度、进口付汇核销制度等管理制度。

1. 银行结汇制度

我国对境内机构经常项目下的贸易外汇收入实施银行结汇制度，即境内机构贸易项下的外汇收入，除国家规定准许保留的外汇可以在外汇指定银行开立外汇账户外，都必须及时调回境内，按市场汇率卖给外汇指定银行。

2. 银行售付汇制度

我国对境内机构经常项目下的贸易外汇支出实施银行售付汇制度。

售汇是指外汇指定银行将外汇卖给外汇使用者，并根据交易行为发生之日的人民币汇率收取等值人民币的行为。从用汇单位角度来讲，售汇又称为购汇。我国的企业经常项目下产生的外汇需求，只要能够提供与支付手段相应的有效商业单据和凭证（例如进口合同、进口付汇核销单及形式发票等单据和凭证，以及在有许可证管理或其他管理措施时要提交进口许可证、技术进口合同登记证书等有关部门签发的进口证明文件），就可以从外汇指定银行购买外汇。

付汇是指经批准经营外汇业务的金融机构，根据有关售汇以及付汇的管理规定，在审核用汇单位或个人提供的规定的有效凭证和商业单据后，从用汇单位或个人的外汇账户中或将其购买的外汇向境外支付的行为。如从其外汇账户中对外支付，用汇单位或个人除提交规定的有效凭证及商业单据外，还必须符合外汇账户的收支范围。

3. 出口收汇核销制度

出口收汇核销制度是指国家外汇管理部门根据国家外汇管制的要求，通过海关对出口货物的监管，对出口单位的收汇是否按规定结汇给国家而进行监督的一种管理制度。这是一种以出口货物价值为标准核对是否有相应的外汇收回国内的事后管理措施，可以监督企业在货物出口后及时、足额地收回货款。根据《外汇管理条例》及有关规定，境内出口单位或个人向境外出口货物，均应当办理出口收汇核销手续。

出口收汇核销的凭证是“出口收汇核销单”。出口收汇核销单，系指由外汇局制定格式，出口单位或个人凭以向海关出口报关，向外汇指定银行办理出口收汇，向外汇局办理出口收汇核销，向税务机关办理出口退税申报的有统一编号的凭证。它是出口收汇管理中最主要的一份单据，也是海关直接审核并签章的单据。在口岸电子执法系统网络上登记有电子底账的出口收汇核销单，将长期有效。出口收汇核销单只准本单位使用，不得借用、冒用、转让和买卖。

4. 进口付汇核销制度

进口付汇核销制度是指进口货款付出后，由外汇管理部门对相应的到货进行核销。这是以付汇金额为标准核对是否有相应的货物进口到国内或有付汇真实性的其他证明的一种事后管理措施，可以监督企业进口付汇后是否及时、足额地收到货物。获得对外贸易经营权的单位或个人，以通过银行购汇或从外汇账户支付的方式，向境外支付有关进口商品的各类款项（即进口付汇），均应向外汇管理部门办理进口付汇的核销手续。

进口付汇核销主要使用“进口付汇核销单”进行核销。“贸易进口付汇核销单”(代申报单)系指由国家外汇局制定格式,进口单位或个人填写,外汇指定银行审核并凭以办理进口付汇的凭证。一份进口付汇核销单只可凭以办理一次付汇。企业凭“进口付汇核销单”办理有关进口货物的通关手续。

(四)外汇管理政策调整

2006年4月14日,国家外汇管理局发布了《关于调整经常项目外汇管理政策的通知》,对经常项目外汇账户、服务贸易售付汇及境内居民个人购汇等三项管理政策进行了调整。这里主要介绍前两项。

此次经常项目外汇账户政策调整主要包括以下三方面内容:一是取消经常项目外汇账户开户的事前审批。除开立首个账户需进行机构基本信息登记外,企业开立、变更和关闭经常项目外汇账户,由银行按外汇管理要求和商业惯例直接办理并向外汇局备案,无需经外汇局审批;二是调整账户限额核定办法,提高限额水平。过去限额的核定仅以境内机构上年度经常项目外汇收入为依据,新的核定方法综合考虑收入和支出结构,由以前按收入的50%或80%核定,统一调整为按上年度经常项目外汇收入的80%与经常项目外汇支出的50%之和确定。对于上年度没有经常项目外汇收支且需开立经常项目外汇账户的境内机构,其初始限额由不超过等值20万美元调整为50万美元;三是允许有进口支付需求的企业提前购汇存入外汇账户,更加便利进口企业的生产经营用汇安排。目前,企业可保留外汇的数额已基本满足持汇用汇需求,限额已不构成对企业进出口活动的限制。之所以继续保留账户限额,是考虑到我国现阶段市场发育尚待完善,市场化的调控手段尚需加强,金融体系还比较脆弱,市场的微观基础也还需健全。保留限额管理手段,可根据形势变化和实际需要主动进行调整,促进改革的稳步有序推进及国家经济金融的稳定。

对服务贸易外汇管理政策调整的核心,是简化服务贸易售付汇凭证,放宽服务贸易售付汇审核权限。主要内容包括以下三个方面:一是境内机构办理等值5万美元以下、个人办理等值5000美元以下服务贸易购付汇手续时,可不再提交相关税务凭证,凭合同或发票即可办理;二是将以往外汇指定银行、所在地外汇分局、外汇局按5万美元以下、5万至50万美元、50万美元以上三档审核,调整为外汇指定银行、所在地外汇分局按10万美元以下、10万美元以上两档审核,外汇局不再负责具体审核;三是允许国际海运企业直接到外汇指定银行购汇支付国际海运项下运费及相关费用,不再对其购汇行为进行限制。以前,货主必须委托运输代理企业代其对外支付国际海运项下运费及相关费用,政策调整后,货主可根据业务需要直接对外支付海运运费及相关费用。

第五章　中国对外贸易促进

本章目标

1. 了解我国对外贸易促进的各种措施。
2. 掌握出口货物退(免)税政策。
3. 理解出口信贷和出口信用保险、外贸发展基金等政策。
4. 了解国际保理的概念及做法。
5. 了解各种促进贸易的特定区域。
6. 熟悉一些进出口商会和贸易促进机构。

我国对外贸易促进主要体现在对出口贸易的促进，具体措施有：出口货物退(免)税政策；对出口的信贷支持和促进出口的其他保障措施，如出口信用保险、国际保理、外贸发展基金；设立保税区、出口加工区和科技工业园区；以及对进出口贸易进行协调和促进的相关中介机构的建立等。当然，在进口贸易中，国家对先进技术的引进和国内稀缺资源，尤其是那些不可再生的具有战略意义的资源的进口也是非常鼓励的。

第一节　出口货物退(免)税政策

一、出口货物退税含义

出口退税是根据我国税法规定，对已报关离境的出口货物，将其在出口前生产和流通各环节已经缴纳的国内增值税或消费税部分或全部退还给出口商的一种税收政策。免征或退还出口产品的国内税不仅是我国运用财政手段奖励出口生产，增强出口竞争能力的一种措施，也是世贸组织允许的一项政策，是国际上通行的鼓励出口的政策措施。

出口退税的理论依据是避免双重征税和保证国际竞争的公平性。从对外经济运行的角度看，一国或地区的产品出口正是另一国或其他地区对该产品的进口，如果一国或地区依据本国或地区税法对其出口产品的流转额征税，而另一国或其他地区也对该产品的流转额征税，则意味着出口产品面临双重课税的困境。所以，为了扩大出口贸易，本国或地区从其自身利益出发，在世界多边贸易体制下为避免双重课税的出现，一般都对其出口产品实行退税的优惠待遇。可以说，在经济全球化趋势进程中，出口退税已成为一国或地区促进对外贸易增长的一项基本措施。

二、我国出口退税制度的演变轨迹

1985 年，工商税分为产品税、增值税、营业税和盐税。同年 3 月，国务院批准了《关于对进口产品征、退产品税或增值税的规定》。此规定从当年 4 月 1 日开始实行，这标志着我国现行的出口退税制度建立。由于当时还没有实行增值税，出口产品的营业税、流转税都纳入了消费税系列，所以退税率不是很高。一直到 1993 年，退税率也只有 11.2%。

1994 年，我国实行了大规模的税制改革，确立了增值税的主体地位。同年，国家税务总局制定了《出口货物退（免）税管理办法》，具体规定了出口货物退（免）税的范围、退税率、退税税种、办理程序及其审核等。按照国家颁布的增值税条例，增值税税率是 17%，出口产品实行零税率，即 17%的税应该全部退掉。实际调整后的平均退税率为 16.63%。从 11.2%一下子提高到近 17%，步子迈得很大。这一政策的出台，极大地刺激了出口企业的积极性。1994 年和 1995 年连续两年我国的出口增长突飞猛进，增长率分别为 32%和 23%。这样一来，政府的退税压力增加。由于中央财政在年初预算中，定的退税“盘子”没有这么大，因此从 1995 年开始，中国第一次出现了欠退税现象。同时由于管理不健全，发生了很多骗退税和税收流失的情况，给国家财政造成了一定损失。

1996 年，为了缓解财政压力，减少骗税，我国对出口退税率作了大幅度的下调，从 17%一下子调到了“3、6、9”（即按不同产品分层次退税，最高退税率 9%，最低退税率 3%），平均税率降至 8.29%。从理论上来讲，大幅降低出口退税率，其实违背了出口零税率的规定，对政府来说，这么做只是暂时缓解财政压力的权宜之计。但退税率一降，企业出口积极性即严重受挫，出口形势跟着就下来了。1996 年，出口增长只有 1.53%。紧接着，1997 年爆发了亚洲金融危机，受此负面影响，加上退税率下调，1998 年我国的出口形势非常严峻，全年只增长了 0.5 个百分点。

2002 年初，我国对生产型企业的自营和委托出口货物和没有进出口经营权的生产企业委托出口的货物，全部实行“免、抵、退”税的办法。“免”是指对生产企业自营出口或委托外贸企业代理出口的货物，免征本企业生产销售环节增值税；“抵”是指生产企业自营出口或委托外贸企业代理出口的货物，免征或退还所耗用原材料、零部件等已纳税款抵顶内销货物的应纳税款；“退”是指生产企业自营出口或委托外贸企业代理出口货物占本企业当期全部货物销售额 50%以上的，在一个季度内，因应抵顶的税额大于应纳税额而未抵顶完时，经主管出口退税的税务机关批准，对未抵顶完的税额部分予以退税。

2003 年 10 月 13 日，《财政部、国家税务总局关于调整出口退税率的通知》正式出台，发布关于改革现行出口退税机制的决定。调整后的出口退税率为 17%、13%、11%、8%、5%五档，自 2004 年 1 月 1 日起实行。按现行结构，出口退税率的平均水平降低 3 个百分点左右。按照国家统一部署，这次出口退税体制改革的基本原则是："新账不欠，老账要还，完善机制，共同负担，推动改革，促进发展。"

从 1985 年出口退税政策推出直至 2003 年，我国一直由中央财政承担全部退税支出。为减轻中央财政压力，解决大量拖欠出口退税这一突出问题，2004 年，国务院对我国出口退税机制进行了重大改革，实施了三大新举措：一是建立中央和地方共同负担出口退税新机制，要求各地从 2004 年起以 2003 年出口退税实退指标为基数，对超基数部分的应退税额，由中央和地方按 75∶25 的比例共同负担；二是结构性调整退税率，调整后实行 5%、6%、8%、11%、13%、17%差别出口退税率，平均出口退税率由原来的 15%左右下调到目前的 12%左右；三是对截至 2003 年底累计欠退税全部由中央财政负担。

2005 年 8 月 1 日，国务院又对 2004 年出台的出口退税机制进行了适当调整，这是继 2004 年我国对出口退税机制进行重大改革之后，启动新机制运行一年多，国务院再次调整相关政策，此次调整对负担比例进行了重新划分，把中央与地方出口退税分担的比例从 75∶25 调整为 92.5∶7.5，地方财政负担比例下调了 17.5 个百分点。

出口退税政策的调整是经济形势发展的需要。经济政策是为了实现经济目标制定的。由于国际经济环境不断变化、国内经济体制改革的深入进行，原有政策已经很难适应当前的经济形势，在实践中产生了许多矛盾。中央政府之所以下很大决心调低出口退税率，平均下调 3%，主要是基于以下三大原因：

第一，缓解国内逐年增长的财政赤字压力。自 2001 年以来，中国连续两年财政赤字超过 3 000 亿元人民币。同时，进口物品征收的增值税总额度远小于出口退税金额。近五年来，对出口企业的欠退税总额达到 3 000 亿元以上，客观上已经形成了"外贸报喜，财政报忧"的局面。如果出口退税率维持不变，财政收支状况将进一步恶化。

第二，缓解国际上要求人民币升值的压力。近年来，一些西方经济发达国家纷纷指责说，人民币被严重低估，导致了对一些国家的贸易产生巨大的顺差。因此，要求中国调高汇率的观点有相当的市场。中国政府出于维持人民币汇率稳定的考虑，并为消除贸易摩擦作出努力，降低出口退税率的办法自然就成为首选的政策工具，并预期出口额将随着退税率的降低而有所下降，以达到减少与一些国家国际收支顺差的效果。

第三，当前我国出口产品结构单一，高附加值产品比重低，出口时企业间恶性竞争、低价竞销现象屡禁不止，下调出口退税率将促进出口产品结构优化。以前政府媒体一直在喊要优化出口商品结构，实现出口商品的升级，但我们看到效果并不很明显。此次出口退税的调整可谓置之死地而后生，现在不优化、不升级将来可能危及生存了，相信企业的发展速度反而会快很多。对于企业来说，想继续生存或生存得更好，通过加强管理，降低成本，或加快研制新产品，提高产品的附加值等提升企业非价格竞争力，将成为其必然的选择。

三、出口退税对出口贸易的促进作用

出口退税对促进出口贸易增长的直接效应是明显的，我国出口贸易额的变化基本与出口退税额的变化保持一致(见图 5-1)。事实上，从整个国民经济运行的角度考察，对出口产品的退税，直接的效应是推动了出口商品的增长，由此带来的连锁效应是出口贸易的增长，而出口贸易的增长既扩大了本国产品在国际市场上的容量，也大大地缓解了国内有效需求不足的压力，从而拉动了国内经济的增长。

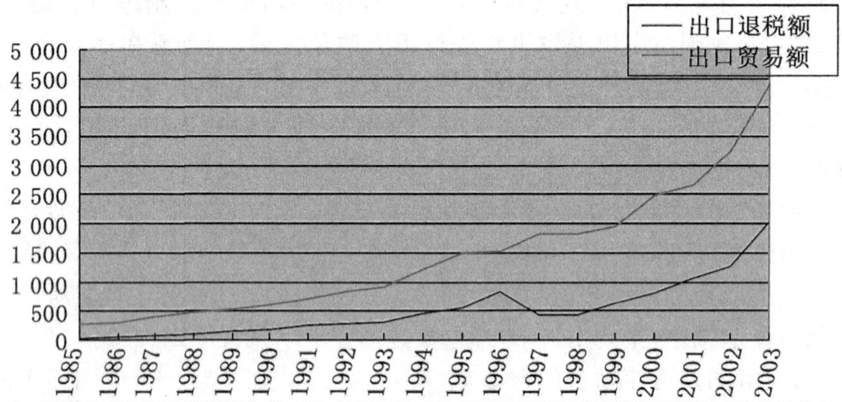

图 5-1　1985—2003 年我国出口贸易额与出口退税额增长图(根据表 4-2 绘制)

从实际效果来看，2003 年新推出的出口退税政策确实起到了加快出口企业商品结构调整以及“走出去”步伐的积极作用，参见新闻摘录 5-1。

新闻摘录 5-1：

出口，结构调整与“走出去”联动

——福建省实施出口退税管理机制改革纪实

2004 年 4 月 16 日，聂云妹作为福建华闽进出口公司的财务经理拿到了今年

的第一笔退税款280万元，她表示："国家承诺'新账不欠、老账要还、全额贴息'，现在企业真正尝到了甜头！"

企业：做长"短板"

"新欠退税能不能退，在以前我们最担心！"聂云妹见到记者说的第一句话很坦诚，"当时大家都在观望：如果上半年退税没问题，我们就加大出口，如果有问题，我们就……"欠税能不能退、出口退税率下调、原材料价格上涨，这三只拦路虎让福建的出口企业很是担心。

有外贸专家认为，过去的出口退税率虽然平均比现在高，但由于欠退税严重，真正退税资金并不能足额到位，企业无法有效地控制流动资金。现在出口退税率虽然总体有所下调，但如果现在的机制能保证做到不欠新账，对企业来说，一部分的积压资金可以盘活，也未必是坏事。

"我们是纺织企业，出口退税率下降了4%，也就是说我们企业的利润下降了4%"，福建天成集团总裁石应群算了一笔账："从2003年下半年以来，国内市场原材料价格大幅度上扬，32支棉纱价格从每吨1.9万元上涨到2.5万元。2003年我们出口1.8亿美元，2004年出口额争取达到2亿美元。对天成集团来说，每出口1美元，将增加0.3元人民币的支出成本，2004年将减少6000万元的利润。"出口退税的影响还待消化，原材料价格的飞速上涨更让出口企业苦不堪言。由此，一些中国产品在国际市场上失去了竞争优势，在2004年4月15日的广交会上，有相当多的国际客商从中国参展厂商面前一走而过，而是与中国周边的印度、巴基斯坦等国签订了贸易协议。这种状况，使中国不少企业处于尴尬境地。

部分企业酝酿提高成交价格，虽然提价有助于抵消原材料涨价和出口退税下调所带来的影响，但这样做将面临丧失订单、丢掉市场的风险，令相当一部分企业左右为难。

"面对税率下调和原材料涨价，企业惟有靠提升自己的产品品质和品牌来应对市场变化。"摸索中的福建天成集团指向自己的"短板"。石应群对此深有感触："中国产品如能与国际知名品牌嫁接，价格上可以翻几番，远远超过了因原材料涨价、退税率下调所带来的影响。"这一观点来自于她2003年的一段经历：2003年10月，财政部、商务部为了贯彻"走出去战略"，在法国请来欧洲著名设计师设计展厅，并在法国主要媒体上打广告，向世界大力推介"中国十大品牌"，由此这几大品牌名声大振。福建天成集团组团参加了这次推介活动。更令石应群受到启发的是，江苏某公司生产的服装卖50多欧元，可挂上欧洲牌子之后身价倍增：150多欧元！

显然，低价竞销海外市场的年代已经过去，更为强大的力量逼迫各行各业寻找新的成交增长点。"我省服装、纺织品等大宗出口商品要在国际市场上保持一定的竞争优势，2004后必须提升产品的技术含量和附加值。"福建省外经贸厅计财处副处长张明宏认为,“退税率的下调必然会影响到中国产品在国际市场的竞争力,但同时也能促使出口型企业和外向型经济居主导地位的一些地区调整产业结构,特别是产品的市场结构,从长远看必将对中国市场经济发展起到重要的推进作用。”

外贸:体制创新正逢时

“2004年一季度,全省新增各类出口企业2 276家,占全省出口企业总数的37.34%。”张明宏说得有些激动,“由于省财政对2004年出口退税超基数部分较早明确‘省级承担、分级退库、年终清算’的原则,出口企业的信心得到了恢复和增强。”

有关专家指出,国家出口退税机制改革方案出台后,制约出口企业发展的资金问题得到了较好解决,由此对外贸企业2004年出口实现恢复性增长起到了关键作用。据了解,这些新增企业一季度共出口4.43亿美元,占福建省出口增量的24.27%,拉动全省出口增长10.22个百分点。一季度福建省出口增幅高出全国8个百分点,在沿海十大外贸省市中仅次于上海与江苏,位居全国出口三甲。

“出口退税税率结构调整,体现了国家优化出口产品结构的政策导向意图,同时也使我省产业、产品结构落后的矛盾更加突出。”福建省外经贸厅负责人介绍,一直以来有这样一句话:“出口一火车,不如人家一提包。”福建省的机电产品等高附加值产品出口比例远低于全国平均水平,现在到了必须调整的时候了。

福建省财政厅厅长马潞生说:“总的来看,这项改革减轻了中央的财政负担,有利于调动地方加强出口退税管理的积极性,促进出口商品结构调整。从长远看,出口退税改革有利于外贸出口的稳定增长。”

从贸易结构看,一季度出口商品结构和贸易方式调整步伐明显加快。全省机电产品出口28.92亿美元,同比增长66.47%,占全省出口量的63.29%;与此形成鲜明对比的是:传统商品出口增长相对缓慢,纺织、服装、鞋、箱包、玩具等五类传统商品出口仅为15.36亿美元,同比增长23.05%。

为了积极应对出口退税机制改革,“我们要加快推进生产企业自营出口及外贸出口代理制,尽快将现行的收购出口全部改为生产企业自营出口和代理制,减轻企业负担,降低出口成本”。张明宏认为,有条件的企业要积极“走出去”,到境外投资办厂,设立直销网点,开拓和占领国际市场。

记者在采访中发现,出口退税政策的调整也为福建省产业结构调整、开展国际经济合作创造了机会。一些民营企业借此机会“走出去”,谋求海外发展。2004年以来,福建省民营企业赴海外投资的项目达到了13个,占项目总数的92.8%。目前,美国已成为福建企业谋求海外发展的热点国家。

资料来源:中国财经报2004.6.3。

第二节　促进出口的金融支持

一、出口信贷与对外贸易

1. 出口信贷含义

出口信贷是指一个国家为鼓励商品出口，增强商品的竞争能力，通过银行对本国出口厂商或国外进口厂商提供的贷款，适用于一些金额较大，期限较长的商品，如成套设备、船舶等。出口信贷一般低于相同条件资金贷放的市场利率，利差由国家补贴，并与国家信贷担保相结合。

2. 种类

出口信贷按借贷对象可以分为卖方信贷和买方信贷两种。

所谓卖方信贷(Supplier's Credit)，是指出口方银行向出口商(即卖方)提供的贷款，其贷款合同由出口商与银行之间签订，实际上是出口厂商从供款银行取得贷款后，再向进口厂商提供延期付款的一种商业信用。卖方信贷通常用于那些金额大、期限长的项目。因为这类商品的购进需用很多资金，进口商一般要求延期付款，而出口商为了加速资金周转，往往需要取得银行的贷款。卖方信贷正是银行直接资助出口商向外国进口商提供延期付款，以促进商品出口的一种方式。

所谓买方信贷(Buyer's Credit)，是指出口方银行直接向进口商(即买方)或进口方银行提供的贷款，其附加条件就是贷款必须用于购买债权国的商品，这就是所谓约束性贷款(Tied Loan)。买方信贷由于具有约束性而能起到扩大出口的目的。在出口信贷中，利用买方信贷较卖方信贷为多。从卖方信贷产生的历史看，出口商首先以赊销或延期付款方式出卖设备，由于资金周转不灵，才由本国银行给予资金支持，即交易的开端首先由商业信用开始，最后由银行信贷加以补充与支持。最近20年来，国际上大工程项目及成套设备交易的增加，金额大、期限长，由于商业信贷本身存在的局限，出口商筹措周转资金感到困难，因此由银行出面直接贷款给进口商或进口方银行的买方信贷迅速发展起来。

由于出口信贷方式能有力地扩大和促进出口，因此西方国家一般都设立专门银行来办理此项业务，如美国进出口银行、日本输出入银行、法国对外贸易银行、加拿大出口开发公司等。这些专门银行除对成套设备、大型交通工具的出口提供出口信贷外，还向本国私人商业银行提供低利率贷款或给予贷款补贴，以资助这些商业银行的出口信贷业务。

我国也于1994年7月1日正式成立了中国进出口银行。这是一家政策性银行，其资金来源除国家财政拨付外，主要是中国银行的再贷款、境内发行的金融债券和境外发行的有价证券、以及向外国金融机构筹措的资金等，其任务主要是对国内机电产品及成套设备等资本品货物的进出口给予必要的政策性金融支持，从根本上改善我国出口商品结构，以促进出口商品结构的升级换代。目前，进出口银行出口信贷支持的产品和项目已出口到 96 个国家和地区，除了我国传统市场亚洲（占 40.07%）外，欧洲（占 16.60%）、北美洲（占 21.04%）、非洲（占 13.76%）和其他国家及地区（占 8.52%）已成为我国机电产品和高新技术产品的重要出口市场，为实施出口市场多元化战略作出了积极贡献（参见拓展资料 5－1、5－2、5－3、5－4）。此外，其他国有商业银行也可提供出口信贷业务（参见拓展资料 5－5）。我国出口卖方信贷包括人民币贷款及外汇贷款，由出口的卖方向银行借款。其贷款对象是具有法人资格、经国家有关部门批准有权经营机电产品和成套设备出口的进出口企业或生产企业。出口卖方信贷支持的范围比较广泛，只要每项出口合同超过 50 万美元、设备在我国国内制造部分的比重符合国家规定、出口合同中规定的现汇支付比例符合国际惯例（一般机电产品不低于 15%，船舶不低于 20%）的各个行业的机电产品和成套设备以及船舶、飞机、通讯卫星、电站等项目均属于银行出口卖方信贷支持的范围。

买方信贷也称为设备贷款。买方要签订两个合同，一个是商务贸易合同，一个是贷款协议。贸易合同签订后，买方先向卖方付 15%的订金，其余 85%的款项用贷款支付。买方按贷款协议规定分期向卖方银行或买方银行偿还贷款本息。买方信贷有两种形式：一种是贷给进口方银行，再由进口方银行转贷给进口商；另一种是出口商银行直接贷给进口商，但这种情况通常要求进口方银行提供担保。

按时间分，出口信贷可分短期（1 年以内）、中期（1～5 年）、长期（5～10 年）。

拓展资料 5－1：

中国进出口银行

中国进出口银行成立于 1994 年，是直属国务院领导、政府全资拥有的国家出口信用机构。

中国进出口银行是我国外经贸支持体系的主要力量和金融体系的重要组成部分。经过 10 余年的发展，已成为我国机电产品、高新技术产品出口和对外承包工程及各类境外投资的政策性融资主渠道，外国政府贷款的主要转贷行和中国政府对外优惠贷款的承贷行。中国进出口银行的国际信用评级与国家主权评级一致。目前在国内设有 7 家营业性分支机构和 6 个代表处，在境外设有两个代表处（东南非代表处和巴黎代表处），与 140 家银行建立了代理行关系。

中国进出口银行的主要业务范围包括：

办理出口信贷（包括出口卖方信贷和出口买方信贷）；

办理对外承包工程和境外投资类贷款；

办理中国政府对外优惠贷款；

提供对外担保；

转贷外国政府和金融机构提供的贷款；

办理本行贷款项下的国际国内结算业务和企业存款业务；

在境内外资本市场、货币市场筹集资金(不含发行股票)；

办理国际银行间的贷款，组织或参加国际、国内银团贷款；

从事人民币同业拆借和债券回购；

从事自营外汇资金交易和经批准的代客外汇资金交易；

办理与本行业务相关的资信调查、咨询、评估和见证业务；

经批准或受委托的其他业务。

资料来源：http://www.eximbank.gov.cn/gaikuang/yhjianjie.jsp。

拓展资料 5-2：

中石油与中国进出口银行签署100亿元授信协议

中国进出口银行日前向中国石油天然气股份有限公司授信100亿元人民币，主要用于支持中国石油在未来五年内的海外油气勘探开发，对外承包工程，机电产品、成套设备及高新技术产品出口等项目。

进出口银行董事长、行长羊子林认为，此举是进出口银行利用政策性金融工具，为推动我国企业出口大型成套设备、开展境外投资业务提供的又一有力支持。

已成立9年的中国进出口银行，是支持我国开放型经济发展的国家出口信用机构。截至2003年6月末，这家银行累计发放出口信贷2262亿元，累计支持出口的机电产品和高新技术产品已超过1000亿美元，并支持了413个对外承包工程、境外加工贸易和境外合作开发项目。

据进出口银行有关负责人介绍，中国石油天然气股份有限公司是世界十大上市石油公司之一，是国内最大的油气生产及供应商，主要从事与石油、天然气有关的各项业务。2002年公司合并营业额为2444.24亿元人民币，合并净利润为469.1亿元人民币，均较2001年有一定幅度上升。

资料来源：人民网，2003.11.20。

拓展资料 5-3：

华为获6亿美元出口信贷　拓展海外市场步伐加快

中国进出口银行与华为技术有限公司签署6亿美元出口买方信贷合作协议，主要用于支持华为公司进行海外市场的开发和拓展。

据了解，自进入海外市场初期，华为公司就得到了中国进出口银行等中国金融机构的大力支持。该协议的签署表明中国进出口银行对华为公司海外市场拓展的支持力度进一步加大，与华为公司的合作进一步加强。

华为公司从1996年开始有步骤地拓展国际市场，目前已在英国、俄罗斯、巴西、新加坡等40多个国家和地区设立了代表处或地区部等常设机构，产品已进入了法国、英国、德国、西班牙、巴西、俄罗斯、沙特、埃及、韩国、新加坡、泰国、秘鲁、南非、中国香港等40多个国家和地区。2002年华为公司在海外市场共实现出口销售5.5亿美元，2003年实现海外销售10.5亿美元，涉及交换、接入、传输、移动、智能网等一系列产品。

作为支持我国开放型经济发展的国家出口信用机构，成立十年来，中国进出口银行始终把支持高技术含量、高附加值的机电产品和高新技术产品扩大出口作为融资重点，综合运用多种政策性金融工具，支持我国有比较优势的企业走出国门。目前，该行自营业务资产总额已接近美国进出口银行，在国际同业中排名第三，仅次于美国和日本，如果加上转贷业务资产总额，业务规模在国际同业中居第二。

资料来源：中国信息产业网 2004.02.16。

拓展资料 5－4：

中国进出口银行与越南煤炭矿产集团签署1.47亿美元出口买方信贷协议

近日，中国进出口银行与越南煤炭矿产集团签署了1.47亿美元出口买方信贷协议，主要用于支持上海外经集团公司总承包的越南2×110MW山洞燃煤电站项目。

越南煤炭矿产集团是越南国内最大的煤炭、矿产生产企业，垄断经营越南煤矿的勘探、开采、销售、出口等。山洞燃煤电站的建设将缓解越南国内电力供应紧张的局面。该项目是越南2006—2010年电力发展计划中的重点实施项目，总投资2.12亿美元，其中由中方总承包的电厂主体部分投资金额约1.73亿美元，计划于2008年投入使用。

近年来，中国进出口银行不断加大对中国电力建设企业走出国门、开拓国际市场的支持力度。截至目前，该行以出口买方信贷支持的电站项目贷款协议总金额已超过10亿美元，正在跟踪的项目总金额超过20亿美元。此次与越南煤炭矿产集团签署的贷款项目是该行以出口买方信贷向越南提供的第7笔电站项目。

资料来源：中国进出口银行网 2006.05.10 12:53:09。

拓展资料 5－5：

外资企业首获国有商业银行提供的出口信贷

据中新网消息，21日从中国工商银行获悉，该行近日与哈萨克斯坦 ALTEL

电信公司签署了出口买方信贷专项协议，贷款将用于采购爱立信(中国)有限公司电信设备。工商银行称，这是外资企业首次利用中国国有商业银行提供的出口信贷。

据悉，此项目也开辟了世界五百强企业与中国国有商业银行在出口买方信贷领域合作的先河，因此在业内备受关注。

工商银行有关负责人表示，自 2002 年 8 月与俄罗斯外贸银行签订 2 亿美元出口买方信贷总协议，以及和中国出口信用保险公司签订与之相连的两亿美元出口信用保险总协议以来，该行已先后为俄罗斯电信、伊朗铁路机车、赞比亚电信和乌兹别克斯坦烧碱项目等提供了近 2 亿美元的出口买方信贷融资。

据介绍，中国工商银行正在积极参与俄罗斯、乌克兰、伊朗、印尼、斯里兰卡、委内瑞拉等十余个买方信贷项目，业务范围遍及东欧、中东、非洲、东南亚等国家和地区。

资料来源：华夏经纬网 2004 年 7 月 23 日讯。

3. 出口信贷的特点

(1) 出口信贷必须联系出口项目，必须全部或大部分用于购买提供贷款国家的出口商品。

(2) 出口信贷利率低于国际金融市场贷款的利率，其利差由出口国政府给予补贴。

(3) 贷款金额通常只占买卖合同金额的 85%左右，其余 10%～15%由进口商先支付现汇。

(4) 出口信贷的发放往往与出口信贷担保相结合(参见拓展资料 5－6)，以避免或减少信贷风险。

拓展资料 5－6：

出口信贷国家担保制(Export Credit Guarantee)

一国政府设立专门机构，对本国出口商和商业银行向国外进口商或银行提供的延期付款商业信用或银行信贷进行担保，当国外债务人不能按期付款时，由这个专门机构按承保金额给予补偿。这是国家用承担出口风险的方法，鼓励扩大商品出口和争夺海外市场的一种措施。出口信贷国家担保的业务项目，一般都是商业保险公司所不承担的出口风险。主要有两类：一是政治风险，二是经济风险。前者是由于进口国发生政变、战争以及因特殊原因政府采取禁运、冻结资金、限制对外支付等政治原因造成的损失。后者是进口商或借款银行破产无力偿还、货币贬值或通货膨胀等原因所造成的损失。承保金额一般为贸易合同金额的 75%～100%。出口信贷国家担保制是一种国家出面担保海外风险的保险制度，收取费用一般不高，随着出口信贷业务的扩大，国家担保制也日益加强。英国的出口信贷担保署、法国的对外贸易保险公司、我国的出口信用保险公司等都是这种专门机构。

资料来源：薛荣久主编.《国际贸易》. 对外经济贸易大学出版社 2003 年第 1 版。

二、出口信用保险与对外贸易

出口信用保险是政策性金融支持的又一重要业务，出口信用保险是国家为促进本国出口贸易而建立的非盈利性保险制度，是国家为扩大出口，对于出口信贷，由国家设立的专门机构出面担保，当外国债务人拒绝付款时，这个国家机构即按照承保的数额给予补偿。简单说来，就是企业为自己的出口货物买保险，保证对方货款进账，而出口信用保险公司则承担收汇风险，并负责追讨欠款。这项措施是国家替代出口商承担风险，扩大出口和争夺国外市场的一个重要手段。

出口信用保险作为国际贸易促进措施，在欧美发达市场经济国家已有近百年的历史。由于 1947 年成立的关税贸易总协定和 1995 年成立的世界贸易组织，严格限制政府对出口实行补贴政策，包括限制出口优惠政策和贷款政策性贴息扶持等，因此，作为符合国际规则的间接支持出口和投资的信用保险制度，出口信用保险已愈发成为发展国际贸易和投资的重要组成部分。

1. 担保对象

(1) 对出口厂商的担保。出口厂商输出商品时所需的短期或中长期信贷均可向国家担保机构申请担保。有些国家的担保机构本身不向出口厂商提供的出口信贷进行担保，但可为出口厂商取得出口信贷提供有利条件。

(2) 对银行的直接担保。通常银行所提供的出口信贷均可申请担保。这种担保是担保机构直接对供款银行承担的一种责任。有些国家为了鼓励出口信贷业务的开展和提供贷款安全保障，往往给银行更为优厚的待遇。

2. 担保的项目与金额

通常商业保险公司不承保的出口风险的项目，都可向担保机构进行投保。一般可分为两类：

(1) 政治风险。进口国发生政变、革命、暴乱、战争以及政府实行禁运、冻结资金或限制对外支付等政治原因所造成的损失，可给予补偿。这种风险的承保金额一般为合同金额的 85%～95%。

(2) 经济风险。进口厂商或借款银行因破产倒闭无力偿付、货币贬值或通货膨胀等经济原因所造成的损失，可给予补偿。担保金额一般为合同金额的 70%～80%。为了扩大出口，有时对于某些出口项目的承保金额达到 100%。

3. 担保期限与费用

根据出口信贷期限，担保期限通常可分为短期与中、长期。短期信贷担保为 6

个月左右，承保范围往往包括出口厂商所有海外的短期信贷交易。为了简化手续，有的国家对短期信贷采用综合担保的方式。出口厂商只要一年办理一次投保，就可承保在这期间对海外的一切短期信贷交易。一旦外国债务人拒付时，即可得到补偿。至于中、长期信贷担保，由于金额大，时间长，因而采用逐笔审批的特殊担保方式。中、长期担保时间通常为2～15年。承保时间可从出口合同成立之日起到最后一笔款项付清为止，也可以从货物装运出口直到最后一次付款为止。

这些担保机构的主要目的在于担保出口厂商与供款银行在海外的风险，以扩大商品出口，因此所收的费用一般不高，以减轻出口厂商和银行的负担。通常保险费率根据出口担保的项目、金额大小、期限长短和输往的国别或地区而有所不同。此外，各国保险费率也不一样，英国一般为0.25%～0.75%，原联邦德国为1%～1.5%，我国出口信用保险平均费率基本上在0.8%～1%之间，对东欧、南美、非洲等风险较大的国家和地区，平均费率达2%。

我国的出口信用保险也有很多年的发展历史，它早在上世纪80年代末就发展起来了。1988年，国家责成中国人民保险公司负责办理出口信用保险业务，当时是以短期业务为主。1992年，人保公司开办了中长期业务。1994年，政策性银行成立，中国进出口银行也有了办理出口信用保险业务的权力。那时出口信用保险业务由中国人民保险公司和中国进出口银行两家机构共同办理。2001年12月，作为我国唯一承办出口信用保险业务的政策性保险公司——中国出口信用保险公司正式揭牌运营。它的成立是我国政府在中国加入世界贸易组织的全新经济环境下，参照国际惯例，深化金融保险与外贸体制改革，加大对出口贸易政策性支持力度的重大举措，标志着我国出口信用保险业进入了一个崭新的发展时期。中国出口信用保险公司的任务是积极配合国家的外交、外贸、产业、财政、金融政策，通过政策性出口信用保险手段，加强对货物、技术和服务出口，特别是对高技术、附加值大的机电产品、成套设备等资本性货物出口的支持力度，在信用保险、出口融资、信息咨询、应收账管理等方面为外贸企业提供快捷、完善的服务，为企业积极开拓海外市场提供收汇风险和出口融资保障，支持国内企业的国际化生存和发展。（参见拓展资料5-7）。

拓展资料5-7：

中国出口信用保险公司

SINOSURE是中国出口信用保险公司（简称中国信保）的英文缩写，它是我国唯一的政策性出口信用保险公司。中国信保于2001年12月成立，由中国政府全资拥有，注册资本金40亿元人民币。

为了分担我国出口企业从事对外贸易的风险，开拓国际市场，在贸易领域中更具竞争力，中国信保提供如下保险产品和服务：短期出口信用保险、中长期出口信用保险、投资保险、担保业务、商账追收、资信评估、保单融资。短期出口信用保险适用期限在 180 天以内，最长不超过 365 天，采取商业信用支付方式。短期出口信用保险可以帮助出口商确保收汇、出口融资和进行买家调查。中长期出口信用保险适用于信用期在一年以上、一般不超过 10 年的出口。

目前，出口信用保险的保险责任包括商业风险和政治风险。商业风险包括：买方无力偿还债务而破产，买方拒收货物并拒付货款，买方拖欠货款。政治风险包括：买方国家禁止或限制汇兑，买方国家进口管制，买方国家撤销进口许可证，买方所在国家或货款须经过的第三国颁布延期付款令，战争、暴乱或革命，以及被保险人和买方均无法控制的非常事件。

以下出口贸易合同不适用于投保出口信用险：

1. 发货前或在劳务提供前，价款全部预付的出口合同；
2. 金额和付款期限不确定的出口合同；
3. 不以货币结算的贸易合同；
4. 违反我国或进口国法律的贸易合同；
5. 投保人与其关联企业之间的交易合同不能办理商业风险的保险，但可办理政治风险保险。

资料来源：中国出口信用保险公司主页。

出口信用保险与一般商业性保险的区别是，前者承担风险比后者大，前者承担的政治风险责任更不是商业性保险公司所能解决的。

出口信贷和出口信用保险都是符合 WTO 规则扶持出口的措施，在我国推动实施科技兴贸战略，促进高新技术产品出口方面发挥着重要作用。国家高度重视出口信贷和出口信用保险在优化出口商品结构、促进企业开拓国际市场、降低出口企业收汇风险、帮助出口企业融资等方面发挥的重要作用。

我们可以通过更多的资料和实例来了解出口信用保险的功能和作用（参见新闻摘录 5－2，拓展资料 5－8，以及案例研究 5－1、5－2、5－3）。

新闻摘录 5－2：

厦门信保电话舌战讨货款

美国公司拖欠巨款，一家厦企无可奈何，厦门信保伸出援手——越洋电话舌战讨回 18 万美元。

拿到一笔百万美元的境外订单，这听起来绝对令人兴奋，不过，一旦采用赊销方式可就得小心了——“货发出去、款收不回来”的现象并不少见。不久前，我市一家企业就遇到了这样一件麻烦事。

6月11日上午7时，在中国出口信用保险公司厦门营业管理部（以下简称"厦门信保"）的办公室里，一场别开生面的"中美对话"开始了。严格来说，这是一场庭前调解。由一名美国法官充当调解员，在厦门的原告和在美国的被告，通过电话进行了数个小时的"唇枪舌战"。

原告是晋江一服装厂设在厦门的出口企业，被告是美国的一家服装进口公司。2002年10月，被告采用赊销方式向原告进了一批服装，在贸易前期均按时付款，一段时间后，开始拖欠货款，欠款额累计达26万美元。

怎么办呢？眼看着时间一天天过去，这家出口企业着急了，还好他们事前向厦门信保投保了出口信用保险。2003年3月，该出口企业向厦门信保报损，于是，厦门信保把被告的名字列入"特别关注名单"，然后开始借助其遍布全世界的网络来了解案情、协助企业追讨欠款。可是，该美国公司并不配合，面对每一次追讨，他们的回话总是"老板不在"。为了维护中国企业的合法利益，厦门信保决定赔付保单约定的损失，并利用中国信保在美国的渠道以出口企业的名义起诉该美国公司。

谁也没想到，就在我方积极准备诉讼材料的同时，这家美国公司居然在我国其他城市继续"诈骗"。为了与大连某企业做生意，该美国公司乔装注册了一家新公司。不料，由于新公司没有信用记录，中国出口信用保险公司不予承保。于是，这家美国公司连忙说"自己其实还有一家历史悠久的公司"，并送来资料。这回狐狸尾巴露出来了。信保人员一看，原来，这家新公司就是早已被列入"特别关注名单"的那家美国公司，"坚决不予投保！"，大连企业因此躲过一劫。

可遗憾的是，青岛一家出口企业在向中国出口信用保险公司投保该美国公司被拒绝后，仍心存侥幸与其交易，至今仍被拖欠30万美元。而更多的国内企业并没有投保出口信用保险，于是，晋江、绍兴……接连有多家服装企业"中招"，被骗金额达100多万美元。

日前，这家美国公司终于迎来了它的"审判日"，尽管它以质量、合同等种种借口为自己开脱，但在事实面前却不得不低头，承认无争议债务22万美元。考虑到该美国公司债务很多、有破产可能性，出口企业最终同意与该美国公司达成调解还款18万美元。

目前，从中央到地方政府都加大扶持力度，鼓励企业投保出口信用保险。中央财政给予所有出口企业投保出口信用保险费扶持补贴20%，厦门市政府扶持补贴30%，也就是说，保费事实上减少了一半。

资料来源：《厦门日报》2004.6.15。

拓展资料 5－8：

决战海外化解风险　不妨握紧出口信用保险之手

所谓出口信用保险，其实并不是什么新鲜玩意儿，19世纪初就在英国出现了，它实际上是各国政府为推动本国产品和服务出口而建立的官方信用支持，目前已有50多个国家建立了出口信用保险机构。

企业出口存在对方不付款的风险，而出口信用保险就可以让企业规避这一风险，给企业提供安全稳定的出口和融资环境。

在用好出口信用保险上，中国航空技术进出口北京公司是个典型的例子。在对外贸企业严峻考验的东南亚金融危机中，中国航空技术进出口北京公司的进出口总额不但没有下降，反而节节提升。从1997年的6205万美元增长到1999年的17876万美元，进出口总额在全国外贸企业的排名也向前连跳了好几级。他们总结出的秘诀就是“出口信用保险为开拓国际市场减少了收汇风险，也给了公司竞争的信心”。

另一个案例是安徽技术进出口股份有限公司。1990年该公司出口额仅为几百万美元，但由于他们在外贸出口业务上一开始就借力出口信用保险，顺利闯过了两次电机出口到美国的收汇风险，获得了出口信用保险提供的欠款赔付，大约为120多万美元。由于借助了出口信用保险的帮助，公司很快发展成为安徽省第一大出口公司，并重组进了五矿和安徽省进出口公司，2001年公司出口额达到15631万美元。

令人遗憾的是，尽管出口信用保险有如此的“神力”和浓重的政府支持色彩，但真正懂得其技巧，并借之提升海外竞争力的企业却屈指可数。有数据表明，2000年，我国出口信用保险承保的出口额仅占当年出口额的1%，投保企业不足出口企业总数的8%。而从全世界的范围来看，发达国家的出口信用保险涵盖率大概在20%～30%之间，涵盖最多的法国达到37%，即法国全部出口的37%投了出口信用保险。

为什么我国的出口信用保险有行无市呢？出口信用保险公司承保部负责人王文全先生介绍说，原来由中国人民保险公司和进出口银行两家机构同时经营的出口信用保险，在整体业务中占有的比重较小，同时两者机构重叠，职能交叉，导致效率低下，同时投保费率过高，法律保障体制又不健全，这些都制约了出口信用保险的发展。另一方面就是出口企业的保险意识普遍不强，不少企业并不了解出口信用保险这项业务。

随着经济的全球化和各国贸易依存度的提高，出口企业面临的风险变数不断增多，这使得出口企业对保障出口收汇安全的需求更加迫切。同时，我国加入

WTO后，通过外贸发展基金直接补贴出口的做法将越来越受到限制，支持出口的国际通行做法正是出口信用保险。

业内专家认为，出口企业投保出口信用保险的好处有三：一是利用出口信用保险的保障与补偿职能，可以变不定大额坏账损失为确定的能计入成本的保险费开支；二是在确保收汇低风险的情况下，大胆采取多种灵活付款方式来达成贸易合同，甚至向一些风险较大的市场出口，提高竞争力；三是依靠出口信用保险公司掌握的国外买家的风险调查评估，准确选择贸易对象，并可以将已投保的出口信用保险权益转让，争取到银行的出口融资便利。

由于目前老的国有外贸企业在萎缩，新的外贸企业很多都是中小企业，由于信用度不高，在海外市场上很难与国际大公司对话。借助出口信用保险，能迅速提高其信用级别。

资料来源：《经济日报》2002.1.9。

案例研究5－1：

首例农产品出口信用保险理赔案结案

日前，我国农产品出口企业第一起利用信用保险成功获赔的案件结案，这标志着我国外贸企业已开始利用国际通行手段规避市场风险。全国禽肉出口龙头企业山东诸城外贸集团日前76万美元理赔金额全部到账，意味着我国在加入世贸组织后第一起农产品出口企业利用出口信用保险并获得理赔的案件成功结案。据公司负责人介绍，这76万美元大大减少了2003年5月由于日本封关，该公司价值133万美元的肉鸡被退回的损失。2003年5月12号，日本农林水产省突然宣布对我国的禽产品封关，而诸城外贸出口日本但尚未通关入境的肉鸡有43个货柜，虽然公司及时将货物退回并进行了内销处理，但封关给公司带来的损失仍达90多万美元。在向中国出口信用保险公司提出理赔申请不到两个月的时间，公司就收到了第一笔40多万美元的赔款，使公司暂时渡过难关。

山东诸城外贸有限责任公司董事长王金友说："实际上，我们是个龙头企业，我们后边带着一大片的农民，帮我化解了风险，就保住了农民的利益。2004年，第一笔(因为禽流感)的赔付已经到了我们账上了，赔了109万元。"

据了解，我国加入世界贸易组织后，国际贸易活动大大增加，出口贸易风险也随之加大，产品出口后收不回钱或产品发货后又被退回的情况时有发生。为此，我国于2001年由财政部拨付40亿元资本金专门设立了政策性的中国出口信用保险公司，出口企业在每笔货物出口时按比例交纳一定数量的保险金，这样出口风险就转移到了信保部门。诸城外贸集团就是以交了10多万美元的保费得到了70多万美元的赔偿，并成为全国第一个利用出口信用保险避险的农产品出口企业。

资料来源：《南方农村报》2004.3.25。

案例研究 5－2：

尽早介入追账　快速赔付保户

一、案情简介

2006 年 8 月，国内 A 公司向 B 公司出运两票货物，合同金额 10 万美元，支付条件为 T/T90 天。2006 年底，第一票货物的货款已逾期近一个月，B 公司仍未付款。A 公司一方面加紧向 B 公司催讨货款，另一方面及时向中国信保书面通报了可能的损失情况。收到 A 公司上报的《可能损失通知书》后，虽然风险事件尚未发生（国际通行界定的拖欠风险为买方超过付款期限四个月以上仍未支付货款），但中国信保考虑到 B 公司拖欠时间并不长，追偿时机比较有利，立即发函建议保户委托中国信保进行海外调查追讨。然而，保户当时坚持自行追讨，理由有三：①虽然该买家以前有过拖欠行为，但最终都能较快还款；②顾虑追账机构的介入会影响买卖双方以后的合作；③买家已口头答应分期还款，并承诺将公司的厂房和仓库抵押给银行，以筹资归还欠款。

在充分尊重保户意见的前提下，中国信保一方面同意暂由保户自行追讨，另一方面紧密跟踪保户的追讨情况，同时对保户提出两点建议：①买家曾口头承诺还款，应趁热打铁令其出具书面还款协议；②第二票货物如买家还未收货，应力争控制货权，以减少损失。

2007 年 1 月中旬，通过跟踪保户自追情况，中国信保了解到，经保户努力，买家已签署了分期还款协议，但迟迟未按日程表付出货款，并且买家的财务状况开始恶化，甚至有破产的可能性。在这种情况下，中国信保再次向保户解释由专业追偿机构及早介入的必要性，并建议其委托中国信保追讨。2007 年 1 月 23 日，保户填写《委托代理协议书》，并提供了相关的贸易单证委托中国信保进行海外追讨。

二、海外追讨结果及案件处理情况

通过对此案的调查，中国信保发现买家公司财务状况恶化，负债累累。买家抵押房产以筹资还款的承诺只不过是缓兵之计，根本不可能实现，因为这些房产早已抵押给银行。最初买家对中国信保的追讨采取回避态度，追偿工作一时很难展开。不久，海外追偿机构通知中国信保，债务人公司进入了销售旺季，资金紧张情况可能会有所缓解。中国信保立即指示追偿机构抓住时机，催收货款。经过努力，追偿机构终于在 2007 年 2 月底联络到买家，由于保户事先已接受中国信保的建议与买家签定了书面还款协议，面对自己签署的文件，债务人无从狡辩。趁债务人公司产品销售旺季，海外追偿机构在中国信保的指示下，严密监督还款计划的执行，目前执行情况良好，已归还部分欠款。

在进行海外追讨的同时，2007 年 3 月 2 日，中国信保收到保户提出的《索赔申请书》及包括保险合同文件、贸易单证、证明损失原因及金额的文件、双方往来函电、与买家签署的还款协议、已收汇证明等全套索赔单证。经审核，该案单证齐全、案情清晰，被保险人已履行其应尽义务，损失属于中国信保承保责任。2007 年 3 月 5 日，中国信保向保户 A 公司发出了赔付通知。

三、本案启示

在中国信保对外展业或处理索赔案的过程中，经常会遇到这样的问题："出险后，保险公司何时能够赔付？"中国信保对各种情况下的赔偿等待期做出了明确的规定，并承诺在赔偿等待期满后，尽快赔付。但保险人尽快赔付是以被保险人履行保单规定义务为前提条件的。

本案从接到可能损失通知书到赔付完毕，历时不过三个月，时间表如下：

2006 年 12 月 27 日收到《可能损失通知书》。

2007 年 1 月 23 日保户委托中国信保追讨并提供相关贸易单证。

2007 年 3 月 2 日收到《索赔申请书》及全套提赔单证。

2007 年 3 月 5 日中国信保按保单规定对保户 A 公司予以赔付。

由于保户的积极配合，使中国信保及时介入海外追讨，查明了案情，在被保险人提赔后，在最短的时间予以赔付。该保户在本案中的一些做法值得广大被保险人借鉴。

(1) 风险意识强，报损及时；

(2) 果断委托中国信保追讨；

(3) 提交的单证合法、齐全、准确、清楚。

通过本案，不难看出保险人尽早介入海外追讨有利于尽快查明案情并做出赔付决定。在单证齐全、被保险人按保单规定履行了应尽义务的前提下，如果经海外调查证明损失属于承保责任范围，中国信保会以最快的速度予以赔付。高效率的理赔工作需要被保险人的积极配合，希望本案 A 公司的做法能给广大被保险人一些有益的启发。

案例研究 5－3：

保银携手促出口　能使四两拨千斤

——从出口伊朗电扶梯项目的成功看中国信保融资担保的作用

2002 年，中国信保为上海 A 进出口贸易公司提供了总额 2 300 万元人民币的出口融资担保，从而使A公司出口伊朗德黑兰城郊地铁公司189部电扶梯贸易项目得以顺利进行。该笔业务采取滚动使用担保额度模式，利用较少的人民币额度，满足了数倍金额的外汇出口项目的资金需求，充分体现了中国信保作为政策性出口信用保险机构在支持企业扩大出口方面四两拨千斤的作用。

2001年上海A进出口贸易公司在伊朗德黑兰城郊地铁公司招标的地铁建设分标中中标，签约出口电扶梯共计189部，合同标的金额1800万美元。根据合同规定，伊朗业主在项目开工前支付合同金额的10%、180万美元作为预付款，之后根据工程进度按期支付合同金额的80%为进度款，上述两类款项均以信用证方式结算。合同还规定A公司需向伊朗业主开立银行预付款保函，保证按合同履约，否则返还预付款。

A公司向上海某商业银行B提出向伊朗业主开立预付款保函的申请，另外，A公司为了弥补安排生产中的资金缺口，还向B银行申请借款人民币500万元。B银行提出A公司需向其提供可接受的预付款反担保函和借款担保函。于是，A公司向中国信保申请开立以银行B为受益人的反担保函，金额分别为1800万元人民币和500万元人民币。

经过实地考察A公司，详细了解A公司的资产状况、财务状况和该公司的公司结构，并分析出口项目的各方关系人资信和履约能力后，中国信保向A公司提出了可有效控制收汇风险和出口商及供应商的履约风险的项目风险控制方案：

(1) A公司需投保中长期出口信用保险，控制出口收汇风险；

(2) 由A公司的母公司向中国信保分别就预付款保函和融资担保出具连带责任保证函，保证如果A公司违约，中国信保可向其母公司追索一切损失；

(3) 中国信保与B银行签订账户监管协议，由银行监管A公司按合同规定使用预付款；

(4) 同时为了防范供应商的履约风险，中国信保敦促上海某电梯公司向A公司出具履约保函。

在上述措施基础上，中国信保为A公司开立了1800万元人民币的预付款保函和500万元人民币的融资保函，并在预付款保函中规定随A公司分批次交货，相应递减预付款保函未了的责任金额。

在该项目实施过程中，中国信保采取保银联手合作、加强监管，主动控制风险，防患于未然。中国信保的担保服务为出口企业向银行申请对外担保提供了非抵押保障，节省了出口企业的抵押资金，增强了出口企业的融资能力。中国信保为出口企业向生产企业提供付款担保，提升了出口企业的信誉，实现了出口企业对生产企业的延期付款。

通过该笔业务，中国信保支持了我国高附加值、高技术含量的机电产品的出口,支持了我国出口市场多元化战略的实施,是中国信保履行促进我国外经贸事业发展职责的实际行动。

由此案可以看出,大型机电设备出口项目涉及的环节比较多,金额也比较大,采取滚动使用担保额度的模式,可有效控制项目各方履约风险,满足出口企业数倍于担保额度的担保需求,中国信保作为政策性出口信用保险机构在支持企业扩大出口方面的作用也由此得以充分发挥。

三、国际保理与对外贸易

(一) 国际保理的概念

国际保理的全称是国际保付代理业务,也称为保付代收或承购应收账款业务。它是国际贸易中在以托收、赊账等方式结算货款的情况下,保理商向出口商提供的一项包括对买方资信调查、百分之百的风险担保、催收应收账款、财务管理以及融通资金等的综合性财务服务。

(二) 国际保理业务对各方的益处

国际保理对进出口商的好处主要体现在可以增加营业额、提供风险保障、节约成本、简化手续、扩大利润等方面,具体如表 5 - 1 所示:

表 5 - 1　国际保理业务对各方的益处

益　处	对 出 口 商	对 进 口 商
增加营业额	对于新的或现有的客户提供更有竞争力的 O/A、D/A 付款条件,以拓展海外市场,增加营业额	利用 O/A、D/A 优惠付款条件,以有限的资本,购进更多货物,加快资金流动,扩大营业额
风险保障	进口商的信用风险转由保理商承担,出口商可以得到 100%的收汇保障	纯因公司的信誉和良好的财务表现而获得进口保理商的信贷,无须抵押
节约成本	资信调查、账务管理和账款追收都由保理商负责,减轻业务负担,节约管理成本	省却了开立信用证和处理繁杂文件的费用
简化手续	免除了一般信用证交易的繁琐手续	在批准信用额度后,购买手续简化,进货快捷
扩大利润	由于出口额扩大、降低了管理成本、排除了信用风险和坏账损失,利润随之增加	由于加快了资金和货物的流动,生意更发达,从而增加了利润

对保理商尤其是银行来说,最大的好处是通过开展国际保理业务,可以增加金融服务的品种,开辟新的利润来源。根据国际惯例,开展国际保理业务的利润相当于传统结算业务收入的 10 倍,同时,由于国际保理业务提供的资金融通,是介于信用放款与抵押放款之间的融资行为,它还可以优化银行信贷资产结构。因此,国际

保理业务作为优先服务于卖方且有益于各方的竞争工具，越来越为买卖双方及保理商所认识和采纳。

中国银行于1992年在国内率先推出国际保理业务，并于1993年加入国际保理商联合会(Factors Chain International，简称FCI)。目前中国银行与FCI会员间的业务往来完全通过FCI开发的保理电子数据交换系统(EDI Factoring)进行，实现了作业无纸化，提高了业务效率，降低了业务风险。2005年12月12日上午，由国内唯一一家专业国际保理公司瀛寰东润国际保理有限公司发起成立的中国首家国际保理中心——天津滨海国际保理中心在天津开发区成立。该中心将以天津为基地、业务辐射整个环渤海经济圈，向企业、特别是中小企业出口提供专业保理服务，促进国内中小企业出口业务发展。

(三) 国际保理与出口信用保险的比较

从保理和出口信用保险的作用看，两者都能为出口商赊销产品提供风险保障，但这两种业务又有其各自不同的特点。

1. 风险保障方面

(1) 保障程度不同。典型的保理业务，都是无追索权的，出口商在批准的信用额度内可以获得100%收汇保障。而出口商投保出口信用保险通常获得70%～90%的风险保障，这一方面体现了保险机构稳健经营的原则，另一方面是由于保险机构为避免滋生道德风险。

(2) 保险范围不同。保理业务承担的是进口方不能履约的一切风险，保理业务开展的主要地区都是一些经济较发达的国家和地区，这些国家和地区往往政局比较稳定，政治风险相对较小，因此保理商更注意商业信用风险。出口信用保险提供的保障既有商业信用风险又有国家风险，并且对这两种风险都有明确的细分。由于在出口信用保险业务中，进口国在很多情况下是经济不发达的国家并且政局动荡，所以出口信用保险机构更重视对国家风险的评估，一些出口信用保险发展较成熟的国家往往都建有动态的国家风险评估系统。

(3) 保障效果不同。出口信用保险是一种非盈利性的险种，保险人通常是国家设立或支持的金融机构，由国家财政提供保险准备金，体现了国家对出口贸易的扶持。保理则是以保理商自身的实力为出口商提供担保。一般来说，保理商多为商业银行的附属机构或是规模较小的专业保理公司，其抗风险能力无法与以国家实力为后盾的出口信用保险机构相比。

2. 出口商融资方面

保理业务主要为出口商提供短期融资，出口商可在票据到期日以前先从保理商处获得80%的出口货款，其余20%在票据到期后收取。出口信用保险本身不带有融资性质，但出口商可以利用其开立的出口信用险保单顺利地从银行融通资金，若进口商采用汇票结算，还可以向银行进行票据贴现。

3. 信息服务系统方面

保理业务的信息服务系统是建立在先进的计算机网络通讯技术之上的，但它的服务范围目前还只局限于一些发达国家与地区，对于大多数发展中国家的进口商授信体系仍未建立，目前我国一直未开展进口保理业务就是这个原因。出口信用保险业务的信息服务系统一方面依靠伯尔尼协会各成员国之间建立的信息网，另一方面依靠自身的信息系统。由于出口信用保险机构要全面地评估商业信用风险和国家风险，所需收集的信息量非常大，涉及国家政治经济和法律制度体系、外汇管理政策、人文环境和企业资信等多方面因素，所以出口信用保险的信息服务系统具有信息面广的特点，能为风险评估难度较大的一些发展中国家和地区提供资信调查，有助于出口企业拓展新市场。

4. 综合服务水平方面

出口信用保险带有国家扶持性质，而保理业务是完全建立在商业化运作基础之上的，能为出口商提供高水平的综合服务，具体表现在：

(1) 费率较低(一般不超过发票金额的 1.5%)，手续简便。

(2) 赔偿期限短，为从货款到期日起 90 天，而出口信用保险通常为 120～150 天。

(3) 能够供财务管理与追收及账目记录管理，而出口信用保险机构没有此项服务。

(4) 出口信用保险项下，进口商信用风险一般由保险公司和出口商共同承担，在出现坏账时，保险公司一般只赔偿 70%～90%，而且索赔手续繁琐、耗时。而保理服务中，保理公司承担全部信用风险(详见表 5－2)。

表 5－2　国际保理与出口信用保险比较表

	出口保理	出口信用保险
最高信用保障(在所批准信用额度内)	100%	70%～90%
赔偿期限(从货款到期日起)	90 天	120～150 天
索赔程序	简单	繁琐
坏账担保	有	有
进口商资信调查和评估	有	有
财务账目管理	有	无
账款催收追缴	有	无
以预支方式提供融资	有	无

根据以上的区别，我们认为，以出口高附加值的机电产品、成套机械设备为主

的大型外贸企业可选择出口信用保险，因为其符合国家进出口政策，费用较低，条件优厚；而一般中小型外贸企业则应选择国际保理更为合适，因为其方便、灵活，而且能加速资金周转。

（四）出口保理与出口信用保险的竞争性与互补性

两者的竞争性主要体现在出口商短期出口融资需求上。保理业务主要面对中小出口商的消费品出口，并且经过几十年的发展，已经逐步形成了较为成熟的服务体系，这对于短期出口信用保险形成了严峻的挑战，面对这一挑战，各发达国家纷纷改革本国的出口信用保险体制，继 1991 年英国出口信用担保局(ECGD)将其全部短险业务实行私有化卖给荷兰出口信用保险局后，全球短期出口信用保险出现了私有化、商业化的趋势，使短期业务逐步纳入市场化运作的轨道。

两者具有竞争性的同时也具有互补性。一方面，出口信用保险能填补保理业务的薄弱环节。保理虽然具有综合服务水平较高的优点，但在出口商品种类、出口地区以及抗风险能力等方面有一定的局限性，出口信用保险则能弥补这些不足，具体表现在：第一，出口信用保险为大型机电产品以及资本性产品的中长期出口融资提供支持；第二，保理商为了弥补自身抗风险能力弱的缺陷，扩大业务规模，保理公司将相当一部分保理业务投保出口信用保险，例如国际保理商集团就与荷兰出口信用保险局有长期的业务合作协议；第三，对于开展保理业务有困难的国家和地区，出口信用保险能在对当地进口商进行充分的风险评估的基础上为出口企业提供保障。另一方面，保理业务也为出口信用保险扩大了市场份额。这在短期出口业务中表现得尤为突出，对于风险较大的出口业务，出口信用保险机构在为保理商提供风险保障的同时，自身的业务也得到了进一步的扩展。

四、外贸发展基金

中央外贸发展基金是中央政府建立的专项资金，目的在于在全国范围内用于调节和促进对外贸易发展。它是中国政府促进出口的主要资金来源，主要由上缴中央财政的配额招标收入和利息，及基金使用回收的本金、使用费、滞期费等构成。

(1) 扶持对象。中央外贸发展基金专项资金主要用于扶持国内竞争力强、产品有出口市场、信誉好的名牌企业到境外兴办有一定规模且效益显著的境外加工贸易项目。

(2) 申报原则及程序。中央外贸发展基金扶持境外加工贸易有偿使用项目实行逐项申报的原则。具体申报程序为：中央企业以正式文件直接向商务部提出项目申请；其他企业向企业注册地省级外经贸主管部门提出项目申请，经省级外经贸主管部门、商经贸主管部门后签署意见，以正式文件向商务部申报。具体项目的评估以及资金的放贷与回收，由中国进出口银行负责评估、放款和回收。

第三节　促进贸易的特定区域

除了财政、金融政策措施外，我国还设立了一些促进贸易的特殊区域，如保税区、出口加工区和高科技工业园区等。

一、保税区

（一）保税区概况

保税区（Bonded Area），是由海关设置的或经海关批准设置的特定地区和仓库。外国商品可以免税进出保税区，在保税区内还可对商品进行储存、改装、分类、混合、展览、加工和制造等。但是，商品若从保税区内进入本国市场，则必须办理报关手续，缴纳进口税。保税区制度最初是一些发达国家（如日本、荷兰）在没有设立自由港或自由贸易区的情况下设立的，它实际上起到了类似自由港和自由贸易区的作用，只是其地理范围一般相对较小。目前许多国家都设立了保税区。

中国保税区是经国务院批准设立的、海关实施特殊监管的经济区域，是我国目前开放度和自由度最大的经济区域。其功能定位为“保税仓储、出口加工、转口贸易”三大功能。根据现行有关政策，海关对保税区实行封闭式管理，境外货物进入保税区，实行保税管理；境内其他地区货物进入保税区，视同出境；同时，外经贸、外汇管理等部门对保税区也实行较区外相对优惠的政策。

自1990年国务院批准设立上海外高桥、天津港保税区以来，截至目前，经国务院批准，共设立了上海外高桥、天津港、大连、青岛黄岛、张家港、宁波、福州马尾、厦门象屿、广州、深圳沙头角、深圳福田、深圳盐田、汕头、珠海、海口15个保税区，海南洋浦经济技术开发区也实行保税区的管理政策。目前，16个保税区均已经海关验收，封关营运。十几年来，保税区各管理部门采取各种形式招商引资，积极开发，使保税区发展已具相当规模，渐趋成熟，成为当地经济新的增长点。

（二）我国保税区享有的优惠政策

1. 关税及税收政策

(1) 区内企业所有进口的生产设备和自用的机械设备、建筑材料及合理数量的办公用品等，免征海关关税和进口环节增值税；

(2) 境外和区内间进出货物，免征关税及进口环节增值税，免缴进出口许可证；

(3) 经营期在十年以上的外资或中外合资生产型企业按15%税率缴纳企业所得税，享受自获利年度起所得税“免二减三”（两年免税，三年减半征收）的优惠。减免期满后对当年出口产值达到70%的企业，所得税减按10%征收。

2. 企业经营政策

(1) 境内外的经济法人、自然人均可在保税区投资建立外商独资、中外合资及内资企业；

(2) 鼓励国有专业外贸、工贸公司和有进出口经营权的国有大中型企业在保税区内设立窗口，利用保税区从事商品的进出口经营活动；

(3) 在经营范围方面，可设立集加工、贸易、仓储、商品展示为一体的综合性工贸企业；

(4) 保税区内存储保税或非保税货物无存储年限限制。

3. 加工贸易政策

(1) 国家引导出口加工企业向保税区和出口加工区集中；

(2) 区内企业从境外进口用于出口加工所需原材料和零部件等，免征关税和进口环节增值税，且实行海关登记备案制核销管理，不实行银行保证金台账制度；

(3) 企业可以直接从区外采购原材料、零部件，加工增值后报关出口或部分直接销往国内市场；

(4) 采用进口料件加工的产品在销往国内市场时，可按进口原料件计价缴纳关税和进口环节增值税。

4. 外汇政策

(1) 区内企业出口创汇实行意愿结汇，外汇收入可以意愿结汇成人民币；

(2) 企业可在区内金融机构或者在区外所在地外资金融机构开立外汇结算账户和外汇专用账户。

5. 其他政策

(1) 对在保税区各专业化市场从事贸易经营的企业，将视企业的经营情况，给予一定的扶持政策；

(2) 海关对区内企业展销的商品，实行可分批出区、集中报关的管理办法。

二、出口加工区

(一) 出口加工区概况

出口加工区(Export Processing Zone)是指一个国家或地区在其港口、机场附近交通便利的地方，划出一定区域范围，新建和扩建码头、车站、道路、仓库和厂房等基础设施，并提供减免关税和国内税等优惠待遇，鼓励外商在区内投资设厂，生产以出口为主的制成品。

我国设立出口加工区主要是为了改革加工贸易的监管模式，遏制屡禁不绝的加工贸易走私现象，由原来的开放式的无担保管理模式向特定区域的封闭式管理模式转变。自 2000 年 4 月国务院批准首批出口加工区试点至今，我国共批准设立

57个出口加工区，分布在23个省区市的51个城市中，总规划面积141平方公里，通过验收并封关运作的37个。出口加工区在促进加工贸易转型升级、扩大出口中发挥了积极作用。截至2005年10月，全国出口加工区累计进出口总值1057亿美元，年均增长7.9倍，5年来出口加工区共引进外资项目827个，外商投资总额136亿美元，成为投资最密集、出口加工企业最集中、单位产出最高的特殊经济区域。但是，由于出口加工区实际运行时间不长，仍处于试点阶段，存在着发展不平衡的问题。上海松江、江苏昆山两个出口加工区的进出口值占全国出口加工区进出口总值的百分之七十多，其余大都在1亿美元以下，有的只有几百万美元。有的出口加工区批准多年，至今尚未通过验收。

（二）我国出口加工区享有的优惠政策

1. 税收优惠政策

（1）对加工区企业在区内加工、生产的产品和应税劳务，免征增值税、消费税。

（2）从区外（境内非加工区）运入加工区供区内企业使用的国产机器设备、原料件、包装物料以及企业所需的合理数量的基建物资等，视同出口，入区即可办理出口退税。

（3）区内外商投资加工型企业的所得税税率为15%，享受自获利年度起所得税“免二减三”优惠；减免期满后加工企业当年出口产值达到70%，所得税减按10%征收。

2. 关税和进口环节税

区内企业生产的出口商品，免纳出口关税。从境外进入加工区的货物，其关税和进口环节增值税按下列规定办理：

（1）区内生产性的基础设施建设项目所需的机器设备和建设生产厂房、仓储设施所需的基建物资，予以免税。

（2）区内企业生产所需的机器设备、模具及其维修用零配件，予以免税。

（3）区内企业为加工出口产品所需的原料件、包装物料及消费性材料，予以保税。

（4）区内企业自用合理数量的办公用品，予以免税。

3. 加工贸易政策

（1）加工区与境外之间进出的货物，除实行出口被动配额管理的之外，不实行进出口配额、许可证管理。

（2）非国家禁止进出口的货物及物品均可进入加工区，经生产加工后出口。

（3）在因技术、工艺达不到产品要求的特殊情况下，区内企业可经海关批准委托区外企业进行产品的工序性加工。

（4）加工区内的原料件或半成品，可以在区内企业之间转让、转移。

(5) 区内企业可以在区外进行产品的测试、检验和展示活动。

(6) 对加工区销往区外的货物,海关按制成品征税。

(三) 出口加工区与保税区的区别

出口加工区的政策与保税区的政策着重点不同,两者区别在于:

(1) 从区外进入加工区的国产机器设备、料件、基建物资可以向税务部门申请办理出口退税;而保税区必须是货物离境才可办理退税。

(2) 出口加工区区内加工企业,不得将未经实质性加工的进口原材料、零部件销往境外或区外。区内从事仓储服务的企业,不得将仓储的原材料、零部件提供给区外企业。保税区则无此限定,而且这正是保税区最能发挥功能优势的独特之处。

(3) 出口加工区运往区外的货物,海关一律按照制成品征税;保税区则不同,实际操作中大多按料件征税。

(4) 原则上出口加工区企业不得委托区外企业进行产品加工;而保税区则可以委托区外企业进行加工。

(5) 出口加工区不得经营商业零售、一般贸易、转口贸易及其他与加工区无关的业务。出口加工区功能、目标单一,难以发挥出口贸易的关联效应。而保税区具有三个基本功能,三个功能互相促进,协调发展。

随着经济全球化和入世后国内市场的进一步扩大开放,跨国企业的目光已经盯住了中国巨大的潜在市场,出口加工区对他们来说,吸引力不会很大。而保税区作为一个进入中国市场的“缓冲区”,将是跨国企业商品流通的一条主渠道。因此,可以说出口加工区利于“出”而保税区利于“进”。

三、科技工业园区

(一) 科技工业园区概况

科学工业园区(Science-based Industrial Park)又称工业科学园、科研工业区、高技术园区、科技工业园区等,是以加速新技术研制及其成果应用,服务于本国或本地区工业的现代化,并便于开拓国际市场为目的,通过多种优惠措施和方便条件,将智力、资金高度集中,专门从事高新技术研究、试验和生产的新兴产业开发基地。

科学工业园区的主要特点是:有充足的科技和教育设施,以一系列企业组成的专业性企业群为依托。区内企业设施先进、资本雄厚、技术密集程度高,优惠政策更加完善。鼓励外商在区内进行高科技产业的开发,吸引和培养高级技术人才,研究和发展尖端技术和产品。与出口加工区侧重于扩大制成品加工出口不同,科学工业园区旨在扩大科技产品的出口和扶持本国技术的发展。

我国第一个科技工业园区北京中关村科技园区成立于 1988 年,至今已有 53

个高新技术产业开发区类型的国家级科技工业园区相继批准成立。

（二）我国科学工业园区的优惠政策

1. 关税、进口环节增值税

国家现行政策规定：对符合《外商投资产业指导目录》鼓励类和限制乙类、有关转让技术的外商投资项目，在投资总额内进口的自用设备，除《外商投资项目不予免税的进口商品目录》所列商品外，免征关税和进口环节增值税。

外国政府贷款和国际金融组织贷款项目进口的自用设备、加工贸易外商提供的不作价进口的设备，除《外商投资项目不予免税的进口商品目录》所列商品外，免征关税和进口环节增值税。

对符合上述规定的项目，按照合同随设备进口的技术及配套件、备件，也免征关税和进口环节增值税。

外商投资企业出口商品除国务院另有规定外，出口关税税率为零。

2. 企业所得税

通过财政返还，使生产性外商投资企业所得税税率降为15%，超出15%的部分征退同时进行。

投资额在200万美元以上，经营期在10年以上的生产性企业，从获利年度起，企业所得税可享受前3年免、后4年按10%的税率征收。减免税期满后，经确认为出口企业，其产品达到70%的比例，可减半征收所得税；经确认为技术先进企业，可延长3年减半征收所得税。

外商将其企业的税后利润在中国境内再投资，经营期5年以上的，经税务机关批准，可退还投资部分已缴纳的企业所得税的40%；如属“两型”（产品出口和技术先进型）企业，可全部退还其再投资部分已缴纳的企业所得税。

3. 增值税、消费税

外商投资企业生产货物自营出口或代理出口实行“免、抵、退”税。“免”税是指免征该企业生产销售环节的增值税；“抵”税，是指企业可用购买国内原材料所负担的进项税金抵内销货物的应纳税额；“退”税是指一季度内抵扣不完的进项税金予以退税。

外商投资企业以来料加工、进料加工贸易方式进口的货物，免征进口环节增值税、消费税。加工货物出口后，免征生产环节增值税、消费税。

在园区内新注册纳税的生产性“三资”企业，3年内其上缴的增值税、营业税本级财政分成部分（12.5%），由市开发区返还50%。

4. 产品销售比例

凡外商投资于《外商投资产业指导目录》鼓励类和允许类产业，且原材料进口和进口不涉及配额许可证的，其产品内外销比例可由外商自行确定，内销比例可放宽到 100%。

经市政府认定为"先进技术型企业"的外商投资企业,其产品可内销 100%。

第四节　进出口商会和贸易促进机构

一、进出口商会

进出口商会是国家为了保证公平竞争和有序出口而建立的起协调指导作用的自律性组织。我国在上世纪 80 年代末建立了各种商品的进出口商会,其职能是依照章程对其会员的对外贸易经营活动进行协调指导,提供咨询服务。如中国机电产品进出口商会、中国纺织品进出口商会、中国医药进出口商会、中国五矿化工进出口商会、中国食品土畜进出口商会、中国轻工工艺品进出口商会、中国对外承包工程商会等(参见拓展资料 5-9、5-10)。进出口商会为会员提供的主要服务内容包括:

第一,在政府和会员之间发挥桥梁、纽带作用。

根据会员的要求,在调查、分析的基础上,代表会员企业向政府有关部门提出促进对外经济贸易发展的政策性意见和建议,为政府有关部门决策和制定有关政策提供依据;收集整理会员在出口贸易中遇到的困难和问题,及时向政府有关部门反映,为政府提供政策依据。

第二,密切会员与政府有关部门之间的关系。

密切会员与政府有关部门之间的关系,如海关、外汇管理局、银行、保险公司、外经贸管理部门等,为企业获得贷款、保险及其他政策支持提供服务。

第三,以各种方式维护本行业利益

协调并监督行业产品进出口价格,维护本行业进出口经营秩序和会员企业的利益;组织会员就国外对本行业商品出口提出的反倾销调查进行应诉;对国外市场进行调研,为企业提供信息服务;参与组织出口商品交易会,组织会员企业出国参展、考察、推销和进行技术交流等。

第四,受政府有关部门的委托开展服务工作。具体为:

(1) 对产品对外投标项目的协调和资格审定;根据协调结果向中国银行、中国进出口银行、中国人民保险公司等提交项目贷款和保险建议函,帮助会员获得国内融资支持。

(2) 在商务部出口商品招标委员会的领导下,组织实施本行业的出口配额招标工作。

(3) 配合海关,做好出口商品审核签章、海关审价商品的核章和审价工作。

(4) 负责广交会行业产品馆的组馆和参展资格审查工作。

(5) 审核特定产品国际招标文件和评标报告，并对有关事宜进行咨询。

(6) 为会员提供商标、专利等知识产权保护方面的咨询、培训服务，受理并调解企业在进出口业务中发生的知识产权纠纷。

拓展资料 5－9：

中国机电产品进出口商会

中国机电产品进出口商会于 1988 年 7 月成立，是由在中华人民共和国境内依法注册、从事机电产品进出口贸易及相关活动的各种经济类型组织自愿联合成立的自律性、全国性行业组织，现有会员 5 090 余家。根据《中华人民共和国对外贸易法》第五十六条规定，商会的宗旨是：协调、指导、咨询、服务。即遵守宪法、法律、法规和国家政策，遵守社会道德风尚；对进出口业务及相关活动进行协调、指导，为会员及其他组织提供咨询、服务；维护正常的对外贸易秩序，保护公平竞争；维护国家利益和会员的合法权益，促进进出口贸易健康发展。

商会的工作原则是：公平、公正、公开，以服务为本、协调为重，想会员企业之所想，急会员企业之所急，努力扩大服务的内涵和外延，以“协商共议、民主参与、民主决策”的机制开展工作。

截至 2003 年 1 月底，中国机电产品进出口商会共有会员 5 090 家。按所有制划分，其中国有企业、集体企业 2 846 家，占会员总数的 55.9%；股份公司、有限公司 1411 家，占会员总数的 27.7%；三资企业 644 家，占会员总数的 11.3%；私营企业 189 家，占会员总数的 3.7%。按企业类型分，外、工贸公司 3 084 家，占会员总数的 60.6%；生产企业 1 980 家，占会员总数的 38.9%；科研院所 26 家，占会员总数的 0.5%。中国机电产品进出口商会集中了本行业经营规模最大和最具代表性的企业。会员的经营范围覆盖了从飞机、汽车、船舶、计算机、通讯设备、音频视频设备、家用电器、仪器仪表、电工产品、机床、工程机械、农业机械，到自行车、轴承、电动工具、电子元器件等各类机械电子商品。在我国 2001 年进出口额最大的 500 家企业中，有我会会员 182 家。中国机电产品进出口商会的会员企业代表了我国机电产品进出口行业的整体实力和水平。

会员代表大会是商会的最高权力机构，理事会是会员代表大会的执行机构，常务理事会在理事会闭会期间行使职权，会长、副会长由理事会选举产生。

资料来源：中国机电产品进出口商会网。

拓展资料 5－10：

中国纺织品进出口商会

中国纺织品进出口商会成立于1988年10月，是由经营纺织品进出口业务的各类企业组成的非盈利法人组织。截至2004年2月，拥有会员4 800余家。中国纺织品进出口商会的宗旨是维护国家利益和会员企业的合法权益、促进和扩大纺织品进出口贸易。其职责可概括为“协调、指导、咨询、服务”，主要业务包括：

(1) 协调并监督纺织品进出口价格，以维护本行业进出口经营秩序和会员企业的利益；

(2) 协助政府主管部门监督和指导会员企业守法经营，制止不正当竞争行为，调解会员企业之间的贸易纠纷，处罚违章会员；

(3) 根据政府主管部门授权，进行纺织品进出口配额招标工作；

(4) 向政府反映会员企业的意见，并为政府制定政策提出建议；

(5) 组织会员就国外对中国纺织品出口提出的反倾销调查进行应诉；

(6) 对国外纺织品市场进行调研，为企业提供信息服务；

(7) 参与组织出口商品交易会，组织会员企业出国参展、考察、推销和进行技术交流等；

(8) 代表本行业参加国际同行业组织、出席有关国际会议，开展与国外同行业组织的交流与合作；中国纺织品进出口商会愿同所有有志于发展中国以及世界纺织品贸易的机构、组织精诚合作，为繁荣我国乃至全球纺织品贸易做出贡献。

资料来源：中国纺织品进出口商会网。

二、对外贸易促进机构

中国国际贸易促进委员会和国际商会及其地方分会、行业分会、支会是我国主要的贸易促进机构，该机构依章程开展对外联系，举办展览，提供信息、咨询服务、进行仲裁等。其与出口业务相关的主要职责与任务如下：

(1) 开展同世界各国、各地区经济贸易界、商协会和其他经贸团体以及有关国际组织的联络与合作，邀请和接待外国经济贸易界人士和代表团来访，组织中国经济贸易、技术代表团、企业家代表团出国访问和考察，参加有关国际组织和它们的活动；负责与外国对口组织在华设立的代表机构以及外国在华设立的商会进行联络；向国外派遣常驻代表或设立代表处；组织、参加或与外国相应机构联合召开有关经济贸易技术合作和法律方面的国际会议。

(2) 赴国外主办中国贸易展览会和参加国际贸易博览会；负责全国赴国外举办经济贸易展览会或参加国际博览会的归口协调及相关的管理、监督工作。

(3) 安排和接待国外来华举办的经济贸易或技术展览会，主办国际专业性或综合性展览会，组织并主办国际博览会；协调国内有关方面接待外国来华经济贸易与技术展览会。

(4) 办理国际经济贸易和海事仲裁事务；出具中国出口商品原产地证明书；受理共同海损和单独海损理算案件；出具人力不可抗拒证明，签发和认证对外贸易和海上货运业务的文件和单证；为到国外从事临时出口活动的公司、企业或个人出具有关单证，并对其提供担保。

(5) 代理中国企业在国外的商标注册和专利申请，办理有关工业产权和知识产权的咨询、争议及技术贸易等业务。

(6) 开展国内外经济调查研究和经济贸易信息的搜集、整理、传递和发布工作，向国内外有关企业和机构提供经济技术合作和贸易方面的信息及咨询服务及国内外公司、企业的资信调查服务；联系、组织中外经贸界的技术交流活动；编辑出版发行对外经济贸易周刊以及其他出版物；组织对外经济贸易洽谈；承办中外经济技术合作项目的评估和可行性研究以及法律咨询、法律顾问工作。

尽管我国有以上各种贸易促进措施，但仍存在许多不足，需要从各方面进行加强(详见专家视点 5－1)。

专家视点 5－1：

我国对外贸易促进政策应有全新改造

新华网北京 2 月 16 日电(记者李道佳　于海)商务部国际贸易经济合作研究院副院长沈丹阳博士近日提出，近年来，贸易保护主义进一步加强，WTO 框架下的贸易摩擦升级。在新形势下，我国需建立全新的既符合世贸组织规则、又符合我国国情的贸易促进体系，以保证对外贸易持续稳定的发展。

沈丹阳说，世界上许多发达国家为维护本国的利益，都灵活运用 WTO 的规则，建立起了符合本国国情的政府对外贸易促进服务系统。通常它们都有强力的促进出口战略，完备的出口促进法律政策，以官方或半官方机构主导，市场化机制运作。此外，西方各国每年均对出口提供数量巨大的财政支持，从支持规模与出口的比例上看，均超过我国现有的支持程度。如瑞士每年用于工业品和农业品市场开拓的预算就高达 4 400 万瑞士法郎(约合人民币 2.2 亿元，2000 年瑞士出口不足我国的 1/3)。

他分析认为，与国际通行做法相比，我国现行贸易促进体系存在着政策内容不全、体制机制不顺、资金来源不稳、促进手段不多等问题，因此，应改变过去较为单纯的“鼓励出口”政策，通盘规划构建“促进出口”政策，以在国际贸易中获取更多的比较利益，更利于国民经济整体发展。

沈丹阳说，剖析目前对外贸易促进体系存在的问题，首先是政策内容尚在建设中，远未形成完整体系；其次，从总体上看，贸易促进体制主体不明、分工不清、效率不高、关系不顺、无法可依，如表面上看从事贸易促进的机构不少，各级外经贸系统、贸促系统以及进出口商会、协会都在开展贸易促进工作，但各自的分工和职能定位不明确，甚至是交叉、混乱的；第三，目前我国政府促进出口的主要资金来源是中央外贸发展基金，其来源是出口商品招标收入，而我国入世后出口商品招标收入已经逐渐减少，到 2005 年此项收入将会枯竭，且基金使用方向大多为无偿使用，自身缺乏循环造血机制，因此中央财政对外贸出口的支持体系也越来越不稳定；此外，政府对外贸出口的促进方式已经落伍，政府对企业的公共信息服务等已远远不能满足企业的需要。

他说，为加强我国贸易促进力度，2003 年商务部已成立了外贸发展事务局。建议这一部门要找准工作定位，除了制定贸易政策、实施宏观管理外，应该更多地转向为企业提供贸易促进服务。他具体建议：目前我国外贸促进的对象应主要是中小企业，因这些企业对增加就业机会、扩大我国出口都将起到十分重要的作用；促进的目标不仅仅是扩大出口，还应促进对那些与我国有长期贸易顺差的发展中国家的进口，这将有利于进一步扩大出口；鉴于近年我国出口持续增长，但出口商品的卖价总体上仍居于较低水平的情况，近期还应把促进企业降低成本、打造品牌、提高卖价，增加经济效益，作为一项非常重要的目标。当前，商务部的贸易促进服务可从出口市场调研、贸易信息服务、向中小企业直接提供开拓国际市场资金援助、开展电子商务促进服务、利用中央外贸发展基金的一部分对企业在国内外举办展览会进行资助等方面着手。

资料来源：新华网 2004.2.16。

第六章　对外贸易价格和对外贸易经济效益

本章目标

1. 了解对外贸易价格的含义。
2. 熟悉进出口商品作价原则。
3. 掌握影响进出口商品价格的因素。
4. 区别对外贸易宏观经济效益与微观经济效益及其指标体系。
5. 了解影响对外贸易宏观经济效益与微观经济效益的因素。
6. 认识提高对外贸易经济效益的途径。

第一节　对外贸易价格

一、国内外市场价格的区别

对外贸易价格即进出口商品价格，包括进口商品的国外价格、国内价格以及出口商品的国内价格、国外价格。国内外市场价格的区别如下：

1. 国内外商品的价值形成基础不同

国内市场商品的价值形成基础是国内社会必要劳动时间，国际市场商品的价值形成基础是世界必要劳动时间。价格的基础是价值，国内市场价格可能高于也可能低于国际市场价格。

2. 国内外商品价格的构成不同

商品价格构成一般包括：生产成本、流通费用、企业利润和国家税金四大要素。国内外商品价格的构成不同主要表现在价格构成中的流通费用和税金上。

国内的商品价格构成比较简单，主要包括生产环节成本、利润、消费税或增值税以及国内流通费用等几项因素。商品一旦进入国际贸易，在国际市场上的商品价格构成则比较复杂，除了包括国内的商品价格构成因素外，还要包括国际贸易中的其他因素，如国际间的运费、包装费、仓储费、保险费、商检费、关税、银行财务管理费、外贸企业代理手续费、中间商的佣金、港务费、各项杂费等，其中，税金、运费、佣金所占比重较大。

此外，国际贸易成交价格的国际惯例、价格术语也与国内市场不同。国际贸易价格术语有 FOB、CFR、CIF、FCA、CPT、CIP 等 13 种，不同的价格术语代表买卖双方承担的责任、费用、手续的不同。

二、国内外市场价格的联系

国内外市场价格不仅有区别，而且也有联系。两种价格联系的密切程度取决于两个市场间联系的密切程度。随着经济全球化、一体化程度的加深，国内外市场价格的联系越来越密切，价格差距也将越来越小。

国内外市场价格之间的联系及联系密切的程度取决于下列因素：

(1) 一个国家生产率与国际平均生产率水平的差异，或者说一个国家国内平均生产费用与国际平均生产费用的差别。一国生产率与国际平均生产率差距越小，则其国内价值与国际价值差别越小。

(2) 一个国家对外开放的程度，其国民经济参与和利用国际分工的程度。一国越开放，其国内价值与国际价值越接近。或说国内外市场自由流动的障碍越小，则国内外价格越接近。

(3) 一个国家国内市场供求变动与国际市场是否一致。国内外市场供求变动一致，则国内外价格的联系越密切，差距将缩小。

(4) 一个国家国内外两个市场间商品自由流动障碍的大小。一个国家越实行贸易自由化的政策，则国内外市场间商品自由流动的障碍越小，且国内外市场价格的差距将越小。

(5) 国内外经济机制的差别。如果国内外市场价格主要由市场机制来调节，那么国内外市场的价格差距将随着一国参与国际化程度的加深而缩小；如果国内市场价格由政府计划制定，则国内外市场价格将失去联系。

三、进出口商品对外作价原则

（一）出口商品对外作价原则

出口商品对外作价要遵循按照国际市场价格作价，结合国别（地区）政策作价以及结合销售意图作价的原则。

按国际市场价格水平作价，主要是参照以输出国为中心的集散地销售价格、以进口国为中心的商品集散地销售价格、输往国或地区的当地市场价格水平作价。国际市场价格的种类有实际成交价格、参考价格。

(1) 实际成交价格。实际成交价格是指国际市场商品交易中有代表性的成交价格，包括交易所价格、拍卖价格、开标价格、一般实际成交价和合同价四种类型。

(2) 参考价格。参考价格并不是具体的成交价，而常常是卖主的要价。属于这类价格的有报纸、杂志、专门通报和出口价目表上公布的批发价或外贸价格。各种期刊或价格表上公布的商品价格变化比较缓慢。实际成交价是以参考价格为基础，通过加价或折扣形成的。根据市场行情变化，它围绕着参考价格上下波动。

要掌握好出口商品价格的制定，必须进行市场调研，弄清国际商品市场价格变化的规律：对现货价格要根据国际生产价格、汇率、供求关系等因素的变化灵活处理；对期货(远期合同)出口商品作价，不仅要研究卖时的国际市场价格，还要研究交货时的价格变动趋势。

结合国别(地区)政策作价是指作价要体现我国的外交政策。过去，为了发展同某些发展中国家的友好关系，国家指定一些外贸企业按比国际市场价格略低的价格出口，解决对方外汇短缺的困难，这种价格许多国家习惯称之为“友好价格”。当前，由于外贸企业实行完全的自负盈亏，这一定价原则主要体现在政府援助和政府交易上，外贸企业则完全按市场作价。

此外，出口商品价格还应体现销售意图，要根据出口商品的不同情况、特点和市场条件等灵活掌握。

(二) 进口商品对外作价原则

按照国际市场价格水平，结合国别政策，结合购进意图，定价时应考虑货比三家，择优购进。

四、进出口商品国内作价原则

出口商品的国内作价原则是以内销价格为基础，同质同价，按质论价。出口商品国内收购价格基本上是随行就市，由买卖双方商定。

进口商品的国内作价原则是按国内同类产品价格作价，国内没有同类产品和没有确定供应价格的，按进口到岸价格(CIF)折合成人民币，然后再加成的办法作价。外贸部门代理进口的商品实行代理作价，也就是承办进口的外贸企业按照货物到岸价格，加上进口关税、国内税(消费税和增值税)、银行管理费和外贸代理手续费的计价办法，向订货部门拨交进口商品，代理价与国内同类商品的价差，由用户自负盈亏，外贸企业只按进口的到岸价格收取一定比例的代理手续费。

外贸代理手续费率一般由外贸企业与订货单位根据不同进口商品的合理经营费用商定。手续费率的构成与水平，双方应在对外成交前在书面协议或合同中明确规定。

在我国进口环节，不管进口企业进口的商品在国外以什么价格成交，缴纳关税的基础是到岸价格，即 CIF 价。据此，进口商品代理价格（如无代理，则扣除代理费）的计算公式：

关税＝到岸价格×关税率

增值税＝（到岸价格＋关税）×增值税率

增值税＝（到岸价格＋关税＋消费税）×增值税率（若同时征消费税时）

消费税＝{[到岸价格×（1＋关税率）]/（1－消费税率）}×消费税率

银行财务费＝到岸价格×银行财务费率（一般 3%～5%）

外贸手续费＝到岸价格×代理手续费率（一般 1.5%～3%）

进口商品代理价格＝到岸价格＋关税＋消费税和增值税＋银行财务费＋外贸代理手续费＋外运劳务费

进口商品国内价格＝到岸价格＋关税＋增值税和消费税＋银行财务费＋外运劳务费

其中，外运劳务费指外运公司办理进口商品国外运输的代办手续费。

订货单位与外贸代理企业结算时，要注意是按人民币结算还是按外币结算。按人民币结算时要将其中按外币计价、计费的项目换算成人民币；按外币结算的，要把国内税等按人民币计算的区分出来。

五、影响进出口商品价格的因素

1. 商品成本

在商品价格构成中，C＋V（固定成本＋可变成本）是制定价格的主要依据和最低经济界限。商品成本对价格的影响是一种内在的影响。一般来讲，促进价格运动的动力一方面来自外部——供求变化影响，另一方面来自内部——成本变化的影响。

2. 供求因素

供求规律在一切由市场调节的商品的价格决定中都起作用，供求弹性也会影响到商品的价格。供求中的垄断因素同样会影响价格，如石油基本垄断供应，主要是石油输出国组织（OPEC），为了维持石油的价格，采用减产的办法提供一定量的石油供应。又如，钢材过剩，日本和西欧采用减产、关厂的办法维持高价。

3. 政策性因素

各国贸易保护主义政策和措施对价格也有影响，如限价、关税、国内税收（增值税、消费税）等措施对价格的影响。

4. 其他因素

（1）交货地点和交货条件。在国际贸易中，由于交货地点和交货条件不同，买卖双方承担的责任、费用和风险也不同，在确定进出口商品价格时，必须首先考虑这一因素。例如，在同一距离内成交的同一商品，按 CIF 条件成交与按 DES（目的港船上交货）条件成交，其价格应当不同。

（2）运输距离。国际商品买卖，一般都要经过长途运输，运输距离的远近关系到运费和保险费的开支，从而影响到商品价格。因此，在确定商品价格时，必须核算运输成本，做好比价工作。

（3）商品的品质和档次。在国际市场上，一般都是按质论价，即优质高价，劣质低价。品质的优劣，包装装潢的好坏，款式的好坏、新旧，商标、牌名的知名度，都影响商品价格。

（4）季节因素。在国际市场上，某些节令性商品，如赶在节令前到货，抢行应市，即能卖上好价。过了节令，商品往往售价很低，甚至以低于成本的“跳楼价”出售。因此，应充分利用节令因素，争取按有利的价格成交。

（5）成交量。按国际贸易的习惯做法，成交量的大小直接影响价格，成交量大，在价格上应予适当优惠，或采用数量折扣办法；反之，成交量小，可适当提价。

（6）支付条件和汇率变动的风险。支付条件是否有利和汇率变动风险的大小，都影响商品的价格。例如，在其他条件相同的情况下，采取预付货款同采取凭信用证付款方式，其价格应有区别。同时，确定商品价格时，一般应采用对自身有利的货币成交。如采用不利货币成交时，应把汇率风险考虑到商品价格中去，即适当提高卖价或降低买价。

除了以上因素外，消费者的民族主义和环保意识也会影响到商品的价格。如日本、韩国的消费者都愿意购买国产货，国产货的价格往往比进口货贵，这就是他们爱国主义、民族主义的体现，当然这也与这些国家的生产者精益求精的职业精神密切相关。例子见拓展资料 6－1。

拓展资料 6－1：

由中国大葱与日本电器看中日发展差异

我们这一代中国人，家庭里电器的脱胎换骨，最初都是在日本产品的笼罩下。记得 20 世纪 80 年代初期，从日本访问回来的亲戚送给我一部很小巧的日本索尼录音机学英语用，那是我平生第一次接触日本电器产品，此前就见过别致的日本尖头筷子。那精制的“日本制造”给我留下深刻的印象，因为当时中国国产的录音机黑呼呼的，有砖头那么大。我家里使用的第一台电视机、冰箱、录像机、数码相机、笔记本电脑等，几乎都是日本的产品。我儿子玩的电子宠物和电子游戏还是日本的。松下、索尼、东芝、三菱等日本株式会社，都是中国新一代耳熟能详的名字。日本电器的性能、质量、精巧和使用方便程度，是很多其他国家的电器都无法比拟的。

中日之间人员和贸易的往来越来越多了，我很想知道在日本人的脑海里，印象最深的中国产品是什么？当我就此问题询问熟悉的日本朋友时，他的回答简短而使我愕然："中国大葱"。我问为什么，他说中国的大葱不太辣并带甜味，做菜香，白色的葱颈很长，而且很便宜。我说还有什么？他说大概还有布制玩具，听朋友介绍过，但自己没有买过。我听后默然，心想中国的大葱和日本的电器，这大概就是中日之间在经济技术上的实际差距，比我预想的要大得多。

但我不理解的是，为什么中国的味道很好的大葱在日本市场上卖的比日本大葱要便宜很多。据说，出口日本的大葱，在山东每公斤的收购价是 14 日元(约 1 元人民币)，是中国国内市场价格的 2 倍。经过包装、运输、销售，在日本批发价已提升到 103 日元，可是，仍比日本国产大葱的 200 日元便宜得多。不仅中国大葱价格是日本国产的半价，中国鲜香菇价格更是日本国产的 1/3。

中国产品在国际市场上价格偏低的现象一直存在，有的说是因为中国人自己的恶性竞争。在贸易会上，同样的中国产品，为了出口创汇，这家卖 1 元，那家就降到 1 角。更经典奇特的例子是，中国的外贸官员去美国，发现那里出售的经我国香港转销的中国雨伞，比中国国内还便宜，都快成了一次性雨伞了，但回来后一查，商家回答说这项贸易中中国商家、香港商家和美国商家都赚了。即便有出口退税，按说也不会出现这种违背经济常理的现象。这里如果不是存在虚报出口数量骗税等猫腻的存在，就是因为当年货币汇率官价市价的差异或外币供给的短缺。

像大葱这样的中国产品，价格便宜自然与中国劳动力成本和生产成本低廉有关，但消费者的市场选择，考虑的都是产品性价比，不会去考虑和计算产品的生产成本。中国的大葱质良价廉，而且包装都是按日本批发商的要求特制的，在这种情况下，日本的高价大葱还能卖得出去，肯定有其他的心理因素在影响价格，这就是产品信誉，或者说对"日本制造"的国民信任。比如说日本消费者会认为，日本的大葱虽然比较贵一些，但属于绿色产品，而中国的大葱保不准会使用化肥、农药和污染的水。

我到日本访问，发现有件事日本与中国截然不同。在中国国内，进口货都是贵的，国产货都是便宜的。而在日本，一般进口货都是便宜的，国产的都是贵的。日本自己制造汽车电器，这类东西几乎不需进口，但是由于国土狭小，除了米能自给自足外，几乎所有蔬菜水果以及肉类都要大量从中国、菲律宾、美国、韩国、墨西哥、印尼、新西兰等国进口，其中中国货种类最多，价格也最便宜。日本的国产牛肉价格比进口牛肉高好几倍。超市里的日本产食品，都印有"国产"的字样。而在中国，情况正相反，一般都是进口货贵，国产的便宜。进口货在中国几乎就是高档商品的代名词，市场上存在的大量"水货"，都是国产商品假冒外国名牌。

中国的出口能力的确在增强。在日本的日用品市场上，到处都能看到来自中国的商品。从服装、鞋帽、箱包到不锈钢制品和玩具，日本市场上的中国商品有直逼韩国商品的趋势。日本家庭主妇的消费观念，也在发生变化，十几年前使用中国商品，那是生活档次低的表现，现在已经完全不同了。

不过我还是搞不懂，中国已经有那么多外汇储备，2003年达到了4000多亿美元，仅2003年一年，就增加了1000多亿美元的外汇储备，国际上还在施压让人民币升值，外汇的储蓄利率又那么低，大量的外国热钱都往中国跑，中国的一些商品还不计成本的"出口创汇"干嘛？例如在日本的百元店(类似美国的1美元商店)，从中国进口的一次性木筷，100日元一大袋，发达国家都立法禁止采伐自己的树木，中国森林覆盖率那么低，仍然在采伐树木制成这种极廉价商品出口换汇，真不知怎么进行的经济社会核算。有些日本人甚至嘲讽地说，买中国的一次性筷子当原料制造成高档纸张再卖到中国去都能赚钱的，因为原料好。

不过不服也不行，日本的产品不仅质量好，经久耐用，工艺精湛，而且制造商肯动脑子，在产品的每一个细节上都充分地为消费者考虑。"日本制造"就是一个品牌、一种商标，一种具有高额收益的无形资产和知识产权。中国人总以为自己只是在电脑芯片之类的尖端技术上不行，实际上在精益求精的职业精神上就有差距。我在德国巴伐利亚州看到众多小企业生产的包括刀叉餐具在内的五金制品行销世界，你说那刀叉有多少尖端技术，但人家追求的就是一点一滴上的绝活。中国高档装修市场上的卫生陶瓷洁具需求量那么大，但高档的宾馆和家庭装修用的卫生陶瓷洁具却都是美国公司的American Standard系列产品和日本公司的Toto系列产品。你说这卫生陶瓷洁具还能比卫星上天的技术高。何况中国还是号称有几千年制作历史的陶瓷大国，China在英文里的意思就是"瓷器"。可中国制造的卫生陶瓷洁具，用不了多长时间就会出现跑冒滴漏，你让消费者怎么办？

日本制造商为消费者着想是很用心的，一个简单的方便面发明的过程就很能说明问题。1958年，"方便面之父"、现年90多岁的日本日清食品株式会社社长安藤百福先生当时已经48岁，他在上下班的路上看到人们排队等着吃热面条，就决心发明一种方便的面条食品。他买来一台轧面机，反复试验，几经失败，最后发明了现在这种"方便面"。小小的方便面可能没有多少技术含量，但代表了一种方便消费者的职业精神。如今全球方便面年销量达到400亿份以上，方便面在日本被评为20世纪日本十大名牌产品之首。日本日清公司如今也已经发展成为一家国际知名的综合性食品企业集团，集团在日本以外拥有25个子公司或生产基地，2000年度日清集团全球净销售额达到3000亿日元(约为28亿美元)。

中国的制造商可能至今也没有真正理解，制造品牌蕴含的巨大差距，并不是单纯的技术问题，而是中国为这种差距付出的巨大代价。全世界的耐克运动鞋几乎都是美国品牌的贴牌产品，70%都是在中国生产的，一双耐克鞋在美国卖大约160美元，但中国的制造商每双鞋只有3～4美元的赢利，还乐得屁颠；温州的打火机卖给韩国客商是9元人民币，而他们打上自己的品牌却卖280元人民币；美国市场上出售的“中国制造”芭比娃娃价格是10美元，但中国的到岸批发价格却只有2美元，扣除1美元的管理费、运输费和0.65美元的材料费，最后只剩下0.35美元，那里面还要包括企业老板的利润和中国民工的血汗钱。当然如果价格低还有钱赚，那也是市场竞争优势，美国比中国大豆产油率更高的大豆，到达中国口岸的价格也还比中国的东北大豆价格低。但问题是，如果不真正理解中国大葱与日本电器差距的意义，“中国制造”就很难超越自己。

中日之间的发展水平，至少还有半个多世纪的差距。2000年中国人均GDP为855美元，只相当于日本1964年的水平；中国城市居民的恩格尔系数39.2，接近日本1960年38.8的水平；中国平均预期寿命、婴儿死亡率分别与日本1965年、1960年的水平一致。虽然中国经济发展存在着巨大的地区差距，从而拉低了全国整体的平均值，但即便是在高楼大厦鳞次栉比的上海，5 000美元左右的人均GDP，也仅相当于日本20世纪70年代后期的全国平均水平。

二战后日本已经被炸成一片焦土，当时日本的人均GDP与刚解放时的中国大致相等，但半个多世纪后的今天，中国的人均GDP只是日本的三十几分之一。即便用日本1955—1973年近20年的发展与中国1978年改革开放后的20余年比较，也会看到，1955年人均GDP与1978年中国相当的日本，在经过不到20年后人均GDP就达到4 000多美元，而中国经历1978—2001年长达23年的经济快速发展，2001年人均GDP还不到1 000美元。这种经济同样快速增长下显示的巨大发展差距，说明人口增长约束条件对发展的巨大影响。所以，中国还是要扎扎实实地做些事情，不要外国人一说什么“中国世纪的到来”，自己就当真地飘飘然起来，也跟着说些不着边际的“超越”大话。

资料来源：搜狐财经2004.7.6，李培林

第二节　对外贸易经济效益的考核指标

经济效益即投入与产出之比，是人们取得的劳动成果与所消耗的劳动之间的比例关系。

对外贸易经济效益是指在一定时期内投入对外贸易领域的劳动和由此取得的成果之比。投入越少，产出越多，经济效益就越好；投入越多，产出越少，经济效益就越差。

从不同的经济层次考察，对外贸易经济效益包括对外贸易微观经济效益（又称对外贸易企业经济效益）和对外贸易宏观经济效益（又称对外贸易社会经济效益）。

一、对外贸易微观经济效益

对外贸易微观经济效益是指通过对外贸易活动，对外贸易企业本身及各供货生产单位的具体效益。在出口贸易中，体现为外贸公司通过从供货部门收购出口货源，将货物销售到国际市场而获得外汇收入与出口成本之差额；进口贸易中则是外贸公司从国外市场购入国内需要的商品，卖给国内用货部门及消费者，从中获得国内销售总收入与进口成本之差额。因此，对于外贸企业来说，微观经济效益就是实实在在的盈亏。对外贸易微观经济效益的考核指标主要有以下几种：

（一）出口贸易盈亏核算

关系到出口贸易盈亏的因素主要有人民币出口成本、出口销售收入、外汇出口成本、出口盈亏额与出口盈亏率。

1. 人民币出口成本

人民币出口成本是指外贸公司从生产或供货单位购进货物的价格（即进货价款），加上把出口货物运至口岸，加工、整理、包装，直至交到装船码头所需的一切费用。如果出口企业完成出口后从财政部门得到出口退税，企业还可在出口总成本中将这部分已经到位的税金减去。公式为：

人民币出口总成本＝进货价款＋国内运费＋加工整理费＋商品损耗费＋经营管理费＋税金－出口退税

在有配额并采用外贸代理的条件下，出口总成本的公式为：

出口商品总成本＝G＋Quota＋A＋F1＋(I＋F)×Rate－V

其中：G 表示出口货物的出厂价或出库价；Quota 为出口配额价；A 为外贸公司的出口代理费；F1 是工厂（仓库）到港口或机场的运费；Rate 是外汇汇率；I 是海运或空运的保险费；F 是海运、空运费；V 为出口退税额。

［例 6－1］　假设有一批出口美国的服装，出厂价为 48 万元人民币，出口配额总价为 1.8 万美元，外贸公司的代理费率为 2%，工厂运到装运港口的运输费为 1 200 元人民币，海运保险费为 118 美元，海运费为 3 500 美元，出口退税额为 69 743.59 元人民币。

出口商品总成本＝G＋Quota＋F1＋(I＋F)×Rate＋A－V
＝480 000＋18 000×8.28＋1 200＋(118＋3 500)×8.28＋13 204－69 743.59
＝603 657.41（元人民币）

注：外贸公司代理费的计算，是以出口合同的合同总价（即 G＋Quota＋F1＋(I＋F)×Rate）为依据，再乘以代理费率而得。出口退税额的计算方法是：退税额＝销售金额（增值税发票上）×出口商品退税率＝出厂价/(1＋0.17)×退税率。国

家规定各类出口商品的退税率不同，本例中的服装退税率为 17%。外汇汇率设为 1 美元等于 8.28 人民币。

2. 出口销售收入

出口销售收入是指出口外汇净收入，即出口商品的销货价款以外币计算的收入，此处，“净”指的是出口合同中外商支付的全部货款，扣除各项业务环节中应支付的外汇，如国外运费、涉外保险费、支付中间商的佣金及应付的外汇理赔等后的余额。公式为：

出口外汇净收入＝FOB 价格

3. 出口换汇成本

这是衡量出口贸易经济效益的重要指标。它是指商品出口中，用多少人民币可以换回一个单位外币的比例数。换汇成本越高，表明其经济效益越差；换汇成本越低，表明其经济效益越好。由于国际贸易中约有 60%以上的交易是以美元来结算的，所以我国各外贸企业在计算出口换汇成本时多以美元为计量单位，即每出口换汇 1 美元，需用多少人民币成本。公式为：

出口换汇成本＝出口成本费(人民币)/出口外汇净收入(外币)

[例 6－2]　某商品国内进价为人民币 7 270 元，加工费 900 元，流通费 700 元，税金 30 元，出口销售外汇净收入为 1 100 美元，则：出口总成本＝7 270＋900＋700＋30＝8 900(元人民币)；换汇成本＝8 900 元人民币/1 100 美元≈8 元人民币/美元

为降低出口换汇成本而提高经济效益，我们应努力提高外汇净收入，增加单位产品售价，减少事故及理赔；或减少出口总成本，降低进货价款，减少行政费用开支，减少商品损失，减少银行贷款而支付的利息，减少运费及仓储费，都是降低出口换汇成本的有效方法。

4. 出口盈亏额

这是出口贸易经济效益的重要指标之一，即出口企业每经营一笔出口业务时按人民币计算的出口销售收入减去人民币出口成本之差额，正为盈利，负为亏损。公式为：

出口盈亏额＝出口外汇净收入×人民币牌价－人民币出口成本

5. 出口盈亏率

出口盈亏率是指一种商品在出口贸易中盈亏的比率，即盈亏的程度。它是比较各出口商品盈亏状况的主要指标。公式为：

出口盈亏率＝出口盈亏额/出口成本×100%。

(二) 进口贸易盈亏核算

关系进口商品盈亏核算的因素有：进口成本、进口销售收入、进口盈亏额、进口盈亏率和进口美元赔赚额。

1. 进口成本

进口成本是指外贸公司从国外市场购入的商品运抵到国内经销部门或最终消费者时的全部支出与费用。在计量上进口成本可分为外汇部分和人民币部分，但最后统计时应一律折合成人民币。外汇支出部分一般包括：国外市场的购货成本、在离岸价格条件下支付的国际运费和保险费、支付给外商的折扣或佣金、理赔费用，及出国考察、谈判所需支付的差旅费、交际费等；人民币支出部分一般包括：关税及海关代征的其他捐税、国内运费、国内加工整理费、企业经营管理费、银行贷款利息及职工工资奖金等。公式为：

进口成本＝按人民币折算的进口外汇支出＋各种流通费用（进口环节的税费、国内运费、加工整理、经营管理费、职工工资奖金等人民币支出）

2. 进口销售收入

进口销售收入即进口商品在国内销售后的净收入，也就是拨交给国内有关部门的销售合同中的全部收入扣除商品损耗部分、仓储及国内运费等后的余额。

3. 进口盈亏额

进口盈亏额是核算进口贸易经济效益的重要指标之一，即进口销售收入减去进口成本的差额，计算所得若是正数为盈利，若是负数为亏损。公式为：

进口盈亏额＝进口销售收入－进口成本

4. 进口盈亏率

进口盈亏率是指某种商品在进口贸易中盈亏的比率，即进口盈亏的程度。进口盈亏率是比较各种进口商品盈亏状况的主要指标。公式为：

进口盈亏率＝进口盈亏额/进口成本（人民币）×100％

5. 进口美元赔赚额

这是表示某种进口商品在进口业务中每支付1单位美元在经济效益上的赔赚状况。公式为：

进口美元赔赚额＝进口盈亏额（人民币）/进口支付美元数

进口美元赔赚额的形式与出口换汇成本有些相似，但其代表的意义不同。出口换汇成本是通过出口使用多少人民币可以换得1美元；而进口美元赔赚额则是使用1美元通过进口可以赚得多少人民币或亏损多少人民币。

（三）各种灵活贸易方式下的经济效益核算

1. 补偿贸易的经济效益指标

补偿贸易是用产品来支付购入机械设备及先进技术的一种贸易方式。偿还期长短是在补偿贸易可行性研究中决定是否签约的重要前提条件之一。如果产品出口多、收汇多，偿还期则短；出口少、收汇少，则偿还期要长一些。公式为：

偿还期＝支出外汇总额/（年收入外汇－生产成本外汇）

支出外汇总额是应补偿的外汇总额，一般包括设备、技术价款，或可能有的利息和各种服务费用。年收入外汇是交付的直接产品或间接产品的销售收入。

2. 加工贸易的经济效益指标

加工贸易包括进料加工与来料加工。进料加工又称以进养出，是一国进口原材料加工产品再出口的灵活贸易方式。判断进料加工经济效益的主要考核指标是外汇增值比率，即该国出口收汇与原材料进口用汇之差额与原材料进口用汇之比率。一般地，这个比值至少要在30%以上才算达到可以经营的效益指标。外汇增值比率公式为：

外汇增值比率=(出口收汇额-进口用汇额)/进口用汇额×100%

在来料加工或来件装配中，如果工缴费收入过低，则失去加工贸易的意义。因此在接受来料加工时，应首先计算加工盈亏。公式：

加工盈亏=加工收入-加工成本

这里，加工成本包括：工资、生产费用、折扣、税收以及能认清分摊的煤、水、电消耗。为了观察加工贸易的盈亏程度，加工企业还可使用下列公式计算加工盈亏率，但币值应一致。

加工盈亏率=(加工收入×汇率-加工成本)/加工成本×100%

二、对外贸易宏观经济效益

对外贸易宏观经济效益是指对外贸易活动给整个国民经济带来的效益，也称对外贸易社会效益。对外贸易宏观经济效益体现在：通过对外贸易，促使国民经济在较高水平上达到综合平衡，从而获得较快的发展速度和良好的经济效益；通过对外贸易提高本国科学技术和生产技术水平，从而提高劳动生产率，促进生产力的提高与自力更生能力的增强；通过对外贸易，直接、间接地改善人民生活，以及增加国内就业与产品出口、增加国民收入等。评价外贸宏观经济效益的指标主要有：

1. 进出口贸易额的总额指标

指在一定时期内全国的进出口实绩，反映全国对外贸易的规模(见拓展资料6-2)。该指标由海关统计。在贸易总额中还可通过贸易差额观察我国贸易平衡的状况，以及某些主要商品净出口与净进口的状况。另外也可用“对外贸易量”来真实反映我国进出口规模，即以不变价值为基础(剔除价格变动因素)来统计各个时期的进出口贸易值。

拓展资料6-2：

WTO报告显示：2005年我国货物进出口贸易额列世界第三

2006年4月13日，WTO发布了2005年世界贸易报告，2005年，我国货物进出口贸易额排名世界第三位。

一、我国货物贸易占比提高

2005年我国货物进出口额、出口额和进口额世界排名均为第三(进出口总额14 221亿美元、出口额7 620亿美元、进口额6 601亿美元),继续保持2004年的位次。我国占世界贸易的比重有所上升,出口比重由2004年的6.5%上升到7.3%,增加了0.8个百分点;进口比重由5.9%上升到6.1%,增加0.2个百分点。

二、我国服务贸易排名上升1位

2005年,我国服务贸易出口世界排名列第8位,进口第7位,位次均比2004年上升1位。服务贸易出口812亿美元,进口853亿美元,分别占世界的3.4%和3.6%;逆差41亿美元,比2004年减少57.1%。

三、世界贸易总体情况

2005年,世界货物出口、进口值均首次突破10万亿美元,其中出口总值为103 931亿美元,进口总值107 531亿美元,均增长13%;服务贸易出口总值24 150亿美元,进口总值23 600亿美元,均增长11%。

资料来源:商务部网站,2006.04.14。

2. 全国平均出口换汇成本指标

全国平均出口换汇成本指标指全国出口总成本与出口外汇总收入之比,公式为:

全国平均出口换汇成本＝全国出口总成本(人民币)/全国出口外汇总收入(美元)

全国出口总成本是指全国出口商品外贸进货成本总额加上全国外贸出口流通费用总额;全国外汇净收入是指全国出口外汇总收入减去全国出口商品国外流通费用后的余额。该指标从全国角度反映了每收入一个单位外币所耗费的人民币数量。随着出口经营的广泛放开,这一指标统计起来将日益困难。

3. 资金利润率指标

资金利润率指在一定时期内,整个外贸行业的进出口盈利额与所占用的全部资金之间的比率。公式为:

行业资金利润率＝行业进出口盈利额/行业资金占用额×100%

行业是针对全国所有外贸企业而言,行业资金占用额为全国外贸行业流动资金和固定资金平均占用额,该指标主要反映整个外贸行业运用资金的水平,它可以用来与国内商业、工业等其他部门的资金利润率相比,以促进外贸行业资金利润率和外贸经济效益的提高。

4. 进出口贸易税利指标

进出口贸易税利指标指在一定时期内通过进出口贸易活动给国家带来的税收和利润,反映外贸对整个国民经济带来的财政收入。这里税收包含两方面:一是进出口环节海关征收的税费；二是在进出口贸易中税务部门征收的国内税，在组织出口商品货源工作中，国内大量生产单位在生产中向国家缴纳的税收及利润，也是宏观经济效益的重要组成部分。目前，我国的海关税收是中央财政收入的重要来源，占中央本级财政的三分之一左右。见拓展资料 6－3。

拓展资料 6－3：

2005 年中国海关税收达 5 278 亿元　比上年增长 11％

中国海关总署 11 日发布消息说，2005 年中国海关征收关税和进口环节税总额达到 5 278 亿元，比 2004 年多收 534 亿元，增长 11％。

近年来，中国海关不断创新税收征管职能的实现方式，海关税收连年增长，其中，2003、2004 年连续两年增收超千亿元，2005 年海关税收也圆满完成全年 5 207 亿元的税收计划，并超收 71 亿元。

据介绍，虽然 2004 年中国经济运行全年保持良好态势，但受宏观调控、人民币升值预期、国家出口退税政策调整和国内进口替代等因素的影响，一般贸易进口增长乏力，海关税收进度一度存在较大缺口。

为此，中国海关通过深化通关改革，加大科技投入，对进出口货物的监管力度进一步加大，适时组织打击价格、归类、原产地瞒骗走私的专项斗争和联合行动，在海关内部和外部形成多部门的协调配合机制，确保海关税收应收尽收。

资料来源：新华网 2006－01－11 16:50:59。

5. 进出口商品比价指标

进出口商品比价指标又称进出口商品价格比率或贸易条件，是指在一定时期内进出口商品价格指数之比，公式为：

进出口商品比价＝出口商品平均价格指数/进口商品平均价格指数×100％

为统计这个价格比率，一般要确定几十种主要的进口商品与出口商品，再确定以某一年平均价格为基期(即该年价格为 100)。在某报告期，如果其出口商品价格指数增长幅度高于进口商品价格指数增长幅度，那么该国贸易条件应该是良好，或称贸易条件改善，反之则称贸易条件恶化。比如，对作为石油进口国的我国而言，石油价格(进口价格)的上涨，意味着贸易条件的恶化乃至国民实际收入的下降；相反，石油价格下降，则意味着贸易条件的改善乃至国民实际收入的增加。前者可以理解为收入由我国向产油国转移，而后者则是收入从产油国向我国转移。

在我国，一直存在着贸易条件恶化的问题，即使是人民币升值以后，贸易条件恶化的问题仍然存在，这对我国的经济发展是很不利的。参见拓展资料 6－4、6－5。

拓展资料 6-4：

从贸易条件恶化看人民币升值压力

目前人民币短期升值压力挥之不去的根本原因在于中国的外汇制度，尤其是资本项目的严格管制，使国内资本无法找到合理的投资渠道。同时，随着中国经济的开放（进出口总额占 GDP 的 70%以上），热钱可以轻易地以贸易形式流入境内，进一步加大了人民币升值压力。

外贸盈余的确造成了对人民币的净需求和美元的净供给。但外贸盈余只是国内储蓄过高的一个必然结果，与汇率没有直接关系。因此，目前贸易顺差迅速扩大形成的人民币升值压力被夸大了。

这种被夸大的现象，同时也反映了中国贸易条件的恶化（即出口产品价格指数除以进口产品指数，这个比例从一个角度衡量了一国产品的竞争力）。从 2005 年 1 月到 11 月，中国的贸易条件降低了 15%；而且，2005 年 7 月人民币升值后，贸易条件下降的趋势并未缓解。

对此，人们首先想到的就是原油、铁矿石等原材料需求过热造成的进口价格攀升、下游企业利润受压的窘境。但如果原材料价格大涨是贸易条件恶化的主要原因，我们应该会在依赖原材料进口的国家或地区看到类似现象。

然而，亚洲绝大多数国家与地区并没有出现类似的恶化。日本的贸易条件反而出现了明显的改善。当然，日本在十年衰退后，经济复苏加快，公司利润上升，日经指数大幅反弹，这些都是促使其贸易条件改善的因素。但值得指出的是，在美国利率与国际利率差距加大的影响下，日元在 2005 年对美元轻微贬值。这无疑增加了日本的进口成本，但日本的贸易条件却明显改善。

为什么中国在全年贸易顺差翻了 3 倍的情况下贸易条件反而在恶化呢？人民币的升值（2005 年人民币对欧洲货币及日元的升值在 10%以上）从理论上应该降低进口价格，为什么却未能减缓贸易条件的恶化呢？

主要原因在于，很多企业在国内竞争加剧、产出过剩的大环境下，被迫在海外市场大甩卖，这种情况在汽车、手机和钢铁等行业尤为明显。正是这种大甩卖，造成了中国在人民币温和升值的环境下贸易条件却显著恶化。

贸易条件的恶化说明，贸易余额激增的根本原因不是人民币太便宜，而是内需不足。目前，政策导向已进一步向刺激内需尤其是刺激消费倾斜。在刺激内需时，采取过紧的货币政策（加息或人民币过度升值）显然不妥。因此，假若人民币不得不升值，最好是维持名义汇率不变，通过轻微通胀来实现汇率的实际升值。

资料来源：《财经》杂志. 2006.01.09，许思涛。

第三节　对外贸易经济效益分析

影响对外贸易经济效益的因素也应从宏观和微观两个层面来分析。

一、影响外贸社会(宏观)经济效益的主要因素

1. 一国劳动生产率状况

一国劳动生产率的平均水平,决定了该国大部分商品的社会必要劳动量水平,进而决定了该国大部分商品的国内价值量水平。国际价值是由世界必要劳动量决定的,后者又是由世界平均生产率水平决定的。一国劳动生产率与世界平均劳动生产率水平差异程度和方向,决定着国内价值和国际价值差异的程度和方向,进而决定了获得对外贸易经济效益的量和层次。

若本国劳动生产率水平大大高于世界平均水平,则该国绝大部分商品的国内价值低于同类商品的国际价值。在以国际价值为基础的对外交换中,该国以高于国内价值的国际价值输出商品,以低于国内价值的国际价值购买某些商品,从而取得外贸经济效益。这是凭借劳动生产率水平的绝对优势获得的。

若一国劳动生产率水平低于世界平均水平,该国进行对外交换只能输出国内价值高于国际价值程度较小的商品,输入国内价值高于国际价值程度较大的商品,从而实现社会劳动的节约,这是利用绝对劣势中的相对优势。

2. 进出口商品结构

劳动生产率的双重差异——“内差异”和“外差异”使出口商品结构极大地影响输出的国内价值量以及该国内价值量在国际市场上得到承认的程度。此外,进出口商品结构对外贸的社会效益有着更深的影响。如:理想的贸易格局应是出口长线产品,进口短线产品,通过外贸促进宏观经济平衡。若情况正好相反,将对国内社会再生产的顺利进行产生不良影响,可能使社会效益出现负值。

3. 货币因素

对外贸易中通常要使用两种或两种以上的货币计价,其中必涉及汇率,而汇率的波动会影响对外交换产生的价值增值,从而影响对外贸易经济效益。

4. 市场机制

高水平的外贸经济效益的实现必须有健全的市场机制作保证。若市场机制不健全甚至缺乏必要的要素市场,通过外贸活动最终实现的社会劳动的节约就得不到正确的表现,从而使促进外贸经济效益提高的经济驱动力无从发挥。

二、影响外贸企业(微观)经济效益的主要因素

一般认为，影响对外贸易盈亏的因素有政策性因素、体制性因素、结构性因素、生产性因素和经营性因素等。

1. 政策性因素

外贸盈亏受政策影响很大，主要有汇率政策、税收政策、价格政策、信贷政策以及国别地区政策等。

(1) 汇率政策。是影响我国对外贸易盈亏的主要因素。一国本币高估，将影响出口效益而使进口盈利；一国本币贬值，则会提高出口效益而抑制进口。

(2) 税收政策。国家税收政策的变化直接影响外贸企业的盈亏与经济效益。如出口退税政策、关税政策(进口关税下调)、普惠制待遇对进出口效益的影响等。

(3) 价格政策。在计划经济体制下，我国外贸价格实行"内外有别、分别作价"的原则，使国内外差价(高价进口、低价拨交)很大，成为影响外贸盈亏的主要因素。在市场经济下，价格由市场自发调节，价格对外贸效益的影响表现为进出口成本与进出口收入的比较。

(4) 信贷政策。表现在银行贷款利率对外贸企业效益的影响，若给予外贸企业优惠贷款利率，则外贸企业贷款利息成本降低，出口换汇成本相应降低。

(5) 国别(地区)政策。长期以来，我国实行外贸服从外交、外贸配合外交的国别(地区)政策，国家对某些友好国家在外贸价格上给予适当的照顾，使其可用较低的价格购买我国的出口商品，用较高的价格向我国出口商品，这从外贸盈亏角度来看显然是不利的。近年来我国实行自负盈亏政策以后，企业自主确定进出口商品价格，贯彻国别地区政策主要通过国家对外援助的形式予以体现。

2. 体制性因素

包括财政体制、经营体制、金融体制、国有资产管理体制对外贸企业经济效益的影响。

(1) 财政体制。过去我国实行中央、地方两级财政管理体制，外贸系统属中央财政体系，而供货单位属地方财政体系，地方政府为保护地方财政收入，支持地方生产企业为获得高额利润而高价卖给外贸企业，因为企业获利、地方受益，而外贸亏损由中央报销，于是外贸企业总是亏损。现在外贸企业盈亏归地方后，情况大为改善。

(2) 经营体制。自负盈亏的经营体制从根本上解决了外贸亏损问题。

(3) 金融体制。近年来国家金融体制实施改革，中央成立进出口银行，对机电产品出口提供出口信贷，对发展出口的企业提供优惠贷款，对出口提供风险担保，从而提高了外贸企业的经济效益。

(4) 国有资产管理体制。国有外贸企业改制成规范的有限责任公司与股份责任公司,从而成为有凝聚力的,走实业化、集团化、国际化的市场经营者,提高了企业经济效益。

3. 结构性因素

指进出口商品结构的状况与变化直接影响企业的经济效益。出口中低档商品与高档商品,附加价值低的商品与附加价值高的商品,简单初级产品与工业制成品,价格上涨幅度小的商品与价格上涨幅度大的商品,显然有明显的不同。

4. 生产性因素

出口企业的生产技术条件和劳动生产效率状况对外贸盈亏有影响。尽管我国劳动力成本较低,但劳动生产率的低下却往往抵消了工资水平的优势。

5. 经营性因素

外贸企业经营管理水平直接影响对外贸易的盈亏,如外销员对国际市场行情的了解,对客户资信的调查直接影响企业经济效益。

第四节 提高对外贸易经济效益的途径

一、提高外贸社会经济效益的途径

(1) 认真转变观念,从思想上适应建立社会主义市场经济体制和实行两个根本性转变的要求。

(2) 进一步实施"大经贸"战略,推动我国对外经贸事业持续、快速、健康地发展。

(3) 认真贯彻"积极、合理、有效"地利用外资的方针,提高利用外资的质量和水平。

(4) 大力贯彻科技兴贸战略和以质取胜战略,优化出口商品结构(参见拓展资料 6-5)。

(5) 适应社会主义市场经济的要求,深化对外经贸体制改革。

拓展资料 6-5:

企业外贸经营如何左右逢源

近年来,我国广大企业对出口产品的升级换代抓得不少,但不少产品仍处于"产什么卖什么"的阶段,未能形成"人家需要什么我们产什么"的新竞争机制。以这样的产品结构去进行国际市场营销,显然是难有作为的。鉴此,调整结构应注意以培育外贸竞争优势为出发点来进行。外贸生产经营企业,都要强化经营国际化的意识，自觉主动地抓好出口产品结构的调整工作，尤其要从充分发挥我国广大企业的生产技术优势和潜力出发，大力增加机电产品、轻工、工艺、服装、加工食品、建筑材料、内装修材料等深加工制成品和创汇农业产品的出口，积极提高成品尤其是深加工产品、最终产品以及高新技术产品的出口比重，并提高出口商品质量，在提高产品档次和出口创汇率上下功夫。只有这样，才能进一步优化我国出口产品的结构，并在实现培育优势的目标上得以实现。

1. 多品竞争与名牌制胜的渐次推进

我国出口产品品种多，是外贸多年持续发展的一大保障。今后，仍要实施多品种出口策略。但与此同时，不能忘了名牌制胜这一商战根本。纵观世界上很多知名度很高的公司，都很重视品牌创立，如可口可乐、皮尔·卡丹、奔驰、索尼等国际名牌产品，在外贸竞争中一直叱咤风云，销售量很大，面对众多竞争对手，国际市场占有率非但没有下降，反而日益上升。

我国海尔公司近年来在以品牌制胜国际市场竞争中，也进行了成功的实践。广大企业应洞悉个中奥秘，在继续进行多品种竞争的同时，坚持把品牌制胜作为企业扩大出口的一个重要战略来实施，通过扎实有效的努力，使自己的品牌叫响全世界。那时，何愁扩大出口的外贸目标不能顺利实现？

2. 市场策略与人口研究的综合权衡

我国企业在发展国际化经营中，对市场策略的研究一般都是比较重视的。但是，在划分市场时，往往只是按地理位置划分，而对人口因素却每每掉以轻心，致使许多产品与不断变化的国际市场需求不对路。

应当看到，国际市场行情与国内市场一样，取决于消费者消费结构、人口结构的变化，流向的改变，等等。如果只重视消费者当前的消费取向，看不到消费市场因人口结构变化将会产生的行情变化，对即将到来的新消费需求就无法进行先期准备，最终因产品不适应需求而失去本可获得的市场。如经济发达国家大批妇女就业，需要洗衣机、干洗机等省时服务产品；人口平均年龄偏轻的墨西哥、巴西等拉美国家，消费者比较喜欢购买汽车等耐用品和服装类消费品；发达国家人口寿命长，老年人数不断上升，对保健品需求量越来越大；非洲不少国家人口正从农村流向城市，他们需要建筑、交通、机器、服务等方面产品……凡此等等，都可看出，人口与市场的关系十分密切。广大外贸企业要充分认识人口与国际贸易密切相联的关系，自觉把加强国际人口研究当作搞活外贸营销的重要经营战略来抓，通过多种渠道，搜集各国人口结构状况、公布情况以及动态流向等信息，并据此分析出与人口相联系的国外产品销售行情，进行市场导向下的以销定产，确保自己的外贸产品投向准，销路好。

3. 分层开拓与总体推进的循序发展

对外贸易的对象是不同国家的不同消费者，而这些消费者，不但经济收入具有多层次性，消费习惯、消费欲望、消费趋向也呈现多样性，一样具有不同层次。如国际市场可分为高消费国家市场、一般消费国家市场、低消费国家市场；一个国家的市场又可分为开放式大城市市场、中小城市市场、农村市场、边远偏僻山区市场；就消费者而言，则可划分为逐新求异者市场、保守者市场、青年市场、银发市场、妇女市场、儿童市场，等等。只有对这些市场进行分层开拓，企业外贸经营才能目标明确，既增强微观针对性，又增强宏观适应性；既扩大国际市场覆盖面，又增添各层次市场的分别渗透力；既增强当前国际市场的进击力，又丰富长远的应变手段。从而，使外贸经营循序发展，总体推进，出口创汇实现持续增长。

4. 让利出口与增值创效的因品制宜

价廉一直是我国外贸产品的传统竞争优势，尽管随着成本增加，让利出口难度越来越大，但这一竞争优势，还应通过技术进步等措施，予以巩固和发扬。不过，外贸竞争手段丰富多样，除让利外，开发新品、提高质量、缩短交货期、改善包装等，都有明显的促销作用，特别是创立名牌，更是市场竞争的有效手段。所以，外贸竞争方略应因品制宜，一般劳动密集型产品可以主要采取让利营销的廉价竞争手法，而技术含量较高特别是高新技术产品，则应确立增值创效的竞争方略。当前，尤其要重视以创立名牌来提高外贸产品附加值。只有这样，才能既不断扩大出口数量，又不断提高外贸效益。

5. 民族化与国际化的双向耦合

有位作家曾说过一句名言："越是民族化的作品，才越有国际化的生命力。"外贸经营中，也同样存在只有民族化的才是国际化的经营哲理。消费者对符合自己消费习惯的产品用多了，往往会产生一种冷漠感，而对充满异域风情的产品却感到非常新鲜，很乐意购买，以满足其消费上的好奇心、新鲜感和个性化占有欲。这一具有普遍性的国际化消费心理，形成了只有民族化的才是国际化的外贸定势。我们的外贸生产经营企业，应该从中受到启迪，在开发外贸产品中，注意促使民族化与国际化的双向耦合，从而，使自己的外贸产品，以浓郁的民族化气息，形成鲜明的国际化特色，并取得世界各国消费者的青睐。

资料来源：《市场报》2003-04-14，薛韬。

二、提高外贸企业经济效益的途径

（1）转换外贸企业经营机制，朝着产权明晰、权责分明、政企分开、管理科学的现代企业制度转变。

(2) 大型外贸企业应走实业化、国际化、集团化的道路，实现综合经营、规模经营；小型外贸企业要进一步放开搞活，可走兼并、联合或租赁，有的可改组为股份合作制，有的可出售。

(3) 加速生产企业技术进步，坚持"以质取胜"战略，降低成本，增加附加值，提高在国际市场的竞争能力。

(4) 加强经济核算，改善经营管理；增收节支，安全收汇。外贸企业在进出口的每一个业务环节都要有经济核算的观念，不断改善经营管理，努力降低交易成本，争取最大经济效益(参见拓展资料 6－6)。

(5) 培养人才，提高企业素质。

拓展资料 6－6：

有效控制成本，提高外贸企业经济效益

我们知道，商品的价值构成是C+V+M，其中C是不变资本，V是可变资本，M是价值增值部分，可称为盈利。

按照投入产出的概念，C+V是投入部分，M是产出部分，C+V可作为分母，M是分子，分子越大，分母越小，投入产出效益就越好；反之，投入产出效益就越差。因此，如何控制成本，就成为投入产出中的一个非常关键的问题。

外贸企业处于商业流通领域，使用的资本金是商业资本。商业资本运作的特点与产业资本、货币资本不一样，而商业资本在外贸领域的运作与内贸领域的运作也不一样，有着它独特的特点：

从单个资本循环看，外贸企业收购工厂的出口商品。对工厂来说，该商品被收购后，得到了报酬，它的价值已被实现，可以视为商品在国内市场实现了价值，但是对外贸企业来说，收购的出口商品价值要在国际市场上实现，才算真正最终实现。

因此，当出口商品被外贸企业收购后，它的价值增值过程并没有结束，只不过价值增值的空间和劳动过程的空间从工厂的生产领域转移到外贸的流通领域。

从外贸企业运作成本看，它是由两部分组成，即外贸企业的固定资本投资和部分流动资本投资。固定资本投资包括购买办公大楼、办公设备、运输工具、仓库等，这部分投资的特点是一次性投入，多次分批收回，并且是可以折旧的。还有一部分包括办公费用，即进出口业务需要支出的经营费用，如出差费、验货费、样品费、通讯费等等，这些费用属于流动资本投资，它的特点是一次性投入，时间短、周转快，3～6个月可以收回。流动资本的价值转移也是一次性全部加入到商品价值中去。

还有一部分流动资本，是用于支付给业务员的工资和奖金。外贸公司的业务员绝大多数是大学毕业生，主要来源于外贸专业、外语专业和财务专业的大专院校，对于大学毕业生的工资，各个公司有不同的规定，但总体水平差不多。

而奖金部分的差异却很大，经济体制改革后，每个进出口公司都制定了对职工的激励机制，奖励创造价值多的业务员，并把奖金的高低作为拉开收入档次的主要手段。因此，外贸企业的成本中，支付给业务员的工资与奖金也是成本中相当重要的组成部分。

从总资本构成看，外贸企业资本构成存在“三多三少”，即负债多、权益资本少，流动资本多、固定资本少，短期贷款多、长期贷款少。这样的总资本构成，使外贸企业在降低成本方面更具有行业特色。

正是由于具有以上几个特点，外贸企业降低成本可通过以下几个途径：

（一）控制出口商品收购价格，是控制企业成本的重要环节

目前大多数外贸企业对工厂的出口商品仍然采用收购制，那么收购价格的高低就成为控制成本的关键点。经济体制改革中，国内的竞争机制正在形成，这种竞争机制为外贸企业挑选优质低价的出口商品提供了广阔的空间，也为企业降低出口商品的成本提供了机会。

因此，各个出口企业应充分重视货源采购工作，坚持同类商品优质低价优先收购原则，并有意识地培养一批优质出口商品的货源工厂，应用经济利益机制使这批货源工厂为外贸企业提供物美价廉的出口商品。

同时外贸企业还可以用参股、控股的方式，将资本渗透到工业企业中，用资产纽带关系把外贸企业与工业企业的利益有机结合在一起，通过利益机制来控制成本，有利于使工贸双方都以最小的投入得到最大的产出。

（二）通过有效控制库存和应收账款，加快流动资本的循环与周转

在外贸企业的流动资本中，有相当大部分用于收购出口商品，由于出口商品的时间性、季节性很强，许多商品收购后，或多或少都要在仓库存一段时间，形成库存商品。当然，库存有合理库存与不合理库存之分。

一般来说，存货周转率高，说明存货速度快，占有流动资本少。同量的流动资本，由于周转速度的快慢，能带来不同的经济效益，因此，每个企业都力求加快存货的周转速度。但是，存货周转率太高，则反映企业库存不足，如果库存太少，不足以满足出口需要，也会影响企业的正常运行。因此，存货周转率适中比较合适。至于什么样的存货周转率比较合适，根据不同的商品、不同的市场、不同的销售对象而有所不同，每个外贸企业可以根据自己公司的业务状况和商品特点来制定。

应收账款也是外贸企业流动资本中的重要组成部分。应收账款分为对国内工厂企业的放账和对国外客户的放账，建立合理的应收账款可推动进出口业务的发展，但是应收账款收不回来，又是造成外贸公司亏损的重要原因。

总之，由于外贸公司的流动资本大部分是从银行贷款而来，因此，银行的利息负担将要计算在出口成本中，所以，加快流动资本的循环与周转，将是外贸企业控制成本、增加收益的重要手段。

（三）盘活固定资本投资，可间接降低企业的成本

外贸企业的固定资本投资主要表现在购买办公大楼、职工宿舍、交通工具、通讯设备、仓库等方面，而购买的物业——办公大楼、职工宿舍、仓库占用的资金量最大，构成固定资本投资的重要内容。

按照传统观点，这些固定资本一旦投入，只有通过折旧的方法，过若干年后收回。但如果我们树立了资产经营价值观，那么以这些固定资本投资的物业，在折旧完成以前，也能为公司带来一定的收益。

例如，自己投资建好办公大楼、职工宿舍、仓库，办好产权证明和相关的法律手续后，将它们抵押给银行，可以得到优惠利率贷款，贷款作为流动资本，投入进出口贸易当中，由于利率的优惠，能为出口公司带一定的收益。

又例如，在产权市场上，公司的物业资产也可以进行交易。公司可用参股、控股等形式，将物业作为对其他企业的一种投资方式，使形态固定的物业资产在价值形态上流动起来，也能为公司带来收益。

（四）降低办公经营费用，也是控制成本的重要环节

外贸公司经营费用支出，是构成外贸企业成本中相当重要的一部分，在计划经济体制时期，由于吃“大锅饭”，这部分费用未被重视起来，经济体制改革以后，尤其是从实行承包责任制以后，办公经营费用作为成本支出的一项重要内容，与职工创造的利润，以及完成任务后的资金分配都牢牢挂起钩来。

有些进出口公司将费用支出指标、利润指标和奖励指标落实到个人(如上海基地进出口公司的“陆长生管理法”)，这种用投入产出法将支出费用和创造利润联系起来的制度，无疑对最大限度降低办公费用起了决定性的作用。

有的进出口公司采用此方法，仅电话费用一项，就节省了几万元人民币，而且对每个业务员来说，这种机制使他们的头脑中都上紧了节约费用开支这根弦，于是能写传真联系业务就不用电话，能坐火车就不乘飞机。办公费用的节省，不仅为公司节约了经营费用，也为业务员本身带来了经济效益。

在投入产出公式中，办公费作为投入部分，是分母，产出部分是分子，当分母缩小时，即使分子不变，收益仍然会增加。

（五）适当制定业务员工资与奖金的比例，也能有效控制成本

在外贸公司，业务员的经营活动直接为企业创造经济效益。因此，业务员的经营能力、外语水平、对市场的了解程度、对商品特点的熟悉程度，以及对国内工厂和国外客户网络的掌握程度等等，都成为他们为企业创造利润的重要因素。在掌握等量流动资本后，素质高的业务员可以比一般素质的业务员多创造几倍甚至几十倍的利润。因此，建立有效的激励机制，外贸公司尤为重要，这也是外贸企业留住人才的有效途径之一。

在支付业务员的工资与奖金中，两者的比例的制定对控制成本有重要意义，如果两者关系是3∶7，那么业务员只在创造一定量利润后，才能得到相应的奖金，这样在投入产出比例中，由于产出的加大，会使企业成本相对降低。

当然，工资与资金的适当比例不是一成不变的，每个企业要根据业务发展情况不断修改。

总之，有效地控制企业的成本，对企业家来说就像一门"永远做不完的家庭作业"。这门作业做好了，企业的成本就会降低，利润就会提高，企业的经济效益自然会好，企业家创造财富的速度就会加快。

资料来源：《国际商报》2003.1.23，朱乃肖。

第七章　中国的技术贸易

本章目标

1. 了解技术、技术转让、技术引进的含义。
2. 区分各国技术引进的模式。
3. 了解技术出口的概念。
4. 掌握技术进出口管理与政策。

第一节　技术引进概述

一、技术、技术转让、技术引进

1. 技术

古希腊文中有“Techno”和“Logy”两个词，前者是“实用科学”之义，后者是“系统理论”之义，合在一起就是“实用科学的系统理论”，这是技术的最简单定义。

按世界知识产权组织（WIPO）的说法，技术是生产某个产品，或应用某项工艺、或提供某项服务的系统知识，即产品制造的系统知识、工艺设计的系统知识、管理服务的系统知识。

按技术的表现形态划分：有软件（无形技术知识）与硬件（作为软件技术的载体）之分，即技术与设备。

从广义讲，技术包括硬件技术和软件技术，转让技术必须带有相应的设备，进口某些设备，也必须引进技术，两者结合起来，才能形成先进的生产力。

2. 技术转让

技术转让是指拥有技术的一方通过某种方式将其技术出让给另一方使用的行为。物品转让是所有权的转让，与此不同，技术转让一般只是技术使用权的转让。一件物品只能完整地转让给一个对方，原物主也将因转让而丧失对该物的所有权。而一项技术可同时完整地转让给多个对方，且原有技术的持有者并不因转让而失去对该技术的所有权。

技术转让是技术转移的一种特殊形式。技术转移是指技术从一领域传向另一领域或从一地区传向另一地区的过程。技术转让则是其中有特定双方的，以援助、赠与或出售为方式的一类技术转移形式。

技术转让的类型，按其是否跨国界可分为国内技术转让和国际技术转让；按其有偿无偿可分为商业性技术转让和非商业性技术转让（即技术援助）；按其方向可分为横向技术转让（即企业之间的技术转让）和纵向技术转让即（大公司向其子公司或科研机构向企业转让技术）。

3. 技术引进

使国外的技术转让到国内，就是技术引进。具体地说，技术引进是指一个国家或企业引入国外的技术、知识和经验，以及所必需附带的设备、仪器和器材，用以发展本国经济和推动科技进步的做法。技术引进是一个特定的概念。

（1）技术引进是一种跨国行为。

（2）技术引进与设备进口有着原则区别。人们常将“技术”广义化，把技术分为软件技术和硬件技术。软件技术就是前面提到的技术知识、经验和技艺，属纯技术；硬件技术是指机器设备之类的物化技术。只从国外购入机器设备而不买入软件技术，一般称之为设备进口。若只从国外购入软件技术或与此同时又附带购进一些设备，这种行为才能称为技术引进。

（3）技术引进的目的是为提高引进国或企业的制造能力、技术水平和管理水平。要达到目的只有引进软件技术，通过自我消化吸收才能做到。

我国把技术引进内容分为如下五大项：先进设备与部件，新型和优质材料，新的原理、数据和配方，新的工艺和科学的操作规程，先进的经营管理方法。

二、技术引进的方式

技术引进的方式通常有许可证贸易、工程承包、顾问咨询、合作生产、技术服务与协助、特许专营等。

1. 许可证贸易

许可证贸易是国际技术贸易中最常见、使用最广的交易方式。许可证贸易是技术许可方与技术接受方签订许可证合同或协议，许可方允许被许可人取得许可人所拥有的专利、商标或专有技术的使用权并得到相应的技术，被许可方则需支付技术使用费及其他报酬并承担保守技术秘密等义务。许可证合同，一般有效期为5～15年，我国一般为10年。

许可证贸易买卖的不是技术本身，而是转让某种技术的使用权、某种产品的生产权和其销售权。许可证协议一般包括专利、商标及专有技术中的一项、两项或全部项目。许可证贸易按授权的范围可以分为独占许可、普通许可、排他性许可、从属许可和互换许可。

独占许可是指在一定地域内被许可方对许可方提供的工业产权、专有技术享有独占使用权。

普通许可是指在签订技术转让许可证协议后，许可方自己仍有权使用这项工业产权或专有技术，也有权再与其他人签订同样主题的许可证协议，把同样的技术给其他人使用。在普通许可证合同中，被许可方往往要求订立一项最优惠条款，规定在该地域内如果许可方就同样的技术与其他人签订许可证协议时，被许可方应享有最优惠待遇。

排他性许可是指签订许可证协议后，在规定的地域内，许可方仍保留使用该项技术的权利，但许可方不得将此项技术许可给其他人使用。

从属许可是指技术被许可方将其得到的权利再转让给第三方的交易方式。出让从属许可的企业大部分是跨国公司的子公司或其驻外机构，这些跨国公司由于某些原因不能直接出让许可给第三者，就将技术出让给其子公司或海外机构，然后再由这些子公司与第三者签订从属许可技术贸易合同。

互换许可又称交叉许可证贸易，是指技术许可方和被许可方双方将各自拥有的专利权、商标权和专有技术使用权提供给对方使用，其实质是双方以价值基本相等的技术，在互利互惠的基础上，交换技术的使用权。互换许可一般是在特定条件下采用的，如合作生产、合作设计、共同研究开发等项目中通常会用到这种方式。互换贸易的交易双方更多的是合作关系，而不是单纯的买卖关系。

2. 工程承包

国际工程承包是指个人或企业，在国际承包市场上通过投标、接受委托或其他途径承揽国际组织、外国政府或私人业主的工程建设项目、物资采购及其他方面的承包业务，是一种涉及资金、技术、设备、劳务等多方面内容的综合性国际经济合作形式。国际工程承包的主要业务包括：建筑项目的咨询、可行性研究、项目地址选择、勘测和动力的提供；工程施工、设备安装和调试；人员培训；项目建成后的生产组织和指导；专项物资采购和各类经营管理等活动。

国际工程承包中有一种流行的“交钥匙”工程，它是指工程承包中由卖方全部完整出售给买方，即工程设备输出商根据协议负责设计、安装，直至建成全部工程后再完整地移交给引进方。引进方只要配套相应的原料、能源、运输，就可立即开工生产。我国企业在对外工程承包中也积极采用这种模式（参见案例研究 7－1）。“交钥匙”工程对于设备引进方来说，是一种配套最完整、最省力气但也是价格最昂贵的引进方式。对于技术水平非常落后的发展中国家来说，适当地搞一些此类工程作为引进起步，以增大本国生产能力是可以的，但大规模开展此类工程则不足取。因为这种引进方式不但成本过高，而且不利于本国消化、吸收和推广先进技术，不利于通过引进技术迅速提高本国科技水平和管理水平。目前，国际工程承包领域风险与机遇共存(参见拓展资料 7－1)。中国的国际工程承包商必须克服自身的不足，勇于参与竞争，才能抓住发展的机遇。

案例研究 7－1：

中兴 GSM 独家中标巴基斯坦“交钥匙”工程

2003 年 5 月 5 日，中兴通讯与巴基斯坦 PAKTEL 正式签订 GSM 商用合同，再次显示出中兴通讯 GSM 设备在国际市场具备强大竞争力。PAKTEL 项目为“交钥匙”工程，从全套 GSM 主设备，配套设备到传输、电源、监听等均采用中兴通讯的产品。该项目一期将覆盖包括巴基斯坦首都伊斯兰堡、拉合尔、卡拉奇在内的 8 个城市和伊斯兰堡至拉合尔的高速公路，无线侧容量达到 26 万线。

该项目涉及到与现网 AMPS/DAMPS 设备共站址、EGSM 网络与 AMPS/DAMPS 网络短消息平台对接、AMPS/DAMPS 网络与新建 EGSM 网络共用智能网平台等很多复杂的问题，对厂家的综合实力要求非常高。中兴通讯提供了全套完善的解决方案，在众多知名厂商的激烈竞争中脱颖而出，独家中标，显示出强大的竞争实力。

中兴通讯 GSM 设备在 2003 年已取得多项市场佳绩。3 月 31 日，中兴通讯成功中标尼日利亚 NITEL 公司 GSM 工程，将为尼日利亚 4 个大型城市提供包含全套 GSM 主设备和 GPRS 主设备的“交钥匙”工程。

4 月 2 日，中兴通讯又在埃塞俄比亚 ETC 公司的 GSM“交钥匙”工程招标中击败众多对手，获扩展该国移动电话网络的商用合同。

此前，中兴通讯还与俄罗斯第四大 GSM 运营商 SMARTS 签订了 10 万线移动交换中心、6 万线原移动交换中心扩容和 40 个基站的商用合同。

资料来源：中国光纤在线。

拓展资料 7－1：

国际工程承包领域的机会与挑战

国际工程承包是一个跨行业、跨地域、具有多种业务模式的产业范畴。从交通、电力、水利、电信等基础设施建设到制造业、办公楼等企业建设到居民房屋建设，国际工程承包与各行业都有关联；从北美、欧洲等发达地区到亚洲、南美等发展中地区到非洲等落后地区，国际工程承包业务无处不在；从 BOT 等综合运营项目到融资、咨询设计到施工管理、工程项目实施，国际工程承包业务的模式多种多样。

国际工程承包领域风险与机遇共存。国际承包工程与国内工程相比，风险要大得多。由于国际工程承包涉及到工程所在国的政治和经济形势、国际关系、货币金融市场状况，该国有关进口、出口、资金和劳务的政策法规，外汇管制办法等诸多方面，而且还可能遇到不同的业主、不同的技术标准、不同的地理与气候条件。国际工程承包商处在这样复杂多变的环境中，必然存在较大的风险，所以国际工程承包行业被认为是一种"风险事业"。但高风险相应带来高收益，国际工程承包市场一直保持着较高的增长速度，具有相当的获利空间，是一种"高收益事业"。

据标准普尔公司预测，1999 到 2003 年全球建筑市场的年均增长率为 5.2%，预计到 2003 年，全球建筑市场总量将超过 4 万亿美元。同时，我国工程承包商的平均营业额为 1.54 亿美元，距离领先的法(22.86 亿美元)、意(22.5 亿美元)、荷(16.55 亿美元)等国尚有非常大的差距，潜力很大。

随着世界经济的发展与区域经济的变化，国际工程承包呈现出新的发展趋势：

(1) 并购之风盛行。为了面对日趋激烈的竞争，提升国际工程承包业务本地化运营能力，众多国际工程承包公司相继实施业内资产重组，不断扩大经营规模。

(2) 国际工程承包业的利润重心将向产业链前端和后端转移，单纯的工程施工业务利润逐渐变薄。BOT、Concession(特许)等集工程建设和项目运营类项目大幅增长。

(3) 国际工程承包行业呈现两种竞争趋势，一种是通过行业专业化获取竞争优势的趋势，另一种是通过跨行业、跨价值链降低经营风险获取竞争优势的趋势。

(4) 从区域经济形式来看，美国遭受恐怖袭击对北美国际工程承包市场的影响重大，而中国的快速发展又为国际工程承包市场增添了新的商机。

这些新的发展趋势为我国国际工程承包带来了新的发展机遇。

随着国内经济改革步伐的加快，原有工程承包商可以利用国际工程承包领域重组的契机，通过资本合作，迅速扩大公司规模，实现高速增长。近年来，国际服务贸易的增长高于国际货物贸易的增长，建筑市场开放程度较高，乌拉圭回合服务贸易谈判为中国国际工程承包商进入发达国家提供了较好的市场准入条件。

各国基础设施建设有力地推动了国际工程承包市场的扩张。我国承包商可以利用这一机会，打入发达国家市场，实现业务转型与技术创新，培养和完善自己在高端市场等新的业务领域的核心能力。各国政府采购方式向公开招标方式转变，市场规范化程度增加，为其他国家承包商进入提供了机会。我国承包商应借助这一机会，明确定位，发展成为独特的行业领先的大型国际工程承包商，或迅速扩大经营范围，以规避经营风险。

然而，中国的国际工程承包商数量众多，但与大型国际化工程承包商相比尚有很大差距。

(1) 平均经营规模偏小、经济效益相对较差。从全球最大的 225 家国际承包商统计来看，我国共进入27家，仅次于领先的美国，市场份额却只有3.7%，排到第9位，平均经营规模偏小。同时，由于经营体制和管理机制等各方面原因，我国承包商的经济效益相对较差。

(2) 本地化市场运营不足。缺少本地化的运营是大多数中国公司面临的困境，即使有了本地化的公司也会因为缺少管理办法产生无法控制的问题。经营体制的惯性与管理水平的低下制约了中国公司本地化运作的发展。

(3) 抗风险能力较差。偏重传统行业，工程类型单一，尚未进入主流市场。我国国际工程收入偏重于建筑业、交通等技术含量较低的传统产业，而在技术难度较大的工业化程度较高的石化、制造业、电力、危险废弃物等方面市场份额较少。大多数中国公司的工程类型单一，市场风险不够分散，收入波动。国际承包市场集中于亚、非两洲，尚未打入竞争激烈的主流欧美市场。

如何抓住机遇，迎接挑战是一个值得深入研究的课题。

资料来源：http://www.okokok.com.cn 2005-6-28，环球咨询信息网。

3. 顾问咨询

顾问咨询是一种雇佣关系的智力引进，即引进方与国外工程咨询公司签订合同，由咨询公司负责对引进方所提出的技术课题提供建议或解决方案。

咨询服务的内容包括项目的可行性研究、技术方案的设计和审核、招标任务书的拟订、生产工艺或产品改进、人员培训、设备的购买、工程项目的监督指导等。

采用这一方式可避免走弯路和浪费资金。因为咨询公司掌握有丰富的科学知识和技术情报，可以协助雇主选择先进适用的技术，找到较为可靠的技术供方，以较合理的价格获得质量较好的机器设备。雇主虽然要支付一笔咨询费，但所得到的资金节约远远超过支付的咨询费，总算下来，对雇主仍是有利的。咨询费一般可以按工作量计算，也可采用技术课题包干定价。一般所付的咨询费相当于项目总投资的5%左右。

4. 合作生产

合作生产是两个或两个以上国家的企业间签订协议。合作生产与销售某大型设备及产品。这种合作一般是技术弱方在技术强方的指导下，由对方提供专利、Know-how或商标，提供图纸、资料与技术，并派专家组指导技术弱方生产该产品的某一部件。

合作生产的过程就是转让技术的过程，双方各自核算、自负盈亏，技术强方提供的专利、图纸、专家等都要由技术引进方付汇购买，产品销售后双方按比例分成。

上海飞机制造厂与美国麦道公司合作生产麦道飞机，就是这种引进方式成功的典型(参见案例研究7-2)。

案例研究 7－2：

中美合作生产 MD82/83 飞机项目

1985 年 3 月，中美双方签署合作生产 25 架 MD82 飞机的协议。该项目由美国的麦道飞机公司提供总数为 25 架 MD82 飞机的机头、机身尾部、半机翼等大部件和机身零组件，由上海飞机制造厂按照麦道飞机公司提供的图纸、工艺标准进行机身铆装、半机翼对接、机身机翼对接、全机系统安装、功能试验和试飞交付，并生产一定数量的飞机组件、部件，作为补偿贸易返销和装机使用。

MD82 飞机是 DC-9-50 的改型机，于 1979 年 10 月 18 日首飞上天成功，并于 1980 年 9 月 12 日交付使用，可载客 147～172 人，起飞重量 67 873 公斤，装有两台 JT-8D-217A 发动机，采用上世纪 80 年代先进的电子设备，具有自动盲目着陆能力，属国际 80 年代先进水平。

1985 年 4 月 15 日，中美双方同时宣布合同正式生效，1986 年 4 月 1 日首架飞机开铆，1987 年 7 月首架飞机交付，1987 年 11 月获得美国联邦航空局(FAA)颁发的飞机生产许可证延伸的认可证书。到 1991 年 10 月，25 架飞机按 2、4、7、8、4 的交付计划分别交付民航北方航空公司和东方航空公司营运。

为使合作生产 25 架 MD82 飞机完成后生产线不停顿，1990 年 3 月经国家批准，中美双方又签定了再生产 10 架飞机的合同(简称后 10 架)，5 架 MD82 国内销售，5 架 MD83 返销美国。后 10 架合同于 1994 年 11 月全部完成。

资料来源：中国航空工业之窗，航空航天数字博物馆。

5. 技术服务与协助

有些技术知识和经验很难用书面资料表达出来，必须通过言传、示范等传授方式来实现，所以技术服务与协助是技术转让交易中必不可少的环节。它是一种更为灵活的引进技术的方式，即由技术输出方根据协议派出专家和技术人员到引进方企业指导生产、传授技术、调试设备及进行企业或产品诊断，必要时输出方还可提供专利、技术秘密、图纸、资料、数据等，协助引进方提供产品质量和市场竞争能力。它可以包括在技术转让协议中，也可以作为特定项目，签订单独的合同。提供技术服务与协助的方式有两种：由受方派出自己的技术人员和工人，到技术供方的工厂或使用其技术的工厂培训实习；由供方派遣专家或技术人员到受方工厂，调试设备，指导生产，讲授技术。

在技术服务与协助中，输出方根据协议按产品销售数量获取一定比例的分成。

6. 特许专营

特许专营(Franchising)是舶来品，也有人将其汉译为特许专卖、特许经营、特许连锁、加盟连锁等概念。特许专营合同是最近二三十年迅速发展起来的一种新型商业技术转让合同。特许专营是指由一家已经取得成功经验的企业，将其商标、商号名称、服务标志、专利、专有技术以及经营管理的方法或经验转让给另一家企业的一项技术转让合同，后者有权使用前者的商标、商号名称、专利、服务标志、专有技术及经营管理经验，但须向前者支付一定金额的特许费(franchise fee)。

特许专营的一个重要特点是，各个使用同一商号名称的特许专营企业并不是由一个企业主经营的，被授权人的企业不是授权人的分支机构或子公司，也不是各个独立企业的自由联合。它们都是独立经营、自负盈亏的企业。授予人不保证被授人企业一定能获得利润，对其企业的盈亏也不负责任。大家所熟知的麦当劳、肯德基都是特许专营的典型。

特许专营合同是一种长期合同，它可以适用于商业和服务行业，也可以适用于工业。根据加入 WTO 的承诺，我国不迟于 2004 年 12 月 11 日允许外商投资特许经营，而经过 20 多年的兴衰起伏，特许经营已从最初的商业流通领域迅速扩展到制造业及产品销售领域，大有方兴未艾之势。

三、我国技术引进回顾

我国技术引进和设备进口经历了两个发展阶段，即 1978 年改革开放前和 1979 年改革开放后。

第一阶段(1950—1978)：中国以许可贸易、顾问咨询、技术服务、合作生产等方式共进口技术及设备 845 项，合同总金额 119.72 亿美元。主要从前苏联、东欧(上世纪 50 年代)，日本、西欧(上世纪 60 年代)，日、美(上世纪 70 年代)引进。

这一阶段技术引进的主要特点是：

(1) 以进口成套设备为主，以新建大型企业为主，这些约占技术引进项目与合同总金额的 90%以上；

(2) 外汇渠道主要是中央外汇和政府间的记账贸易，基本上没有利用外资引进技术和进口设备；

(3) 引进项目的实施主要以中央部门为主进行谈判、签约、执行合同和建设。

第二阶段(1978 年至目前)：总结过去的经验教训，从国情出发，控制技术引进总体规模，调整引进重点，使我国技术引进工作进入健康发展与迅速发展时期。20 世纪 80 年代以后，中国的技术进口开始走上了正轨，90 年代进入迅速发展时期。这一阶段，中国共引进技术 3 万多项，合同总金额达到 1 500 多亿美元。技术引进大大加快了中国企业的技术改造、推动了中国的技术进步、填补了中国一些行业的技术空白、缩短了与发达国家之间的技术差距。

与第一阶段相比，第二阶段的中国技术引进工作具有如下特点：

(1) 技术引进的方式灵活多样。随着我国综合国力的提高,我国已基本上改变了过去单一的成套设备进口的方式,更多的是通过技术转让、技术许可、合作生产、顾问咨询、技术服务、关键设备等方式进口技术;

(2) 技术引进的来源更加广泛。中国引进技术和设备的来源由改革开放初期的十几个国家扩大到50多个国家和地区,主要集中在日本、加拿大、德国、美国、俄罗斯、英国、法国、瑞典、意大利等国家;

(3) 技术进口的资金来源不断拓宽。政府贷款、专项外汇、商业贷款、企业自筹、国际金融组织贷款、出口信贷、合作生产、租赁、补偿贸易、中外合资以及外商独立投资等资金渠道和合作方式已在技术引进中广为采用;

(4) 逐步贯彻产业结构调整的方针。重点导向是能源、交通、通讯、化工、原材料等行业,并加大高技术引进比重,如微电子、飞机制造、航天技术和核能等。

(5) 调整了软硬件引进的比例。20世纪90年代后签订的技术引进合同中,软件费用已占合同总金额的10%以上,1998年该比例提高到25%,单纯的专利或专有技术许可合同占合同总数的一半以上。体现我国技术引进工作正向以引进软件为主的方向发展。

四、我国技术引进工作存在的主要问题

1. 引进成套设备过多

上世纪50年代我国成套设备引进占全部技术引进总额的89%,60年代占70%,70年代占95%,1978年高达99.8%。这种重设备引进、轻技术引进,重成套设备引进而轻关键设备引进的模式不利于我国的科技进步。

2. 技术设备的重复引进

各地大型成套设备及流水线如汽车、冶金、化肥设备、彩电流水线、冰箱流水线的重复引进(参见案例研究7-3),导致产品没有销路、规模效益又差,造成极大浪费。

3. 引进技术的消化和吸收不够

技术引进的根本目的是为了引进国的技术进步,决不是仅为了增加某种产品的产量。我国对消化吸收重视不够,日本平均每花1美元引进技术,就要用3~5美元去消化、吸收和提高,以超过对方。我国不少引进的成套技术设备当时属于世界先进水平,但由于不重视消化吸收,过几年又落后了,还得重新购买。

4. 引进中未能考虑我国国情

表现为引进的盲目性,片面追求尖端昂贵的技术设备,不考虑自身支付能力和技术的适用性,不能与国内既有的条件相匹配,结果不能投入使用,造成大量外汇浪费。

案例研究 7－3：

我国冶金设备引进方面存在的一些问题

从 20 世纪 70 年代末，我国冶金技术和设备开始引进以来，引进冶金技术和设备用汇达 130 亿美元，形成世界头号产钢大国。如从武钢第一套热连轧机引进开始，国内建设冷热连轧机基本上是引进的，重复引进使我国工艺设计单位至今未能掌握其成套技术(生产工艺控制的数学模型及其他软件)，而国内制造部门基本是制造轧机牌坊、轧辊等，均未进入核心部位。我们已花这么多引进费用，但时至今日，我国仍不能设计、制造一整套的冷、热连轧机。

在引进技术和设备效果上，与日本相比我们相差甚远。日本用约 6 亿美元引进冶金技术和设备，形成钢产量达亿吨的钢铁强国，而且其后则向国外输出钢铁技术和设备，以及高质量、多品种的钢材。与我国台湾的中钢相比，也有很大的差距。据了解，中钢仅花了 3.5 亿美元引进冶金技术和设备，形成了 1 200 万吨钢的生产能力，而后立即为印尼承建了(技术、设备、培训人员、投产)冷连轧厂。这些现象值得我们反思。

二是成套引进问题。当时，捆绑引进三套薄板坯连铸连轧时，曾有很多国内技术人员持不同意见：其一是因为当前国内“兰钢”的工艺技术攻关的“大重”的工艺设备攻关均取得工业试验成果，建议立足国内，部分引进；其二是中国不宜一次引进三套同一种型式的薄板坯连铸连轧，因为当时世界上已有四种不同型式的薄板坯连铸连轧设备。但还是决策以“市场换技术”，引进三套。事实上，时至今日技术我们未掌握，市场却丢掉了(因为今天国内各钢铁企业继续提出成套引进薄板坯连铸连轧)。

三是善待引进设备和苛求国产设备的现象依然严重，有的钢铁企业对引进设备存在的问题压着不说，而对国产设备存在的问题却“大呼大叫”。另外，某些企业认为使用国产设备只有风险而无利益(不能出国考察等)，而引进国外设备只有利益而无风险。

四是目前引进又出现“走回头路”的现象。如攀钢 1350 板坯连铸设备在 20 世纪 80 年代末是中国技术总负责设计制造的，而且成为全国设备国产化的典型，生产很好。但这次该企业新上板坯连铸机，据说是由国外技术总负责。

专家们认为，形成上述问题的主要原因：一是过去管理体制条块分割，钢铁生产、多铁工艺研究和设计、设备设计和制造等分割、互相封锁，使我国没有能创建一个德马克、西马克、三菱重工这样的企业；二是国有企业用国家资金进行技改时，多考虑如何获得国家投资，少考虑投资效果；三是考虑引进多，考虑消化吸收提高少。

现在改变这种分割状况的条件已成熟，因为国家经贸委对技改投资、经济运行、技术进步、引进消化统一管理。为了改变我国冶金设备研制的技术升级，改变我国重复引进的状况，专家们建议：

一、凡引进设备，从技术谈判开始制造企业就应派人参加，重要的设备应参加监制。制造企业必须承担消化吸收的责任，保证今后能够提供同类产品。

二、凡引进生产、工艺技术软件，钢铁企业不能对钢铁研究设计院封锁，同时承担消化吸收的责任，保证今后向其他企业提供同类技术软件或数学模型。

三、建议国家经贸委设立新产品风险基金，基金用于使用和制造新产品企业。

四、设备制造企业应建立赔偿信誉，应向用户承诺，凡设备存在的问题，承担经济赔偿责任和法律责任。

五、凡属重复引进，或国内已经能提供技术和设备的项目，则应该不提供优惠贷款和进口免税等优惠政策。

资料来源：中国科技信息网 2001.7.25。

五、我国引进先进技术的基本方针

1. 引进适用软件技术

不要动辄进口硬件设备，引进先进技术时，必须考虑企业对该技术或设备的经营管理能力及技术基础。可用以下指标来测定适用性，即

实际效果比值＝实际生产能力/原设计生产能力×100％

若比值接近 100 或超过 100，则说明该技术是可引进的适用技术。

2. 进口关键设备

进口关键设备既节约外汇，减少进口，又有助于民族工业的发展与提高。因为有些机器设备是我国自己能够制造的，甚至还有出口能力。这些一般机器设备可以安排本国生产，但要注意与进口的关键设备配套。

3. 避免重复引进

由于国家管理体制不严、措施不力，各企业大而全、小而全的自然经济思想严重以及微观的自我约束机制尚未形成而造成重复引进。其结果是企业规模效益差，产品供过于求，资源浪费严重。

4. 引进后要加以消化、吸收和创新

一些国家对中国输出技术持谨慎态度，如日本坚持出口汽车而不愿出口汽车生产技术。我们若仅把人家转让给我们的技术做到掌握和使用这一步，那么我们只能永远在人家后面爬行，赶超只能是一句空话，因此要努力消化并在此基础上创新。

推行创新必须加强对引进技术的消化吸收。对引进技术的消化吸收是创新的

基础,消化吸收薄弱决定创新薄弱。国外引进技术,通常是引进 1 美元的技术,要花 2～4 美元的投资来搞消化吸收。这是为了充分掌握技术以便进行技术创新。日本在技术引进后,在消化吸收上肯下大功夫。而在我国的情况则是“大钱搞引进,小钱搞改革,没钱搞消化”。根据 1998 年《中国科技统计年鉴》上的资料,1997 年我国技术引进经费为 236.5 亿元人民币,而消化吸收经费只有 13.6 亿元人民币,消化吸收经费仅相当于引进经费的 5.8%。不下大力气搞消化吸收,加大资金投入,也就没法搞技术创新。不搞技术创新导致开发新产品新工艺的能力差,最后导致陷入引进—落后—再引进的怪圈。

“只有拥有自主核心技术,才能进入自由王国”,我国彩玻行业的龙头老大河南安彩集团有限公司所走过的路可以给众多企业以有益的启示(参见案例研究 7－4)。

案例研究 7－4:

抢占世界制高点

进入 21 世纪,国内外彩电价格持续走低,彩电主要构件玻壳的价格也不断下降。我国彩玻行业的龙头老大河南安彩集团有限公司,不仅经受住了市场的严峻考验,2003 年又一举收购世界 500 强之一的美国康宁公司的 9 条生产线,2004 年组装投产后安彩将成为世界第一大玻壳制造商。在国家确定的 16 家“具有国际竞争力的中国企业”中,安彩集团可望首家实现“世界第一”的目标。

安彩集团走过的不平凡的道路,就是企业不断提升核心竞争力、抢占世界制高点的历程。

只有掌握竞争自主权,才能走出重复引进的旧巢

15 年前,安阳彩色显像管玻壳有限公司刚建成,作为主要技术输出者和项目总承包的日方专家预言:他们撤出后不出三个月,安玻就将停产关门!

残酷的现实摆在了安彩面前:生产出的数十万套产品迟迟得不到用户认可,炉子又不能停,每天要“烧掉”人民币 80 万元。在自觉不自觉的崇洋迷外心理的支配下,日方专家说中国滚桶不行,就赶快进口日本滚桶;说中国研磨材料不行,就不惜花外汇从日本进口火山灰……但是,专家换了一批又一批,产品却越积越多。到 1991 年,产成品积压高达 1.75 亿元,企业到了崩溃的边缘。

其实,作为技术输出方,日方既在输出技术时留足了“后手”,又在技术设备的安装、调试过程中,有意无意埋下许多“暗钉子”。如检测锥的量轨比正常值偏高了 0.1 毫米,生产出的锥就始终偏心;锥和屏模具的设定值,一个取上限一个取下限,使用时就大量暴缩。

时任公司总经理的李留恩亲自组织工程技术人员日夜攻关,发现和解决了“屏

锥周边设定公差错位”等一系列技术问题，掌握了模具毛坯国产化、模具开发软件等关键技术，生产线上的“暗钉子”一个个被拔掉。

单靠引进，没有自主开发能力，永远受制于人。安彩几乎对所有引进的技术和设备都进行了改进、改造和创新，使一期工程的实际生产能力很快超过了原设计能力的80%，走出了重复引进的旧巢。

从全套引进技术到完全自主开发，安彩的四期工程经过三步大跨越，逐步实现了“专业化、规模化、核心化”。第一步从引进技术的21英寸以下小屏幕玻壳，跨越到自主开发的25英寸中屏幕玻壳；第二步从25英寸中屏幕玻壳，跨越到自主开发的29英寸大屏幕玻壳；第三步从29英寸大屏幕玻壳，再跨越到自主开发的34英寸特大屏幕玻壳。在不断地自主开发和技术革新的过程中，安彩逐步掌握了玻壳制造的核心技术。

只有拥有自主核心技术，才能进入自由王国

如果说安彩创业之初挑战“日本老师”、走自我发展之路是第一次浴血奋战的话，第二次浴血奋战则是安彩人在家门口进行的国际竞争。上世纪90年代，日本旭硝子公司、NEG公司相继控股石家庄玻壳厂和上海玻壳厂，韩国三星公司则兼并深圳中康玻壳公司，安彩公司被三面包围，一场家门口的国际较量开始了。

安彩在同国外三大玻壳企业的较量中，通过“信息化兼并”、“数字化整合”，在成都和天津快速布上两个“棋子”，与安彩形成三点一线相连的态势。这一举措不仅使严重亏损、即将倒闭的大型国企起死回生，还成功地打破了外国公司的包围。

成都红光集团是我国最早生产黑白显像管和玻壳的企业，“七五”期间与安彩同时从日本引进彩色玻壳生产线，但产品质量一直没有达到设计水平，难以适应市场竞争，1998年企业被迫停产。1999年10月，安彩兼并红光成立安成公司后，当年12月就生产出第一批合格产品。天津津京玻壳股份有限公司是我国最大的黑白显像管玻壳、单色显示管玻壳生产企业，由于市场和产品结构等方面的原因，一直开工不足，单色显示管玻壳生产线则处于停产状态。安彩与津京各出资50%成立安津公司，将单色玻壳生产线改造为彩色玻壳生产线，企业很快扭亏为盈。

那些沉睡的生产线在别人眼里是“废铜烂铁”，到了安彩人手里就成了宝贝。别人百思不得其解，安彩集团总裁李留恩一言以蔽之：信息化兼并。

兼并是企业扩张规模、加快发展的重要途径，常规做法是注入资金、设备，派出人员接收、管理，使被兼并企业闲置的资源重新得到利用。而信息化兼并，形象地说就是把安彩的核心技术、管理模式编制成“软件包”，再“复制”“粘贴”到其他厂家，“克隆”出一个个新的安彩。

安彩几年前就开始了信息化工作，实现了信息资源和技术成果在所有成员企业的共享，这是他们玩转“信息魔方”的秘诀。以被称为彩玻核心技术和“产床”的模具为例，如果安成或安津发现模具出现问题，只要通过信息局域网、模具数据库和模具智能专家系统，把测量数据传到安彩，安彩会诊后把修正的数据传回去，他们“照方抓药”就行了。

只有做大做强，才有与世界巨擘的平等对话

安彩集团收购的美国康宁公司的9条生产线，近日将从美国装船起运，2004年组装投产后，安彩集团将成为世界第一大玻壳制造商。

美国康宁公司创建于1851年，2000年在《财富》杂志所列全球500家大企业中名列第252位。公司产品除用于计算机、电视屏及其他信息显示屏的玻璃产品外，还有光纤、光电产品和光学、陶瓷材料等。作为玻壳的发明者，康宁公司的玻壳生产已有68年的历史，主要生产25英寸以上的彩电玻壳。“文化大革命”中，“四人帮”制造的骇人听闻的“蜗牛事件”，就缘于这家公司赠送的吉祥物。

由于其9条玻壳生产线出现亏损，2002年8月，康宁公司开始与安彩集团进行接触，派出高层人员专程到安彩考察，2003年4月又邀请安彩总裁李留恩去美国实地考察。康宁公司用专机把李留恩从费城接到康宁市，通过谈判确定了战略合作的框架。随后康宁公司一位常务董事率领6人小组飞赴中国，双方达成战略合作协议。9条报价1.5亿美元的生产线，安彩仅用4990万美元就全部买下。

回想与康宁公司的合作，李留恩有太多的感慨。20年前，李留恩作为安阳玻壳的筹建负责人，曾到康宁公司考察。“当时由于我们连当学生都不够格，康宁公司的确是门难进、脸难看。”李留恩回忆说，1984年底他带领28人到康宁，为了把在公司总部停4天、到生产线看2天的日程，改为在公司总部停2天、到生产线看4天，考察团一直争取到晚上9点多，连饭都没有吃上。

美国康宁公司是玻壳行业的老祖宗，它的生产线不给日本、韩国，而选中安彩作为合作伙伴，并在将来的液晶玻璃、等离子玻璃基板等方面的合作也认准了安彩。如果安彩集团没有做大做强的底子，没有自主的知识产权，没有自我创新的研发能力，也就没有与世界同业强手平起平坐对话的资本，更没有讨价还价的余地。

在安彩集团总部白色的办公楼上，醒目地立着一个红色的徽标：英文字母A和横卧的扁圆型C组成的图形，这是安彩英文缩写组成的标志。李留恩对此则有更深刻的解释：字母A代表着安彩人要在全球彩玻业的产品质量、生产效率、生产成本、综合效益、技术含量、环保化的品位和品种市场占有率等方面占领制高点、勇夺世界第一的决心；横卧的C则代表着安彩稳固的工作基础，脚踏实地、求真务实的工作作风。

资料来源：新华网2004.02.15。

第二节　各国技术引进的模式

现代经济计量分析表明，促进一国或一地区经济增长最基本的因素是技术的发展。日本经济学家金森久雄估计，在日本经济高速增长年份（1955—1968 年）的经济增长率中，技术进步的贡献率达 60%。我国台湾的工业技术研究部门于 1981 年 3 月公布的研究报告表明，在 1961—1970 年间，技术进步对台湾地区生产力的平均贡献率为 60%。美国经济学家估计，从 50 年代至 70 年代中期，美国工业生产的增长有 27%～47%得益于科学技术水平的提高。丹尼森对几个发达国家 50 年代至 70 年代的经济增长因素分析表明，技术进步的贡献率一般都在 50%～70%之间。虽然我国经济高速增长，但技术进步的贡献率却不高。1952—1982 年，我国工业总产值增长中技术进步的贡献率在 16%～19%之间，同期资金增长的贡献率在 50%～57%之间。由此可见，我国经济增长因素中，是资金投入而不是技术投入支持着国民经济的调整增长，这是与世界经济的普遍规律有很大差异之处。

广义的技术包括了生产技术和管理技术，它们成为推动经济增长的两大轮子。经济发展不仅包含了增长的含义，即实际国民收入的增加，而且还包括生产和分配所依赖的产业结构、技术状况和体制的改革。可见经济发展更把技术进步作为衡量指标之一。著名经济学家熊彼特认为，经济发展是对现有经济格局的一种突破，突破的力量来源于创新。创新包括生产新产品，运用新的生产方法和组织形式等，在不同程度上体现为技术进步。由此可见，经济发展离不开技术进步的支持。

每个国家的技术创新能力虽不同，但在当今开放的经济环境中，通过技术转让，也可以达到借鸡生蛋的目的，让别国的创新在自己的国家发芽、开花、结果，最终促进经济发展。

一、技术引进模式的国际比较

通行的技术引进模式多种多样，不同国家往往根据各自的引进目标、国内技术状况等具体情况采用不同的模式。

（一）硬件引进模式

此模式特征是购买机器设备作为技术引进的主要方式。采用这种模式的多是后发展国家。以中国为例，技术引进经历了几个高峰阶段。第一个高峰（1950—1959 年）期间，中国共引进了 400～500 个项目，其中大部分是引进成本最高的“交钥匙”工程，共用汇 27 亿美元。第二个高峰（1973—1979 年）期间，仅在 1973—1977 年里，就引进了 26 个大型成套设备项目，用汇约 35 亿美元；1978—1979 年，指导思想上出现了通过大量引进设备买回一个现代化的错误倾向，仅 1978 年签订的引进金额就高达 63 亿美元。第三次技术引进高峰（1980—1990 年），引进方式虽多样化，但硬件比例仍居高不下（详见表 7－1）。第四次引进高峰（1999—2005 年），在“科技兴贸”战略的指导下，商务部会同有关部门积极采取措施，完善法规和政策，推动了技术引进的稳步健康发展。据商务部统计，1999－2005 年，我国累计引进技术近 5 万项，合同总金额超过 1 000 亿美元，其中技术费达 623 亿美元，占合同金额的 57.6%。2005 年，我国为技术引进所支出的技术费达 118.3 亿美元，占技术引进合同总金额的 62.3%，比 1999 年提高 31 个百分点。这表明，在政府政策的引导下，企业“重设备，轻技术”的技术引进观念已得到转变，软技术在我技术引进中逐渐占据主导地位，引进技术的质量明显改善。

根据我国的经验教训，可知硬件引进模式对技术引进国具有双重影响，积极方面包括：①硬件引进使大量设备作为资本投入生产，直接增强了工业实力和生产能力；②硬件引进能迅速而直接地提高生产工具的水平；③硬件引进对引进国的技术能力要求宽容。消极方面则包括：①引进的成本相对高；②容易使技术引进国重引进、轻消化，不仅对国外的设备依赖性大，造成各地重复引进，而且可能因国内产业不配套，以致依赖于外国的零部件、原材料；③硬件引进难以使引进方掌握核心技术，容易造成等距离追赶；④引进的设备与国内环境不易配套，产生不了应有的经济效益。

表 7－1　中国 1950—1990 年技术引进　　合同金额单位：亿美元

	1950—1959	1963—1966	1973—1977	1978—1979	1980—1990
合同金额	27	3.02	35	79.9	229.8
其中成套设备	24	2.8	31.5	76.1	141.69
成套设备金额占引进总金额的比重	89%	91%	90%	95%	69.5%

资料来源：中国人民大学复印报刊资料《工业经济》，1981 年第 1 期第 31 页；《引进与咨询》，1991 年第 2 期第 45 页。

（二）软件引进模式

日本是成功地运用软件引进模式，达到赶超世界先进水平的国家。二次大战以前，日本的技术水平已落后于欧美。二战期间，日本忙于战事，进一步拉大了与它们的差距。据 1949 年 12 月日本官方发表的《技术白皮书》估计，日本当时的科技水平落后于欧美二三十年。战后，日本积极地引进技术。在 1950—1976 年间，日本耗资 60 亿美元引进了 1 700 多项技术，差不多把主要西方发达国家在半个世纪中取得的大部分技术成果都吸收了进来，并产生了 2 000 亿美元的社会财富。

随着经济和技术吸收能力的提高，从上世纪 50 年代中期起，日本主要以许可证方式从国外引进软件技术。即使在 60 年代初，日本以许可证贸易引进的技术已占引进技术总件数的 80%以上。在日益增强的技术吸收和创新能力保证下，日本在软件技术引进中，特别注意专有技术的引进。以 1984 年为例，日本共引进技术 2378 件，其中专有技术为 1 126 件，占总数的 47. 4%。专有技术是制造某一特定产品或使用某一特点的工艺所需要的一切知识、经验和技能，是核心技术，它的获得有利于引进方真正有效地掌握成套技术。技术引进为日本节约了 9/10 研究费用，帮助日本主要工业部门的技术装备在 60 年代末成功地赶超欧美先进水平。

软件引进模式的优点是节约资金；引进的新技术需要相应的配套设备，引发设备投资的增加，从而带动国民经济增长。以日本为例，其 1950—1970 年的投资增长率年平均大于 30%。日本经济研究中心对技术引进和私人企业设备投资的长期关系作了一个回归分析，发现其关联系数为 0. 9196。可见，技术引进有相当大的关联效应；软件引进有利于引进方引进未工业化技术。作为实验室技术，未工业化技术的商业风险虽大，但高风险往往带来高收益。同时，掌握和运用未工业化技术是各国实现生产力跳跃发展的关键。因此，引进未工业化技术是技术消化能力强国的目标，但因该技术停留于初步研究阶段，所以技术往往以软件形式出现。仅 1975—1984 年日本以许可证互换方式引进的先进技术共 1 540 件，在这些尖端技术的基础上，加上日本人灵敏的嗅觉和超群的应用能力，日本得以既填补了技术空白，又能够生产国际领先的高技术产品。

软件引进模式的成功有一定的条件：①企业自主引进，而且在利润、竞争机制的作用下，企业积极消化、创新技术。②国内有一定的工业生产能力和研究能力，从而为应用技术和创新技术提供物质保证。③科研、生产和贸易紧密结合。生产部门为科研部门提供经费、研究目标；科研部门则面对国际市场进行技术创新，既加速技术商品化，又保证产品国际化。④技术贸易受各国政策的干预较大，先进的软件技术更是各国倍加控制的目标。另外，技术是卖方相对垄断的商品，引进方在先进尖端技术方面的谈判地位相对被动，因此，技术引进国必须与技术输出国有良好的政治经济关系。以日本为例，日美关系密切，日本引进技术的 57%来源于美国。电气工业是日本的支柱产业之一，有 84%的技术来自美国。

（三）以直接投资为载体的技术引进模式

一些国家或地区，如新加坡、我国香港，在经济起飞时，既没有充足的资金，又没有足够的科研能力，怎样引进和消化技术呢？它们借助优越的投资环境，大量吸引直接投资。在直接投资中，外国投资者常以专有技术、专利、商标和机器设备等作为投资股本或合作条件，东道国企业可同时解决资金和技术问题。而且在外商投资企业经营过程中，为了利润的增长，拥有技术的外方必须对员工进行技术培训,传授技能给员工。特别是在合资经营企业中,出于自身利润和共同管理的要求,合资各方要共同设计最有效的管理体制和方法,这有利于合资各方学习管理技术。可见,直接投资带给东道国的技术是多种多样的,包括硬件技术、软件技术,甚至管理技术。

当今直接投资的一个国际新趋势是落后国家到发达国家投资。其中,落后国家的一些海外投资企业是通过直接投资形式获取高技术。例如,韩国在美国“硅谷”建立电子研究所和工厂,以便及时、准确、迅速地获得最新技术资料。

通过吸引外商到国内进行直接投资而引进技术的方法有以下一些优势:首先,可以为引进方解决设备、技术的资金问题,既有利于学习制造技术,又可以学习管理技术,因此,这种模式的综合引进性强。其次,技术输出方既要考虑产品的可销性,又要考察引进方员工对技术的接受能力,因而输出的技术往往先进、适用,易于消化吸收。再次,为了吸引资金和技术的流入,输入国有必要创造良好的投资环境。投资环境的建设不仅大规模地引发经济活动,而且会广泛地推进社会发展进程,例如,对劳动力素质,第三产业服务质量及效率、制度和文化意识等都会有更进一步的要求。但是,这种模式也存在一定的弊端,如技术的资本化涉及不少难题。首先,专利技术有时间性,即随着时间的流逝,专利价值不断下降。可一旦技术资本化,专利在合资期间就有了固定的价值,且此价值以商讨资本化的时点价值标准为基础,对于合资末期来说,此价值显然高估。又因合资各方按投资股本分红,技术资本化相对增加了技术输出方的总利润。同时,技术作为无形商品,较难估价。输出方容易利用输入方信息不灵等弱点提高技术作价。其次,利用外方商标固然有利于打开产品销路,但却较难提高直接投资企业的声望,技术引进方在期满后不得继续使用原商标,必须重新开拓市场。再次,技术输出方可借口对技术更熟悉而要求购买特定的原材料、零配件。最后,直接投资能带入的技术受到技术生命周期的影响。当技术处于内部化优势即将丧失之时,技术输出方才可能以技术作为投资方式之一。

采用直接投资引进技术也有一定的条件:①投资环境较好;②技术输入方对技术有识别性;③技术输入方适合跨国公司全球利润最大化的策略要求。

(四) 引进人才模式

美国是此模式的代表。美国位于美洲新大陆。新大陆发现初期,很多欧洲人追求政治和宗教的自由移居美国,他们同时带入了各自的技能和各国的技术精粹。1919年美国工人总数的50%以上是移民工人。随着经济的发展,美国吸引了更多科学家。二战期间,美国作为战火中一片安宁的乐土吸引了欧洲很多受迫害的科学家。战后,学术的自由开放,经济技术的发展促进大量学生留学美国,其中一些学成之后,留在美国工作。大量技术人才的流入不仅提高了美国的技术水平和工人平均劳动熟练程度,而且为美国节约了大批培养经费。1947—1973年间,流入美国的外国科学家、工程师 16 万人，医生 6 万人。1973 年至今，流入美国的技术人才增为 30 万人。

人才引进模式是最综合、有效的引进战略，人才流入不仅带来技能、现有知识，更重要的是带入人的潜能；人才引进不仅能克服硬件模式的很多缺点，而且能打破直接投资引进模式对高级技术的封锁，人才引进的同时，也引进了不同的文化。文化，作为上层建筑的重要组成部分，一旦创新，往往对生产力发展有全面的作用。人才引进也有一定的弊端，例如，一些无一技之长的人可能混水摸鱼地流入；外来人员对国内就业有一定压力；可能会产生民族冲突、文化冲突等问题。

人才引进模式的成功与否取决于一些条件：①人才流动双方国家有类似的文化；②人才所在国实行较为开放的人员政策；③输入国的民族歧视意识较弱；④输入国的经济、生活和科研环境较好。

二、技术引进模式的决定因素

1. 吸收能力的强弱

联合国工业发展组织编写的《发展中国家技术引进指南》，为发展中国家提供的技术引进基本原则是："引进技术的国家必须在尽短的时间内有效地吸收外国技术，并使之适用于本地条件。"可见，引进效果在于对技术的消化改进，而消化改进很大程度上取决于引进方的吸收能力。

2. 引进目的

各国引进技术的目标固然是为了提高技术水平，但是在利润或其他机制的刺激下，各国对短期利润及长期发展的取舍不尽一样，从而影响引进方式的选择。例如，软件引进需要大量时间消化、吸收，产生经济效益较慢；而硬件引进则能直接增强生产能力，较快投产及产生经济利益。

3. 引进环境

引进环境包括引进方的资金情况、技术水平、人员素质、科研环境以及引进国的经济文化环境。若人员素质较低，较适宜用硬件引进模式；技术水平较高，且资金充足，则可用软件引进模式；投资环境好，但资金相对不足，则可用直接投资模式；综合环境比较好，则可用人才引进模式。

4. 引进国法规

一些国家立法管制以某种方式引进技术。例如，对于技术资本化问题，一些国家持根本禁止态度，一些国家则实行原则限制，另外还有些国家实行比例限制。我国对以直接投资形式引进技术也有一定的限制，认为直接投资引进的技术必须或有利于出口或提高技术水平或明显节约能源、原材料投入，且技术股本比例最高不能超过合营企业注册资本的 20%，同时应以等值的现金或实物作投资股本。

5. 技术输出方的意图

技术属于相对垄断的商品，输入方的引进策略往往受到技术输出方的约束。当技术处于高度垄断阶段，技术输出方往往通过售卖硬件以谋取更大利润；当技术被其他少数国家掌握时，原技术创新国通过技术资本化，运用跨国公司内部化优势，实现利润全球最大化；当技术进入衰老期，且技术产品竞争激烈时，技术一般以软件形式转让。

长期以来，我国在技术引进中存在不少问题。这些问题不解决，将对走中国特色的新型工业化道路带来不利。我们需要借鉴日、韩等国在引进技术方面的成功经验，探索适合我国现状的技术引进模式。参见拓展资料 7－2。

拓展资料 7－2：

工业化道路中的技术引进问题

走中国特色的新型工业化道路，其中关键的一环是引进国外先进技术为我所用。引进技术的重要性不需多说，但分析现在的技术引进现状，存在着以下的问题：

(1) 由于长期过度依赖引进，忽视了技术自主创新和消化吸收。在过去相当长的时间里，国内不少企业只注重引进技术，忽略自主开发，陷入了“引进再引进”和对国外技术“依赖再依赖”的双重恶性循环之中。缺乏核心技术和知识产权，使我国企业在国际化竞争中面临着“空心化”(无核心技术)和“边缘化”的危险。这种现象在新药开发中表现尤为突出。完全由中国研制开发的新药占药物市场极小的份额，国内药厂生产的药物大多是国外药物的仿制药，创新的很少。随着我国医药产业和世界接轨，缺乏知识产权和专利保护的仿制药面临竞争问题。要解决问题，就要处理好引进、消化吸收和创新的关系。我们可以学习日本的做法，日本战后技术引进十分重视进行技术消化，每买进 1 美元的技术专利，平均要花 4～10 美元的消化和开发研究费用。掌握了关键性的技术问题后，就能从本国的生产条件和生产能力的实际情况出发，进行仿制、改进乃至创新。

(2) 某些发达资本主义国家和跨国公司的技术封锁。以美国为首的西方发达国家为维持在技术上的垄断优势，最终实现其在军事和经济上对发展中国家的绝对优势，对发展中国家的技术出口有严格的限制，导致某些核心技术进不来。信息产业的高新技术封锁日益加强，发达国家不同程度地强化了对技术输出的控制，采取了严密的高技术保密措施，如技术壁垒、知识产权保护法等。中国面临这方面的纠纷日益增多。美国政府对于高性能计算机技术的出口一直都有明确的限制，中国就被列在这个限制名单的前列。在 2004 年 5 月《Science》杂志上看到，美国拥有治疗艾滋病药物 3TC 专利的组织，为了保护其在中国的乙肝药物市场，拒绝向中国人道提供3TC药物，从侧面说明了美国对中国的技术封锁。日本向中国出口的电子产品一般都不是最新的，往往是在日本国内销售8年到10年的旧技术和旧产品。美国对中国技术出口的限制更是涉及各个方面，从航天军事科技到电子汽车制造业等。

(3) 地区分布不平衡现象存在。据2001年技术引进情况分析，技术引进项目地区分布极不平衡，主要集中于上海、广东、北京、天津、江苏、安徽等经济发达地区，上述地区注册的合同金额占所有地方外经贸委（厅）注册的合同金额的76.73%。中西部地区技术引进项目数量较少、技术含量不高。

要解决上述技术引进存在的问题，除了要加强作为主体的创新意识外，我们可以借鉴韩国和日本的技术引进模式。战后日本瞄准国内外市场大量引进商标和尚未工业化的技术，重视技术引进的立法与管理工作、重视引进科学技术的消化，科学技术引进善于抓住机遇。而韩国在政府强有力的干预下，始终把技术引进的重点同实现长期的工业化战略目标紧密结合起来，并对技术引进工作在政策上予以大力支持和鼓励。中国同韩国、日本的历史背景有相当的相似之处，通过分析学习他人的成功之处，改进我们的不足，找到适合我国现状的技术引进模式。

资料来源：中国工程院网上论坛。

第三节　技术出口

技术出口是指中国境内的公司、企业、科研机构以及其他组织或个人（不包括外商投资企业、外国在中国的公司、企业以及其他经济组织和个人），通过贸易或经济技术合作途径（不包括对外经济技术援助和科技合作与交流项目）向境外的公司、企业、科研机构以及其他组织或者个人提供技术。技术出口的范围包括：专利技术转让；产品研制开发，生产工艺、方法、配方以及经营管理和质量控制等专有技术的转让；动、植物饲养、繁殖等专有技术的转让；技术服务；涉及技术的成套设备出口和对外合作承包工程。

一、我国技术出口的理论基础

（一）技术梯度论

技术梯度论的观点是：由于经济发展的不平衡，技术上形成若干梯度，技术转移应该按照梯度依次进行。

20世纪80年代初，西方的梯度推移理论被引进我国。西方梯度推移理论与工业生产生命循环阶段理论是紧密相连的。美国哈佛大学弗农等人认为，各个工业部门、工业产品、技术，都处在不同的生命循环阶段中，都要历经创新、发展、成熟、衰老四个阶段。主要观点是：无论在世界范围内还是在一国范围内，经济技术的发展是非均衡的，客观上已形成一种经济技术梯度。生产力的空间推移，是从高梯度区向低梯度区推移的。如果该地区主导产业处于创新阶段和发展阶段，该地区就成为高梯度区。新产业部门、新产品、新技术等创新活动，一般来源于高梯度地区。以后随着产业生命循环阶段的变化，衰退的部门、产品、技术逐步由高梯度地区向低梯度区转移。

世界经济发展总是不平衡的，这种不平衡可在一定时期内形成由高到低的技术梯度。从世界范围，我们可以划分出技术先进的发达国家，技术落后的不发达国家和处于两者之间的技术较进步国家三类。中国属于技术经济发展中国家，即技术落后的不发达国家。

虽然技术梯度理论告诉我们，技术是按照技术的梯度进行转移的，但这是针对某一国家的整体技术来讨论技术差距的，也就是说，我们不能因此来推断出某一个国家和地区的一切技术的梯度顺序。这是因为，即便一国的经济和技术的发展水平多么发达，经济实力是多么雄厚，发明创造如何的多，都不可能在一切领域处于领先的地位。例如，美国的经济实力是世界上首屈一指的，但是在金属合金和机器人领域落后于日本。

根据上述划分，中国属于技术落后的发展中国家，但是并不代表中国在每个领域、每个项目上都处于落后地位。恰恰相反，中国在不少单项技术上处于国际领先地位。所以更为具体地说，技术梯度不应单单以经济发展的总体水平来划分，而应以各个不同领域或产业的先进程度来划分。也只有经过这样的划分，我们才能更好地解释当今世界的技术转移现象。我国当前的现实是：不同行业、不同领域的技术水平处于不同的梯度位置，也就是说，我国的技术水平除了最高和最低的两个位置，一般总存在比最高低和比最低高的技术梯度，我们可以引进前者的技术，而对后者进行技术输出。所以对我国来说，不仅可以引进技术，而且可以进行技术出口。当然，这种梯度转移规律还要考虑经济、文化水平和自然环境的优势。发展差距较小的国家和地区，梯度差距较小，技术转移也就较为容易，产业移植也就活跃；反之，技术转移就困难。

此外，需要指出的是，技术梯度的传递顺序只是一个国家、一个地区各个部门科技水平现状和生产力的总的概况，而不能推断一切技术转移的顺序，更加不能决定未来的技术发展顺序。这是因为：①地理位置之间的差异使得经济资源的禀赋、经济结构不同，技术发展的侧重点因而也就有差异，久而久之，某项技术水平也就有高低。②在一定的时期内，某项技术水平的高低是相对的、是可变的，况且还会出现逆反的技术转移情况。即一国通过引进—吸收—创新后，把原来的技术进行再出口。这方面日本是个典型。日本之所以在二战结束后几十年内达到发达国家的水平，最重要的因素是科技的引进和创新。

（二）技术周期转移论

占有新技术的企业为了利用手中已经掌握的技术来谋取最大的经济收益，其对外战略无外乎三种类型：利用新技术生产新产品对外出口；对外直接投资，就地产销该技术生产的产品；直接把该技术输出给对方，即输出技术。这三种方式表面上是相互独立的，其实是互有联系的。日本学者斋藤优认为这三者是按照一定的周期循环的，它们之间的相互关系如图 7－1 所示。

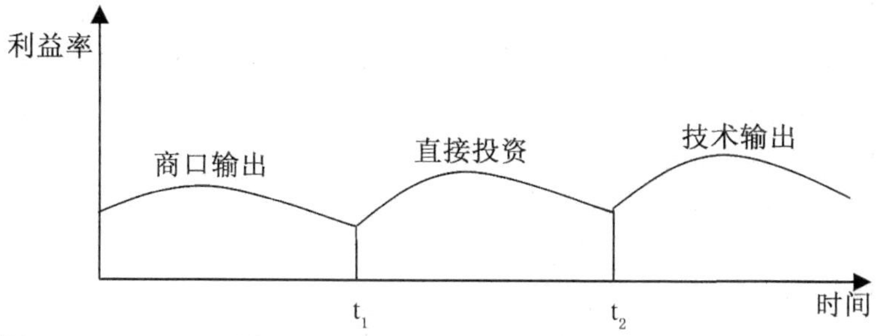

图 7－1　技术周期转移理论示意

斋藤优认为，占有新技术的企业总是先出口应用该技术生产的产品，在出口的过程中，该产品在当地的市场份额不断扩大，利益率由低而高；同时，该产品也逐渐适应了当地的生产条件，运用当地的生产要素也能够生产出该产品，于是利益率开始下降，企业便在 t_1 这个时点把出口产品转为直接投资，从而利益率开始回升；其后，由于当地的产销，该技术的水平很快得以提高，并且能够模仿该产品推向市场，此时企业的投资利益率也开始由上升转为下降，到了 t_2 这一时点，企业就转向出口技术，这不仅能够维持原有的收益率，而且能达到最高的收益率。

斋藤优的技术周期论告诉我们，一项新技术问世的必然性归宿就是进行技术扩散，它是技术周期循环的必然结果。这样一来，技术不仅能够得到最广泛的应用，企业也能够从该技术的使用及最终的转移上得到最大的收益。因此，对我国的技术出口来说，我们可以利用技术周期转移理论在新技术的不同生命周期采取合适的出口途径，从而充分实现新技术带来的最大收益。

二、我国技术出口概况

新中国成立后一个很长时期，我国很少有真正意义上的技术出口，只是通过对外经济援助的方式向第三世界国家提供某些技术和成套设备，援建其农业、铁路、公路、水利等项目。中国的对外技术贸易呈现出只进口不出口的单向流动局面。

改革开放以后，从20世纪80年代初起，中国开始技术出口，主要包括技术出口和成套设备及高技术产品出口(即无形产品和技术含量高的有形产品输出)。技术出口如杂交水稻技术、高炉喷煤粉技术和顶然热风技术、VC二步发酵法技术曾分别向美国、卢森堡、英国、瑞士进行转让；成套设备和高技术产品出口如我国对巴基斯坦出口的30万千瓦核电站项目，合同金额达5.6亿美元，其中技术费达2 000多万美元。

上世纪90年代以后，我国技术出口发展迅速。技术出口占外贸总额的比重从1991年的1.78%升至1997年的3.02%。2000—2002年，中国共向52个国家和地区出口技术和成套设备，签订技术出口合同2 233项，合同总金额1 514亿美元。"十五"期间我国高新技术产品出口年均增长43%左右，高出全国外贸出口增幅18个百分点；2005年高新技术产品出口达到2 183亿美元，是"九五"期末的6倍，占外贸出口比重达到28.6%，比"九五"期末提高13.7个百分点。出口国别和地区已达到79个，既有发展中国家也有发达国家。项目涉及机械、船舶、建材、电子、化工、纺织、轻工、冶金、能源、通信和医药等行业，对优化国家出口商品结构起到了促进作用。尽管中国的技术出口市场相当集中，以亚洲发展中国家为主，但近年已先后开辟了欧洲、美洲、非洲地区的市场。市场多元化对技术出口起了重要作用。

三、我国技术出口的特点

20多年来，中国技术出口发展的特点表现为：

(1) 技术出口的国别和地区范围逐渐扩大。1980年，我国的技术仅出口到联邦德国、美国和巴基斯坦3个国家，1998年已出口到120个国家和地区。1985年以前，引进中国技术的主要是发达国家，1989年以后主要是发展中国家(占我国技术出口总额的70%以上)，同时，对发达国家技术出口的绝对额继续保持增长。

(2) 技术出口的行业和范围不断拓宽。1980年，我国技术出口仅限于冶金、农机和化工3个行业，到本世纪初，已扩大到机械、电力、建材、轻工、船舶、航空、电子、能源、纺织、交通、通信、卫星发射、工程设计、生物医疗、计算机信息服务等近20个行业。

(3) 技术出口方式灵活多样，有技术许可、技术服务、工程承包、合作生产、高技术产品、关键设备、成套设备、大型设备等多种技术出口方式。

(4) 技术出口带动了国产成套设备的出口。从1989年到2002年，带有成套设备出口的技术出口合同额占技术出口总额的90%以上。

(5) 技术出口融资方式多样化。有发展中国家使用国际金融机构贷款带动我国技术输出，也有我国进出口银行提供的出口信贷。

中国的技术出口规模虽然逐步扩大，但与西方发达国家相比仍有较大的差距，技术出口市场还不够广泛，许多市场还有待开发；技术出口的增长速度慢于技术进口的增长速度，导致我国对外技术贸易的逆差不断扩大。根据2002年的《洛桑报告》，2000年高技术出口总额最高的是美国，达1970.33亿美元，高技术出口在制造业出口中所占的比重最高的是新加坡，为62.39%。中国高技术出口总额是408.37亿美元排名第九，占制造业出口的比重为18.57%，排名第22。2005年高技术出口首次迈上2000亿美元台阶，达到2182.5亿美元，比上年净增527.1亿美元，占全国商品出口额的比重为28.6%；高新技术产品出口前三类为计算机类、通信类和电子类产品，前11个月出口额分别为938.7亿美元、640.2亿美元、221.3亿美元，分别增长26.2%、38.0%、32.9%，分别占比48.2%、32.9%、11.4%。"十五"期间我国高技术产品出口总额6084.2亿美元，是"九五"期间的5.5倍。

总的来看，我国技术出口还处于较低水平，但已具备了一定规模，并显示出快速增长的发展趋势。

四、我国技术出口的发展目标

按照我国对技术出口的管理办法，今后，在技术出口方面，我国将以出口成套设备和高新技术产品为重点，实现技术出口的集约化经营，创造和形成新的国际竞争优势。

成套设备的优势不仅限于科技含量大、附加值高，成套设备还可带动各类物资、工程、劳动力、资本的输出，这种优势是成套设备所独有的。当前在成套设备和技术出口上的重点应是：电站、建材、化工、冶金、纺织等行业的成套设备、环保设备及高技术含量的船舶。

为贯彻国家科技兴贸战略，大力发展高新技术产品出口，并对高新技术产品出口实行规范、科学的管理，科技部、原外经贸部、财政部、国家税务总局和海关总署联合编制并发布了《中国高新技术产品出口目录》(以下简称《目录》)。《目录》共列出包括电子信息、软件、航空航天、光机电一体化、生物医药和医疗器械、新材料、新能源和节能产品、环境保护、地球空间和海洋等8个领域的约1862项可供出口的民用高新技术产品。其中，计算机及其软件、通讯产品、生命科学、医学产品、航空航天、电子及光电产品将成为高技术产品出口的重点。企业出口列入《目录》的产品，均可按国家规定享受国家给予高新技术产品出口的优惠政策。

我国鼓励以出口产品为主的多种技术出口方式，当产品难以直接进入国际市场时，我们就需要以技术出口带动设备和相关产品与劳务的出口，从而实现合作的双赢效果(参见案例研究7-5)。

案例研究 7－5：

技术出口促双赢　中埃合作结硕果

为促进四川省具有比较优势的实用技术和设备出口，加强同非洲国家的经济、技术合作，在中国驻埃及使馆科技处的协助下，应四川省科技厅的邀请，以埃及环境部大开罗区主任麦戈迪博士为团长的埃及政府代表团一行 4 人于 2002 年 4 月 12 日至 17 日对四川进行了访问。代表团在川期间，访问了四川省农机院等单位，就双方开展秸秆气化技术和设备合作达成了初步意向。在四川省科技厅的支持和帮助下，四川省农业机械研究院同埃方经过多次相互考察和谈判，于 2003 年底派员随同四川省科技厅杨国安厅长率领的四川科技代表团访问埃及，与埃及环境部正式签订了出口两套秸秆气化成套设备的合同，价值 30 万美元。

在埃及环境部 2004 年 6 月 5 日于开罗举办的环保科技合作成果展上，四川省和埃及合作的“工业化秸秆气化”项目成为此次展会一大亮点。埃及总理奥贝德专门到中国展台前参观，仔细询问了秸秆气化的有关技术问题，并亲手点燃了使用秸秆气为燃料的炉灶，赢得了周围参观者们的阵阵掌声。来自中方的农业专家与埃及军工、石油和人口安置研究中心的科研人员一道，在利用秸秆气化技术生产清洁燃料方面取得了巨大成果，奥贝德对此给予高度评价和赞赏。

中国驻埃及大使吴思科在接受新华社记者采访时强调，秸秆气化项目是迄今为止中埃两国最大的环境科技合作项目，该项目的实施对于改善埃及环境，尤其是避免因秸秆焚烧造成污染，具有重要的社会意义，而且还通过实际成果进一步丰富了双边合作的内涵。

中国驻埃及使馆科技处负责人苏平平强调，这类项目的特点是，中国科研机构向发展中国家转让了科技含量较高的科技成果，同时也获得了巨大的经济效益，比如埃方为获得设备和培训服务向中方支付了 30 万美元，实现了合作的双赢效果。四川省农业机械研究设计院根据与埃及环境部签署的合同，已经为埃方建造、安装、调试完毕第一套 SR300 工业化秸秆气化设备。在当天展会上，四川省科技厅国际合作处处长梁晋、农机院院长刘和宁、农机院总工程师谢祖琪与埃方代表一道参加了项目竣工和交接仪式。四川省还将在近期向埃方移交第二套秸秆气化设备。

此次四川省秸秆气化设备成功出口埃及，是以国际科技合作为先导，实现经济和社会效益双赢的一次成功尝试。四川省科技厅将以此为契机，继续认真贯彻落实中央、省委提出的“走出去”战略，充分发挥国际科技合作优势，鼓励和支持四川省更多的科研院所、中小企业，充分利用国内和国际市场、两种资源，输出成熟实用的技术和设备，参与世界范围内的竞争，从而获得更大的市场和更广的发展空间。

资料来源：四川国际科技合作网 2004.06.29。

第四节　技术进出口管理与政策

技术进出口管理可分为宏观管理和微观管理，宏观管理是指国家层面实施的管理，如制定各种技术进出口的法律、法规；微观管理是指企业层面实施的具体管理。总体上讲，我国鼓励先进、适用的技术进口，也鼓励成熟的产业化技术出口；同时对危害国家安全或者社会公共利益的、危害人的生命或者健康的、破坏生态环境的、违反国家缔结或参加的国际条约、协定规定的技术，禁止进口。

一、技术进出口的宏观管理

1. 对进出口技术实行分类管理

我国《对外贸易法》第三章将进出口技术分为禁止、限制、自由进出口三大类，按目录进行禁止、许可、登记管理。凡列入禁止进出口技术目录的技术，不得进出口。限制进出口的技术，应向商务部提出申请并附有关文件，经批准后由商务部发给技术进出口许可意向书。取得该意向书后，申请人方可对外进行实质性谈判，签订技术进出口合同。技术进出口经许可的，由商务部颁发技术进出口许可证，技术进出口合同至此生效，申请人凭技术进出口许可证办理外汇、银行、税务、海关等相关手续。对属于自由进出口的技术，实行合同登记管理，申请人凭技术进出口合同登记证办理外汇、银行、税务、海关等相关手续。

2. 制定各种法律、法规，加强管理力度，确保技术贸易健康发展

鉴于我国已经正式加入了世界贸易组织，为了进一步规范我国的技术进出口管理，维护技术进出口秩序，促进国民经济和社会的健康发展，并和国际惯例接轨，国家相关主管部门加快了立法的步伐。目前已先后发布了《中华人民共和国技术进出口管理条例》、《技术进出口合同登记管理办法》、《禁止进口限制进口技术管理办法》、《禁止出口限制出口技术管理办法》等一整套行政法规和部门规定，同时也先后发布了《中国禁止进口限制进口技术目录》(第一批)、《中国禁止出口限制出口技术目录》，以及 2002 年 3 月 11 日发布的新的《外商投资产业指导目录》和《指导外商投资方向规定》，因此我国的技术引进和技术出口的管理工作已经进入了新的历史时期。从某种意义上来说，我国的技术进出口管理已不再处于无法可依阶段。当前面临的主要任务应是如何加强依法管理的力度，将现有的政策导向真正落到实处。由于我国长期实行计划经济的管理模式，尽管目前正处于转型时期，但计划经济管理模式的影响还或多或少地存在于各个经济管理部门和各个地区。他们往往不是根据本部门和本地区的实际情况，认真分析国内外市场需求和供给的变化，从实际出发，量力而行，正确选择有可能形成本部门和本地区比较优势的技

术，而是一哄而上，盲目重复引进和建设最终并不能发挥经济效益的技术项目，造成了极大的浪费。此外，需要引起警惕的是，某些西方国家借着全球产业结构调整的机会，为了保护自己的资源和环境，不顾对技术引进方的资源和环境造成严重破坏的后果，将一些技术落后、资源消耗严重、对环境造成严重污染的项目，输出到我国。这是今后在技术引进中应该尽量避免的。

3. 正确掌握原则，防止禁止出口、限制出口的技术流失国外

众所周知，我国拥有的诸如景泰蓝、双面绣、工艺陶瓷、人参栽培、云南白药等许多传统工艺技术，为国家之瑰宝，其技术产品行销世界各地，市场销售长盛不衰。因此一些外商总是千方百计想从我国搞到这些传统工艺技术，如果在管理上稍有不慎便会流失到国外。而对由《中华人民共和国核出口管制条例》管辖的核材料、核设备和反应堆用非核材料及其相关技术，由《中华人民共和国核两用品及相关技术出口管制条例》管辖的"核两用品及相关技术出口管制清单"所列的设备、材料及相关技术和由《中华人民共和国监控化学品管理条例》管辖的可作为化学武器的第一类化学品，作为生产化学武器前体的第二类化学品和可作为生产化学武器主要原料的第三类化学品及其生产技术、专用设备的出口，如在管理上稍有疏忽，则将会造成极其严重的政治影响。

因此，在新的历史时期，依法对技术进出口进行管理，不仅必要，而且必须加强依法管理的力度，才能确保我国的技术进出口沿着健康发展的道路向前迈进。

二、技术进出口的微观管理

技术进出口的微观管理是企业层面对技术进出口的管理，它包括技术引进管理和技术出口管理。

1. 技术引进管理

技术引进管理的内容包括：项目管理、合同管理、外汇管理、税收管理、商品检验管理和海关管理等。其中，项目管理是基础，合同管理是最为重要的核心内容。

为维护我方利益，根据我国实践经验并参考一些国家的立法，我国规定，引进合同中不得含有下列不合理的限制性条款：

(1) 要求受方接受同技术引进无关的附带条件，包括购买不需要的技术、技术服务、原材料、设备或产品；

(2) 限制受方自由选择从不同来源购买原材料、零部件或设备；

(3) 限制受方发展和改进所引进的技术；

(4) 限制受方从其他来源获得类似技术或与供方竞争的同类技术；

(5) 双方交换改进技术的条件不对等；

(6) 限制受方利用引进的技术生产产品的数量、品种或销售价格；

(7) 不合理地限制受方的销售渠道或出口市场；

(8) 禁止受方在合同期满后，继续使用引进的技术；

(9) 要求受方为不使用的或失效的专利支付报酬或承担义务。

依照我国法律规定，合同的引进方应自合同签订之日起的 30 天内，向审批机关报批。审批机关应在收到报批申请书之日起 60 天内决定批准或不批准。审批机关逾期未予答复的，视为合同获得批准。经批准的合同自批准之日起生效，并由审批机关发给《技术引进合同批准证书》。

在技术引进合同的履约过程中涉及到的税收和用汇问题，分别统一由国家税务局(涉及到关税的由海关总署)和国家外汇管理局负责解决和管理。

2. 技术出口管理

技术是一国的核心竞争力，发达国家对本国技术出口有较严格的管制(参见新闻摘录 7－2)，我国作为发展中国家，对技术出口也有相应的管理措施。技术出口的归口管理机构是商务部和国家科委。国家科委负责重大出口项目的技术审查，科技保密审查，具有对技术出口项目的技术、科技保密审批权；商务部负责重大技术出口项目贸易审查以及项目合同的审批和重要涉外活动；国务院各部委和各省、市、区商务主管部门负责本部门本地区的技术出口，地方科委进行技术审查。

我国以贸易渠道出口技术是从上世纪 80 年代开始的。1986 年国家制定了我国技术出口的方针、原则和管理制度。我国技术出口应遵循六项原则：

(1) 遵守我国的法律、法规；

(2) 符合我国外交、外贸和科技政策，并参照国际惯例；

(3) 遵守我国对外签订的协议和所承担的义务；

(4) 不得危害国家安全和社会公共利益；

(5) 有利于促进我国对外贸易发展、科学技术进步以及经济技术合作；

(6) 保护我国经济技术权益和我国产品在国际市场上的竞争地位。

新闻摘录 7－2：

美国对华技术出口管制风波又起　两公司受“指控”(2003)

中新社华盛顿 1 月 1 日电 美国对华技术出口管制又起风波，美国国务院指责休斯电子公司和波音卫星系统公司向中国提供卫星和火箭技术，并于上周四向联邦法院“悄悄”提交了 32 页的“指控书”。

此间媒体今天报道说，如果联邦法院判决美国国务院胜诉，对两家公司的罚款可能高达 6 000 万美金，并且禁止它们在未来 3 年出口列入管制的高科技项目。

几年前，所谓休斯公司和劳拉公司帮助中国改善火箭发射技术的传闻闹得沸沸扬扬，美国政府为此中断了与中国的卫星发射合作。此次美国政府属于旧事重提，旧账重翻。

由于休斯公司的卫星产品部门2000年被波音公司以37亿美元购买，美国国务院此次对两家公司一并提出指控，而劳拉公司此前与政府达成和解协议，并接受了1400万美元的罚款。

休斯公司和波音公司则坚决否认有关指控。

波音公司下属卫星系统公司的发言人丹·别克对美国国务院的指控不予置评。他表示，波音公司仍在继续同美国国务院进行谈判，正在等待对这些指控进行商议和回顾，但“目前谈论此事对我们来说是不合适的”。

休斯公司发言人罗伯特·玛尔索斯说：“我们不认为我们做的任何事情是错误的。休斯公司将和美国国务院商谈，然后对休斯公司的对应措施进行评估。”

中国的专家认为，美国对中国实施严格的技术出口管制是“冷战”思维在作怪，是自缚手脚，自己断送了许多商机。美国在卫星技术“泄密”上大做文章，显然低估了中国自主改进提高技术的能力。

资料来源：中新网。

为贯彻上述原则，我国把技术项目分为禁止出口、控制出口(重大技术)和允许出口(一般技术)三大类，并对技术出口项目和技术出口合同实行双重审批制度。对出口技术项目进行技术审查时，侧重考虑下列几点：

(1) 技术出口重点应是工业化技术，应以技术出口带动劳务、设备出口和对外工程承包。对实验室技术，原则上应首先在国内开发，转变为工业化技术后再出口；国内目前尚无条件开发应用的，则需在保证国家利益不受损害，并取得国外有效保护的前提下，才允许出口；

(2) 出口技术应是成熟可靠、经过鉴定的。未经鉴定但已经生产实践验证的，应由采用单位出具证明；

(3) 鼓励以出口产品为主的多种技术出口方式。产品难以直接进入国际市场时，鼓励以技术方式出口；

(4) 出口技术应视其技术的寿命周期和我方技术储备状况，以及国际市场需求情况，掌握有利时机，确保我国技术优势，争取我方获取最大利益；

(5) 出口技术已取得我国专利的，原则上应在引进国申请专利，取得引进国专利法的保护，或在协议(合同)中明确规定符合国际惯例的保密性条款，以确保我方利益不受侵犯；

(6) 出口技术应符合我国的国别(或外交)政策；

(7) 国家秘密技术出口应符合我国的科学技术保密规定；

(8) 引进消化吸收技术的出口不得违反原合同对该技术的限制性规定，不得侵犯他人的专利权。

第八章　中国的资本流动

本章目标

1. 了解利用外资的意义和作用。
2. 了解我国利用外资的渠道和形式。
3. 掌握利用外资的基本方针和政策措施。
4. 领会发展中国家对外直接投资的理论。
5. 了解我国对外投资的情况和政策。

一国的资本流动包括吸引(或借入)外来资金和对外投资两部分，当前，我国在这两方面的发展很不平衡。未来，中国经济的健康发展必须两手抓，既要重视招商引资，又要重视对外投资。

第一节　利用外资概述

一、利用外资的意义和作用

新中国成立初期，我国已开始利用国外资金解决国内资金不足的问题。上世纪 50 年代，我国从原苏联和东欧国家大规模引进先进技术和设备时，就向原苏联政府借用 15 亿美元的低息政府贷款，用于 156 项重点工程。60 年代我国利用卖方信贷(对我方延期付款)的方式引进了一些日本、西欧的成套设备，利用中国银行在海外的分支机构吸纳的外汇存款购买了一些远洋船舶。改革开放后，我国利用外资的规模不断扩大，20 多年来，中国吸引外资的情况一直是国际经济领域一道亮丽的风景。据统计，中国吸引外资数额自 1992 年起高速增长，不论是增长速度还是引资数额，中国一直居于发展中国家之首，不仅远远把第二名的印度甩在后面，在 2002 年甚至超越美国，成为全球吸引外资最多的国家。巨额外资流入中国，对中国经济、科技的发展起到了巨大的推动作用。商务部外资司司长胡景岩 2005 年从四个方面给出数据，说明外商投资企业对推动我国经济社会生活发展起到重要作用：2004 年我国外商投资企业交税 5 355 亿元，占全部税收的 20.8%；外企提供了大量的工作岗位，外企工作人员占到城市就业人口的10%；外商投资企业带动对外出口，且其出口的产品以机电和高新技术产品为主，已占到我国总出口额的57%；最后，通过外商投资企业引进的技术占到我国引进技术总量的50%。通过更详细的考察，我们可以发现，改革开放以来，外资对我国经济的作用具体体现在：

(1) 外资是我国固定资产投资的重要资金来源。从我国全社会固定资产投资的资金来源看，利用外资在全社会固定资产投资中的比重不断提高，已经由1981年的3.8%提高到1996年的11.8%，随后受东南亚金融危机的影响有所降低，但仍然保持在7%左右。自1992年起，外资利用规模已超过国家预算内投资，成为我国固定资产投资中仅次于企业自筹资金和国内贷款的第三大资金来源。

(2) 外商投资工业的迅速扩张促进了我国的工业化进程。1990年外商投资工业产值在我国工业总产值中的比重只有1.9%，但1991年以后增长速度远超过其他经济类型，到1999年已达到14.4%。外资企业工业增加值的比重也由1995年的14.8%提高到1999年的20.7%。统计分析表明，1995—1999年外商企业工业总产值增长对全部工业总产值增长的贡献率是27.3%，即该时期工业总产值年均14.4%的增长速度中，有3.9个百分点来自外商投资工业企业的贡献。2004年，外商投资企业在工业增值中占27.8%。

(3) 外商投资经济成为我国不可缺少的税收来源。我国涉外税收中95%左右来自外商投资经济。1982年包括涉外税收在内的其他税收项目全部加起来也不过300万元左右，不到工商税收总额的万分之一；1986年外商投资经济工商税收在工商税收总额中的比重达到1.21%，以后逐年提高，1998年上升到13.5%，成为国内工商税收中增长最快的税源。1986—1998年，外商投资工商税增长对全部工商税增长的贡献率达到15.7%。2004年，外商投资企业创造的税收在总税收中已经占28.8%。

(4) 利用外资创造了大量就业机会。随着外资利用规模的不断扩大，外资企业吸收的劳动力数量逐年增加，由1985年的6万人增加到1999年的612万人，年均递增43万人，对同时期全国城镇就业新增数的贡献率达到7.4%。如果将直接或间接从事与外资企业有关配套加工、服务等活动以及参与利用国外贷款和援助项目的劳务人员计算在内，利用外资大约解决了2 000万人左右的就业问题。2004年，这一数字达到了2 400万人。

(5) 利用外资推动了我国产业结构的优化升级。截至1999年底，我国累计的外商直接投资合同金额中，第一产业、第二产业和第三产业分别占1.8%、59.7%和38.5%。1999年各产业实际利用直接投资的比重分别是1.8%、68.9%和29.3%。由此可见，长期以来进入我国的外商投资主要集中在第二产业和第三产业，通过扩大投资对这些产业的规模扩张和结构升级起到了重要作用。在第二产业中，机械、运输设备、电子及通信设备等资金密集型产业是外商投资的热点产业，其比重一般占第二产业外商投资的近三成左右，是带动机电产品类产业发展和出口增长的主要因素。

(6) 外商投资企业进出口是我国对外贸易发展的重要带动因素。利用外资对我国进出口贸易的带动作用集中表现在两个方面：一是外商投资企业进出口总额的快速增长，加速了我国对外贸易规模的扩张，1986—1999 年期间，前者对后者增长的贡献率达到 59.8%，其中出口增长的贡献率也超过了 50%；二是外商投资企业进出口的增长推动了出口商品结构升级。1999 年全国高新技术产品出口额中，外商投资企业占了 70%以上。截至 2004 年，外资在我国出口当中已经占 57%。

(7) 利用外资在地区经济发展中的作用日趋明显。由于东部沿海地区的率先开放及其特殊的经济、地缘、人才优势，使其首先成为直接投资溢出效应的最大受益地区，并导致东部地区与中西部地区经济发展差距迅速扩大。据分析，东部投资规模与中西部投资规模之间的差额中，外商投资部分所占比重由 1993 年的15.4%上升到 1998 年的 31.4%，这表明各地区利用外资的差距已成为地区固定资产投资差距日益重要的决定因素，并对地区经济之间的差异产生了不容忽视的影响。

(8) 利用外资对我国技术进步的促进作用明显。1987—1999 年期间，外资企业的设备进口大约相当于投资额的 60%，其中转让技术中有 34%左右是先进技术，其余 66%左右是成熟技术，在华设立研发中心的跨国公司企业也在迅速增加。从近几年我国利用外商投资中来自欧美跨国公司投资、设立独资企业的比重明显上升等特点同样可以说明，进入我国的外资技术含量正在不断提高，对国内技术进步的作用日趋明显。

(9) 利用外资对市场经济体制改革与完善发挥了重要作用。外资流入本身带来了先进的生产组织和管理模式，通过扩散效应和示范效应，促进了国内管理水平的提高，推动了我国经济体制改革和市场化的进程。

二、我国利用外资的渠道和形式

我国利用外资的渠道和形式有利用国外间接投资和吸引境外直接投资两种。

(一) 我国利用国外间接投资

间接投资指证券投资和借贷资金输出，其特点是投资者不参与这些企业的经营管理。我国利用国外间接投资有以下几种方式：借用国外贷款、发行境外债券和股票、国际金融租赁、补偿贸易与对外加工装配等。

1. 借用国外贷款

我国借用国外贷款的渠道有四种，即外国政府贷款、国际金融机构贷款、外国商业银行现汇贷款和出口信贷。

外国政府贷款是指一国政府向另一国政府提供的，具有一定赠与性质的优惠贷款。一般指发达国家给予发展中国家的贷款，利率低、还款期限长、赠与成分比较高。该贷款必须用于两国政府商定的项目上，也称项目贷款。根据经济合作与发展组织(OECD)的有关规定，政府贷款主要用于城市基础设施、环境保护等非盈利项目，若用于工业等盈利性项目，则贷款总额不得超过200万特别提款权。

我国利用外国政府贷款始于1979年，截至2000年，我国借用外国政府贷款(不包括日本政府贷款)累计签约额达183.72亿美元。其中德国、法国、西班牙分别以39.4亿美元、24.5亿美元和21.8亿美元位居前三位。截至2000年底，借用外国政府贷款总计执行1746个项目，其中建成项目1654个，在建项目92个。从投向领域看，交通占27%、能源占17%、原材料占14%、城市基础设施占10.3%、轻纺占9.4%、环保及其他占22.3%。从地区分布看，68%投向中西部地区，其中47.6%投向中部地区，20.4%投向西部地区，东部地区占32%。

此外，许多发达国家政府都有专门帮助中小企业融资的政策，我国企业可以设法利用。参见案例研究8－1。

案例研究:8－1

外国政府金蛋充足，如何手到擒来

王先生是安徽省的民营企业家。说是企业家，准确地说是“个体户”可能更合适，因为他的小食品厂是名副其实的“麻雀工厂”。虽然工厂的产品在国内十分畅销，而且出口到了欧美各国，但王先生同样遭遇“融资难”困局——没办法，谁叫他的工厂是“中小企业”呢？

像国内的许多老板一样，王先生尝试了各种办法，想弄到资金，甚至一度想借高利贷，但始终与资金无缘，真是尝尽了“没钱人”的痛苦。

2004年的春节，王先生在美国的表哥回国探亲。王先生在闲谈中向表哥倾吐了心中的烦恼。没想到，王先生的表哥竟淡淡一笑：“这是小菜一碟。”

很快，表哥在美国设立了一家“皮包公司”，专门代理销售王先生的产品。更主要的是，表哥向美国的银行申请贷款。尽管表哥的“公司”根本“不符合”银行的贷款条件(没有资产或有信誉的公司担保)，但他很快向美国政府申请了担保。过了一段时间，美国政府委托银行审查其贷款条件，在得知他有“中国背景”后，美国政府替表哥做了担保，于是表哥顺利地获得了银行贷款。

利用这笔贷款，表哥帮助王先生在美国建立起销售网络，销售的货款源源不断地汇回国内，这等于变相地向王先生贷款。王先生很快利用这些货款扩大了生产，成为当地的大型生产商。

尝到甜头的王先生明白了：民企也可以从外国政府那里拿到钱，只看你如何操作。于是，他又打起了某国的外国政府贷款的主意。在当地政府的帮助下，王先生获得了某国的政府贷款共计 300 万美元，用于购买设备。于是，王先生的企业再次扩大了生产，赚得“盘满钵满”。

资料来源：http://finance.sina.com.cn 2006.01.24. 11:40，金羊网-民营经济报。

国际金融机构贷款是指世界银行（WB）、国际货币基金组织（IMF）、亚洲开发银行（ADB）和国际农业发展基金组织等国际金融机构向我国提供的贷款。

我国从世行获取的贷款主要有两类：软贷款与硬贷款。国际开发协会（IDA）是世行专门为最不发达国家提供长期无息贷款的机构，其贷款被习惯称为软贷款。其条件最优惠，利率为零，期限目前为 35 年，贷款项目一般为农业、水利、科技、教育、卫生、环保等。国际复兴开发银行（IBRD）是世行专门向发展中国家提供低于市场利率的中长期贷款的机构，其贷款被习惯称为硬贷款，期限为 20 年，宽限期 5 年，利率定期调整。我国曾多次成为世行第一大借款国，也曾是亚行第一大借款国。

截至 2002 年底，我国从国际金融机构获得的贷款情况如下：世界银行集团对我国承诺的贷款总额已达 341 亿美元，其中硬贷款 239 亿美元，软贷款 102 亿美元，用以支持 234 个项目；亚洲开发银行批准对华贷款项目 90 个，承诺的贷款总额约 113 亿美元；全球环境基金（GEF）对我国承诺的赠款 3.5 亿美元，GEF 赠款在一定程度上缓解了国内环保资金的不足；国际农发基金，对我国承诺的贷款约 3.9 亿美元，资助项目 16 个；欧洲投资银行，对我国承诺的贷款约 1.2 亿美元，支持了 3 个项目。①

外国商业银行贷款是国际金融市场上私人银行提供的商业性贷款，可由借款人自由运用，但贷款的利率较高，一般随行就市，还需支付有关费用。若借贷数额较大、期限较长，往往采用银团贷款形式，即由数家商业银行组成贷款团体，共同向借贷人提供贷款。由于这类贷款无优惠，我国较少使用。

出口信贷是一国政府为了支持和鼓励本国商品（特别是大型成套设备）输出而设置的一种专门的信贷。这种信贷比一般商业贷款优惠，分为买方信贷和卖方信贷，若使用买方信贷进口大型成套设备的话，只能用来购买债权国设备，而不能购买第三国设备，因为这是一种约束性贷款。我国在上世纪五六十年代曾利用外国政府的出口信贷进口了一批成套设备。

2. 发行境外债券和股票

发行境外债券是指一国政府、机构或企业在境外向投资者发行到期能够偿还，

① www.sjj.dl.gov.cn，王德强，深化政府外债审计，促进政府外债监管. 2005.1.17。

并有一定收益的有价证券。通过这种方式筹集海外资金是我国筹集外资的一条重要渠道。境外债券按利率分为固定利率债券和浮动利率债券;按偿还期限分为短期债券(1年以下)、中期债券(1～5年)和长期债券(5年以上)。此外,向境外发行股票也是国际证券投资的一部分,而通过海外上市更能迅速筹集资金。

1982年,中信投资公司在东京市场发行了100亿日元武士债券,标志着我国进入国际资金市场通过发行债券利用外资的开始。1993年,我国首次在境外发行政府债券,即在日本发行了300亿日元武士债券和在美国发行了3亿美元的杨基债券。1991年12月,上海电真空股份有限公司首次向境外投资者发行人民币特种股票B股,以后我国一些股份公司又相继向境外投资者发行B股股票,截至1994年底,共筹集资金24.5亿美元。近年来,随着中国经济飞速发展,中国企业走出国门到海外上市筹资的越来越多,他们积极拓展海外市场,充分利用外国资本市场丰沛的资金。据创业投资研究与顾问机构清科集团发布的《清科创业投资研究中心:2006年第一季度中国企业海外市场IPO报告》显示,第一季度中国公司海外上市平稳,共有18只中国概念股在纳斯达克、香港主板、香港创业板以及新加坡主板上市,筹资额达13.09亿美元。[①]

3. 国际金融租赁

国际金融租赁是指外国租赁公司从国外商业银行获得贷款购买国内企业选定的设备,然后按照契约规定将设备租赁给国内承租人使用。承租人向出租人定期缴纳一定的租金,取得设备的使用权。租金实际上是在租赁期内分摊租赁公司购买设备的成本和利润。租赁业务实际上是租赁公司给予承租人的长期信贷,是商品信贷与货币信贷相结合的一种融资方式,适合办理长期、大型、巨额的设备租赁,如电脑、飞机、轮船、成套设备、建筑机械等。中国民航业的多数飞机就是通过这种方式租赁而来的(参见拓展资料8-1)

拓展资料8-1:

飞机租赁

中国民航业是乘着租赁的翅膀飞起来的!此话并不为过。据统计,截至2000年底,在中国国内拥有的503架70座以上的干线飞机中,近90%是租赁而来的。从1990年至今,租机数量逐年增加,特别是1992—1994三年间,共租飞机150架,达到高峰。飞机租赁业务在我国虽然起步较晚,但发展之迅速,来势之迅猛,前所未有。

世界民航业的飞机租赁也表现出强劲的势头。虽然各国航空公司仍是客机的

① 史秋实:中国高新技术产业导报,2006.5.30

最大买主，但飞机租赁企业在航空市场上所占的比重却在逐渐上升。10 年前，租赁公司约占飞机运输市场的 14%，多数业界专家估计，目前这一比重已升至 24%，这意味着全球营运的 1.2 万架商用飞机中，租赁的飞机大约有 2880 架。预计今后 5 年内，这一比例将进一步增至 30%以上。近几个月来，美国和其他一些国家的大型飞机租赁公司频频向波音和空中客车等全球著名飞机制造公司定货，凸显出国际飞机租赁市场进一步拓展的态势。

相对轿车、载重卡车、轮船等运输工具租赁而言，飞机租赁业属晚出道者。20 世纪 70 年代初开始出现旧飞机租赁，到 1980 年，“租赁”约占飞机交易市场的 3%。当时大中型航空公司一般都购买飞机。但此后，航空业市场的波动使得航空公司需要降低因购买飞机而产生的风险，飞机租赁从而获得了市场。1986 年到 1996 年间，全部使用租赁飞机的航空公司从总数的 15%升至 49%，而全部自己购买飞机的航空公司则从总数的 40%下降至 16%。有理由相信，在未来的十年、几十年期间，飞机租赁业必将得到更大的发展。

资料来源：http://www.mlhk.cn/maylan/page/menu022.htm.

我国的国际租赁主要通过两种渠道进行：一是通过外国租赁公司进口设备，二是通过我国租赁公司进口设备。无论外国租赁公司还是我国租赁公司，其购买设备所用资金都来源于国外商业银行的贷款，承租企业只按租赁协议支付租金，不直接承担借款和偿还的责任。

4. 补偿贸易与对外加工装配

补偿贸易是技术贸易、商品贸易与信贷相结合的一种利用外资的方式。签订补偿贸易协议的双方在信贷条款的支持下，一方向另一方进口机器设备、技术和劳务，然后用双方商定的产品去清偿贷款。其特点有三个：一是进口与出口相结合；二是贸易与信贷相结合；三是贸易与生产相结合。根据补偿方式可分为直接补偿（又称返销）、间接补偿（又称互购）和综合补偿三种。我国在改革开放后大规模开展中小型补偿贸易，主要用以缓解外汇资金不足的矛盾。到 1994 年底，我国通过补偿贸易方式实际使用外资 24.8 亿美元，广东沿海地区企业通过此方式实现了设备技术改造。

对外加工装配是来料加工、来件装配的通称，指由外商提供原辅材料、零部件、元器件、包装物料等，由我方企业按照对方要求加工装配，产品完成后运交给对方，我方收取外汇工缴费的对外经济合作方式。外商提供设备一般不需要我们支付现汇，而是采用劳务补偿的办法，扣除当年需付给我们的工缴费来偿还。截至 1994 年底，我国通过加工装配累计利用外资 60 多亿美元，外汇工缴费收入逾百亿美元。

（二）我国利用境外直接投资

直接投资是指投资者输出生产资本，直接在一个国家的厂矿企业予以投资，并由投资者直接参与经营管理。改革开放 20 多年来，我国利用外资的形式发生了很大变化，已经从改革开放初期的对外借款为主(约占实际利用外资的 60％～70％)转变为目前的外商直接投资为主，1992—2000 年，外商直接投资占全部利用外资的比重平均达到 72％。从 1992 年起，我国一直是世界上前三位最大的外商直接投资引进国。截至 2004 年年底，我国实际利用外商直接投资 5 604 亿美元，占实际利用外资的 75.4％。我国利用外商直接投资包括建立中外合资经营企业、中外合作经营企业以及外商独资企业等形式。

中外合资经营企业，也称股权式合营企业，特点是共同投资、共同管理、共享利润和共担风险。双方可以货币出资，也可以建筑物、厂房、机器设备、工业产权、专有技术出资。外方出资比例不得低于 25％，组织形式为有限责任公司。

中外合作经营企业，也称契约式合营企业，与合资企业的不同之处在于，双方投资一般不折算成出资比例，利润和风险也不按此比例分配，而是在签订的合同中确定，属于非股权式合营。我国兴办的中外合作企业大多是由外方提供全部或大部分资金，合同期满时，企业归中方所有，外国合作者一般在合作期间已收回全部投资及所得利润。

外商独资企业是指在中国境内设立的全部资本由外国投资者投资的企业。根据我国法律，此类企业至少应符合下列一项条件：采用国际先进技术设备；产品全部或大部分出口。

随着外商投资企业对我国法律、投资环境的了解与熟悉，独资正在逐步成为外商投资的主要形式。1979—1998 年在外商直接投资中，仅有 28％是以外商独资的形式流入我国的，但 2004 年，这一比重已经提高到 66.3％。

(三) 两种方式的比较

我国从政策上更支持与鼓励吸引直接投资，因为利用境外直接投资有特殊意义。

吸引直接投资虽也是利用外资，但大量引进不会增加我国的债务负担，不影响我国外债清偿能力。

直接投资的一大特点是企业的效益与投资者的利益挂钩，因此他们会千方百计让企业获得最佳经济效益。

直接投资的撤资风险也比较低。一旦投资资金到位、项目开始建设，实物资产不便轻易移动，其存量便于维持；而且直接投资形成生产能力并取得良好收益后，会产生一定的示范效应，吸引新的后续资本流入。因此，直接投资的流量也相对比较容易维持。

外商直接投资对于我国引进国外先进的生产技术和管理经验有特殊作用，是培养现代技术工人和现代经营管理人才的摇篮。

第二节　利用外资的基本方针和政策措施

一、我国利用外资的基本方针

改革开放后，我国就确立了利用外资的基本政策，中央曾多次提出必须积极、合理、有效地利用外资。目前，我国利用外资的指导方针是：适应我国社会主义市场经济发展和加入世界贸易组织的新形势，更加积极、合理、有效地利用外资，努力改善投资环境，大力引进国外先进技术、关键设备、管理和人才，提高利用外资质量，在有效利用国内资金的基础上，扩大利用外资规模和领域，积极促进国内经济发展、产业结构调整、国有企业改组改造和西部大开发，进一步推进全方位、多层次、宽领域的对外开放。在这一总方针指导下，我国要利用好外资必须关注以下几方面内容。

1. 外资结构

外资结构是指一国吸引的直接投资与间接投资构成，短期借贷与中长期借贷构成，政府贷款与商业贷款构成，不同币种贷款构成等。

借用外债应首先考虑使用条件比较优惠的外国政府贷款和国际金融机构贷款（中长期、中低息，有些为无息），其次可考虑一部分出口信贷（特别是买方信贷），因为其条件比一般商业贷款利率低。而利用外资的重点应放在吸引外商直接投资上，力争实现投资来源多元化。一直以来，我国正是按照这样的既定原则做的，利用外资的效果有目共睹，然而，在外资结构上还存在问题。

我国目前在外资结构上存在的不合理集中表现在三个方面：外资在产业结构上的失衡；外资在区域结构中的失衡；外资在投资方式上的失衡。

外资在我国产业结构中的严重失衡，主要表现在：制造业过重，农业、服务业过轻。据统计，2003 年，我国实际利用外资金额为 535 亿美元，制造业占 69%；农业占 1.87%；服务业占 29.3%，且 2/3 集中在房地产服务业。

外资在我国区域结构中的失衡，主要表现在：东部地区过重，中西部地区过轻。截至 2002 年，东部地区占我国利用外资的平均水平为 87%左右；而中西部地区分别占不足 9%和 4%。长三角和珠三角两个经济带占我国外资总量的 50%以上。

外商投资方式的严重不合理，主要表现在：外资企业中独资企业比例过大，合资企业比例过小。近年来，基于跨国公司技术垄断和技术保密等因素，企业独资的趋势越来越强，1997 年，我国实际利用外资金额为：合资企业 195 亿美元，独资企业 162 亿美元，后者是前者的 0.8 倍；2002 年，合资企业 149 亿美元，独资企业 317 亿美元，后者是前者的 2.1 倍。到 2004 年，独资企业已经占整个外资企业的 66.

3%以上,而外资研发机构大多以独资方式设立。

针对以上情况,我国已将继续积极有效利用外资写入"十一五"规划中,并在中央确定的2006年经济工作八项主要任务中,强调要继续扩大利用外资,优化利用外资结构,提高利用外资质量,促进国内产业升级。

2. 外债规模

借外债要还本付息,要考虑费用、汇率变动可能产生的风险,所以应控制外债规模。一般地,所借外债规模取决于一国有效地吸收外资的能力和偿还本息的能力,即清偿能力。衡量外债的适度规模,最经常用到的是偿债率、负债率和债务率这三个偿债能力指标。

偿债率,也称外债清偿比率,是国际上通行的衡量偿还能力的指标,即本年度因借用外债而还本付息的总额与本年度商品及劳务出口收汇之比,它是分析、衡量外债规模和一个国家偿债能力大小的重要指标。国际上一般认为,一般国家的偿债率的警戒线为20%,发展中国家为25%,危险线为30%。当偿债率超过25%时,说明该国外债还本付息负担过重,有可能发生债务危机。根据世界银行的建议,中国的偿债率应以15%为安全线。根据外汇局公布的数据,2004年末,我国偿债率(还本付息额与外汇收入额之比)为3.19%,远远低于国际20%的警戒线。这说明中国目前的债务负担比较适当,外债偿还能力较强。

负债率,即在一定时期内外债余额占该时期国民生产总值的比率,它是衡量一个国家对外债的承担能力的指标。国际上一般认为负债率以不超过20%为宜。2004年末我国的负债率为13.9%,低于25%的国际警戒线,这说明中国的外债规模在国力所能承受的限度之内,对国外资本的依赖性不大,能够承受国际金融市场变化的影响。

债务率是外债余额与当年贸易和非贸易外汇收入之比,它反映的是外债总规模与经常项目收入之比,反映该国对外举债能力的大小,国际公认的警戒线为100%。我国的债务率从2001年的56%开始逐年快速下降,2004年末为34.9%,都低于国际警戒线,说明我国的外汇收入本身的偿债能力相当强。

其他衡量指标还有,外债规模与一国总投资之比,一般不要超过5%~10%;外债增长速度与GNP增长速度之比要小于1;外债余额不能超过外汇储备的1倍;整个外债中短期债务(主要是商业贷款)不能超过25%。

需要指出的是,以上指标只是参照系,并不是绝对的。详见案例研究8-2。

案例研究 8－2：

韩国为何没有陷入债务危机的泥潭？

20 世纪 80 年代初，拉美、非洲、亚洲有近 40 个发展中国家相继爆发了外债危机。巴西、菲律宾等国曾试用国际上流行的偿债率和负债率等指标控制债务规模，结果在没有超过警戒线的情况下，爆发了严重的债务危机。南美的危地马拉和萨尔瓦多，1982 年的偿债率分别只有 7.1%和 3.7%，也无法如期偿还外债。但作为重债国的韩国却成功地避免了债务危机。韩国自 1965 年以后，外债规模迅速扩大。1983 年底外债突破 400 亿美元大关，外债占 GNP 之比达 30%，偿债率达 21.2%。到 1985 年，韩国的外债达 468 亿美元，列世界第三债务国(前两位分别是巴西和墨西哥)，偿债率高达 31.5%，大大超过了警戒线。作为一个发展中国家，韩国同样遭受西方国家经济危机的打击和石油价格波动的影响，为什么没有陷入债务危机的泥潭呢？

韩国成功地避免债务危机的经验是：将债务资金用于资本和技术密集型的重、化工业，促进产业结构升级换代，扩大出口创汇能力，以足够的外汇来偿还债务。正如 1986 年世界银行的《世界发展报告》所述：韩国的外债“几乎全部用于生产性投资，大部分资本都得到有效的使用。”这说明，一国是否陷入债务危机，关键不在于有无超过警戒线，而在于债务资金的使用方向及效益。

资料来源：刘京焕等主编.《财政学案例》. 中国财政经济出版社 2001 年版。

此外，外汇储备水平也是决定外债规模的因素之一。它包括黄金，国际间可兑换货币，国外存款，外国有价证券，外国银行的支票、汇票以及特别提款权，在 IMF 中可动用的款项。可分成贸易外汇收入、服务贸易外汇收入、国家库存黄金等几大部分。一般地，外汇储备较多，该国应付国际收支逆差的能力就强，就可多借用一些外汇；反之要适度控制。外汇储备与外债余额之比反映的是当一国偿还外债的其他支付手段不足时，可动用国际储备资产来偿还外债的能力。当这一比率大于 100%时，表明偿债能力较强。一国储备过少，则容易发生债务危机。按照国际惯例，一国外汇储备不应低于该国 1 至 3 个月进口的外汇支付额。对于像中国这样的发展中国家而言，外汇储备应高于年进口额的 1/4。这是为满足弥补国际收支逆差和偿还外债本息的需要，也是为了避免发生外债风险所必须采取的措施之一。

3. 外资投向

外资投向是从政策上正确解决外资投向何部门的问题。根据中国产业政策的要点，中国政府对外商来华投资的项目也相应地制定了产业政策。为了引导外资投向，中国将吸收直接投资项目分为鼓励、允许、限制和禁止四个方面，并且根据经济发展情况适时调整鼓励与限制的项目，如国家发展改革委员会与商务部已联合发令，全文公布了新的《外商投资产业指导目录(2004年修订)》，于2005年1月1日实施。

当前的外资投向方针是：鼓励外商投资改造传统农业，发展现代农业；大力吸引外资发展电子信息、生物工程、新材料和航空航天等高新技术产业；鼓励外商投资在华设立研发中心和地区总部；积极吸引外资重点发展石化、化工、建材等基础产业，用先进技术和装备改造机械、轻工、纺织等传统产业；继续鼓励外商在能源、交通、城建等基础设施领域投资，积极引导外商投资配套产业和设立出口型企业。此外，引导外国资本投资于中西部地区，扩大其在我国中西部地区的投资比重，带动中西部地区经济增长，实现全国各地区经济的协调发展。

4. 投资环境

引进外资必须进一步改善投资环境。投资环境是指影响投资者投资效益的客观环境，也称投资气候，是关系到我们能否吸收外资和利用外资的前提条件。它包括硬环境和软环境，前者指"五通一平"或"七通一平"(通电、通水、通路、通讯、通航、排污、排洪和平整土地)等基础设施；后者指安全环境、经营环境、生活环境等。

安全环境包括东道国政权是否稳定、政策是否连续；社会治安状况；东道国对外资的态度；法律能否给予保护等。经营环境包括生产环境、地理位置，基础设施，出入境是否简便，运输条件、劳动力成本、人员素质、优惠措施等。生活环境是指生活基础设施、商业服务设施和文化娱乐设施、投资地服务态度与服务质量，自然风光、气候条件等。

5. 经济效益

利用外资要认真研究"借、用、赚、还"四个环节，最重要的是"用"。因此必须认真进行可行性研究。在考察经济效益时，要从整体上、宏观上去评价，使外资流向真正需要的地区、部门。在具体项目上，要考虑偿还能力，创造的纯收入尽快用于还本付息。

二、我国利用外资的政策措施

我国在"十五"期间确立的利用外资政策如下：

1. 完善涉外法律法规，大力改善投资环境

根据社会主义市场经济发展的要求以及世界贸易组织规则和我国的承诺，抓紧清理有关法律法规和各部门、各地方的政策规定，并研究制定适应新形势的有关法律法规。各级政府管理部门要以提供优质服务作为政府职能转变的出发点，依靠政策和信息引导投资行为，大幅度减少政府行政审批事项，简化办事程序。

2. 加强对外商投资的引导,执行规范的利用外资政策

根据国家产业政策、市场状况和经济发展需要,有重点地采用鼓励政策和措施引导外商投资。对基础设施、农林水利和生态环保类投资项目,可给予扩大经营范围等优惠。根据我国入世承诺,同时创造内外资企业公平竞争的环境,有步骤地实现外商投资企业的国民待遇。认真落实国家关于实施西部大开发的各项政策措施,加大中西部地区吸引外资的政策支持力度。

3. 改进国外贷款管理,加强对外债的监控和指导

改进对国外优惠贷款的管理,简化贷款的审批和使用程序。适度合理地利用国际商业贷款。研究确定科学的对外发债机构资质认定方法。结合在华外资金融机构逐步享受国民待遇,研究制定对境内各类金融机构境外借款实行资产负债比例管理的办法。

4. 加强行政执法监督制度,完善适应开放型经济的宏观调控机制

国民经济各行业主管部门,特别是银行、保险、证券、电信、商业、旅游等行业主管部门要制定完善的行业行政监督管理办法,加强对外商投资企业的行政监督,适应对外开放不断扩大的趋势,加快完善开放型经济下的宏观调控机制。研究提出开放经济条件下的资本项目管理新思路,更好地促进国际收支平衡。

三、国民待遇与利用外资政策调整

国民待遇又称平等待遇,具体指一个国家给予在其国境内的外国公司、企业和商船民事权利方面与其国内公民、企业、商船同等的待遇,即专指外国自然人、法人、商船等在民事方面、非政治方面的待遇。作为对外国投资的待遇,国民待遇是指主权国家在条约或互惠的基础上,一国给予外国国民或法人在投资财产、投资活动以及有关司法行政救济方面等同于或不低于本国国民或法人的待遇。

我国在外企国民待遇上与内资企业有差别:一是外资企业待遇高于内资企业,即优惠待遇或称超国民待遇;二是外资企业待遇低于内资企业,即歧视性政策或称低国民待遇。前者体现在我国制定的各类外商投资法律法规,向外国直接投资提供了较国内企业更加优惠的超国民待遇,见表 8-1;后者主要体现在:

(1) 对外商投资的部门和领域进行限制。我国禁止外商投资的产业主要有:广播影视业、新闻业、武器生产业、贸易金融业等具体行业。

(2) 在服务收费等方面,对外资企业存在一定的低国民待遇。如在生产经营环节上,外商投资企业在国内采购原材料、获得土地使用权、获得水电气供应以及运输、交通、邮电、生活费用等方面的价格高于内资企业。

表8-1 外资企业与内资企业超国民待遇的对比

	外资企业	内资企业
税收	免税进口生产资料；投资总额内进口的设备全免关税和增值税；所得税从获利年度起"二免三减半"，之后还能享受优惠税率；享受再投资退税；预提所得税减免	进口生产资料要征进口税；进口设备征关税和增值税；要缴纳地方所得税；不能享受再投资退税；预提所得税减免
经营管理	充分享有生产经营自主权；更拥有出口经营权；不承担任何社会义务	尚未充分享有生产经营自主权；大部分不拥有出口经营权；要承担众多社会义务
外汇	全额持有所创外汇；自由选择买卖外汇；直接向外资银行借贷外汇	不能全额持有所创外汇；无法自由选择买卖外汇；限制向外资银行借贷外汇
企业设立程序	认缴资本制；先设立，后出资；出资可分期缴清	实缴资本制；先出资，后设立；出资一次缴清
信贷	审批手续简单	审批手续复杂

(3) 对外商投资企业以产顶进或进口替代的要求(进口限制及国内销售要求)。我国有关法律规定的"以产顶进"或"替代进口"的投资措施，构成了产品进口限制，不符合国民待遇义务的原则，也可能构成国内销售方面的限制。

(4) 对外商投资企业的投资比例限制。尽管我国的相关法律只规定了外商投资企业在企业中所占比例的下限，但目前已经有越来越多的产业政策明确规定了外商投资比例的最高限，如汽车、航空、邮电等行业都把外商投资比例规定在49%以下。

(5) 对外商投资企业的出口实绩要求。我国外商投资企业法中以优惠待遇或限制措施规定的出口实绩要求较多。

(6) 对外商投资企业出口产品及数量限制措施。外资企业在中国市场销售其产品，应当依照经批准的销售比例进行。这些构成了出口产品及数量限制的TRIMs，违反了国民待遇原则。

针对以上情况，今后的外资政策调整应从以财政税收激励机制为主的优惠政策转向以公平竞争机制为主的规则政策；从对不同地区、不同所有制企业的区别政策转向全国统一的、稳定的、透明的政策；从对外国投资者的市场准入限制(除特定领域外)、低国民待遇和超国民待遇(包括优惠待遇和歧视待遇)转向开放国内市场、促进市场竞争、实行国民待遇的政策。

第三节　对外直接投资

在国际上，影响广泛的国际直接投资理论主要有：海默、金德尔伯格和约翰逊的垄断优势理论，巴克莱、卡森与拉格曼的内部化理论，弗农的国际产品周期理论，邓宁的国际生产折中理论等。这些理论从不同的层面解释了国际直接投资的发生问题，但着重于解释发达国家的对外投资问题，因此，这些理论尚难对中国的对外投资的战略给予明确的指导。因此，我们有必要专门介绍一些指导发展中国家进行对外直接投资的理论。

一、发展中国家对外直接投资理论

（一）投资发展周期理论（也称“投资发展阶段论”）

这一理论由英国经济学家邓宁(J. H. Dunning)在20世纪80年代初提出，旨在从动态角度解释发展中国家对外直接投资行为，进一步发展和完善其国际生产折中理论。邓宁实证分析了67个国家1967—1978年间直接投资流量与人均GNP的联系，结果发现：一个国家对外直接投资与该国经济发展水平密切相关，换言之，一个国家对外直接投资的动力和能力大小，直接取决于人均GNP的高低，因为处于不同经济发展阶段的国家，企业所有权优势、内部化优势和区位优势都有较大区别，从而对直接投资流量产生重大影响。

邓宁根据人均GNP大小划分了四个经济发展阶段，处于不同阶段的国家对外直接投资的地位也不同。

处于第一阶段的是人均GNP低于400美元的最贫穷的发展中国家，这些国家的企业缺乏所有权优势，且内部化能力也不适应，几乎没有对外直接投资。同时，这些国家缺少区位优势，投资环境差，引进外资规模也很小。因此该国对外直接投资净额为负值。

处于第二阶段的是人均GNP在400～2 000美元之间的发展中国家，这些国家的企业所有权优势虽有所增长，但仍很有限，对外直接投资只能维持在一个较低的水平上。随着本国投资环境改善，开始出现较强的区位优势，从而吸引越来越多的外商直接投资。这一阶段对外直接投资净额仍为负值，且负数值有增加的趋势。

处于第三阶段的是人均GNP在2 000～4 750美元之间的国家，这时本国企业所有权优势和内部化能力明显增强，对外直接投资也相应增长，其发展速度可能超过引进国外直接投资的发展速度，但对外直接投资净额仍为负值，不过数额日益减少。

处于第四阶段的是人均GNP在4 750美元以上的国家，其拥有强大的所有权优势和内部化能力，同时善于利用国外的区位优势，对外直接投资额明显大于引进外资额，且差额不断扩大，因此对外直接投资净额为正值，并呈现逐步扩大的趋势。

投资发展周期理论将一国的吸引外资和对外投资能力与其经济发展水平结合起来，认为一国的国际投资地位与其人均国民生产总值成正比例关系。就这一发展规律而言，世界上发达国家和发展中国家国际投资地位的变化大体上符合这一发展趋势。邓宁认为，一国的所有权优势、内部化优势和区位优势可以从国家、产业和企业三个层面上进行分析，其经济发展水平决定了它所拥有的所有权优势、内部化优势和区位优势的强弱，三优势的动态组合及其消长变化决定了一国的国际直接投资地位。

邓宁的投资发展周期理论，从企业优势的微观基础出发进行宏观分析，对国际投资的动因做出了新解释，说明了直接投资与经济发展水平的总体趋势及趋向，从宏观上构建了一国对外直接投资的演进模型，在一定程度上反映了发展中国家对外直接投资的情况，但在现实世界中也有许多与该理论相悖的事实。

（二）小规模技术理论

在对发展中国家对外直接投资理论的研究者中，美经济学家刘易斯·威尔斯(Louis . Wells)被认为是最有影响的代表人物之一。他在1977年发表的《发展中国家企业的国际化》一文中提出小规模技术理论，在1983年出版的《第三世界跨国公司》专著中对该理论作了较系统的阐述。

威尔斯主要从三个方面分析了发展中国家对外直接投资的相对优势：

第一，拥有为小市场需要服务的小规模生产技术。大规模生产技术无法从这种小市场需求中获得规模效益，此空缺正好被发展中国家企业所利用；

第二，发展中国家在民族产品的海外生产中颇具优势；

第三，低价产品营销策略。

威尔斯理论摒弃了那种只能仰赖垄断的技术优势打入国际市场的传统观点，将发展中国家对外直接投资竞争优势的产生与这些国家自身的市场特征有机地结合起来，从而为经济落后国家发展对外直接投资提供了理论依据。由于世界市场是多元化、多层次的，即使对于那些技术不够先进、经营范围和生产规模不够庞大的小企业而言，参与对外直接投资仍有很强的经济动力和较大的市场空间。

（三）技术地方化理论

英国经济学家拉奥(Sanjaya Lall)在1983年出版了《新跨国公司：第三世界企业的发展》一书，他在书中提出用技术地方化理论来解释发展中国家对外直接投资行为。拉奥深入研究了印度跨国公司的竞争优势和投资动机。

拉奥认为，发展中国家能够形成和发展自己的独特优势主要有以下四个因素：

首先，发展中国家技术知识的当地化是在不同于发达国家的环境中进行的，这种新的环境往往与一国的要素价格及其质量相联系。

其次，发展中国家通过对进口的技术和产品进行某些改造，使他们的产品能更好地满足当地或邻国市场的需求，这种创新活动必然形成竞争优势。

再次，发展中国家企业竞争优势不仅来自其生产过程和产品与当地的供给条件和需求条件紧密结合，而且来自创新活动中所产生的技术在小规模生产条件下具有更高的经济效益。

最后，从产品特征看，发展中国家企业往往能开发出与名牌产品不同的消费品，特别是当东道国市场较大、消费者的品位和购买能力有很大差别时，来自发展中国家的产品仍有一定的竞争能力。

该理论的重要意义在于：它不仅指出了发展中国家技术及其产品对于当地市场的适应性，而且强调技术创新对增强企业的国际竞争能力的重要作用。此外，该理论还强调根据东道国市场特征不同开发出不同产品，以便形成独特的竞争优势，这对我们发展对外直接投资是有启迪意义的。

（四）投资诱发要素组合理论

国际经济学者为了克服以往对外直接投资理论的片面性和局限性，提出了投资诱发要素组合理论。该理论的核心观点是：任何形式的对外直接投资都是在投资直接诱发要素和间接诱发要素的组合作用下而发生的。

直接诱发要素，主要是指各类生产要素，包括劳动力、资本、资源、技术、管理及信息知识等。此要素既可存在于投资国、也可存在于东道国。若投资国拥有技术上的相对优势，可诱发其对外直接投资，将该要素转移出去。若投资国没有直接诱发要素的优势，而东道国却有这种要素的优势，那么投资国可通过对外直接投资方式来利用东道国的这种要素。

间接诱发要素，是指除直接诱发要素以外的其他诱发对外直接投资的因素，主要包括三个方面：①投资国政府诱发和影响对外直接投资的因素。如鼓励性投资政策和法规、政府与东道国的协议和合作关系等。②东道国诱发和影响对外直接投资的因素。如东道国政局稳定，吸引外资政策优惠，基础设施完善，涉外法规健全等。③全球性诱发和影响对外直接投资的因素。如经济生活国际化以及经济一体化、区域化、集团化的发展，科技革命的发展及影响，国际金融市场利率和汇率波动等。

该理论创新之处在于强调间接诱发要素，包括经济政策、法规、投资环境以及宏观经济对国际直接投资所起的重要作用，而以往诸多理论都仅从直接诱发要素单方面来解释对外直接投资的产生，从而导致某些片面性和局限性。在一般情况下，直接诱发要素是对外直接投资的主要诱发因素，因为对外直接投资本身就是资本、技术、管理和信息等生产要素的跨国流动。

但单纯的直接诱发要素不可能全面地解释对外直接投资的动机和条件。尤其对大多数发展中国家的企业而言，在资本、技术等直接诱发要素方面往往并不处于优势地位，其对外直接投资在很大程度上是间接诱发要素作用的结果。因此该理论为发展中国家开展对外直接投资提供了新的理论支持。

（五）技术创新产业升级理论

上世纪80年代中期以后，发展中国家对外直接投资出现了加速增长的趋势，特别是一些新兴工业化国家和地区的对外直接投资投向了发达国家，并成为当地企业有力的竞争对手。如何解释发展中国家对外直接投资的新趋势，是国际直接投资理论界面临的重要挑战。英国学者坎特韦尔(John A. Cantwell)和托兰惕诺(Paz Estrella Tolentino)在上世纪90年代初期共同提出了技术创新产业升级理论，用以解释80年代以来发展中国家和地区对经济发达国家的直接投资加速增长的趋势。

坎特韦尔和托兰惕诺主要从技术累积论出发，解释发展中国家和地区的对外直接投资活动，从而把这一过程动态化和阶段化了。他们提出了两个基本命题：

第一，发展中国家和地区产业结构的升级，说明了发展中国家企业技术能力的稳定提高和扩大，这种技术能力的提高是一个不断积累的结果。

第二，发展中国家和地区企业技术能力的提高是与其对外直接投资的增长直接相关的。现有的技术能力水平是影响其国际生产活动的决定因素，同时也影响发展中国家跨国公司对外投资的形式和增长速度。

在上述两个命题的基础上，该理论的基本结论是：发展中国家和地区对外直接投资的产业分布和地理分布是随着时间的推移而逐渐变化的，并且是可以预测的。

坎特韦尔等人还分析了发展中国家跨国公司对外直接投资的产业特征和地理特征。根据他们的研究，发展中国家跨国公司对外直接投资受其国内产业结构和内生技术创新能力的影响。在产业分布上，首先是以自然资源开发为主的纵向一体化生产活动，然后是进口替代和出口导向为主的横向一体化生产活动。从海外经营的地理扩展看，发展中国家跨国公司在很大程度上受"心理距离"的影响，其对外直接投资遵循以下的发展顺序：首先是在周边国家进行直接投资，充分利用种族联系；随着海外投资经验的积累，种族因素的重要性下降，逐步从周边国家向其他发展中国家扩展直接投资；最后，在经验积累的基础上，随着工业化程度的提高，产业结构发生了明显变化，开始从事高科技领域的生产和开发活动。同时，为获得更先进复杂的制造业技术，开始向发达国家投资。

综上所述，对外直接投资技术创新产业升级理论是以技术积累为内在动力、以地域扩展为基础的。随着技术积累固有的能量的扩展，对外直接投资逐步从资源依赖型向技术依赖型发展，而且对外投资的产业也逐步升级，其构成与地区分布的变化密切相关。该理论由于比较全面地解释了 20 世纪 80 年代以后发展中国家和地区，特别是新兴工业化国家和地区对外直接投资的现象，而受到了西方经济理论界的高度评价。

（六）比较优势论

该理论由日本著名学者小岛清（Kiyoshi Kojima）提出，也称“边际产业扩张论”。小岛清认为，所谓“边际产业”有双重含义，在投资国其地位处于产业比较优势的下层，而在东道国其地位是处于比较优势的上层。对外直接投资应该从投资国已经或即将处于比较劣势的产业部门，即边际产业部门依次进行，而这些产业又是东道国具有明显或潜在比较优势的部门，投资国对外直接投资就可以充分利用东道国的比较优势。亚洲出现的以日本—“四小龙”—东盟—中国—越南等为序的产业调整递进的构想和实态，即所谓的“雁行结构”，在很大程度上印证了这一理论。

投资国通过“边际产业”的转移，可以为国内产业结构升级创造条件。同时，这些产业转移到国外后，可以充分利用东道国的比较优势重新发挥它对国内经济的积极作用。与赫克歇尔-俄林理论的区别在于：小岛清认为，对外投资不仅要考虑充分利用东道国的比较优势，同时还要带动出口需求而不是产生出口替代。所以，“边际产业”的合适对外直接投资可以促进国际贸易，有效地提升双方的产业结构，促进双方的经济发展。而且，由于这类产业上投资方和受资方的生产技术和管理水平的落差并不大，易于被东道国吸收消化，是最有效的技术转移方式。

二、我国对外直接投资的地区和产业分布现状

根据商务部新闻办公室的境外投资统计，2005 年，我国非金融类对外直接投资 69.2 亿美元，较上年同期增长 25.8%；其中：股本投资 40.7 亿美元，占 58.8%，比上年同期增长 53.6%；利润再投资 28.5 亿美元（利润再投资为预估数，以 2004 年年报数据为基础数据估算），占 41.2%，与上年持平。其中，我国对外直接投资额在 1 000 万美元以上的国家（地区）有 30 个，累计投资额 39.1 亿美元，占股本投资总额的 96%；其中投资额上亿美元的国家（地区）有 6 个，分别是我国香港、韩国、开曼群岛、加拿大、澳大利亚、美国。

从地区分布情况看，2005 年我国对外直接投资主要集中在亚洲 24.53 亿美元，占股本投资总额的 60.3%，主要流向中国香港、韩国、泰国、柬埔寨、日本、蒙古、越南、也门、印度尼西亚等国家和地区；拉丁美洲 6.59 亿美元，占 16.2%，主要流向开曼群岛、英属维尔京群岛、委内瑞拉等国家和地区；非洲 2.8 亿美元，占 6.9%，主要流向苏丹、阿尔及利亚、尼日利亚、南非、赞比亚等国家；北美洲 2.7 亿美元，占 6.7%，主要流向美国和加拿大；欧洲 2.57 亿美元，占 6.3%，主要流向俄

罗斯联邦、德国、英国等国家;大洋洲 1.48 亿美元,占 3.6%,主要流向澳大利亚和新西兰。

从行业分布情况看,2005 年我国对外直接投资主要流向制造业 11.78 亿美元,占 29%;采矿业 11.69 亿美元,占 28.7%;信息传输及计算机服务和软件业 10.71 亿美元,占 26.3%;商务服务业 2.12 亿美元,占 5.2%;批发和零售业 1.32 亿美元,占 3.2%;交通运输业 0.88 亿美元,占 2.2%;农林牧渔业 0.73 亿美元,占 1.8%;建筑业 0.71 亿美元,占 1.7%;其他行业 0.76 亿美元,占 1.9%。

从投资类型上看,2005 年通过投资办厂(即绿地投资)方式实现的直接投资 17.7 亿美元,占股本投资的 43.5%;通过收购兼并实现的直接投资 23 亿美元,占 56.5%。

近年来,我国对外投资呈现出以下特点:

一是投资速度、规模增长快。2005 年,我国对外直接投资 69.2 亿美元,较上年同期增长 25.8%;经商务部核准和备案的境外中资企业 1 067 家,中方协议投资额 69.54 亿美元,较上年增长 87.3%。

二是投资行业分布广泛,集中在能源、制造、服务各个领域,科技研发企业、名牌企业起带头作用向外进军,如 TCL 在越南设立年产 50 万台彩电的生产线以及年产 30 万台数码相机和电子产品的生产线,海尔已经在全球 30 多个国家建立了工厂。

三是进行对外投资企业主要集中在沿海和中央管理的企业。对外直接投资存量前 30 位的中国跨国公司拥有投资存量的 80.4%;中央管理的企业占存量的 85.5%。

四是在对外直接投资的进入方式上有了新的变化,跨国并购成为海外扩展的有效手段,海尔收购意大利企业,联想并购 IBM 的全球 PC 业务,中海油先后购买印尼和澳大利亚油气田部分股份,京东方收购韩国现代显示株式会社,安玻彩管收购位列世界 500 强的彩管业“老祖宗”美国道-康宁彩管分部;上海海欣集团、上海制皂分别收购美国格利奴、美国莫泰克,TCL 收购德国施耐德电子和法国阿尔卡特手机部门等。

五是周边地区和拉美发展中国家成为中国企业对外直接投资的主要场所,主要集中在亚洲、拉美等国家和地区。

三、我国海外投资的四大类型

1. 绿地投资型

这种投资是指投入资金设立独资或合资子公司,在家电、电子、轻纺领域特别明显。海尔在全球建立了 13 家工厂、在美国和巴基斯坦建有工业园;TCL 在越南建立年产 50 万台彩电的生产线以及年产 30 万台数码相机和电子产品生产线,总投资逾亿美元；格力在巴西生产空调、中兴在巴基斯坦建厂，都属于这种投资类型。在珠三角、长三角等经济发达地区，民营企业开始成批向海外投资。无锡市光明集团在柬埔寨建立的金卡门制衣有限公司产量占集团近1/3，产品百分之百外销，每年带动国内原材料出口约750万美元。

2. 跨国并购型

这是在国际上非常普及，而我国却是近年才迅速发展起来的投资类型。按目标或做法又可以归纳为四种：

(1) 资源开发。中海油采取的是购入东道国现成油气田股份的方式，成为印尼最大的海上石油生产商。中石油也收购了印尼部分油气田。

(2) 生产与营销全球延伸。这类情况最多，上海通用集团购入通用大宇10%的股份，走上国际化经营第一步。2002年9月19日，TCL以820万欧元收购破产拍卖的德国施耐德电子公司，连同“施耐德”和“DUAL”两个世界知名品牌以及产品分销渠道，成为欧洲高端彩电主要生产商。上海海欣集团2002年4月购入美国格利奴公司在纽约的纺织分部，连同两个面料厂，以及格利奴原有全部销售渠道和46个知名品牌。新疆德隆则购入了美国具有70年历史、年销售额8亿美元的户外机械开发生产商穆瑞，用后者的品牌及其销售渠道销售自己的合金产品，利用中方基地加工穆瑞产品，共同开发欧美市场。

(3) 逆向代工。万向以280万美元购入纳斯达克濒临摘牌的美国汽车零部件厂商UAI，后者每年从万向购入2 500万美元的制动器，使万向销售成本大为降低。

(4) 获取技术。我国高端显示器的生产技术距国际先进水平有一定差距，京东方科技购入韩国现代显示株式会社，是一举获得它产品和技术的很好途径。另外，上海电气跨国并购日本的秋山国际，也是为了获得国外的核心技术和知名品牌。参见案例研究8-3。

3. 研究开发型

最突出的是华为。华为的海外研发机构包括8个地区总部和32个分支，在硅谷、达拉斯、班加罗尔、斯德哥尔摩和莫斯科设立了研究所，同摩托罗拉、英特尔、微软、日电等成立联合实验室。截至2002年底，华为申请国际和国外专利198项，是发展中国家企业里最多的。华为作为中国驰名商标在86个国家和地区注册600多件次，受到《巴黎公约》和世贸组织保护。2003年，其交换机接入网连续三年全球出货量第一。这是通过海外研发取得居国际先进水平的自主知识产权的成功案例。

4. 战略联盟型

这比跨国并购又复杂一层，是指通过同跨国公司的某方面联合，达到优势组合和跨国发展的目的。2003 年 11 月，TCL 同法国汤姆逊公司合并双方彩电和 DVD 业务，使彩电年销量达到 1 800 万台，为全球第一，并占有世界市场 10%。TCL 从而可以利用“汤姆逊”和“RCA”品牌及其销售网络，并在亚欧美每个主要市场拥有一个高效率的制造中心。这比自己直接投资快得多，又不需要并购汤姆逊这样的大公司。

青岛啤酒又是一种做法。2002 年 10 月，青啤宣布和世界著名啤酒厂商安海斯-布希公司结成战略联盟，青啤向后者强制性发行可转让债券，在香港筹资14.16亿港元，同时利用后者的全球战略布局、技术、预算和管理，提升了青啤的品牌和核心竞争力。同仁堂的海外投资也属于这一类型。

案例研究 8－3：

一次海外购并缩短差距 18 年——上海电气“走出去”

位于东京附近茨城县的秋山国际株式会社，日前向其母公司——上海电气集团有限公司发来 2003 财政年度报告：该年度销售收入达 60 亿日元，比上年增长了 52%，投资收益率为 10%。这表明上海电气与合作伙伴收购秋山国际后，秋山国际已经连续两年扭亏为盈。更为可喜的是，曾经作为世界顶级印刷机械研发生产商的秋山国际，其科技创新能力重新得以恢复，连续推出了两款高档印刷机械，在国际市场受到欢迎，重新站在了世界一流的胶印技术研发中心制高点上。

到海外市场购并有知名品牌的企业，在购买资产的同时购买了核心技术，已经成为上海电气提升产业能级，培育科技创新能力，拓展海外市场，从而实现跨越式发展的新途径。秋山国际原是日本著名的印刷机械企业——秋山印刷机械公司，由于经营失误，曾一度濒临破产。

上海电气获悉后，立即意识到这是实施海外收购的好时机。公司派人实地调研后发现，我国的印刷机械比世界一流水平落后 18 年。有的骨干企业也曾投资 300 多万美元引进世界先进的生产技术，但引进多年，流水线依然无法运转，而且即使能正常运转了，引进的技术水平也已经又落后了。这样亦步亦趋引进技术成果，投入成本高且技术能级低，不如到海外去整体收购一个有知名品牌、有技术专利的企业。

秋山印刷正符合这一收购要求。全世界只有德、日两个国家的 6 家企业能生产双面全色胶印机，秋山印刷正是其中之一，就连美国的印刷机械商也被迫退出了这一市场。上海电气与美国晨星公司于是决定投资 900 万美元，以 50%对 50%的股比联合收购秋山印刷，将其更名为“秋山国际”，同时拥有了秋山印刷的所有品牌、技术专利、研发团队和营销网络。这使得上海电气的印刷机械研发水平一下子提高了18年，实现了跨越式发展，并开始带动集团内相关企业的发展。上月底，引进秋山国际技术的第一台单面全色胶印机在上海光华印刷机械有限公司装配完成，机器身上“秋山一光华”的铭牌，宣告秋山国际已经带动上海电气国内企业的技术升级，实现海内海外两个市场、两种资源的联动发展。上海电气虽然目前还没有实力去收购兼并世界500强企业，但是海外并购的目标企业都是行业中的“龙头”企业，拥有世界一流的研发人才、科技创新的实力，世界知名的品牌和遍布全球的销售网络，这有利于企业实现低成本、跳跃式的扩张，一举占领行业“领军”地位。

去年年底，上海电气下属的斯迈克有限公司还收购了德国沃伦贝格机床公司。沃伦贝格是一家有着百年历史的德国老牌机床公司，不仅在德国机床行业名列前茅，而且在欧洲也属顶尖企业。由于其原来的母公司产业转移，沃伦贝格在进入21世纪后陷入了财务困境。又因为上海电气是沃伦贝格长期的生产合作商，赢得了沃伦贝格决策和技术团队的认同。因此当上海电气表示愿意通过购并入主沃伦贝格，立即得到了对方的欢迎，顺利完成了购并。

上海电气以48万欧元收购沃伦贝格53.5%的股权后，使新公司不仅可以生产加工工件重达56吨的重型数控车床，这些数控车床可用于加工轧辊、船用曲轴、油井钻杆以及飞机起落架，而且还拥有了原公司的13项技术专利，使新公司继续保持在世界机床产业的领先地位，从而带动我国机床工业这一传统产业的起飞。今年1至5月，沃伦贝格已经完成销售收入250万欧元，相当于去年全年销售额的三分之二，今年有望实现翻一番。

据悉，为了形成世界一流的重型、大中型和小型数控机床和加工中心的核心技术系列，上海电气已经与日本有着100多年历史的池贝机械制造株式会社达成了购并协议，购并方案已经上报国家有关部门，今年年内有望实施。上海电气不仅成为国内现代化机床的“领军”生产商，而且大踏步跨入国际一流机床生产商的行列。

上海电气拓展海外市场的成功探索表明，抓住世界产业梯度转移的新机遇，瞄准国际制造业的“龙头”企业，把拥有研发团队、技术专利、知名品牌和国际销售渠道作为购并要件，既购买了资产，又购买了核心技术，这对上海企业大力增强科技自主创新能力，加快科技向现实生产力的转化，无疑具有重要借鉴意义。

资料来源：《文汇报》2004.8.4。

四、我国对外直接投资存在的问题

（一）行业或地区分布上存在的问题

1. 结构上

总体上，结构不尽合理。在产业结构上我国的跨国投资过分偏重于对加工、制造等初级产业的投资，对高新技术产业的投资偏少；在地区结构上，投资主要集中于我国的港澳地区和美国、欧盟、日本等二十几个发达国家，对发展中国家和地区投资不足。

2. 从产业和区位的关联性上看

由于企业缺乏国际直接投资和经营经验，有的产业没有结合产业本身特点合理选择和利用东道国的区位优势以使产业的比较优势得到更大的发挥。如纺织品业是我国具有国际比较优势的传统产业，应选择该产业低于或相当于我国发展水平。资源条件适宜其发展的地区，从而能够发挥并强化产业的比较优势。但目前纺织业大量投资于纺织品发达，甚至超过我国水平的国家如印度等，结果造成重复建设和资源浪费，降低了我国对外投资的经济效益。

（二）资本外逃的问题

1. 资本外逃的含义

资本外逃是指基于避险或牟利等动机而在一国出现的非正常资本外流，是国家货币当局明文禁止的资本流出活动。它是衡量一国经济增长稳定状况、反映金融体系潜在危机程度的一个重要指标。

由于我国过去一直实行以引进外资为主的政策，政府对企业的海外投资并没有明确的战略规划，在管理和监督方面也十分松散、落后，这导致我国企业海外投资的实际状况不为有关部门所掌握和控制，造成大量的资本外逃（见表 8－2）。

表 8－2　1992—1999 年我国海外投资的两套数据比较(单位:亿美元)

年份	1992	1993	1994	1995	1996	1997	1998	1999
外经贸部	1.95	0.96	0.70	1.01	2.83	3.25	4.6	5.9
IMF	40	44	20	20	21	26	26	25
两者差额	38.05	43.04	19.70	18.99	18.17	22.75	21.4	19.1

资料来源:《国际贸易问题》2003 年第 6 期。

造成数据差距的原因一是因为两者的统计口径不同，外经贸部的统计不包括以下内容：我国海外企业的再投资收益；海外分支机构对第三国的投资、我私营企业和外商投资企业的对外投资、海外投资企业母子公司之间的公司间贷款及我国金融服务业的海外投资；二是因为外经贸部统计数据是申报并获得批准的海外投资初始额，不是我国企业的实际海外投资额，而实际上我国企业大量海外投资并未经过审批和备案，即形成资本外逃。

据英国《金融时报》报道，1995 年我国已是世界第八大资本输出国，除了政府批准的海外投资和证券投资外，很大一部分属于资本外逃。目前，我国已成为继委内瑞拉、墨西哥、俄罗斯和阿根廷之后的世界第五大资本外逃国。

2. 资本外逃的负面影响

资本外逃的负面影响包括：

(1) 加剧了我国资金短缺的矛盾，降低了经济增长的潜力，恶化了收入分配不均和通货紧缩的趋势，不利于经济的持续健康发展。

(2) 侵蚀了国家税收基础，国家为保证财政收入增长，必然要加大对国内其他资产的征税力度，对国内经济的健康运行十分不利。

(3) 冲击了国内金融市场，加大了人民币汇率的不稳定性，也降低了货币当局的金融控制能力。

(4) 降低了我国利用外资的效果，特别是考虑到我国外债的迅速增长，该影响更为突出。

(5) 加大了维持国际收支平衡的难度。近年来由于一些短期因素导致的较大国际收支盈余，掩盖了资本外逃对国际收支平衡所造成的压力。

五、"走出去"战略的提出

我国民间的对外投资始于改革开放后。由于我国主要关注吸引外资，民间的对外投资一直处于自发状态。直到 2000 年"走出去"战略提出后，对外投资才迅速发展起来。那么，这一战略与过去的对外投资有什么区别呢？主要区别是目标体系的不同。

在此之前的对外投资是微观经济主体为过剩资本获取更高的海外投资收益和各种好处而做出的行为，也有的出于歪曲利用政策的目的。如中国大陆企业在中国香港建立附属企业，随后作为外国投资重新在中国内地投资，以获取税收和其他鼓励措施提供的优惠。与此同时，政府对外投资管理和政策的倾向主要是加强审批和干预，以降低风险，防止可能的欺诈行为。这种政策倾向也从另一个侧面说明在过去的 20 年，我国对外投资的动力主要是源于企业而非国家。

而"走出去"战略是政府作为国家战略提出来的。江泽民同志在提出"走出去"战略时，指出了这一战略的实施动机和目标："把'引进来'和'走出去'紧密结合起来，更好地利用国内外两种资源、两个市场。这是我们在参与国际竞争中掌握主动权、打好'主动仗'的必由之路。这样做，有利于在更广阔的空间里促进经济结构调整和资源优化配置，从而不断增强我国经济发展的动力和后劲，促进我国经济的长远发展。"①显然，这些设想和战略目标的界定，已超越了扩大出口、赚取回报、获得原料和技术、降低风险等微观的目标和内涵。"走出去"战略的提出，将我国对外投

① 载于《光明日报》，2000 年 3 月 8 日。

资的动机和目标设定提高到了国家层次，即必须要为实现我国现代化战略目标服务，要有利于在更广阔的空间里促进经济结构调整和资源优化配置，要有利于增强我国经济发展的动力和后劲，要有利于国家的长远发展和安全。这样的目标设定将“走出去”纳入了我国总体发展战略之中，成为我国国家发展战略的重要组成部分，是国家发展战略在全球的延伸和体现。因此，能否把企业对外投资的微观目标与国家宏观目标有效地协调起来，保证国家目标的充分实现，就成为衡量“走出去”战略成功与否的标志。

在这一战略指导下，我国将有更多企业在吸取前人经验与教训的基础上，走得更稳更好。参见拓展资料 8－2。

拓展资料 8－2：

“走出去”的成功与失败

经过多年的努力拼搏，现已涌现出一批率先“走出去”的成功企业，它们是境外投资的主力军，并发展成国际知名的大型企业集团。但其中不乏有失败的教训，我们应引以为戒。

一、成功案例：三大石油企业进军国际市场

在国内三大石油企业中，以原油及天然气勘探、开发与生产为主要业务的中石油成为“走出去”的先行军，在开发海外市场方面行动最积极，所开展的海外重大合作项目也最多。在美国《财富》杂志 2003 年全球 500 强企业排名中，中石油集团列第 69 位。目前，中石油已经成为这一战略的受益者。该集团至今已累计在海外生产原油近 6 000 万吨，累计获得权益原油 3 000 万吨，获权益天然气近 30 亿立方米。其海外投资项目主要分布在亚洲、非洲、北美洲和南美洲地区，形成了中东及北非、中亚及俄罗斯、南美等三个具有规模的投资区域。海外业务涵盖了油气勘探开发、地面建设、长输管道、石油炼制、石油化工和油品销售等领域。2003 年，在中东-北非地区，中石油的苏丹区项目建成了年生产能力 1 000 万吨以上的大型油田，并获得了超过 4 亿吨的探明地质储量，建成了 1 506 公里的长距离输油管道和年加工能力 250 万吨的苏丹炼油厂，形成了集石油勘探开发、炼油化工管道输送与终端销售为一体的完整石油工业产业链。以此为基础，相继开发了利比亚、阿尔及利亚、阿曼、叙利亚和伊朗等中东-北非国家市场。

中石化在中东地区加大投资力度，2003 年底至今年 3 月，中石化集团连获佳音：在伊朗成功打出高产油气井；参与竞标开发伊朗 16 个新油田，获邀参与开发伊朗第二大油田阿扎德干德项目的竞标。2004 年 3 月 7 日，中石化与沙特阿拉伯石油和矿产资源部签署了沙特南部勒巴-哈里北部地区 B 区天然气田开发项目合同。这块天然气田面积为 3.88 万平方公里，初期投资达 3 亿美元。目前，中石化正厉兵秣马竞标伊朗油田开发项目的计划。根据规划，该公司争取到2005年在海外获得200万～300万吨份额油，到2010年实现更大的发展。

中国第三大石油企业中国海洋石油总公司（中海油），近几年频频在国际市场实现成功收购，逐渐成为国际一流的综合型能源公司。自2001年成功上市以来，短短的二三年间，中海油海外油气产量的比重就从不足3%锐升至近25%，奠定了其国际能源公司的基础。2003年以来，中国海油斥资12.3亿美元成功地完成了三宗大的跨国油气并购，在海外与BP、壳牌等世界顶尖级石油公司一道成为资源国的油气开发者。2003年，中海油通过其旗下全资子公司——中海油Muturi有限公司与英国天然气集团签署《销售与购买协议》，收购该公司在印尼Muturi产品分成合同中拥有权益中的20.77%，收购价为9810万美元。中海油在Muturi产品分成合同中持有的权益由此从原有的44.0%增加到64.77%，这使中海油在整个东固液化天然气项目中的权益相应地由原来的12.5%增加到16.96%。目前，他们已同18个国家和地区的71家公司签订了160多个石油合同和协议。2003年，其海外产量占总产量的比例已达五分之一以上。

至今为止我国同海外油源的合作范围已扩展到俄罗斯、中亚阿塞拜疆、哈萨克斯坦，东南亚印尼、缅甸，中东伊朗、阿曼和中南美洲委内瑞拉，非洲利比亚、苏丹等地。

家电行业排头兵。2004年1月31日，世界品牌实验室（WBL）揭晓了世界最具影响力的100个品牌，“海尔”入选，排第95位，这是中国本土品牌第一家首次进入世界100品牌排行榜。这是中国品牌走向世界的标志。海尔人8年前就提出让国人敬佩的理念：“国门之内无名牌”，必须走国际化名牌之路。

目前，海尔产品已达96大门类15100多个规格的产品群，并出口到世界160多个国家和地区。2003年海尔集团实现全球营业额突破800亿元，折合97亿美元，是1984年创业时的22988倍，2003年同比增长约90亿元，平均增长速度70%。1999年4月30日，海尔在美国南卡罗来纳州的生产基地奠基，于2000年3月建成投产，设计年产冰箱能力为50万台，在美国冰箱企业中排名第六。由此，标志着海尔集团第一个“三位一体本土化”的海外海尔诞生，即设计中心在洛杉矶、营销中心在纽约、生产中心在南卡州。随后海尔在印尼、菲律宾、马来西亚、伊朗等国家建厂，生产海尔冰箱、洗衣机等家电产品。目前，已建成的海外工厂有13个，贸易中心18个。

二、失败的教训

1982年嘉陵摩托率先走出国门，以其小排量、低价位的比较优势，打败日本和韩国，占领东南亚地区的越南市场，并曾一度占据70%～80%的市场份额。然而好景不长，国内一些中小摩托车企业见利忘义，不仅以次充好，大肆倾销假冒伪劣摩托产品，而且针对国内出口企业大打价格战，到最后不是拼得两败俱伤，而是全军覆没。康佳集团也是较早走出国门的企业，据陆续公布的2002年年度报告和2003年第一季度报告显示，康佳在2002年度关闭了四个海外机构，并对四个公司金额达1.365亿元的长期债权性投资款计提100%的减值准备，原因是上述海外机构经营亏损。1999年初，TCL集团将越南确定为海外市场开拓的首站和重点，至今累计投资数亿元人民币。但是，几年过后，TCL集团对越南的投资并不成功，因为它对TCL集团实现创国际名牌和支撑彩电业务赢利体系的两大目标都贡献不大。

究其失败原因主要是，产品、技术、品牌、质量等方面与国外同行差距明显，出口规模偏小，高端产品对发达国家的出口还很弱，市场不规范，行业无序竞争，价格混乱，低价扰市现象严重，营销体系对国际市场的支撑不够；忽视品牌培育，忽视长远利益，企业短视行为严重等等。

资料来源：杨中侠.《中国外资》2004年第5期。

六、完善我国境外投资的政策措施

一是完善境外投资法规体系和管理体制，抓紧出台《境外投资管理暂行条例》及相关配套法规。

二是加强对境外投资的规划和宏观指导。根据国民经济发展目标、国际收支平衡状况和市场需求，研究制定我国境外投资发展战略和中长期规划，发布国家鼓励和禁止的境外投资产业指导目录，明确境外投资的重点地区和行业。抓紧制定境外资源开发、境外加工贸易等重点规划，制定和完善能源、原材料、林业、农业、机电轻纺、高新技术等领域的境外投资专项规划。

三是建立健全社会主义市场经济条件下的境外投资促进保障机制。加强海外投资的财政信贷和税收政策支持，支持国家鼓励类境外投资项目的发展，尤其是对高新技术产业等鼓励的产业。

四是允许境外投资企业采用贷款、项目融资、以资产权益融资、在境内外资本市场发行债券和股票等多种方式，积极开辟境内外融资渠道，降低融资成本。允许有条件的企业将境外资产进行整合、重组，选择有利时机在境外上市或出售，及时调整、优化资产结构。

五是建立政府、民间各种形式的海外投资促进机构，通过不同渠道为企业海外投资提供服务。逐步改革政府投资审批制度，降低门槛，鼓励各种不同行业、不同所有制的企业“走出去”。

第九章　中国服务贸易

本章目标

1. 了解服务贸易的概念、分类及特征。
2. 了解中国服务贸易发展的现状。
3. 理解中国服务业的开放。
4. 掌握中国服务贸易发展存在的突出问题。
5. 领会促进中国服务贸易发展的措施。

改革开放以来，中国服务贸易有了较大的发展，服务贸易的年增长率高于国民经济的增长率，也高于国内服务业的增长速度，这对推动国内服务业的发展发挥了重要的作用。根据《WTO 2001 年年度报告》，中国占世界服务贸易份额 1990 年为 0.73%，2000 年则为 2.1%。2004 年这一比重提高到了 2.8%，居世界第 9 位。与此同时，中国国际服务贸易的领域也逐步扩大，通信、金融、保险、技术贸易、经营管理咨询、人员培训等服务进出口随之迅速发展。通过这些服务贸易的发展，引进了国外先进的管理方法、技术和经验，对中国现代化建设发挥了积极作用。

第一节　服务贸易概述

服务贸易(Trade in Services)的概念，据文献记载最早出现于 1972 年 9 月经济合作与发展组织(OECD)提出的《高级专家与贸易和有关问题》中。1974 年，美国在其《贸易法》第 301 条款中首次使用“世界服务贸易”这一概念。

一、服务贸易的基本概念

1. 服务贸易的含义

服务是相对于产品而言的一个概念，它是指以提供活劳动的形式满足他人某种需要并取得报酬的活动。服务和普通商品一样具有使用价值，但服务的使用价值不表现为物，而是表现为活动。因此，服务贸易与商品贸易的区别在于：商品贸易交换的是物化为产品的劳动，而服务贸易所交换的是服务者所提供的劳动本身。

服务贸易可分为国内服务贸易和国际服务贸易。由于服务贸易内容相当广泛，且各国服务业及服务贸易竞争能力不同，因此不同的组织在进行国际服务贸易研究时，往往从不同的角度作出定义，包括的范围也不尽相同。简单地说，国际服务贸易(International Service Trade)是指跨国界的服务交换活动。关税与贸易总协定主持下的乌拉圭回合谈判，1994 年 4 月签订的《服务贸易总协定》对服务贸易所下的定义代表多数专家的意见，该协定从贸易方式的角度，确定国际服务贸易具体是指涉及下列范围的交易活动：跨境提供、境外消费、商业存在、自然人流动。

(1) 跨境提供(cross-border supply)。从一成员方境内向另一成员方境内提供服务，其中的"跨境"是指"服务"过境，通过电讯、邮电、计算机联网等实现，至于人员和物资在现代科技环境下则一般无需过境。例如，国际金融中的电子清算与支付、国际电信服务、信息咨询服务、卫星影视服务等。

(2) 境外消费(consumption abroad)。在一成员方境内向另一成员方的消费者提供服务。例如，本国病人到外国就医、外国人到本国旅游、本国学生到外国留学等。

(3) 商业存在(commercial presence)。一成员方的服务提供者通过在另一成员方境内的商业实体提供服务，它是四种服务提供方式中最主要的方式，也是服务贸易活动中最主要的形式。它主要涉及市场准入和直接投资，即允许一成员方的服务提供商在另一成员方境内投资设立机构并提供服务，包括投资设立合资、合作和独资企业，该机构的服务人员既可以从提供商母国带来，也可以从东道国雇佣。例如，外国公司到中国来开酒店、零售商店和开办律师事务所等。

(4) 自然人流动(movement of natural persons)。一成员方的服务提供者通过自然人的实体在另一成员方境内的商业现场提供服务。进口方允许个人入境来本国提供服务。例如，外国教授、工程师或医生来本国从事个体服务。

《服务贸易总协定》也明确规定，"政府当局为履行职能所提供的服务"不属于国际服务贸易的对象。"政府当局为履行职能所提供的服务"是指既非基于商业基础、也不与一个或多个服务提供者相竞争的任何服务。例如，中央银行的服务和社会保障服务。

2. 服务贸易的特征

与一般商品贸易相比，服务贸易具有以下特征：

(1) 服务贸易标的物大多具有无形性。服务贸易提供的服务大多是无形的，如金融、保险、运输、广告等服务。

(2) 服务贸易所提供的服务往往是生产、销售与消费同时进行，因此具有同时性、不可贮存性、非转移性等特征。服务的生产和出口的过程往往也是服务的进口和消费的过程。

(3) 国际服务贸易存在生产要素跨国界的移动性。服务是一个过程,一般说来服务贸易是不含有所有权转移的特殊交易方式,因此,服务贸易更多地依赖于生产要素的国际移动和服务机构的跨国设置。国际间的服务交换无论采取什么形式,它都与资本、劳动力和信息等生产要素的跨界移动密切相关。

(4) 由于服务贸易是一种无形商品,买卖双方当事人关系复杂,其交易活动不是通过边境措施,而是通过国内相关立法来进行监督,而且涉及的法律也很复杂,因此服务的进出口不像货物那样都要经过海关出入。

3. 服务贸易的分类

国际服务贸易在含义上有狭义与广义之分。狭义的国际服务贸易,指发生在国家之间的无形的服务输出与输入活动;广义的国际服务贸易,包括狭义的国际服务贸易和有形的劳动力的输出与输入,包括了生产要素的流动。与服务贸易的要领紧密相关的一个重要问题是服务贸易的分类,由于服务贸易的谈判按照行业进行,所以服务贸易的分类法直接决定了谈判的方式。

在乌拉圭回合的服务贸易谈判期间,谈判小组曾经于 1988 年 6 月提出,依据服务在商品中的属性进行服务贸易分类,将其分为:以商品形式存在的服务、对商品实物具有补充作用的服务、对商品实物形态具有替代功能的服务和具有商品属性却与其他商品无关联的服务。第一类服务以商品或实物形式体现,例如:电影、电视、音响、书籍、计算机及专用数据处理与传输装置等;第二类服务对商品价值的实现具有补充、辅助功能,例如:商品储运、财务管理、广告宣传等;第三类服务伴随有形商品的移动,但又不是一般的商品贸易,不像商品贸易实现了商品所有权的转移,只是向服务消费者提供服务。例如技术贸易中的特许经营、设备和金融租赁及设备的维修等;第四类服务具有商品属性,其销售并不需要其他商品补充才能实现,例如通讯、数据处理、旅游、旅馆和饭店服务等。这种分类方式将服务与商品联系起来加以分析,承认“服务”与“商品”同样既存在使用价值,也存在价值。

乌拉圭回合中期审评会议后,服务贸易谈判小组加快了服务贸易谈判进程,并在对以商品为中心的服务贸易分类的基础上,结合服务贸易统计和服务贸易部门开放的要求,在征求各谈判方的提案和意见的基础上,提出了以部门为中心的服务贸易分类方法,将服务贸易分为 12 大类。这 12 大类分别是商业性服务、通信服务、建筑服务、销售服务、教育服务、环境服务、金融服务、健康及社会服务、旅游及相关服务、文化娱乐及体育服务、交通运输服务和其他服务。

上述分类方法成为《服务贸易总协定》(GATS)成员方共同接受的分类法。在中国入世的服务贸易谈判中即是与不同的成员方根据上述行业的分类,一个行业一个行业谈判,一项一项减让,最终达到双方比较满意的结果而完成。谈判完成以后，根据最惠国待遇原则对谈判结果进行汇总，构成服务贸易的总的具体承诺减让表。中国在服务贸易领域的入世法律文件由《GATS协定》、《中国加入议定书》和《中国加入工作组报告书》中的有关内容构成。其中，具体行业的承诺减让表是中国加入议定书的附件。

服务贸易与知识产权都是在乌拉圭回合中纳入关税贸易总协定和后来的世界贸易组织的议程之中的。服务贸易问题是一个敏感性问题，由于发展中国家与发达国家之间在服务贸易领域的实力差距，对于国际服务贸易的含义和议题的范围一直存在着激烈的争论：发展中国家在服务贸易领域中的劣势地位使他们坚持服务贸易范围的狭隘观点，认为服务贸易应当仅仅包括狭义的服务贸易，即国际间提供跨境服务。发达国家出于尽可能占有市场的强烈愿望，希望服务贸易的领域能够涵盖更广泛的范围。包括涉及生产要素流动的服务，甚至服务业的国际直接投资。几经调和之后，乌拉圭回合将服务贸易定义为"国际间服务的提供"。与服务贸易含义的争执一样，服务贸易谈判方式的确定也曾经是一个僵持不下的问题。以美国为首的发达国家和地区坚持"单轨制"，即将服务贸易与货物贸易合并谈判；而以巴西和印度为代表的发展中国家和地区坚持"双轨制"，乌拉圭回合最终采取了"双轨制"的谈判方式，与会方达成了《服务贸易总协定》(GATS协定)。《GATS协定》与《货物贸易多边协定》、《与贸易有关的知识产权协定》共同构成1994年4月15日世界贸易组织原始缔约方共同签订的《马拉喀什建立世界贸易组织协定》的附件，服务贸易领域内的谈判方式问题是另一个重要问题。在《货物贸易多边协定》中确立，国际货物贸易的谈判采用"一揽子谈判模式"，即综合谈判模式，成员方要么全盘接受协定的内容，要么全部拒绝，没有选择性接受的权利。最终确定的服务贸易谈判模式是单独谈判模式，即成员方之间就服务贸易的各个领域分别谈判、分别签约，谈成一个签一个。在中国加入世界贸易组织的制度谈判中，关于货物贸易的谈判，由于《多边货物贸易协定》实行"要么接受要么走开"的原则，中国几乎没有选择的余地，因而很快完成谈判，另外绝大部分的时间用于与中国有谈判意愿的成员方分别进行服务贸易的分行业谈判。

二、服务贸易发展的特点

1. 服务贸易发展速度快，在国际贸易中的比重不断提高

国际服务贸易发展是国际分工深化和产业结构调整的必然结果。自20世纪60年代中期以来，世界服务贸易持续以高于货物贸易的速度发展。在1970年，国际服务贸易的出口额仅有710亿美元，而到1980年则猛增至4 020亿美元，10年间增长5倍多；到1996年增长到12 600亿美元，2002年达到15 400亿美元，比1970年增长了20倍，明显高于同期世界货物贸易出口额的增长速度。服务贸易

在整个国际贸易中所占比重，在 20 世纪 80 年代约占 1/5；进入 90 年代后逐步增至 1/4。随着新的产业革命的完成以及信息经济时代的来临，第三产业、第四产业甚至第五产业将更快发展，越来越多的劳动者将从实物生产转移到服务生产。与此相适应，国际服务贸易进入新的大发展时期，预计服务贸易在整个国际贸易中的比重每年将提高 1 个百分点以上，到 21 世纪 30 年代末，服务贸易的比重将与货物贸易比重大体相当，甚至超过货物贸易的比重，而成为国际贸易的主要对象和主要内容。

从行业来看，当前在国际服务贸易出口中占第一位的是其他商业服务，占第二位的是旅游服务，占第三位的是运输。2001 年，世界服务贸易额为 14 582 亿美元，其中运输服务为 3 400 亿美元，占世界服务贸易额的 23.3%；旅游服务贸易额为 4 650亿美元，占世界服务贸易额的 31.9%；其他商业服务贸易额为 6 550 亿美元，占世界服务贸易额的 44.9%。

2. 国际服务贸易的范围不断扩展，结构进一步完善

第二次世界大战以前，服务贸易的主要项目是劳务输出。当时虽然已有电讯服务、金融服务和运输服务，但发展缓慢，所占比重很低。二战以后，随着第三产业革命的完成，电讯、金融、运输、旅游以及信息产业、知识产权保护等迅速发展，服务贸易加快向这些领域扩展。如果把目前公认的国际服务贸易项目依据其同商品贸易、直接投资的密切程度划分的话，我们可以得到三种类型的国际服务贸易项目：第一类是同货物贸易直接相关的传统国际服务贸易项目，如国际运输、国际维修和保养、国际金融服务（主要是贸易结算服务）等；第二类是同国际直接投资密切相关的要素转移性质的国际服务贸易项目，如股票、债券等形式的证券投资收益，经营管理的利润收益，建筑和工程承包等劳务输出以及金融服务业的国际信贷等；第三类是相对独立于货物贸易和直接投资的新兴产业的服务贸易项目，如国际旅游业提供的服务、信息网络服务、视听产品与知识产权服务等。

在服务贸易结构方面，由于技术进步和经济全球化的发展，世界服务贸易结构也进一步完善。不仅如运输、旅游、劳工等劳动或资源密集型的服务业由于采用了先进技术手段，贸易规模不断扩大；而且许多从制造业中分离出来、独立经营的新兴服务业发展也很快；那些以高新技术为载体的资本密集、技术密集、知识密集型的服务业，如金融、保险、信息、咨询、数据处理等发展最快。

3. 国际服务贸易的发展在世界范围内不平衡

无论是从地区分布看还是从国家角度划分，无论是从国家类型看还是从服务贸易的结构划分，服务贸易在世界范围内发展都十分不平衡，存在着地区密集、国家密集和要素密集的现象。服务贸易的不平衡性是由世界经济的不平衡性决定的。

按地区看，在服务贸易出口中，西欧所占比重最大，亚洲居第二位，北美居第三位，2002年三个地区所占比重分别为48.3%、20.5%和19.7%。在服务贸易进口中，西欧第一，亚洲第二，北美第三，2002年三个地区所占比重分别为45.7%、23.3%和17.1%。在增长速度方面，出口增长速度最高的是亚洲，其次为北美，再次为西欧，1990—2000年间，增长速度分别为9%、7%和5%。

按国家看，美国是当今世界最大的服务贸易国，其在世界服务贸易中不论是出口还是进口都占据领先地位。服务业是当代美国经济中最为庞大、发展最快的部门。美国十大服务输出行业是旅游、运输、金融、教育培训、商业服务、通讯、设备安装维修、娱乐业、信息和医疗保健，均在世界居领先地位。2002年，美国服务出口2678亿美元，服务进口2184亿美元，顺差494亿美元，抵消了美国商品贸易逆差(508亿美元)的97%。美国服务贸易出口额占世界服务贸易出口额的比重从1990年的17%上升到2002年的17.4%，在世界服务贸易进口额中的比重同期从12%上升到14.3%。

按国家类型看，在国际服务贸易中发达国家是主体，发展中国家的服务贸易还很弱小，与发达国家差距巨大，极不平衡。根据世界贸易组织的统计数据，2002年发达国家的服务出口占全球服务出口的75%，而服务进口占全球服务进口的72.5%。2002年，国际服务贸易出口排名前十位的美国、英国、德国、法国、日本、西班牙、意大利、荷兰、比利时-卢森堡和中国香港共占国际服务出口额59%，其中除中国香港外均为发达国家。2002年，服务贸易进口排名前十位的美国、德国、日本、英国、法国、意大利、荷兰、比利时-卢森堡、加拿大和爱尔兰10个发达国家占全球服务贸易进口额的57.2%。在国际服务贸易中，美国、英国、法国、西班牙是贸易顺差国，而德国则是最大贸易逆差国。发达国家在服务贸易上遥遥领先的原因有两方面，一是国际服务贸易是以高新技术为推动力的；二是国际服务贸易是在国际投资与跨国公司发展过程中不断发展的。

进入20世纪90年代，发展中国家和地区在世界服务贸易中的地位上升，发展中国家服务出口增长明显加快，发达国家整体比重有所下降。1990—2000年，发展中国家服务出口年均增长12%，高于发达国家年均增速1倍以上。在发展中国家当中，亚洲(主要是东亚)服务贸易发展尤为迅速，其中海上运输业发展最为强劲，其次在旅游、劳务出口方面也取得了显著进步。

此外，国家之间国际服务贸易发展也不平衡，这表现在两个方面：一是主要发达国家虽为国际服务贸易主体，但发展也很不平衡；二是发展中国家服务贸易集中在极少数国家和地区，发展也很不平衡。2002年进入国际服务贸易前15位的发展中国家只有中国和韩国，但都是贸易逆差国。该年，中国在国际服务贸易出口中居11位(2.4%)，在进口中居第9位(2.9%)；韩国在国际服务贸易出口中居14位

(1.9%)，在进口中居13位(2.2%)。

在服务贸易结构方面，发达国家与发展中国家有着明显的差别。发达国家出口的多是资本密集、技术密集、知识密集的金融、保险、信息、咨询、数据处理等服务；而发展中国家出口的则是旅游、劳务等劳动密集、自然资源密集的项目。这种结构特点反映了经济发展水平与阶段的不同。

4. 国际服务贸易市场呈多元化态势

随着世界经济的发展，近年来对国际服务贸易的需求及范围日益扩大，地理分布也日趋扩大。20世纪70年代以前，西方国家是最主要的劳务输入市场。70年代后期，中东和北非几个主要产油国，每年吸收大批的劳动力，成为服务人员输入的主要市场。80年代以来，亚洲、非洲、拉美地区一些国家的经济迅速增长，对境外服务的需求增加。进入90年代，亚洲地区已成为世界经济增长的热点，特别是普遍的开放性政策带来大量的境外服务进口。以中国为首的发展中国家在实施开放性经济发展战略过程中，对发达国家的高技术含量的服务需求强劲，无论是工程建筑，还是专业服务中的咨询、会计、计算机处理、广告和法律服务，或者电信、金融服务等，都需要外商的参与和合作。

在服务出口市场方面也呈现多元化态势，传统出口大国美国在国际建筑服务市场中份额逐年下降就是一个例证。为了扩大服务市场份额，发达国家之间、发达国家与发展中国家之间以及发展中国家内部进行着激烈的竞争。尽管总体上发达国家占有优势，但是这种状况正在逐渐被打破。

5. 国际服务贸易保护主义盛行

由于服务业的独特性，各国发展又极不均衡，加上服务贸易市场竞争日趋激烈，各国为了自身的经济利益，或者出于国家主权、文化和社会稳定安全方面的需要，对服务进口往往施加各种限制性法规及政策，以保护本国服务业及促进自己的服务出口。这种情况不仅出现在服务业不发达的发展中国家，在服务贸易占绝对优势的发达国家也同样如此，整个世界在服务贸易方面存在着一个巨大的多重的贸易壁垒。比如，为保护美国的印刷业，美国的版权法禁止进口美国作者在海外印刷的作品；阿根廷、澳大利亚、加拿大等国对外国产的广播和电视作品有着严格限制；法国与前苏联的农产品贸易规定只能由两国的船运公司承运；韩国、马来西亚和菲律宾不允许外国银行扩展分支机构；西欧各国借口保障本国居民的就业，近年来大批辞退来自发展中国家的服务人员。这些例子说明服务贸易保护主义措施广泛存在于各国不同行业之中。

第二节　中国服务贸易发展的现状

20世纪60年代以来,全球服务贸易的增长速度大大超过货物贸易增长速度。自70年代以来这种趋势在世界贸易发展中表现得更加明显。1988年货物贸易实际增长率(剔除价格变动因素)达到高峰值8.1%,随后其实际增长率连续下降。与此同时,服务贸易却保持高速增长的趋势,1992年突破了1万亿美元大关,而这一年的世界货物贸易不过36 000多亿美元。20世纪90年代以来,全球经济竞争的重点正从货物贸易转向服务贸易,服务业已成为全球经济增长最快的部门,在一国国民经济中的地位和作用日益重要,其兴旺发达的程度成为衡量现代化水平的一个重要标志。据世界银行公布的统计资料,1980—1998年,全世界农业和制造业占国内生产总值的比重分别从7%和25%下降到5%和20%,而服务业却从56%上升到61%。在发达国家,服务业占国内生产总值的比重已升到70%左右,服务业就业人数占总就业人数的比重大多在70%以上。

在此背景下,我国的服务贸易也得到了快速发展,无论从服务贸易规模和范围,以及在全球服务贸易中的比重和地位,还是在服务贸易收入上都有了明显改善和长足进步。

一、服务贸易规模和范围不断扩大

随着全球经济的较快发展和国内经济的强劲增长,我国服务贸易延续了近年来的发展势头,规模持续增加。我国的服务贸易自改革开放以来尤其是上世纪90年代以来,无论是对外承包劳务合作,还是旅游业、金融服务业以及广告、咨询、海运等都取得了长足发展,对外贸易规模不断扩大,国际地位不断上升。近年来,在党中央、国务院关于扩大内需等一系列方针政策指引下,我国服务业实现了持续、稳定、健康发展,为拉动经济增长、扩大居民消费、缓解就业压力做出了贡献。服务业的发展促进了服务贸易的增长。1982年总额仅为46.11亿美元,到1999年增加到550.69亿美元,增幅达到10.9倍。其中服务贸易出口从1982年的25.87亿美元增加到1999年的237.8亿美元,增长8.2倍。同期,服务贸易进口从20.24亿美元增加到312.89亿美元,增长14.5倍。近20年来,我国服务贸易总额年平均增长17%,远远高于同期货物贸易的增长速度,也远高于发展中国家和全球服务贸易的年平均增长速度。

二、服务贸易比重迅速上升

1989年我国的服务出口在全世界名列第27位、进口居第32位,1999年中国服务贸易出口额在全球名列第14位，占世界服务贸易出口总额的2.0%，到2000年服务出口301亿美元，进口359亿美元，服务贸易总额660亿美元，居世界第12位。2004年世界服务贸易出口额中国排第9位，进口额居第8位(见表9-1)。世界贸易组织(WTO)2006年4月13日发布的2005年世界贸易报告显示，中国2005年货物进出口贸易额排名世界第3位，服务贸易进出口排名均比2004年上升1位，分别排名世界第7位和第8位，服务贸易进出口总排名位列世界第7位。其中服务贸易出口812亿美元，进口853亿美元，分别占世界的3.4%和3.6%；逆差41亿美元，比2004年减少57.1%。[①]

表9-1　2004年世界服务贸易进出口额前10位排名(亿美元)

国别	出口额	占比(%)	增速(%)	国别	进口额	占比(%)	增速(%)
美国	3193	15.2	11	美国	2590	12.4	13
英国	1692	8.1	16	德国	1908	9.2	11
德国	1261	6.0	9	英国	1347	6.5	13
法国	1084	5.2	10	日本	1336	6.4	21
日本	938	4.5	23	法国	945	4.5	13
意大利	846	4.0	21	意大利	796	3.8	9
西班牙	842	4.0	10	荷兰	724	3.5	11
荷兰	724	3.4	15	中国	697	3.3	—
中国	589	2.8	—	爱尔兰	582	2.8	11
中国香港	540	2.6	20	加拿大	559	2.7	12

资料来源：WTO《贸易快讯》2005年4月14日。

三、服务贸易收入进一步增长

据国家外汇管理局公布的资料，2004年上半年，中国对外服务收支总规模达到586.5亿美元，同比增长31%；其中，服务收入263.8亿美元，服务支出322.7亿美元，分别同比增长37%和27%，服务收支逆差58.9亿美元，同比下降6%。对外服务收支总规模占同期中国国内生产总值的8%。2005年上半年，我国服务贸易收入增长进一步加快，多数项目实现了不同程度的增长，反映了我国服务行业对外竞争力逐步增强，总体发展前景良好。2005年上半年，我国服务贸易规模达

① 上海市国际服务贸易行业协会网站：http://www.servtrad.org.cn/fwmy/ShowArticle.asp?ArticleID=8063。

到730亿美元，同比增长24.5%。其中，服务贸易收入345亿美元，同比增长31%；服务贸易支出385亿美元，同比增长19%；收支逆差39亿美元，比上年同期减少19.6亿美元，同比减少33%，为近五年来的首次减少。①

2005年上半年，运输、旅游和其他商业服务项目依旧是我国服务贸易收入的主要来源，收入分别为70.7亿美元、142.2亿美元和78.4亿美元，同比分别增长34.4%、33.6%和23.7%，占服务贸易总收入的比重分别为20.5%、41.2%和22.7%，电影音像收入增速最快，同比增长111.3%；其次是咨询和广告宣传收入，同比分别增长69.8%和37.9%。同期我国服务贸易需求稳步增长，运输、旅游、其他商业服务和保险项目是我国服务贸易支出的主体，支出分别为130.7亿美元、99亿美元、41.3亿美元和33亿美元，同比分别增长13.8%、17.8%、18.2%和14.6%，均低于平均增幅，占服务贸易总支出的比重分别为34%、25.7%、10.7%和8.6%，合计占服务贸易总支出的79%。另外，除电影音像支出下降外，其余项目支出均呈现不同程度的增长。

逆差项目的构成并未发生变化，仍主要集中在运输、保险、专有权利使用费和特许费项目，逆差规模分别为60亿美元、30.7亿美元和25.5亿美元，其中运输项目运输收入70.7亿美元，同比增长34.4%；支出130.7亿美元，同比增长13.8%，逆差同比减少3.6%，保险项目的逆差增速有所减缓，但由于保险收入仅有2.4亿美元，远远低于支出的33亿美元，仍同比分别增长13.8%，逆差短期内难以消失。专有权利使用费和特许费对外支付增加较快，达26.1亿美元，同比增长37.8%；而该项目收入仅有不到6000万美元，同比减少66.3%；逆差25.5亿美元，同比增长48.4%。顺差项目主要集中在旅游和其他商业服务（包括转口贸易买卖、经营租赁、佣金等），顺差规模分别为43.2亿美元（收入142.2亿美元，同比增长33.6%；支出99亿美元，同比增长17.8%；）和37.1亿美元，同比分别增长92.6%和30.5%。旅游顺差扩大是上半年服务贸易逆差减少的最主要因素。我国服务贸易收支中规模最大的三个项目仍然是运输、旅游和其他商业服务，三项合计占收支总额的近4/5。2005年全年中国服务贸易发展状况见表9-2。

① 参见2005年商务部国际贸易经济合作研究院主办的“第二届中国商务发展论坛”，新华社2006年1月25日。

表 9－2　2005 年中国服务贸易发展状况(亿美元)

项　目	收支合计		收入		支出		差额
	金额	增速(%)	金额	增速(%)	金额	增速(%)	
服务贸易总额	1582.00	17.56	744.04	19.17	837.95	16.17	－93.91
运输	438.74	19.84	154.27	27.84	284.48	15.91	－130.21
旅游	510.55	13.74	292.96	13.82	217.59	13.63	75.37
通讯服务	10.89	19.28	4.85	10.23	6.03	27.75	－1.18
建筑服务	42.12	50.11	25.93	76.76	16.19	20.91	9.74
保险服务	77.49	19.14	5.49	44.09	72.00	17.57	－66.50
金融服务	3.05	31.47	1.45	54.26	1.59	15.22	－0.14
计算机信息服务	34.63	19.83	18.40	12.40	16.23	29.53	2.18
专有权利使用费和特许费	54.79	15.76	1.57	－33.47	53.21	18.32	－51.64
咨询	115.06	45.89	53.22	68.79	61.84	30.63	－8.61
广告、宣传	17.91	15.77	10.76	26.74	7.15	2.44	3.61
电影、音像	2.88	32.72	1.34	226.83	1.54	－12.5	－0.20
其他商业服务	262.73	7.55	168.85	5.86	93.88	10.73	74.97
别处未提及的政府服务	11.17	22.88	4.95	30.95	6.23	17.33	－1.28

资料来源：根据国家外汇管理局“国际收支平衡表”计算。

注：表中金额数据根据原表数据四舍五入，因此部分收入与支出项间的合计及差额与结果有一定出入。

第三节　中国服务业的开放

服务贸易对外开放方面，早在关贸总协定乌拉圭回合有关服务贸易的谈判中，我国就已承诺进一步开放航运、专业服务、银行业、广告、旅游、近海石油勘探等 6 个服务市场。允许外国企业在我国开设合资旅馆，并允许在我国 12 个度假区或旅游区开设合营的旅行社。外国公司可在北京、上海、广州、青岛、大连、天津等地开设服务行业的合资公司，并在广东、福建和海南省的 5 个经济特区开设合资零售商店。后来，我国又有条件地进一步开放了保险、内河航运、公路运输、建筑工程、计算机服务、陆上石油服务和租赁市场。实际上，我国也履行了上述承诺，逐步开放国内市场。目前，在商业零售方面，允许举办中外合资经营企业；航运业方面，已经有条件地开放海运和货运市场；建筑业方面，允许外国监理提供服务，允许监理中外合资、合作的工程承包企业；允许世界知名会计师事务所在我国提供一定范围内的服务。此外，对律师服务、租赁服务、旅游等领域也实行了一定程度的开放。

然而,由于服务业本身具有的一些天然垄断(如水、电、气、铁路等)和人为垄断性质(如因国家经济大局导致国家对银行、保险、邮电等行业的政策性独立),中国服务业与国外服务业相比,其开放程度仍处于较低水平。众所周知,在中国,绝大部分服务业是由政府严格管制的,主要的企业都拥有一定的影响市场的能力,如金融、保险、电信、民航和铁路等,在其他一些领域,像住房、医疗、城市交通、教育等,普遍比较重视在社会福利方面的作用。[①] 通常,这些政策往往会导致市场准入壁垒和价格管制,从而不利于资源利用效率的提高和产品的创新,导致许多种类的服务无法提供或者价格极其昂贵,而且没有多少选择的余地。高成本的服务,无论对于消费者还是生产者都是一种负担,不仅不利于国内经济增长和技术进步,而且会削弱中国经济竞争力。

一国服务贸易竞争力的强弱可以从其服务贸易出口额占世界市场份额的大小来衡量。根据《WTO 2000 年年度报告》,1999 年服务出口占世界市场的份额排前 5 位的国家是美国、英国、法国、德国和意大利,其份额分别为 18.8%、7.6%、5.69%、5.7%和 4.8%;而我国的服务出口占世界市场的份额仅为 2%,列居第 14 位。因此,与发达国家相比,我国服务业仍有很大差距,其服务贸易领域的开放还显得偏低(参见表 9-3[②])。考虑到各不同部门在国民经济中的不同作用与地位,以及在整个服务贸易中的不同比重,从而寻求各部门在总服务贸易中的比重,并依此进行加权,以求得更合理的相对可比开放程度可能更能说明问题。此外,应用国际贸易学者豪克曼(Hockman)的方法还可以计算出整个国家服务贸易开放的部门覆盖率,这是从另一个角度求出某个国家的开放程度,中国的市场准入部门覆盖率为 13.9%,在 14 个大的发展中国家中居第 9 位;中国的国民待遇部门覆盖率为 14%,在 14 个大的发展中国家中也居第 9 位。此外,中国服务贸易开放度相对商品贸易开放度的差距正在缩小,1985—1998 年我国服务贸易开放度仅为商品贸易开放度的 8%,但到 1998 年该比例已升至 16%。由此可知,中国服务贸易开放并不十分落后,且差距正在不断缩小。在服务贸易领域,中国有较大的开发潜力。因此,在服务贸易领域的开放力度适当加大一点,应是我国服务贸易努力的方向。

---

① 参阅陈富良:《我国经济转轨时期的政府管制》. 中国财政经济出版社 2000 年版,第 85 页。

② 在表 9-3 中,日本得分虽然最高,但并不意味着日本的服务贸易开放程度是最高的,日本名义上开放,实际上封闭。

表 9-3 各国(地区)服务业开放度的国际比较

	总分数		总分数		总分数
美国	384	奥地利	412	印度尼西亚	140
日本	408	新加坡	232	韩国	311
欧盟	392	阿根廷	208	马来西亚	256
加拿大	352	巴西	156	墨西哥	252
澳大利亚	360	中国	196	泰国	260
新 西 兰	276	埃及	104	菲 律 宾	160
瑞士	400	印度	132	巴基斯坦	108

说明:总分数越高,表示开放程度越高;反之,越低。

资料来源:杨圣明:《国际服务贸易:新世纪中国面临的议题》,载《财贸经济》,1999(3)。

从投资比重的角度来看,中国服务业的开放情形并不令人感到满意。从对外开放的角度来看,服务业总投资中外商直接投资占 2.7%,大大低于工业 11.8%的比重。在服务业 42 个大行业中,除零售、商业代理、房地产代理、旅馆、旅行社、娱乐、计算机服务等行业外,其他行业外商直接投资占总投资的比重都低于 5%,其中 20 个行业的比重在 1%以下。从国内市场的开放状况来看,服务业以国有经济投资为主,经营上实行垄断,管理上采取政府定价。1998 年服务业固定资产投资中,国有经济投资占 5.7%,比制造业高出 25 个百分点。44 个大行业中,有 22 个行业国有投资占总投资的 90%以上,除餐饮、房地产、旅馆、租赁、娱乐业外,其他行业国有投资比重都在 50%以上。

从出口的产业结构来看,各国均以工业为主体,服务业居中,农业比重最低,服务业比重以 10%～30%之间居多,在有数据的 45 个国家和地区中有 37 个国家和地区位于该区间[①],低于 10%的仅 3 个,高于 30%的只有 5 个。1995 年,中国出口结构中,服务业比重为 11%,在 45 个国家和地区中处于较低水平,表明中国服务业对国际收支作用较小,并且中国服务业出口占服务业增加值比重仅为 8.0%。可见,中国服务业并没有积极参与到国际竞争中去。

从进口的产业结构来看,与出口的情形极为相似。在上述 45 个国家和地区中,仍以工业为进口主体,服务业居中。其中 41 个国家和地区的服务业进口比重处在 10%～30%之间,低于 10%和高于 30%的分别只有 1 个国家。中国 1995 年

① 这 45 个国家或地区分别是:美国、瑞士、卢森堡、丹麦、芬兰、日本、荷兰、德国、挪威、冰岛、加拿大、瑞典、中国香港、奥地利、新西兰、法国、澳大利亚、英国、爱尔兰、比利时、以色列、中国台湾、西班牙、意大利、匈牙利、智利、马来西亚、韩国、葡萄牙、希腊、阿根廷、捷克、巴西、中国、菲律宾、哥伦比亚、南非、波兰、墨西哥、委内瑞拉、印度尼西亚、土耳其、泰国、俄罗斯、印度。

进口结构中，服务业比重为16%，高于出口的比重，这与国外服务业提供者积极开拓中国国内市场有关。中国服务业面临着国际竞争的强大压力，必须利用先进技术促进本国服务业竞争力的提高，摆脱国内市场被占领的被动局面。

中国在加入WTO的谈判中对服务业的开放作出了承诺，加入WTO后，中国服务业市场开放程度进一步大幅度提高。1999年和2000年，中美、中欧分别达成了关于中国加入WTO的协定，中国除了承诺开放银行业和证券业外，还将开放专业服务市场，包括法律、会计、医疗等服务。总的看来，中国服务贸易开放几乎涉及服务贸易的各个领域，采取逐步的和渐进的方式，大多经过合营、控股和独资三个不同阶段，开放的地域也从部分限制到逐步扩大。

第四节　中国服务贸易发展存在的突出问题

我国服务贸易虽然取得了很大的发展，但从总体水平而言，中国国际服务贸易尚处于发展初期，依旧处于十分落后的地位。自1992年以来中国服务贸易连续出现逆差(除1994年外)，且1996年后逆差不断扩大，似乎表明中国服务业国际竞争力有下降的迹象。[①] 同商品贸易相比，我国服务贸易明显滞后，存在着许多亟待解决的问题。主要表现在以下几个方面。

一、服务业发展滞后，制约了服务贸易的发展

我国第三产业尤其是服务业发展严重滞后，而第三产业是服务贸易的基础，第三产业发展的滞后必然会影响服务贸易的发展。一国服务业的发展水平可用服务业产值占GDP的比重以及服务业就业人数占总就业人数的比重来衡量。中国1998年的水平为32.1%，不仅远远落后于经济发达国家60%～80%的平均水平，而且也低于发展中国家45%～55%的水平。从1980年到1998年，服务业增加值在整个经济中的比重，低收入国家从30%上升到38%、中等收入国家从46%上升到56%、高收入国家从59%上升到65%。中国1998年服务业的就业人数占国内总就业人数的比重为26.7%，低于发达国家的55%～75%和发展中国家的30%～55%。根据世界贸易组织的统计数据，美国服务业就业比重在2000年就达到了78%，2002年服务业就业比重最高的英国已达79.9%。而我国服务业产值在

① 非要素服务贸易逆差从1992年为2亿美元增加到1999年的75亿美元。要素服务差额变化甚至更大，从1992年3亿美元顺差变成到1999年为180亿美元逆差，然而，在把这些数据解读为中国服务业国际竞争力的指示器时要小心，因为很多服务被计入货物出口。

GDP中的比重2004年仅为31.9%，比1991年的33.4%和2001年的33.6%[①]还分别降低了1个多百分点；服务业中的就业者占全部就业者的比重也仅为30.6%，比发达国家大约低40个百分点，比多数发展中国家大约低20个百分点。

服务业落后使我国服务贸易的发展受到很大制约。从总体上看，我国服务业的竞争力不如工业，除旅游等少数行业外，多数服务贸易领域处于逆差状态。2000年我国服务贸易总额为660亿美元，占全球服务贸易总额28 700亿美元的2.3%。而同期美国服务贸易总额达4 735亿美元，占全球的16.5%，是我国的7倍多。

二、服务贸易发展存在不平衡性

我国服务贸易发展存在的不平衡性主要表现在两个方面：一是中国进出口贸易发展的不平衡性，1997年中国出口份额世界排名第16位，进口份额排名第14位，出口份额小于进口份额，服务贸易出现逆差，且1992年后(除1994年)逆差不断扩大。1992—1999年间(除1994年外)，中国服务贸易均为逆差，逆差累计达254.6亿美元，相当于1982—1999年18年间服务贸易逆差累计的1.9倍，这表明中国服务贸易国际竞争力较弱，这与近年来发展中国家服务贸易逆差逐渐改善的情形形成了巨大的反差；二是中国服务贸易出口增速小于进口增速，这与发展中国家的服务贸易出口增长快于进口增长的趋势恰恰相反。

三、服务贸易总体水平较低，出口结构不合理

由于我国服务贸易项目结构单一，对货物贸易的依赖性较强，在货物贸易高速增长的带动下，同货物进出口直接关联的传统服务贸易项目，即生产性服务贸易增长很快，如国际运输服务、国际货物保险等。由此，尽管我国服务贸易收支增长的态势良好，但发展的项目结构和地区结构仍不平衡。从2005年上半年的数据看，我国服务贸易收支主要仍集中在旅游、运输和其他商业服务，基本结构没有变化；从市场结构看，目前我国服务贸易收支伙伴也主要集中在我国香港、美国等国家或地区；从地区发展看，服务贸易收支主要集中在上海、北京、浙江、江苏和广东等经济相对发达地区，中西部地区所占份额极小。服务贸易交易项目和地区分布不均衡，在一定程度上导致了我国服务贸易发展的总体水平偏低且短期内难以有所突破的格局。同时，由于市场多元化程度较低，我国服务贸易抗冲击能力较差，易受国内外形势影响。目前，中国服务贸易额仅占世界服务贸易额的3%，居世界排名

① 2001年我国服务业增加值32 254亿元，按可比价格计算，比上年增长7.4%，服务业从业人数2001年底为2.02亿人，占全社会就业人员的比重为27.7%。

20 位之后，服务贸易亦处于逆差地位。2000 年，中国服务贸易出口中，国际旅游收入 162.3 亿美元，占服务贸易出口总额的 53%；国际运输收入 36.7 亿美元，占 12%，两项合占 65%。可见，运输、旅游是中国服务贸易的支柱，中国服务贸易还主要集中在旅游、运输、转口贸易、经营租赁等劳动密集型部门和资源禀赋优势部门等传统服务业或低附加值项目上，而在全球贸易量最大的金融、保险、计算机信息服务、技术咨询、专有权利和特许、广告宣传和电影音像等技术密集和知识密集高附加值服务行业，由于受制度、技术、知识和文化等基础因素的制约，中国在这些方面还很薄弱仍处于初步发展阶段，发展速度相对缓慢。

四、服务贸易法律法规不健全

长期以来，我国服务贸易立法严重滞后，直到近年才有较大的改观，先后颁布了《海商法》、《商业银行法》、《保险法》、《广告法》、《律师法》等一批涉及服务贸易领域的重要法律法规。但是，同发达国家相比，仍存在较大差距，与服务贸易广泛的内涵和国际服务贸易发展的要求相比还存在着许多不足之处。目前我国尚没有一个关于服务业的一般性法律，立法未成体系，相当一部分领域法律处于空白状态，即使已颁布的一些有关服务贸易的法律法规，也比较抽象，可操作性差，而且缺乏协调，从而影响了我国服务贸易立法的统一性和透明度。

五、服务贸易管理落后

由于服务业是由许多相关行业组成的产业群，国际服务贸易涉及的行业范围极广，国际社会要求一国对其国内的服务业进行整体协调和管理。目前，中国对国际服务贸易的管理和协调主要由中央相关部委负责，但对应于《服务贸易总协定》的要求，这种管理体制是存在许多缺陷的，如中央和地方在服务业国际贸易政策和规章方面还存在着一定的差别，服务业各有关职能部门职责不明确，多头管理、政出多门甚至相互掣肘的问题还没有完全解决，容易造成行业垄断等，这也造成我国大部分服务领域(如电信、运输、金融和保险等)市场竞争不够，在一定程度上也延缓了我国服务业的发展速度。我国服务领域总体对外开放程度不够，影响了国外资金、先进管理经验和制度的引进。此外，中国对服务业的定义、统计范畴及统计规范性，以及行业划分标准、服务标准等方面与发达市场经济国家及国际惯例不一致，所有这些，都是阻碍中国国际服务贸易发展的主要因素。

第五节　中国服务贸易发展的策略

服务贸易发展滞后不仅直接影响了我国国际收支平衡，而且严重制约着我国货物贸易附加值的提高。我们应积极制订措施，挖掘潜力，努力拓展服务贸易的发展空间，为我国国民经济的健康和谐发展做出贡献。

一、加快服务业体制改革，增加政策透明度

在不影响国家安全的前提下，对有关国家及国内服务业的各项方针、政策、法规、措施都要予以公开，以便国外的服务提供者更加了解中国服务市场的情况，寻求合作机会。进一步加强体制改革，是提高国内服务业竞争力的必要条件。目前在全国范围内，服务业及其他行业都不同程度存在体制上的弊端，受国家政策的限制，难以与外资企业在同一起跑线上展开竞争，必须加以改革。

"十一五"期间，我国对外贸易的发展需要进一步调整结构，转变外贸增长方式。而加快服务贸易出口的发展是其中一项重要的、有效的措施。因此，要抓紧理顺服务贸易管理与促进体制。

首先要明确服务贸易主管部门。美国、日本、德国等世界贸易大国对服务贸易和货物贸易的宏观管理都是明确由同一个政府部门负责，如美国商务部、日本经济产业省、德国经济部等。而我国服务贸易的进出口总额已经高达800亿美元，但是服务贸易的主管部门实际上一直未完全明确(本届政府商务部的"三定方案"①仍没有明确这方面的内容)。当前的体制是，商务部主要负责服务贸易的国际多边谈判、对外事务协调、服务业利用外资政策等事务，以及对外承包工程和劳务输出的管理，其余服务贸易事务分属几十个相关部门。相应地，服务贸易战略发展规划、服务贸易立法、服务贸易业态划分标准、服务贸易统计制度等涉及服务贸易发展的重大事项，一直未能得到研究落实。因此，尽快明确商务部作为我国服务贸易管理与发展的归口部门已是当务之急。目前商务部外资司、WTO司和合作司虽然各有一个服务贸易处，但都分管具体事务，尚不足以形成对服务贸易进出口的宏观管理。服务贸易管理部门明确后，建议商务部组建服务贸易管理司，加强对服务贸易的宏观管理。

其次要建立国家级服务贸易发展协调机制。商务部对服务贸易的宏观管理主要是负责发展战略、出台进出口促进和管理政策、协调各产业在进出口环节的利益关系，参与谈判。由于服务贸易涉及的部门较多，因此，商务部的宏观管理可能存在一定的难度，所以，建议成立由国务院主管副总理牵头、各相关部门参加的"国务院服务贸易协调小组"，统筹全国的服务贸易进出口相关政策。协调小组的办事机

---

① 2003年3月中华人民共和国商务部组建后不久进行的定编、定岗、定职责的"三定"方案。

构设在商务部服务贸易司,以便推动相关工作的进展。

此外,为了切实从宏观上把握我国服务贸易的发展动态,适时进行宏观管理,必须进一步改善服务贸易的统计制度。一方面,按照世贸组织《服务贸易统计手册》进行BOP统计分析;另一方面,鉴于我国服务业外资迅速增加,因此应借鉴美国的做法,建立FAT统计制度,以便进行宏观决策。除商务部以外,各服务行业主管部门以及各地方政府,也都要相应建立本领域、本地区服务贸易出口统计制度。

二、加强服务贸易的政策制订和制度建设

我国加入世贸组织后,服务贸易领域的对外开放逐步加快。"十一五"期间服务贸易开放的深度和广大还将进一步加大。按《服务贸易总协定》实施最惠国待遇和有条件的国民待遇原则,制定一部统一的《服务业外商投资法》,保障外国投资者的利益,并据此对国内服务业造成重大损害或损害威胁时,及时采取相关的救济手段,如服务进口保障、国际收支平衡的例外等,非常必要。

面对外国高水平服务业的冲击,我们必须制定适度的服务贸易保护政策。《服务贸易总协定》给予发展中国家若干特殊的优惠待遇、宽限期以及保护措施,中国应充分加以利用。选择对国内服务市场的保护方式,应符合GATS的原则和要求,遵守服务贸易国际惯例,同时要考虑国内服务市场的实际,有选择地、适度地开放国内服务市场,在对外开放的服务市场领域,对外资实行一定的进入限制,对国内部分服务行业和领域制定产业倾斜政策,在税收、财政、信贷、人员培养及科技支持等方面提供优惠政策。

要制订重点发展制约性强的产业和高端服务业的产业政策。根据我国经济发展的总体结构,突出发展制约性强的服务产业,为经济发展和构建和谐社会体系服务。在产业布局上,要大力发展现代服务业,改组改造传统服务业,针对不同行业特点,实行分类指导,提高服务业发展的质量和水平。

要制订服务业发展的区域政策,积极支持上海、北京、深圳和大连等大中型城市成为国际或区域性金融中心、贸易中心、信息中心和交通运输中心,要发挥这些城市的综合优势,重点发展金融、电信、会展和广告、旅游、贸易、教育、运输等具有带动作用的现代服务贸易,使之在新的产业国际转移中,依然保持区域性经济、文化中心的地位,扩大服务贸易出口,带动本国服务贸易的快速发展。同时,鼓励国内外企业在中小城镇、大都市的卫星城以及农村,开展服务业投资,在普遍提高服务业发展水平的同时,突出中心城市的核心作用,综合提升服务贸易的出口能力。

三、大力发展国内服务业，并选择优先发展行业

根据世界服务贸易发展的趋势和我国服务贸易发展的结构特征，在转变外贸增长方式的过程中，我国应有针对性地发展部分服务行业，重点发展出口导向型服务业。大力发展国内服务业，特别是要优先发展为工农业生产服务的服务业，为服务贸易奠定坚实的基础。发展出口导向型服务产业，谋求具有比较优势的服务产业扩大出口、进而实现服务贸易的进出口平衡发展，是我国服务贸易发展的方向。因此，国家层面上的服务贸易发展机制建立起来后，应抓紧研究制定我国服务贸易的发展战略，在合理科学的战略指导下推动服务贸易的健康发展。促进服务业出口，不仅仅是贸易问题，更是我国产业结构调整、外贸增长方式转变和国民经济发展的方向。因此，为实现重点行业的服务贸易发展战略，我国政府在产业发展、区域发展、企业竞争力提高、国外市场开放等方面应制定相关政策，发挥促进作用。

我国制造业和加工工业将趋向自动化、高科技化、高附加值化，劳动生产率不断提高，用工量减少，对金融、信息、技术、流通的依赖度增加，优先发展为生产服务的服务业成为必然选择，使为生产服务的服务业在经济结构中的比重不断上升。基于此，服务行业应重点发展以下行业：①投资少、收效快、效益好、就业容量大、与经济发展和人们生活关系密切的行业。如与货物贸易相关的运输和商业分销服务业、物资业、房地产业等；②发展与科技进步相关的新兴行业，如咨询业、信息业和各类技术服务业等；③发展农村的第三产业，主要是为农业产前、产中、产后服务的行业，为提高农民素质和生活质量服务的行业。

与此同时，要保持为生活服务的服务贸易良好的增长性。一方面，要发展出口导向型的生活服务业，吸引更多的境外消费者，扩大旅游业等出口；另一方面，要满足国内市场需求的生活服务，可以部分实现进口替代，减少教育、旅游、疗养保健和餐饮服务的进口。另外，还要继续发展我国特色服务贸易出口。在国际服务贸易市场上，具有中国传统特色的服务门类有着广泛的市场，包括中医医疗服务、中文教育、中医教育、体育专业服务、中餐餐饮服务等等。这些特色服务产业的发展，将会面临较少的竞争，而附加值则随之提高。

四、提高中国服务业的开放程度

大力发展本国服务产业，提高中国服务业的开放程度，就是要加快服务业发展的市场化进程。加大服务业的市场化进程、实现市场配置资源的功能有三个方面：对国内企业打破行业垄断，放宽市场准入的限制；通过吸收外商直接投资等方式，全面发展本国服务业，增强国际竞争力；鼓励我国企业走向国际市场。服务贸易的

主体是企业，要推动企业在全球化的市场范围内、以全球化的发展战略为指导、进行全球范围的资源组合与配置。

应该看到，通过外资进入形成的强大竞争压力会迫使国有服务企业提高效率，本质上就是通过引进外资，形成压力，达到国内制度难以起效的对国有企业的刺激和促进作用，打破原有比较优势的局限，改善自身的服务贸易状况。这是发展中国家，特别是转型经济国家中普遍存在的市场自由化过程。

鼓励我国企业走向国际市场，促进服务业企业"走出去"，必须改革服务领域的投融资政策。我国服务业企业扩大对外投资，现行的融资政策是"瓶颈"。一方面，国内商业银行和政策性银行可以提供的信贷条件苛刻，制约了企业的业务发展；另一方面，我国政府不允许企业以 BOT 等方式在境外融资。建议改革此类金融政策，为企业的境外融资提供一定的便利和支持，使得企业在境外投资码头、港口、建设大型基础设施等业务方面，取得新的突破。

五、加强对服务贸易人才的培养

要将培养适应国际市场竞争的高水平的管理人才放到重要的位置，为一些有能力的青年人创造良好的学习条件和工作环境，使其在不断的学习和实践中得到锻炼和提高，为发展国际服务贸易和加速服务业内部的产业结构升级提供人才保证。同时，加强对现有人员的短期培训，让他们尽快了解和熟悉《服务贸易总协定》的有关条款及中国服务业面临的挑战和机遇，以提高中国国际服务贸易的市场竞争力。

服务贸易人才的培养，不仅包括贸易业务人才的培养，而且包括相应的法律咨询方面的人才培养。而且这方面人才的培养，在今后的国际服务进出口贸易中，有利于加大涉外谈判的力度，争取更多的市场准入机会。较之货物贸易，服务贸易谈判更加复杂，且发展中国家的利益尚有通过谈判得到扩大的潜力，因此，我国政府要加强服务贸易谈判的投入，把服务贸易作为涉外谈判的重中之重，加强谈判提案的调研工作，最大限度地代表我国产业界的意见和利益。要做到这一点，人才培养无疑更是重中之重。

第十章　中国对外贸易体制改革

本章目标

1. 了解对外贸易体制的建立和发展。
2. 领会1979—1987年外贸体制的初步改革。
3. 领会1988—1993年外贸体制改革的深化。
4. 领会1994年到“入世”前的外贸体制改革。
5. 掌握加入世界贸易组织后的对外贸易体制改革。

国际上讨论对外贸易体制改革主要是贸易自由化的过程，即由保护型的对外贸易体制向自由、开放的对外贸易体制转变，其体制基础是市场经济体制，改革的是政府干预对外贸易的方式与力度。中国对外贸易体制的改革基本上也是贸易自由化的过程，但中国原先的对外贸易体制基础是计划经济体制，对外贸易自由化过程必须在经济体制从计划经济体制向市场经济体制的转变过程中完成。因此，中国外贸体制的改革就不是一个单纯自由化的问题，而是必须顺应总体经济改革的次序和步骤。具体包括两方面：一是由计划经济转向市场经济，二是由贸易保护主义转向自由开放。中国外贸体制改革坚持以“统一政策、放开经营、平等竞争、自负盈亏、工贸结合、推行代理制”为方向，以建立外贸宏观调控体系为重点，逐步建立起符合社会主义市场经济运行要求与国际经贸通行规则的新型外经贸管理体制。

自1978年党的十一届三中全会以来，伴随着经济体制改革的进程，我国外贸体制的改革也陆续展开，从“放权、让利、分散”到“推行外贸承包制和放开经营”，在层次上渐次推进，取得了一个又一个新的突破。

第一节　外贸体制的建立与发展

一、对外贸易体制的含义

对外贸易体制是对外贸易经营管理体制的简称，是指对外贸易的组织形式、机构设置、管理权限、经营分工和利益分配等整个制度。它是经济体制的一个重要组成部分,并与经济体制的其他组成部分有着密切的联系。

外贸体制和其他经济体制一样,属于上层建筑的范畴,是由经济基础决定并为经济基础服务的。因此,随着经济基础的发展变化,应相应地变革对外贸易体制,使其更好地适应国民经济与对外贸易发展的需要。

二、对外贸易体制的建立与发展

新中国成立后,政府设立了贸易部,统领国内贸易和对外贸易;之后又组建了地方外贸管理机构,它们受外贸部和地方政府的双重领导,从而形成"条块结合、条条为主"的集中统一的对外贸易行政管理机构体系。1957 年,我国外贸体制适应国家经济体制的要求,形成了由政府职能部门领导的国营外贸公司集中经营,国家对外贸公司实行指令性计划管理和统负盈亏,管理和经营趋于一体的高度集中的对外贸易体制。

1974—1978 年,对可以开展外贸的地区、机构进行了局部调整,但原有的高度集中的外贸体制未变。

三、外贸体制建立的必要性及建立初期的主要弊端

这种外贸体制的建立,是将对外贸易纳入国家统一管理、控制和调节之中,因此也被称为外贸统制,或对外贸易国家垄断制。在当时的历史背景和历史条件下,与产品经济和单一的计划经济的国家经济体制相适应,我国实行外贸统制也有其必要性:一是有利于集中统一对外,可以保证我国的政治独立和经济独立;二是有利于统一安排进口,保证国家重点建设需要,从而保证我国经济建设的顺利进行,将中国国内市场与被资本主义国家控制的国际市场中的任何不确定因素隔离开来;三是能够使我国有效地防御世界性经济危机的冲击,使中国在国际收支中避免出现逆差;四是有利于统一调度资源,提高产品国际竞争力,能够使我国步调一致地参与激烈的国际市场竞争,控制中国进出口水平和构成,达到保护民族幼稚工业,实现进口替代战略的目的,并获取更大利益。

但这一时期外贸体制也表现出了如下主要弊端:

第一,对外贸易由少数国家外贸公司垄断经营,不利于调动各方面的主动性和积极性。

第二,产销脱节、工贸脱节,统得过死,阻碍了企业与买方、卖方的接触,不利于外贸企业发挥自主经营的能力,不能发挥大经贸的优势。

第三,外贸财务由国家统收统支,统包盈亏,不利于外贸企业走上自主经营、自负盈亏、自我发展和自我约束的企业化经营道路,使外贸出口的作用不能充分发

挥，使进口需求过度的倾向长期得不到根本解决。而且未能体现地方、国家、企业、个人的利益关系，影响他们积极性的发挥。

第四，统得过死，政企不分，官商特征明显。

第二节　外贸体制的初步改革

1979—1987年为我国外贸体制改革的探索时期，简政放权是这一时期外贸体制改革的主旋律。具体措施如下：

第一，在外贸经营权上，赋予了更多企业外贸经营权，扩大了某些外贸公司和地方的外贸经营范围，扩大对外贸易渠道，打破独家经营的局面，下放商品经营权（这一点从表10－1的统计资料，明显看出10大外贸公司在我国进出口贸易中的比重迅速下降），建立海外贸易机构。1984年1月，明确28种限制进口商品，允许一批机构无须经过经贸部就可进口非限制类商品，这些机构包括经贸部所属外贸公司和分公司，其他部门所属的外贸公司，省政府经营的外贸公司。

表10－1　10大外贸公司在我国进出口贸易中的比重

年份	出口(%)	进口(%)	年份	出口(%)	进口(%)
1981	81.3	76.6	1987	64.3	30.3
1982	78.5	71.5	1988	21.8	19.1
1983	77.9	60.6	1989	20.2	17.8
1984	74.0	51.0	1990	19.3	14.7
1985	76.7	42.3	1991	21.6	9.8
1986	65.7	37.6	1992	16.9	10.0

注：10大外贸公司为：机械、五矿、化工、技术、粮油食品、纺织、土畜、轻工、工艺、仪器进出口总公司。
资料来源：商务部，转引自林桂军《人民币汇率问题研究》，对外经济贸易大学出版社，1997年。

第二，开展工贸结合的试点方面，工业企业和外贸企业共同出资、出人，直接结合，共同经营企业，二者密切配合，合理分工，发挥各自优势，共同为提高出口商品在国际市场上的竞争力，提高经济效益而努力。如上海玩具进出口公司、北京抽纱进出口公司、浙江工艺品进出口公司等。

第三，外贸专业进出口公司试行代理制。1984年9月，通过了外贸体制改革报告，报告内容包括“政企分开”、“简政放权”、“实行外贸代理制”、“改革外贸计划体制”和“改革外贸财务体制”等。初期外贸专业公司对部分出口产品由收购制改为代理制，这是该轮改革的一项重要试点内容。出口收购制指外贸企业向国内生产企业收购产品，并组织出口，商品所有权要从生产企业转移到外贸企业，由外贸企业承担盈亏；代理制指由外贸企业提供各种服务，代生产、订货部门办理出口和进口业务,外贸企业收取一定的费用,盈亏由出口商品生产企业和进口商品用户自负。后期进口经营原则上全部实行代理制,由用户自负盈亏。出口经营基本上实行代理制,但要根据商品情况分别确定。工矿产品基本上采用代理制,农副产品和一些手工艺品等仍由外贸公司收购。

第四,简化了外贸计划的内容。自 1985 年起,经贸部不再编制、下达外贸收购计划和调拨计划,缩小指令性计划范围,扩大指导性计划范围,注意发挥市场调节的作用。

第五,实行出口承包经营责任制。1987 年,外经贸部对所属外贸专业总公司实行出口承包经营责任制。承包的内容包括出口总额、出口商品换汇成本、出口盈亏总额等三项指标,实行超亏不补,减亏留用,增盈对半分成,并按三项指标完成情况兑现出口奖励。1984 年 1 月起,多数省份有权保留一定比例的外汇收入;1985 年 1 月起,允许企业自己决定使用 50%的留成外汇。

至此,高度集权的外贸总公司垄断全国外贸的局面被打破,各省及下属外贸组织开始成为外贸活动的主力军。经过简政放权,扩大了省一级外贸自主权。外贸公司的数量显著增加。据统计,自 1979 年下半年至 1987 年,全国共批准设立各类外贸公司 2 200 多家,比 1979 年增加了 11 倍多。

通过以上改革,改变了对外贸易由外贸部门独家经营的局面,扩大了经营渠道,调动了地方、部门发展外贸的积极性,探索了一些工贸结合、产销挂钩的途径,使生产和贸易两方面的优势结合起来,缩小了外贸指令性计划的范围,扩大了指导性计划的范围,注意发挥了市场调节的作用。

当然这一阶段的改革也存在一些问题,如统负盈亏、吃大锅饭的统收统支的财务体制基本上没有触动;外贸企业尚未真正实行企业化管理,缺乏有效的自我约束机制;政企职责还未分清,外贸宏观管理仍以直接调控为主,经济调节体系还很薄弱;等等。而且,对于大多数生产企业来说,外贸公司仍然是它们通向国际市场的唯一选择。改革形成的中国生产企业与国际市场之间的隔层最终导致了四方面问题的出现:一是出口效益低、不同出口商品的换汇成本差异极大;二是出口格局不合理,国际价格信息没有通过正常途径及时传递给生产者,盈利的出口商品得不到鼓励,而不盈利或亏损的出口产品又不能及时得到纠正;三是缺乏国际市场行情信息,企业不能面对国际市场寻找机会,或根据要求进行产品改良;四是缺乏来自进口的竞争,进口管理和高关税,使进口竞争不能起到促使国内生产企业提高效率、降低成本而提高竞争力的作用。国际经验表明,取消这一隔层,可以大大提高中国企业的外贸操作效率。高效率的贸易体制需要消除竞争过程和经营机会中的贸易障碍,其中,最大的贸易障碍就是各种形式的垄断,这不仅包括行业产品垄断,而且包括地理疆界垄断。

第三节　外贸体制改革的深化

1988—1993年间，我国外贸体制改革主要是围绕推行和完善对外贸易承包经营责任制进行的。

在全面推行外贸承包经营责任制方面的具体措施有：

(1) 由各省、自治区、直辖市和计划单列市政府以及各外贸专业总公司、各工贸公司分别向国家承包出口收汇、上缴中央外汇额度和经济效益指标，承包基数三年不变。

(2) 大部分外贸专业总公司和部分工贸总公司所属地方分、支公司下放地方领导，由地方政府组织实行承包，与地方财政挂钩，与总公司脱钩，盈亏由各承包单位自负，中央直属的外贸企业仍直接对主管部门承包。

(3) 在轻工、工艺、服装三个进出口行业实行自负盈亏的试点，取消补贴，实行自负盈亏。

在这一方面的改革，还有一些相应配套措施，如放宽外汇管制，允许地方、部门和企业分得的留成外汇，可自主支配和使用，可在外汇调剂市场买卖外汇；从1988年开始实行出口退税政策；中央政府部门下放部分审批权，加强宏观调控机制。

同时，完善了对外贸易承包经营责任制。1990年12月9日，国务院作出了《关于进一步改革和完善对外贸易体制若干问题的决定》，改革的中心是建立外贸企业自负盈亏的机制。其具体措施：

(1) 从1991起，取消出口亏损的财政补贴，使外贸企业真正自负盈亏。

(2) 在外汇留成比例中增大外贸企业留成比例，使外贸企业有条件实现自负盈亏；取消原有使用外汇控制指标，凡地方、部门和企业按规定所取得的留成外汇，允许自由使用，并开放外汇调剂市场。

(3) 外贸承包的经济指标有改变，具体为：出口总额指标、出口收汇指标、上交中央外汇指标。未完成指标的，由外管局在其外汇留成中扣除，并压缩其进出口许可证和配额的数量。

(4) 给予一部分有条件的国有大中型生产企业和科研院所自营进出口权。

(5) 外贸宏观管理要从以行政手段管理为主转到运用关税、汇率、利率、信贷、税收等经济手段进行宏观管理。进一步改革外贸计划体制，除统一经营、联合经营的21种出口商品保留双轨制外，其他出口商品改为单轨制，即由各省、自治区、直辖市和计划单列市直接向中央承担计划，大部分商品均由有进出口经营权的企业按国家有关规定自行进出口。

这一阶段中在1991年以前应该说改变了完全由中央财政统负盈亏的局面，但外贸企业还没有完全实现自负盈亏；1991年以后改革的重点放在了微观管理层的变革，通过实行外贸承包经营责任制，取消国家财政对出口的补贴，按国际通行的做法由外贸企业综合运筹、自负盈亏，我国的外贸体制在自负盈亏方面取得了突破性的进展，打破了大锅饭的财务体制，使企业逐步成为自主经营、自负盈亏、自我约束、自我发展的市场主体。但仍存在一些问题，这充分说明承包责任制只是改革的过渡模式，在许多方面仍不符合国际贸易规范，不适应市场经济发展的要求。

截至1993年底，中国有外贸经营权的各类企业(不包括已投产的8万多家外商投资企业)达8 000多家。原有的宏观管理模式已明显不能适应外贸发展的需要。企业自主权的扩大，企业产权制度的变革，也呼唤政府建立一套多形式、多层次、既灵活又统一的管理体制。为此，国家提出按现代企业制度改组国有企业，采取一系列措施鼓励外贸企业进行股份制的试点工作，鼓励专业外贸公司实行进出口代理制，鼓励工贸结合，发展实业化、集团化、国际化经营，从整体上促进全国外贸规模的发展。

第四节　1994年到“入世”前的外贸体制改革

从1994年开始，国家围绕完善外贸宏观管理体系，继续深化外贸管理体制改革。这一时期外贸体制改革的方向是，尽快建立适应社会主义市场经济发展的、符合国际贸易规范的新型外贸体制。

首先，强化了经济调控手段。如，汇率并轨①，取消外贸承包经营责任制；进一步降低进口关税水平，取消部分进口减免税，清理非法定的减免关税；改革所得税制，全国财税体制由包干制改为分税制，国有外贸企业统一上缴33%的所得税；进一步完善出口退税制度，出口退税全部由中央财政承担；实行有利于出口的信贷政策，对外贸企业优先贷款，设进出口银行，对出口办理信用保险业务、对资本货物出口提供卖方信贷。

其次，加强立法手段，完善外贸立法。1994年5月12日出台的《中华人民共

① 国务院决定，从1994年1月1日起，实现双重汇率并轨，实行以市场供求为基础的、单一的、有管理的人民币浮动汇率制度，建立银行间外汇市场，改进汇率形成机制，保持合理的、相对稳定的人民币汇率。实行外汇收入结汇制，取消现行的各类外汇留成，取消出口企业外汇上缴和额度管理制度，实行银行售汇制，实行人民币在经常项目下的有条件可兑换。外汇体制改革为各类出口企业创造了平等竞争的良好环境，有助于提高我国出口商品的竞争力；大大加速外贸企业经营机制的转换，更有效地发挥汇率作为经济杠杆调节对外贸易的功能；有助于中国外贸体制与国际规则接轨。1996年12月1日，我国还宣布接受国际货币基金组织第八条款规定的义务，实现人民币经常项目下可兑换。

和国对外贸易法》，标志着我国外贸发展开始进入法制化轨道。1997 年发布《中华人民共和国反倾销和反补贴条例》，取消进口贸易的指令性计划，实行指导性计划，对少数重要的、大宗进出口商品实行配额总量控制，减少进出口商品配额许可证管理。1996 年 9 月，外经贸部颁布了《关于设立中外合资对外贸易公司试点暂行办法》，规定外国公司、企业可以与中国的公司、企业在上海浦东新区和深圳经济特区试办中外合资外贸公司。外商不仅在生产领域，而且可以在流通领域进行合资合作经营。此外，1996 年我国还在 5 个经济特区进行生产企业外贸经营登记制试点。外贸经营权将根据我国的对外承诺，最终由审批制转向依法登记制。这些法律、法规和制度的颁布与实施，标志着我国对外贸易的发展已经进入法制化轨道。

再次，改革行政手段。放宽生产企业经营外贸审批标准；逐步放开商品经营的范围，如两纱两布、蚕丝、坯绸、茶叶等可由更多企业经营；按国际经济通行规则，改革出口商品管理体制，完善配额、许可证等行政管理手段，采用配额加许可证的办法或配额有偿招标、拍卖和规范化的分配办法或核定经营的办法对不同商品进行管理。

第四，深化外贸经营体制改革。包括建立现代企业制度，即产权清晰、权责明确、政企分开、管理科学的企业制度；转换企业经营机制，实行企业股份制改革，即把全部资本分为等额股份在企业内部或公开发行股票，或通过认购而建立的一种资本组织形式，可设有限责任公司、股份有限公司、股份合作制企业。从单纯追求创汇数额，转向重视效益；从商品经营转向资产经营；从单一经营转向一业为主、多种经营；从传统的收购制度转向服务型的代理制；从分散经营转向规模经营。

第五，大型外贸企业走实业化、集团化、国际化道路。实业化是指大型外贸企业的经营活动与生产企业紧密结合，为生产企业投产前提供市场信息和科技情报并提供销售和售后服务。集团化是在实业化基础上对生产、供应、贸易、科研、服务等部门的生产要素和经济利益进行多层次优化组合的一种组织形式。国际化是指企业从国内经营走向跨国经营的过程，即以国际市场为舞台，在国外设分支机构，广泛利用国内外资源。

最后，建立健全外贸协调服务机制。充分发挥进出口商会在外贸经营活动中的协调指导和咨询服务及纽带作用（沟通企业与政府间关系）；建立社会中介服务体系，发挥各研究咨询机构和各学会、协会的信息指导和服务功能，形成全国健全的信息服务网络；逐步建立和完善外贸行业的律师、会计和审计事务所及咨询服务机制，为企业提供服务，并进行监督。1996 年 9 月经贸部（现为商务部）成立了“中国国际电子商务中心”，为实现我国对外经贸管理，经营和服务的国际化、现代化提供了一条有效途径。

总之，这一时期的外贸体制改革主要产生了以下积极影响：

一是下放对外贸易经营权，扩大地方政府对外贸易自主权，同时扩大地方政府对引进技术、进口商品的审批权，给地方政府一定比例的外汇留成等，在一定程度上改变了对外贸易的中央高度集权，加速了我国对外贸易的发展。

二是扩大对外贸易经营渠道，打破垄断经营，从而行业集中度大幅下降，形成多种所有制结构，这一点从表 10－2 的统计资料可以明显看出国有企业进出口额占贸易总额的比重在迅速下降，而外资企业进出口额占贸易总额的比重则在迅速上升。图 10－1 所显示的 2003 年各类企业进出口额占贸易总额的比重也不是在当年一蹴而就的，而是实行多种所有制外贸结构的必然结果。这一时期虽仍保留对外贸易经营权的许可、审批制度，但我国政府承诺，在入世后的 3 年内完全实行进出口全自动登记制度。

表 10－2　国有、外资企业进出口额占贸易总额的比重(％)

年份	1990	1997	1998	1999	2000	2001	2002	2003
国有企业	81.95	52.18	50.67	47.88	45.42	42.53	38.23	32.95
外资企业	17.43	46.94	48.68	50.78	49.91	50.83	53.19	55.47

资料来源：中华人民共和国商务部网站及《中国统计年鉴》。

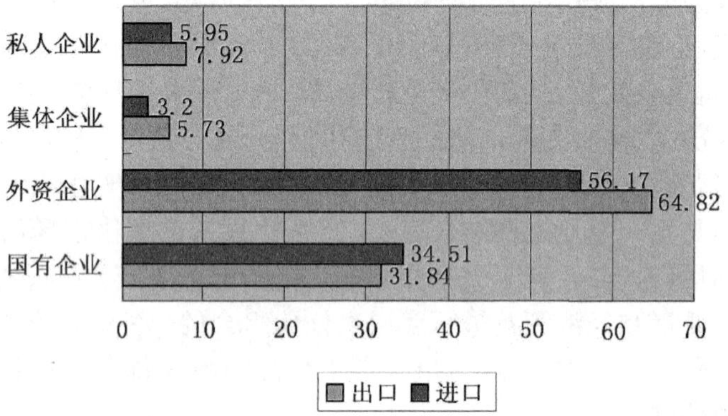

图 10－1　2003 年各类企业进出口额占贸易总额的比重(％)

资料来源：根据中国海关统计编制。

三是工贸多种形式的结合，密切了产销关系，使国内部分生产企业能直接面向国际市场，经受激烈国际竞争的考验，这对提高我国出口产品质量、增强产品的国际市场竞争力有十分积极的作用。对外贸易专业进出口公司也逐步将部分产品的出口收购制改为出口代理制，并开始开展代理进口业务。

四是逐步缩小外贸计划控制范围，启用多种手段。1994 年以后，对外贸易领域几乎全部取消了指令性计划，只有少数极重要商品由指定外贸公司经营。逐步降低关税水平，调整关税结构，并启用和规范非关税壁垒。

五是改革外汇管理体制，发挥了汇率杠杆对外贸的调控作用。在以市场供求为基础的、有管理的、单一的浮动汇率制度下，国家对汇率的调控要借助间接调控手段，与官方汇率的决定机制是截然不同的。

六是改革统包盈亏的对外贸易财务体制，外贸企业自负盈亏。通过实行外贸承包经营责任制，我国的外贸体制在打破对外贸易统包盈亏的大锅饭体制，外贸企业实现自负盈亏方面迈出了重要而坚实的一步。

当然，这仍然存在一些问题，如承包额度缺乏科学性，外贸企业的经营活动仍受地方政府的行政干预，汇率调整还没有到位，等等。深究其本质特征，对外贸易承包经营责任制并不符合社会主义市场经济体制的本质要求，而只是计划经济体制向社会主义市场经济体制转轨的过渡性体制形式。

第五节　加入世界贸易组织后的对外贸易体制改革

使本国经济贸易体制与世界贸易组织（WTO）多边体制相一致，是世界贸易组织成员的一项基本义务。我国外贸体制经过20多年的改革，取得了重大突破，已从根本上解决了与WTO多边贸易体制相容性的问题，但在某些局部上还存在不尽一致或不相适应的地方，需要按照WTO要求和我国国情进行进一步的规范和调整。

一、转变政府职能

（一）加入WTO对政府职能转变的直接影响

1. 中国加入世贸组织的主要承诺

第一类是涉及市场开放的承诺。包括货物贸易市场与服务贸易市场的开放。在货物贸易开放方面，主要的承诺包括降低关税、取消非关税壁垒，以及在国营贸易、海关估价等方面取消阻碍进口的有关规定。中国自1992年以来，经过几次大幅度自主降税，2001年的总体关税水平为14%。根据加入世贸组织承诺，2002年已降至12%，并承诺到2005年下降至10%左右；在服务贸易市场开放方面，就外资在华商业存在的批准原则、逐步放松股权限制、业务范围限制和地域限制等做出开放的承诺并规定了时间表。开放服务市场的承诺主要涉及电信、银行、保险、证券、音像、分销等部门。

第二类是涉及加入WTO后中国出口方面的承诺。包括出口支持手段与出口商品在国外的待遇。这方面的承诺，有的涉及到中国体制的调整，如取消出口补贴，就必须改革现行支持出口的办法。但很多承诺并不涉及国内体制的调整，如中国在加入 WTO 后 15 年内，贸易伙伴在对中国产品进行反倾销调查时采取“第三国替代价格”的做法、以及 12 年内对中国产品实行特殊保障条款等。

第三类是中国为保障落实前两类承诺而做出的直接涉及体制方面的承诺。由于中国是一个计划经济向市场经济过渡的国家，现行体制在很多方面与 WTO 的要求存在明显的差距。因此，这类承诺涉及面相当广泛，包括国民待遇、透明度、贸易制度的统一实施、司法审议、外贸权、进出口许可程序、国家定价、落实《与贸易有关的知识产权协议》(TRIPs)，以及与《与贸易有关的投资措施协议》(TRIMs)有关规定、标准与技术法规等诸多方面。

由上述承诺可以看出，除了第二类承诺中有些不直接涉及国内经济体制外，绝大部分承诺实质上都直接涉及到中国经济体制的调整与改革。落实这些承诺，已经并将继续对中国现行经济体制产生多方面的重要影响。

2. 履行入世承诺对政府职能的影响

(1) 政府保护国内市场方式受到限制

随着计划经济体制向市场经济体制转轨，我国先后经过“以计划调节为主、市场调节为辅”、“计划经济与市场调节相结合”、“有计划商品经济”、“社会主义市场经济”等不同阶段的探索，政府行为也相应地发生了一些转变，特别是在建立社会主义市场经济体制过程中，提出让市场在资源配置中起基础作用，对政府行为的改造具有根本性意义。

在市场经济条件下，政府行政应当体现政府是经济运行过程的调节者、经济活动秩序的制定者和维护者、执行经济活动规则的仲裁者以及战略规划的制定者。因此，政府行政的方式要突出以市场和效率为中心。一方面，行政方式要符合市场经济原则，把政府行政建立在市场配置资源的基础之上，市场的开放性决定了行政方式的开放性；另一方面，政府行政方式的选择要更多地体现效率原则，在符合政府角色和目标的前提下，其方式决定于效率。哪种方式有利于效率的发挥，哪种方式就是好的。市场经济国家，政府行政方式的最大特点就是可选择性。无论何种方式都不是一成不变的，只要有新的、更好的方式，就会用新的方式来代替旧的方式。政府的积极作用正是通过这种不断创新来实现的。

比较而言，我们的政府行政方式现在还不是十分规范，存在许多与市场相悖的问题。第一，由于政府行政的基础不是市场，其行政方式就不可能真正体现市场经济原则。因此，行政方式具有一定的封闭性，缺少透明度。也就是说，在很多情况下是在行政体系之内，通过内部文件和内部会议的形式来运作。其手段也偏重于行政手段，缺少市场和法律的手段。第二，行政方式的非效率性，这一点在我们的一些行政部门表现得十分突出。第三，行政方式具有较强的承继性，一种方式一旦成为经常，往往会固化成一种模式，并形成惯性，不断地被复制下去。第四，行政方式的无序化。

显然，这些特征都是不符合世界贸易规则要求的，很难适应经济全球化和发展市场经济的需要。加入 WTO，中国的体制结构将面临重新“格式化”。以往，中国保护国内市场的主要手段是高关税和配额等非关税壁垒。由于中国承诺在加入 WTO 后大幅度降低关税、取消配额等非关税壁垒，取消不适当的财政补贴，传统的保护手段因此将受到极大限制，有的保护手段基本不再适用，这对国内市场的保护程度将大大降低。实际上，WTO 并不完全禁止对国内市场的保护，加入 WTO 后，中国一方面要取消 WTO 规则不允许的保护国内市场的方式；另一方面，也应积极探索符合 WTO 规则的、行之有效的保护国内市场的新方式。

（2）政府支持国内产业提高国际竞争力的方式必须改变

中国曾经长期实行计划经济体制，改革开放以来又实行进口替代与出口导向相结合的发展战略。在此背景下，为了提高产业的国际竞争力，中国曾经试图学习东亚一些国家和地区实施产业政策的经验，以政府对国内市场的保护与对出口的直接支持作为提高产业竞争力的重要手段。在加入 WTO 的承诺中，一方面，国内市场的保护程度将大大降低；另一方面，诸如形形色色的补贴等手段的使用也将受到限制。加入 WTO 后，为了支持国内产业提升国际竞争力，政府必须改变保护市场、直接补贴等办法，将重点转向促进改善企业治理结构、维护公平竞争、保护与鼓励技术创新、降低社会交易成本等方面。

（3）政府对外经贸管理的办法必须调整，手段必须创新

作为一个从计划经济向市场经济转轨的国家，中国政府管理经济的办法还留有很深的计划经济的烙印。例如，中国政府管理经济仍然主要用发内部文件的办法，有关规定既不透明，变动也很频繁，政策的可预见程度不高。在加入 WTO 的谈判中，中国承诺将公布所有涉外经贸的法律法规和部门规章，未经公布的不予执行。更为重要的是，在设计对外经贸法律、法规和其他措施前，将向公众提供草案，并允许提出意见。这不仅将大大提高公众对决策的参与程度，而且使中国有关政策更具可预见性。除此之外，中国还就司法审定、进出口许可程序等方面作出了承诺，这就使得政府在涉外经济管理方面的角色，从以往单纯的“管理者”，变化为管理与服务并重。同时，政府发挥作用的方式方法也要相应转变，管理手段要创新，要求政府人员依法行政，克服管理的随意性。2005 年 7 月，商务部对外贸易司霍建国副司长在北京参加 2005“中国宏观经济走势与产业发展高层论坛”时就强调，深化外贸体制改革，必须创新外贸管理的一些手段(参见拓展资料 10－1)。

拓展资料 10－1：

我国外贸体制应实现三大转变

外贸体制改革应解决的两个问题：

(1) 对外依存度(包括进口和出口依存度)过高带来的负面影响。第一，出口依存度结构上的不平衡增大了风险。目前我国对外出口集中在少数国家，增大了对这些国家市场的依赖度，从而可能使我国在国际政治斗争中处于被动地位；第二，出口依存度在产品上的不平衡使少数产品的生产增大了风险。我国出口产品集中于低端产品，而且依存度还很高，如纺织服装产品，使这一产业对外部市场的依赖性特别强，而且很容易被许多国家所替代；第三，出口渠道由发达国家跨国公司掌握，使我国缺乏出口发展的主动权，一旦政治原因导致跨国公司策略的变化，对我国出口贸易会造成严重的冲击；第四，较高的出口依存度增加了“中国威胁论”的市场，不利于我国的和平崛起。另外，过高的进口依存度会增大国内产业的竞争压力，增大国内就业压力和国内一些企业的经营困难，而且，我国主要是对技术装备的进口依存度较高，这使我国的工业现代化与技术进步存在着较强的对外依赖性，存在发达国家对我国的技术进行控制的风险。

(2) 外贸市场化与政府职能定位问题。我国许多外贸企业包括国有企业正向股份制转化，创汇已不再是企业的首要目标，追求高效益、高利润、低风险成为企业的主要目标。政府对企业的干预日益减少，但在外贸领域，政府职能的转变依然尚未完成，这表现在：宏观管理还没有转到以经济、法律手段为主上来；对进口的行政性管理过多、过严；国家对外贸运行的宏观调控体系还不完善，特别是汇率、关税改革还没有到位。我国市场化的外贸制度不能照搬西方模式，我们需要在充分利用世贸组织规则的基础上进行合理有限的政府干预，根据产业与贸易发展的特点适时采取战略性贸易政策支持。政府在进行必要的行政管理的同时，宏观管理要转移到以法律、经济手段为主的轨道上来。

外贸体制应有三大转变：

(1) 转变传统的追求贸易顺差的观念，努力追求外贸平衡。传统贸易观念认为出口为了创汇，顺差是好事，逆差是坏事。这一观念长期主导着我国的贸易政策和实践。其实，一国的对外贸易应追求长期的进出口基本平衡，而不是长期的贸易顺差。我国是一个发展中的大国，长期的贸易顺差所带来的并非都是好处。首先，贸易顺差将带来越来越多的贸易争端；其次，贸易顺差虽然增加了外汇储备，但从资源效用最大化的角度看，是资源未被充分利用；第三，持续高额顺差导致人民币升值预期，进而又导致资本净流入增加，资本净流入增加又进一步导致了人民币升值的压力；第四，巨额的经常项目的顺差，会转化为货币大量投放的压力，成为通货膨胀率上升的重要因素。相反,贸易逆差的结果也并非都是坏处。第一,适当逆差有利于缓解短期贸易纠纷,有助于贸易长期稳定增长;第二,逆差实际上等于投资购买生产性的设备,只要投资项目选择得当,既可补充国内一些短缺的原材料,还能很快提高生产能力、增加就业以及增加经济总量;第三,逆差能减少人民币升值的预期,减缓资本净流入的速度;第四,短期的贸易逆差有助于缓解我国通货膨胀的压力,加大我国货币政策的操作空间。从我国经济发展的实践来看,经济增长快的年份,都是逆差或者顺差较小的年份。因此,在对外贸易问题上,应当彻底转变观念,放弃以出口创汇、追求顺差为目标的传统观念和做法,确立以国际收支平衡为目标的政策。

(2) 转变原来的"出口导向"外贸战略,转向贸易平衡,由关注出口额转向提高生产率、促进国际竞争力持续增强的贸易导向战略。原来很多学者认为,借鉴东亚国家经济发展的经验,出口导向战略将是我国经济振兴的必由之路,再加上长期的计划经济模式,使得鼓励出口、限制进口的出口导向贸易政策取向在我国逐步固化。这种"重出口轻进口"的政策导向于上世纪 90 年代在推动中国经济增长过程中发挥了巨大的作用。但实际上,分析过去 10 年出口导向型经济的成功经验会发现,不单纯是出口,而是出口与进口共同推动了我国经济的增长:出口带来了需求,而进口推动了技术引进与全要素生产率的提高。并且,在某种条件下,进口对国民经济的促进作用甚至比出口还大。如进口石油、铁矿石、钢材、机电设备等,作为初始投入的一部分从供给层面对经济增长贡献巨大。当然,从长期趋势来看,国家利益的实现根本上还是取决于进出口贸易的动态平衡。考虑到我国的资源状况、市场规模、产业结构和经济体制等各方面因素,一个基本平衡的贸易差额也应该是符合我国经济发展要求的。因此,我国外经贸战略应由传统的出口导向转向贸易平衡,由关注出口额转向提高生产率、促进国际竞争力持续增强的贸易导向战略。

(3) 转变原来的外贸增长方式,做到外贸规模的扩大和质量的提高并举,实现由贸易大国向贸易强国转变,使得贸易对产业和国民经济的促进作用显著增强。综观过去的外贸增长方式,存在着"四大不够协调"和"四个不可持续":速度与效益不够协调、商品贸易与服务贸易不够协调、贸易和产业不够协调、东部和中西部外贸不够协调;贸易摩擦增多不可持续、低成本不可持续、高资源消耗不可持续和缺乏核心竞争力不可持续。在当前我国外贸从数量式增长向质量效益型增长、从贸易大国向贸易强国转变的关键阶段,应从以下几个方面推动外贸增长方式的转变:一是促进核心竞争力的增强,提高出口产品附加值;二是促进加工贸易转型升级,延长国内产业链条、培育自主知识产权,由"候鸟经济"转变为"榕树经济",增强对国内产业和国民经济的带动作用;三是促进国际营销能力的提升,培养我国自己的跨国公司,把握市场主动权;四是促进行业协调,制止进口和出口中的恶性竞争,特别是在资源进口中要建立多元、稳定、可靠的资源供应基地；五是促进两个市场的衔接与互补，增加国内急需的产品进口。既要注重进口资源、能源、技术，也要坚决控制“高能耗、高物耗、高污染”产品出口。

资料来源：刘满平，国家发展和改革委员会价格监测中心，中国经济时报 2005 年 7 月 19 日，http://www.cet.com.cn/20050719/default.htm，有删节。

中国入世后不久，政府在应对贸易争端上就表现出了进退有度、日渐成熟的行政手法。而相关企业已经逐渐抛开过去那种消极的心态，开始以理性而积极的姿态走上前台，以平和的心态坦然应对世贸组织框架下的贸易争端，在国际贸易中维护自身的合法权益，争得有利的贸易地位，正在获得广泛的认同。这种潜移默化的变化正在影响着政府和企业在贸易争端问题上的立场和看法，进而改变着诸多贸易争端的结果。2002 年 9 月 6 日，外经贸部(现为商务部)、农业部、国家质检总局和卫生部等四部委的高层官员出现在同一个新闻通气会上，关注日本对中国蔬菜的歧视性待遇，并希望日本能够遵守世贸组织规则，公平地对待中国的出口产品。四部委联手表态，固然体现出中国对事态的重视，但更值得注意的是这样一个信号，即中国应对贸易争端已经开始摆脱过去那种各自为战的局面，政府着手构建的一套互相支持的争端解决应对机制进入了运行轨道。

(4) 政府涉外经济管理的机构必须调整

兑现中国加入 WTO 的承诺，原来一些政府的涉外经济管理职能或者不再存在，如对外贸权的审批；或者大大减弱，如现在只剩少量的配额，政府分配与发放配额职能大大削弱；或者交给了市场或社会中介组织，如协调企业的出口行为、进口机电产品强制性招标的审查已交给商会。另一方面，一些新的涉外经济管理职能亟待加强，例如对国外进口产品的反倾销调查、与国外的贸易谈判等。随着政府涉外经济管理职能的改变，政府涉外经济管理的机构设置也要进行调整，对官员的知识与技能要求也会发生相应的变化，从而导致人员的更新。

仅根据入世一年后的情况来看，经国务院批准，产业损害调查局和公平贸易局等新的职能部门就已相继成立。出入境检验检疫部门和国家质检总局合并，对来自国内和国外的产品实行同样、公正、客观、规范的检验检疫标准和技术标准，改变了国内国外两套标准的做法，符合国际通行的惯例。2002 年 6 月，国家经贸委首次批准成立中国汽车行业协会反倾销咨询服务中心，业务上接受国家经贸委产业损害调查局指导。最高人民法院 2002 年 10 月正式实施《关于审理国际贸易行政案件若干问题的规定》，这是最高人民法院出台的第一部有关人民法院审理与世贸组织规则相关的国际贸易行政案件的重要司法解释，对于人民法院依照国内法承担世贸组织规则和我国入世法律文件所要求的司法审查职责，将产生重大而深远的影响。

（二）转变政府职能采取的主要措施

1. 建立统一市场与公平竞争机制

统一国内外市场是世贸组织成员国的基本义务，它可以避免因市场分割而产生的不公平竞争。采取的重要改革实施是：通过成立商务部，统一管理国内外贸易与国际经济合作，实现内外贸管理一体化。过去，国内贸易和对外贸易以及反倾销反补贴工作分别由国家经贸委和外经贸部管理；产品的进出口工作，分别由国家计委、国家经贸委和外经贸部负责。这种内外贸分割、国内外市场分割和进出口配额分割的管理体制，不能适应加入世界贸易组织新形势的需要，不能适应建立和健全统一、开放、竞争、有序的现代市场体系的要求。为适应内外贸业务相互融合的发展趋势和加入世界贸易组织的新形势，促进现代市场体系的形成，将国家经贸委的内贸管理、对外经济协调和重要工业品、原材料进出口计划组织实施等职能，国家计委的农产品进出口计划组织实施等职能，以及外经贸部的职能等整合起来，2003年3月组建了商务部。

中国正在由计划经济向市场经济转变，市场机制尚不完善，地方与部门的保护强烈，规模经济薄弱，真正公平竞争的机制尚未建立起来。中国加入WTO，有助于统一国内的市场，建立公平竞争的市场体制，加深国内市场的分工，进而扩大国内市场，使社会主义市场经济体制真正得以确立和完善。同时，中国加入WTO，还有利于与各成员在市场经济的原则下进行国际贸易，开展各种形式的经贸合作与竞争，充分发挥国内、国际两个市场在资源配置方面的积极作用，将国内市场与世界市场融为一体，充分发挥市场对资源配置的基础性作用。这些正是我们建立社会主义市场经济的目标。

2. 依法行政

按照WTO规则，成员国政府均要承诺多方面的政策调整与职能转变义务。其中包括：按照公平贸易原则，减少对贸易管理的行政干预，强化市场机制的作用；按照透明度原则，提高贸易管理的透明度和公开性；按照非歧视性原则，一视同仁地对待各类企业；按照国民待遇原则，对本国企业和外国企业的商品及服务给予平等对待；按照关税保护原则以及WTO认可的经济手段调整贸易政策。

WTO要求成员都应该以统一的、合理的和公正的方式来实施它与WTO有关的法律、法规和政策措施，并且每个成员与WTO有关的法律、法规和政策措施要迅速地公布，使各国政府和贸易商都能够知晓。每个成员都要建立或维持行政的、仲裁的、法院的机构来迅速审查其行政机关执行与WTO有关的法规的行政行为。也就是说，行政机关的执法行为是否公正、合法，不能自己说了算，要由另外一个机构来评断，以确保公正合法。

为此，我国对经济贸易体制进行了适应性调整，采取了以下措施：

(1) 加快清理、修订法律法规，完成世贸组织规则与国内法的转换工作。WTO多边规则对其成员并不是直接适用的，而是必须转化为国内的法律法规，使成员法律制度与多边规则相一致。根据这一要求，在制度建设上我们首先要做到清理现行的法律、法规和政策措施，调整和完善相关的制度，以确保WTO规则的统一实施。这项工作很具体，涉及法律法规的立、改、废工作。这项工作是在两个层级展开的。第一，在中央层级，这件工作从1999年11月底中美谈判结束以后，党中央国务院就作出了部署，要求对中央的法律、行政法规、政策措施等进行全面清理。清理工作从1999年年底开始到2001年上半年基本结束，即弄清了我们国家有哪些法律、法规、政策措施与WTO有关；弄清了与WTO有关的法律、法规、政策措施中，哪些与WTO规则不一致[①]；弄清了对于那些不符合WTO的规则。不符合我们承诺的规定，列出了修改或者废除的时间表。[②] 第二，地方层级的法规清理工作，国务院从2001年9月开始部署，这次清理与WTO有关的地方性法规涉及面非常广，不仅有政府部门制定的，还有人大、党委制定的等等。到2002年底，各省、市、自治区清理了200多万件地方性法规、地方政府规章和其他政策措施，修改、废除或停止执行地方性法规1 100多件、地方政府规章4 500余件，其他政策措施近20万件。[③] 到现在为止，我国与WTO有关的法律、法规、政策措施等与WTO规则已经一致。

(2) 保持外贸政策统一性和透明度。比如国务院公告、全国人大常委会公告等官方指定的刊物上刊登所有与贸易有关的法律、法规和政策措施。此外，2003年1月1日正式向国内外发行了《中国对外经济贸易文告》。[④] WTO要求外贸政策要提前公布，为此，国务院于2001年11月16日发布、并于2002年1月1日实

① 一部法规并不是所有条款都与WTO规则不一致，比如，1996年制定的《对外贸易法》，这部法律实际上是在外贸体制改革方向已经明确的基础上制定的。很多条文都符合国际通行做法，绝大多数条文都不违背WTO规则，但是其中有一条关于对外贸易经营权的规定，即从事对外贸易的企业需要经过政府的许可，实行许可制。这一条规定与WTO规则不符，与我们的承诺也不符。我们承诺加入WTO后要取消外贸经营权的许可制度。因此，这一条规定需要进行修改。

② 2004年，我国颁布实施了新的《对外贸易法》，对外贸易经营权实行备案登记制，符合WTO规则。

③ 《法制日报》2003年1月9日。

④ 该文告被指定为汇集刊登全国人大、国务院、各地方和各部门已按现行规定公布的所有有关或影响货物贸易、服务贸易、与贸易有关的知识产权(TRIPs)或外汇管制的法律、法规及其他措施等相关信息，并作为我国政府向WTO及其成员通报咨询和WTO对我贸易政策审议的官方刊物。

行了两个条例:《行政法规制定程序条例》和《规章制定程序条例》。这两个条例明确规定,行政法规也好,规章也好,都必须提前公布,从它的公布之日到实施之日之间要有一段间隔,一般不得短于一个月。比如说,2005 年 8 月公布一个新法规,就要注明,本法自 2005 年 9 月或 10 月开始执行,至少要一个月时间。这样做的好处是,一个新法律,要么是对原有法律、法规的变更,要么是新制定的,这些对老百姓来说都是新的,如果提前公布了,可以有一段时间进行适应和调整。对我们执法人员来说,也有一个掌握的过程,以便更好地执行。在公布期间还可以有时间考虑是否有不周全的情况,还可以下发补充通知等,确保制度的全面执行。因此,提前公布只有好处没有坏处。①

(3) 转变政府职能,深化经济体制改革。依法行政的基础就是必须实现政府职能的转变。首先必须确定政府职能转变的方向和目标。政府所能做的就是"经济调节,市场监督,社会管理,公共服务"。政府职能一旦定位,就不能越位、错位、缺位。除了前面提到的政府机构改革,下一步就应该是决策的制定与决策的执行要分离,政府部门与政府部门的利益要分离,最终要实现这两个分离。但现在的问题是决策与执行常常连在一起,部门和利益常常连在一起,所以职能很难彻底转变。然而,只有职能彻底改变,经济体制改革才可能真正深化。

在当前中国经济有所发展、外贸有所增长的条件下,为了进一步充分利用"两个市场"和"两种资源",政府在进行调节、指导和监督的过程中,必须转变传统的片面追求贸易顺差的观念,转变原来过分强调"出口导向"的外贸战略,转变原来粗放的外贸增长方式,而应注重贸易平衡、关注提高生产率,从而促进国际竞争力持续增强的贸易导向战略,做到外贸规模的扩大和质量的提高并举,实现由贸易大国向贸易强国转变,使得贸易对产业和国民经济的促进作用显著增强。

为了兑现加入世贸组织的承诺,同时为企业参与国际竞争创造良好条件,各级政府应进一步转变职能,积极推进依法行政,提高行政效率,改善公共服务;以深化行政审批制度改革为突破口,加快建设符合世贸组织规则和社会主义市场经济体制要求的新型经济贸易体制的步伐。按照国务院行政审批制度改革的总体要求,各地、各部门大力减少行政审批项目;对于确需保留的审批项目,要建立健全监督制约机制、简化程序、提高效率。积极推进行政管理制度创新,推进电子政府、联合审批制度,社会听证和专家审查制度,强化行政行为的责任和监督。

① 但是也有例外,并不是所有的法律法规都要提前公布 。比如涉及国家安全、涉及利率、汇率调整这样一些国家宏观调探措施的法律法规,以及如果提前公布就会阻碍其实施的,就可以不提前公布。

3. 进一步改进政府管理方式

第一，要把主要以行政审批管理企业的方式转变为主要通过市场和法律引导企业。行政审批制度的改革从2000年上半年开始进行调查研究，2001年下半年国务院正式成立行政审批制度改革领导小组。经过清理，国务院各部委当时正在实施的行政审批项目一共有4 500多项，各个部门上报的自己要取消的、自己要削减的行政项目审批项目所占的比例很小，可见对改革的认识还不是很到位。自觉自愿地来削减审批，放弃这个权利很难。2002年上半年，行政审批制度改革领导小组办公室在国家经贸委进行了试点。国家经贸委一共是122项审批，经过政府审批制度改革领导小组办公室一项一项地核对，最后清理的结果是削减49%，即砍掉将近一半。

第二，把政府对企业的支持、保护纳入到世贸组织规则所允许的范围，运用多边规则处理贸易纠纷。我国外贸额90%以上是同世贸组织成员发生的，一旦发生摩擦，过去往往以双边政治关系为"抵押"，却无权引用多边争端解决机制，从而在贸易中处于被动地位；而无权引用乌拉圭回合反倾销协议和反补贴协议下的权益，也使中国往往成为歧视性反倾销反补贴的首要对象。自1991年以来，美国更是动辄以301条款为由对中国实施调查，双边贸易纠纷不能置于多边贸易体系中予以解决，使中国外贸形势面临不确定性，丧失了许多机会。从外贸的实践看，经济实力大的国家和经济实力小的国家进行双边制裁和反制裁，最后受损害最大的是小国和穷国。现在，作为世贸组织的正式成员，中国应积极借助WTO的仲裁机制。

二、履行开放市场承诺，规范货物进出口管理办法

1. 进一步深化关税与非关税措施改革

(1) 减少关税壁垒。根据加入世贸组织承诺，我国进行了较大范围实质性降税，从2002年1月1日起下调了5 300多种商品的进口关税，算术平均税率由15.3%降至12%，降幅为21.56%。同时，大幅减少暂定税率产品，由原来的523种减至209种。2003年进口关税平均水平降到了11%，工业品的平均关税下调到了10.3%，目前，中国的关税总水平，已从1994年的35%降到2005年上半年的9.9%。

(2) 大幅减少和规范非关税壁垒措施。取消部分商品进口数量限制，对5种重要农产品，粮食、小麦、大米、玉米、棉花、植物油、食糖、羊毛和1种重要农业生产资料即化肥，由原来的配额管理改为关税配额管理。

2. 进一步开放市场

随着我国进一步开放市场和兑现加入世贸组织的承诺，继2002年将实行进口许可证管理的商品种类从26种减少到12种，2003年继续减少为8种。自2005

年1月1日起，取消汽车及其关键零部件的进口配额许可证管理、取消光盘生产设备的进口许可证管理。2005年实行进口许可证管理的货物共3种，即监控化学品、易制毒化学品和消耗臭氧层物质，总计83个8位HS编码。

除了货物领域的开放外，继续扩大服务领域的开放。在WTO分类的160多个服务贸易的部门中，发达国家一般来说开放覆盖面是80%，发展中国家和所谓的转型国家一般是20%～40%，而中国2004年已经达到了62%，而且中国是在加入WTO后刚刚3年就达到了如此高的覆盖水平。[①]

加入世贸组织后，中国政府根据所作的承诺，在一些重要的服务贸易部门颁布了新的审批外资进入中国的法规和条例，它们是：《外国律师事务所驻华代表机构管理条例》、《外商投资电信企业管理规定》、《中华人民共和国外资金融机构管理条例》、《外资保险公司管理条例》、《中华人民共和国国际海运条例》、《中外合作音像制品分销企业管理办法》和《国务院关于修改“旅行社管理条例的决定”》等。自从我国加入世界贸易组织以来，我国政府认真履行承诺，进一步扩大服务贸易领域的对外开放，新制定了一批相关法律法规，在保险领域提前开放了北京和天津地区；新批准14家中外合资与中外合作医疗机构、12家律师事务所在华代表处、1家合资旅行社、10家外资分销企业。证券领域对外开放也取得进展。2002年6月30日，中国证券监督管理委员会颁布了《外资参股基金管理公司设立规则》和《外资参股证券公司设立规则》两部法规，并于同年7月1日开始实施。根据上述法规，国外证券机构可以向我国有关部门提出申请来华提供证券业务方面的服务。

流通领域开放步伐加快，世界50家最大零售企业中的绝大多数已进入我国，截至2004年11月末，沃尔玛、家乐福在我国已分别建立了42家、50家连锁店。零售业从2004年的12月11日开始又放开了地域和股本限制，目前世界上50家最大的零售企业有七成已进入中国市场；现在中国保险业的最后一块封闭领域——团保市场已向外资开放，外资保险公司开设新机构将不受地域和数量限制，经营范围也将不受限制；对外资银行开放了北京、昆明和厦门三个城市的人民币业务，使开放人民币业务的城市已达到16个，2005年底将再增加4个城市（西安、沈阳、宁波和汕头）。

3. 进一步规范、调整和完善进出口商品管理办法

根据国务院颁布的《货物进出口管理条例》，外经贸部相继出台了有关出口配额许可证管理、出口国营贸易管理、特殊商品出口管理、禁止出口商品管理和出口商品行业协调等方面的具体规定和办法。

在进口方面，首先，完善有关进口管理的规章，将进口管理纳入法制化轨道；其

① 薄熙来：服务业成为中国下一轮对外开放的重点，新华社2005年6月9月。

次，完善进口经营管理，优化进口经营秩序，8种进口商品实行规范的国营贸易管理。

4. 继续减少外贸经营权限制

（1）履行开放市场承诺，扩大外资市场准入。除少数关系国计民生及极易引起贸易摩擦的商品外，大多数商品均允许有外贸经营权的企业自主经营、公平竞争。

（2）在全国较大范围内推行外贸经营权的登记制度。按照2004年7月1日起施行的新的《中华人民共和国对外贸易法》的要求，商务部将采取四项举措，进一步深化外贸体制改革，并相应完善出口退税管理办法，为我国对外贸易全面协调可持续发展提供强有力的制度保障。这些举措，一是深化外贸经营资格管理方式改革。实行外贸经营主体备案登记制，统一各类企业外贸准入标准，让各类企业享有自主经营和平等竞争的权利。二是积极引导外贸代理制的发展。完善外贸代理法律法规，按照权利和义务相统一的原则，理顺委托方与代理方的关系，加快培育一批专业化、服务型外贸经营主体，提高代理能力。三是建立外贸诚信经营和退出机制。积极推进外贸诚信体系建设，加强信用数据征集，建立信用监督和失信惩戒制度。完善外贸经营资格年检制度，规范外贸企业行为。依法对违法违规的企业予以处罚，严格限制其法定代表人行业准入资格，维护公平、自由的外贸秩序。四是完善进出口商会体制。加快制定《进出口商会条例》，实现对商会工作的法制化和规范化管理；逐步推行业归会制度，增强行业的代表性和公信力；逐步改革商会人事制度，加强商会常设机构建设。

根据新的外贸法的有关规定，商务部2004年通过并施行了《对外贸易经营者备案登记办法》。自2004年7月1日起，取消对所有外贸经营主体外贸经营权的审批，改为备案登记制，个人履行法定程序后也可从事外贸经营。按照《对外贸易经营者备案登记办法》，企业只需填一张简单的登记表格，另外提供工商营业执照（如果是外商投资企业还需提供批准证书等文件），到备案登记机关即可在5个工作日内办妥登记手续。

在放开贸易权使经营主体多元化的同时，规定备案登记的制度，使政府有关主管机关能够准确及时地掌握进出口贸易的实际信息，以维护贸易秩序，保障企业和国家的贸易利益。为了避免有些外贸经营者不履行应有的义务，因而为政府管理带来困难，新修订的外贸法将备案登记与海关的验放程序协调一致，最大限度地保障了政府主管机关对外贸秩序的有效监管，也有利于整体外贸的发展。

5. 积极参与世界贸易组织事务，运用多边规则处理贸易纠纷

世贸组织是制定世界经济和贸易规则的组织。中国参与这一规则的制定，就给中国增加了发言权。中国作为世贸组织的正式成员，应积极、直接参与国际贸易

规则的决策过程，摆脱过去由别人制定规则、中国被动接受的不利状况，并且通过参与制定规则反映中国的合法权益，同时在必要时把国际贸易争端交到世贸组织的仲裁机关处理，免受不公正处罚。

中国较快完成角色转换，积极投身新一轮多边贸易谈判；并行使世贸组织赋予成员的权利，运用多边机制处理各种贸易纠纷，与国际贸易保护主义作斗争，维护了我国的正当权益。

第一，积极参与世贸组织事务。为了支持《多哈宣言》关于启动新一轮多边贸易谈判的决定，我国研究确定了参与新一轮多边贸易谈判的总体立场，派出 20 多个谈判小组参与新一轮多边谈判。在货物贸易、服务贸易、知识产权、农业等主要议题上提出我国的立场和建议，得到了许多成员特别是发展中国家成员的支持。我们还根据世贸组织规则，积极参与墨西哥、印度等成员国的贸易政策审议，与俄罗斯、越南进行加入世贸组织的双边谈判，敦促有关方面对我开放市场和消除双边贸易的障碍。

第二，用多边规则合理保护我国产业和市场。加入世贸组织以来，我国对进口产品反倾销立案 10 起，保障措施立案 1 起。从 1997 年我国首次开展进口反倾销调查到 2002 年底，共对 21 起进口反倾销申请进行立案调查，涉及 54 个税则号项下的进口产品金额约 57 亿美元，有效保护了国内产品和企业的合法权益。

第三，增强自我保护意识，积极应对国外对我反倾销。2002 年，我出口产品在国外共遭遇了 45 起反倾销调查，案件数量和涉案金额均同比下降 16.7%。2002 年总体包括反倾销和保障措施应诉率达到了 78.3%，高于 2001 年的 43.3%。在美国结案的 5 起反倾销案中我方胜诉率达 80%。据统计，1997 年至 2001 年世界各国提起反倾销、保障措施调查共 1 539 起。截至 2002 年底，我国累计遭受反倾销、保障措施案 557 起，其中反倾销案件 511 起，保障措施 46 起。[①]

① 王子先：中国加入世贸组织后的评估与展望，载于《科技日报》2003 年 3 月 21 日。

第十一章　中国加入 WTO 专题

本章目标

1. 了解关税与贸易总协定的产生及其结束。
2. 掌握世贸组织基础知识。
3. 熟悉世贸组织规则。
4. 了解中国入世过程及入世后的权利与义务。

第一节　关税与贸易总协定

一、关税与贸易总协定的产生与临时适用

关税与贸易总协定(GATT:General Agreement on Tariffs and Trade)是世界贸易组织(WTO:World Trade Organization)成立之前,唯一协调和处理国家和地区间关税与贸易政策的多边协定。关税与贸易总协定的宗旨是通过彼此削减关税及其他贸易壁垒,消除国际贸易上的歧视待遇,以便充分利用世界资源,扩大商品生产和交换,保证充分就业以及实际收入和有效需求的增加。关税与贸易总协定自 1948 年 1 月 1 日开始临时实施至 1995 年 1 月 1 日世界贸易组织正式成立,拥有 47 年的历史,截至 1994 年底,关税与贸易总协定共有 128 个缔约方。

1. 关税与贸易总协定产生的背景

1929—1933 年世界经济陷入危机的同时,资本主义国家间爆发了关税战。美国国会通过《1930 年霍利一斯穆特关税法》将其关税水平提高到历史的最高水平,其他国家为保护本国利益,也纷纷效仿,提高关税。高关税阻碍了商品的国际流通,造成国际贸易额大幅萎缩。为扭转困境,扩大国际市场,1934 年美国先是在国内通过了互惠贸易协定,然后又与苏联等 21 个国家签订了一系列的贸易协定,将关税降低 30%～50%,并将这些协定在最惠国待遇的基础上又扩展到其他国家。这一举措对于缓解当时的经济危机起到重要作用。当第二次世界大战结束后,许多国家面临经济衰退、黄金和外汇储备短缺等诸多问题,为保护各自国内的经济,

限制进口或实行高关税的贸易保护政策再度盛行，互惠贸易协定再次被当作缓解矛盾的手段。

为了从整体上解决战后国际经济关系中的主要问题，美国试图从金融、投资、贸易三方面重建国际经济秩序。在金融方面，1944年7月在美国提议下召开了联合国货币与金融会议，成立了国际货币基金组织（IMF），建立起布雷顿森林体系，以促进各国在货币金融领域的合作，维持汇率的稳定和国际收支的平衡。在投资方面，1946年成立了国际复兴开发银行（世界银行，IBRD/WB），旨在通过长期贷款和技术援助，促进战后经济的复苏与发展；在贸易方面，美国则积极倡导以其互惠贸易协定为框架，组建国际贸易组织，以便在多边基础上，通过互减关税，扭转日益盛行的高关税贸易保护主义和歧视性的贸易政策，促进国际贸易的自由发展。1945年，美国向联合国经社理事会提议召开世界贸易与就业会议，倡议成立国际贸易组织（ITO）。1946年2月，联合国经社理事会接受建议，成立了筹备委员会，着手筹建国际贸易组织。同年10月，经社理事会在伦敦召开了第一次筹委会，讨论美国提出的国际贸易组织宪章草案，并决定成立起草委员会对草案进行修改。1947年4月，美、英、中、法等23个国家在日内瓦又召开了国际贸易及就业筹备委员会第二次会议。同年10月在哈瓦那举行的联合国贸易和就业会议上，审议并通过了《哈瓦那宪章》（又称《国际贸易组织宪章》）。《哈瓦那宪章》共分九章和一个附件，主要内容分别是，宗旨与目标，就业和经济活动，经济发展与重建，一般商业政策，限制性贸易措施，政府间商业协定，国际贸易组织的建立，争端解决和一般规定。《哈瓦那宪章》的目标是建立一个全面处理国际贸易和经济合作的国际组织，成为继国际货币基金组织和世界银行之后的第三个国际机构。《哈瓦那宪章》号召各缔约方政府在经济和贸易政策上予以合作，采取行动维护充分就业及有效需求的大幅度稳定增长。

但是，由于各国针对《哈瓦那宪章》草案提出了许多修正案，特别是增加了管理对外投资的条款，以致美国和某些国家认为该宪章与其国内立法存在差异和干预了国内立法。特别是美国国会认为《哈瓦那宪章》中的一些规定与美国国内立法有矛盾，不符合美国的利益，因此，在美国国内形成了反对该宪章的强大力量，美国国会没有批准《哈瓦那宪章》。在其影响下，56个《哈瓦那宪章》签字国中，只有个别国家批准了《哈瓦那宪章》，因此无法全面实施《宪章》设想，建立国际贸易组织的计划随之夭折。

2. 近半个世纪的"临时适用"协议

《哈瓦那宪章》虽然最终没有获得包括美国和英国在内的多数国家立法机构的批准，但由于第二次世界大战刚刚结束，大多数国家希望尽快排除战争时期产生的贸易障碍，早一点实施关税谈判的成果，纠正那些自30年代初遗留下来的贸易保护措施。因此,联合国贸易与就业会议期间,美国联合英国、法国、比利时、荷兰、卢森堡、澳大利亚、加拿大等8国于1947年11月15日签署了《关税与贸易总协定临时适用议定书》,从而使关税与贸易总协定提前在上述8个国家领土内实施。1948年,又有15个国家签署实施《关税与贸易总协定临时适用议定书》,致使最终有23个国家同意接受国际贸易宪章中有关关税与贸易政策的内容而签订了临时性议定书。这23个国家分别是:美国、英国、澳大利亚、新西兰、比利时、巴西、缅甸、加拿大、锡兰(现斯里兰卡)、智利、中国、古巴、捷克斯洛伐克、法国、印度、黎巴嫩、叙利亚、卢森堡、荷兰、挪威、巴基斯坦、南斯拉夫、南罗得西亚(现罗马尼亚)。

二、GATT八个回合多边贸易谈判

1. 第一轮多边贸易谈判

第一轮多边贸易谈判于1947年4月至10月在瑞士日内瓦举行。第一轮谈判初始目标是建立国际贸易组织。但由于成立国际贸易组织的设想中途夭折,而参加大会的各国代表仍希望就相互减让关税问题进行谈判,并积极落实,因此,下调关税的承诺成为第一轮谈判的主要成果。在7个月里,有23个关税与贸易总协定创始缔约方(包括中国)参加谈判,就123项双边关税减让达成协议,涉及45000种商品,平均下调关税35%。同时制定了包含关税减让和关税约束两份减让表,并绘制成总表。在双边基础上达成的关税减让,无条件地自动地适用于全体参加方。

这轮谈判第一次依照关税与贸易总协定的规则,在众多商品项目上达成了较大幅度的关税减让协议,为战后资本主义国家经济贸易的恢复和发展开辟了道路,成为大规模多边关税谈判的成功范例。这次谈判虽然在关税与贸易总协定草签和生效之前举行,但人们仍习惯将其作为关税与贸易总协定主持的第一轮多边贸易谈判。

2. 第二轮多边贸易谈判

第二轮多边贸易谈判于1949年4月至10月,在法国安纳西举行。召集本轮谈判的目的是给处于创始阶段的欧洲经济合作组织(后来的OECD)的成员提供进入多边贸易体制的机会,促使这些国家为响应欧洲经济合作组织的号召,为承担各成员之间的关税减让而做出努力。因此,该轮谈判的参加方除在原缔约方23国之间进行外,又增加了瑞典、丹麦、芬兰、意大利、希腊、海地、尼加拉瓜、多米尼加、乌拉圭和利比里亚等10国。本轮谈判的另一成果是美国关税水平大幅下降。第二轮谈判总计达成147项关税减让谈判,涉及减税商品5000余项,平均降低关税35%。

3. 第三轮多边贸易谈判

第三轮多边贸易谈判于1950年9月至1951年4月在英国托奎举行。本次谈判的主要议题之一是讨论当时的西德、南韩，以及奥地利、秘鲁、菲律宾和土耳其的加入问题。由于参加谈判的缔约方增加，使关税与贸易总协定缔约方的贸易额占世界贸易总额的80%以上。在关税减让方面，美国与英联邦国家（主要指英国、澳大利亚和新西兰）谈判进展缓慢。英联邦国家不愿在美国未做出对等减让条件下，放弃彼此间的贸易优惠，使美国与英国、澳大利亚和新西兰未能达成关税减让协议。此轮谈判共达成150项关税减让协议，涉及商品8 700多项，平均降低关税26%。

4. 第四轮多边贸易谈判

第四轮多边贸易谈判于1956年1月至5月在瑞士日内瓦举行。由于美国国会认为美国在前几轮关税谈判中减让幅度明显高于其他缔约国，因此，这轮谈判美国政府代表团的谈判授权受到限制。美国代表团在几乎用足了国会的授权后，对进口只给予9亿美元的关税减让，而其本身所受减让约合4亿美元。本次谈判英国作了较大幅度的关税减让，以弥补其前两轮的保留。另外，日本在对关税与贸易总协定的各缔约方作了相当的关税减让后，加入了该组织。本轮谈判的最终成果是关税减让商品涉及3 000余项，平均降低关税15%。

5. 第五轮——狄龙回合谈判

第五轮多边贸易谈判于1960年9月至1962年7月在瑞士日内瓦举行，以美国副国务卿格拉斯·狄龙命名，共有45个国家参加。谈判先后分两个阶段，前一阶段自1960年9月至年底，着重对第四轮谈判有关内容进行再谈判，并就1957年3月25日欧共体创立所引出的关税同盟和共同体农业政策问题与有关国家进行协商。后一阶段于1961年1月开始，就新减让项目及新加入成员减让项目进行谈判，并因欧共体加入关税与贸易总协定而展开了关于关税联盟的谈判。总协定工作组检查了欧共体实施统一对外关税的法律后，决定可按总协定关税同盟条款进行谈判。最后，欧共体的统一关税约束取代了欧共体国别的关税约束，欧共体对由此导致的任何单一国家（包括欧共体以外成员）的收支不平衡，都将予以补偿。第五轮谈判关税减让商品涉及4 400多项，平均降低关税20%。欧共体六国统一对外关税也达成减让，平均税率降低6.5%，然而农产品和某些政治敏感性商品仍被排除在最后的协议之外。

6. 第六轮——肯尼迪回合谈判

1964年5月至1967年6月，在瑞士日内瓦举行的第六轮谈判是当时美国总统肯尼迪根据1962年通过的美国《贸易拓展法》提议召开的，又称肯尼迪回合。1964年5月起，美国开始与欧共体六国以及总协定其他成员进行削减关税谈判。美国提出有关国家各减关税50%的建议，而西欧国家认为如各减关税50%，美国关税仍高于西欧国家，因此提出“削平”方案，即高关税国家多减，低关税国家少减，以缩小双方的关税差距。这轮谈判历时三年多，1967 年 7 月才勉强达成协议，商定从 1968 年起的五年内，美国工业品关税平均降低 37%，而西欧各国则平均削减 35%，涉及关税减让商品项目合计达 60 000 项之多，平均降低关税 35%。这轮谈判是 1973 年以前关税与贸易总协定所主持的所有谈判中最广泛、最复杂的一次，共有占世界贸易额约 75%的 54 个国家参加。谈判第一次涉及了非关税壁垒，关税与贸易总协定第六条虽然规定了反倾销和反补贴税的定义、征收这两类税种的要件和幅度，但各国为保护本国产业，滥用总协定第六条的情况时有发生。这轮谈判制定了第一个反倾销协议，即总协定第六条的实施细则。美国、英国、日本等 21 个国家签署了该协议，反倾销协议于 1968 年 7 月 1 日生效。

缔约方数量的增加是这一时期关税与贸易总协定的一个显著变化。上世纪 60 年代至 70 年代，相继独立的发展中国家加入了关税与贸易总协定。1965 年 2 月，就在肯尼迪回合的谈判进程中，关税与贸易总协定新增了一个重要的部分，即第四部分"贸易与发展"，清晰地阐明了有关发展中国家指导本国贸易政策的总目标。这一回合还开创了让波兰作为一个"中央计划经济国家"参加关税与贸易总协定多边贸易谈判的先例。

7. 第七轮——东京回合谈判

第七轮多边关税贸易谈判于 1973 年 9 月至 1979 年 4 月在日内瓦举行。这轮谈判因始于日本东京，故通称东京回合。肯尼迪回合多边关税贸易谈判结束后，国际贸易商品的总体关税税率水平大幅度下降，但贸易障碍并未完全消除。第一，约 30%的进口产品仍不受关税减让协议的约束，特别是那些对发展中国家工业进步极为重要的工业品，其关税率仍维持在高水平上。第二，依加工程度而定的不断升级的税率，使加工产品及消费制成品的有效保护率大大高于其名义关税率。第三，农产品贸易中非关税壁垒的增多使贸易保护程度不断提高，而在第六轮多边谈判中农产品贸易又被主要发达国家列于一般降税商品范围之外，从而使农产品出口国受益程度大为降低。第四，非关税壁垒的大量采用和实施，严重危及战后建立的多边国际贸易体系。因此，东京回合谈判除了继续进行关税减让谈判外，还将减少非关税措施纳入谈判。

东京回合部长会议宣言提出了一个关税与贸易总协定有史以来范围最广泛、目标最庞大的贸易谈判安排。除缔约方外，东京回合还对非缔约方开放，102 个国家参加了谈判(含 29 个非缔约方)。

该轮谈判历时五年多，取得的主要成果涉及多个方面：第一，从 1980 年起八年内关税削减幅度为 25%～33%，减税范围除工业品外，还包括几个重要的转折点，起到了承上启下的作用。一是开始实行按既定公式削减关税，关税越高减让幅度越大；二是产生了一系列只在少数缔约方生效的非关税壁垒协议(通常称为守则)。

它们是补贴与反补贴措施、技术性贸易壁垒、进口许可程序、政府采购、海关估价、反倾销、牛肉协议、国际奶制品协议、民用航空器贸易协议；三是发展中国家可以有选择地参加相关协议或守则。

东京回合虽然取得了一定的成功，但它没有也不可能解决多边贸易体制面临的所有问题。农业出口国继续抱怨关税与贸易总协定没能解决它们关切的问题；对当时出口汽车实行自动限制的做法也没有结论性意见。类似问题都构成了对关税与贸易总协定体制的威胁。

8. 第八轮——乌拉圭回合谈判

乌拉圭回合是关税与贸易总协定主持下的第八轮多边贸易谈判，也是关税与贸易总协定的最后一轮谈判。从 1986 年 9 月谈判的启动到 1994 年 4 月最终协议的签署，历时八年。参加乌拉圭回合谈判的国家和地区从最初的 103 个，增加到 1993 年底的 117 个和 1994 年 4 月谈判结束时的 128 个。此次多边贸易谈判的主要成果一是强化了多边贸易体制，特别是将农产品和纺织品纳入到贸易自由化的轨道，并加强了争端解决机制。二是进一步改善了货物和服务业市场准入的条件，关税水平进一步下降，通过这轮谈判，发达国家和发展中国家平均降税 1/3，发达国家工业制成品平均关税税率降为 3.5%左右。同时通过谈判达成了服务贸易总协定，与贸易有关的投资措施和与贸易有关的知识产权协议。三是建立了世界贸易组织。

关税与贸易总协定前七轮谈判，大大降低了各缔约方的关税，促进了国际贸易的发展。但从上世纪 70 年代开始，特别是进入 80 年代以后，以政府补贴、双边数量限制、市场瓜分和各种非关税壁垒为特征的贸易保护主义重新抬头。为了遏制贸易保护主义，避免全面贸易战的发生，美、欧、日等缔约国共同倡导发起了此次多边贸易谈判，决心制止和扭转保护主义，消除贸易扭曲现象，建立一个更加开放的、具有生命力和持久的多边贸易体系。

乌拉圭回合谈判议题包括传统的货物贸易和新议题。传统议题包括关税、非关税措施、热带产品、自然资源产品、纺织品服装、农产品、保障条款、补贴和反补贴措施、争端解决问题等。新议题则涉及服务贸易、与贸易有关的投资措施和与贸易有关的知识产权。

乌拉圭回合经过八年谈判，除建立世界贸易组织外，还取得了一系列成果。

(1) 在货物贸易方面

乌拉圭回合有关货物贸易的谈判可以分为两个内容，一是关于关税减让的谈判；二是关于规则的谈判。

在关税减让方面，发达成员对工业品的关税减让幅度达 40%，即加权平均税率从 6.3%减为 3.8%；发达成员承诺关税减让的税目占其全部税目的 93%，占全部贸易额的84%，其中承诺减让到零的关税税目的比例由乌拉圭回合前的21%增长到32%，涉及的贸易额从20%增长为44%；15%以上的高峰税率比例由23%下降为12%，涉及贸易额为5%，主要为纺织品和鞋类；从关税约束水平方面分析，发达成员承诺关税约束的税目由78%上升为99%，涉及的贸易额由94%增长为99%。发展中成员工业品的关税减让水平低于发达成员，贸易加权平均税率由15.3%减为12.3%。从约束关税范围上分析，发展中成员税目约束比例由21%上升为71%，涉及的贸易额由13%增长为61%。大部分发展中成员在乌拉圭回合后全面约束了关税，如智利、墨西哥、巴西、阿根廷等，印度、韩国、印度尼西亚、马来西亚、泰国约束关税的比例在90%左右。工业品关税的实施期为从1995年1月1日起5年内完成。无论发达成员还是发展中成员，均全面约束了农产品关税，并承诺进一步减让，农产品减让从1995年1月1日开始，发达成员的实施期为6年，发展中成员的实施期为10年，但部分发展中成员也承诺6年的实施期。对于发达成员，从减让幅度上看，发达成员总体关税的削减幅度在37%左右，发展中成员平均减让幅度在24%左右。

在制定规则方面，乌拉圭回合达成的协议主要分为四组。第一组包括《1994年关税与贸易总协定》(简称GATT1994)，它是对原来的《关税与贸易总协定》(简称GATT1947)的修改版本，和如何履行谅解和减让表的《1994年关税与贸易总协定马拉喀什议定书》。第二组包括两项主要协议，主要目的是将农产品贸易和纺织品与服装贸易纳入到正常的贸易规则管辖之下。第三组包括《技术性贸易壁垒》、《海关估价》、《装运前检验检疫》、《原产地规则》、《进口许可程序》、《实施卫生与植物卫生措施协议》和《与贸易有关的投资措施》等七项协议。第四组包括《保障措施》、《反倾销》、《补贴与反补贴》三项贸易补救措施协议。

(2) 在服务贸易方面

过去，关税与贸易总协定只涉及货物贸易领域，服务贸易不属于关税与贸易总协定多边贸易体制的管辖范围，因此，许多国家在服务贸易领域采取了不少保护措施，明显制约了国际服务贸易的发展。为了推动服务贸易的自由化，在乌拉圭回合谈判中，发达国家提出将服务业市场准入问题作为谈判的重点，经过八年的讨价还价，最后签署了《服务贸易总协定》(英文缩写GATS)，并于世界贸易组织成立的1995年1月1日正式生效。

《GATS》将服务业分为12个部门160个分部门。在12个部门中，有涉及律师、会计、审计、计算机硬件安装和软件服务的专业服务部门；与邮政、电信、电传和电子邮件有关的通讯服务；建筑与工程服务；包括批发零售在内的商业分销服务；不同层次的教育服务；保护环境的服务；包括保险与银行业务的金融服务；以及医疗、旅游、娱乐、文化和体育服务、运输服务及其他服务等。《GATS》将服务贸易分为四种形式:一是服务的跨境交付和服务产品的跨境流动,如律师咨询、电信服务等;二是境外消费,这主要涉及旅游、教育和医疗;三是以商业存在(跨境设立商业或专业机构)形式提供服务,如建零售商店、饭店、律师事务所、银行和保险公司的分支机构提供的服务;四是自然人临时流动提供的服务,包括演出、讲学和行医等。

《GATS》的一般义务包括最惠国待遇、透明度原则、逐步自由化承诺以及发展中国家的更多参与。与货物贸易不同的是,服务贸易的最惠国待遇不但给予服务本身,而且要给予服务的提供者。至于市场准入和国民待遇原则,在《GATS》中不是作为普遍义务,而是作为具体承诺,与各具体部门的开放相联系,经过谈判才承担的义务。这种将一般性义务与具体承诺的义务区分开来的做法,是《GATS》一个十分重要特点。《GATS》还认识到发达国家和发展中国家服务业发展的不平衡。因此,在发展中国家更多参与原则中,总协定呼吁发达国家成员对于发展中国家成员具有出口利益的交付方式和服务部门给予自由准入的优先权;总协定承认发展中国家成员为了促进其服务业的发展,可在总体部门和单个部门中维持较高水平的保护;总协定还规定在作出自由化承诺时,发展中国家成员可设置条件,要求愿意在那里投资的外国提供者,在服务业中投资并建立子公司,同东道国合作设立合资企业,向当地公司提供技术或信息和销售渠道。

(3) 在与贸易有关的知识产权方面

知识产权是个人或单位基于智力创造性活动的成果所产生的权利。与货物贸易中的有形物质相比,知识产权是一种看不见、摸不着的"无形"资产,它包括专利权、商标权、版权和商业秘密等。知识产权的一个重要特点是其地域性,即一个国家的法律给予知识产权的保护权在本国范围内有效,在别的国家不产生效力。为了便于一个国家的自然人或法人的知识产权在国外也能够取得法律保护,世界各国通过签订双边或多边条约,逐步建立起国际知识产权保护制度。但是,随着世界经济的发展、国际贸易范围的扩大和技术开发的突飞猛进,有关保护知识产权的国际协定已不适应新的需要,同时还由于知识产权与国际贸易的发展关系日益密切,关税与贸易总协定便将与贸易有关的知识产权纳入乌拉圭回合多边谈判之中。

乌拉圭回合知识产权谈判组于 1991 年 12 月提出了《关于与贸易相关的知识产权包括对冒牌货贸易的协议》(英文缩写 TRIPs)。该协议经过讨论修改后,在乌拉圭回合结束之际被各国接受而成为正式协议。该协议明确了知识产权国际法律保护的目标和动机;扩大了知识产权保护的范围,加强了相关的保护措施;强化了对仿冒和盗版的防止和处罚;协议强调对反竞争行为和歪曲贸易的控制;协议规定了对发展中国家提供特殊待遇的过渡期安排;最后协议还规定了与贸易有关的知识产权机构的职责,以及相互之间合作的安排。知识产权协定是乌拉圭回合一揽子结果的重要组成部分,所有世界贸易组织成员都受其规则的约束。

三、GATT1994

1. GATT1994 的四个组成部分

关贸总协定的条款和世界贸易组织成立前对这些条款所做的修正，在乌拉圭回合一揽子协议中被称为 GATT1947。世界贸易组织成立后的第二年，以 GATT1994 取代了 GATT1947，并与《建立世界贸易组织协议》附件中的其他协议一起，构成了目前世界贸易组织成员在货物贸易领域中的义务。从法律框架上，GATT1994 包括四个部分。

第一，1947 年 10 月 30 日通过的《关税与贸易总协定》的各项条款和世界贸易组织成立前对这些条款"更正、修正或修改"的法律文件。

第二，世贸组织成立前的关税减让议定书、各国成为关贸总协定缔约方的加入议定书、根据 GATT1947 所给予的且目前仍然有效的豁免和关贸总协定缔约方作出的其他决定。

第三，关贸总协定乌拉圭回合达成的各项协议，包括就 6 个关贸总协定条款达成的谅解，涉及到国民待遇及其他税费、国营贸易企业、国际收支限制条款、关税同盟和自由贸易区，世贸组织义务的豁免和关税减让的修改等。

第四，世界贸易组织成员的承诺和《1994 年关税与贸易总协定马拉喀什议定书》。

2. GATT1994 与 GATT1947 的比较

GATT1994 来源于 GATT1947，但它不是简单的继承，GATT1994 与 GATT1947 相比有所变化和发展。从法律性质上，GATT1947 只是临时适用的政府间的行政协定，而 GATT1994 是作为具有国际法人地位的世界贸易组织的法律规定的组成部分。GATT1994 涵盖了 GATT1947 的内容，并成为其他 12 个多边货物贸易协议的法律与原则基础。GATT1994 中提出的一些基本规则，也延伸到服务贸易总协定和与贸易有关的知识产权协定中。

GATT1994 继承了 GATT1947 的整体结构。GATT1947 由序言、四个组成部分和 38 项条款组成。GATT1994 仍由这些部分构成，但对具体条款作了一些修正。

第二节　世贸组织基础知识

一、世界贸易组织成立背景

当 1986 年乌拉圭回合多边贸易谈判开始时，其中的 15 个议题并未包括建立世界贸易组织问题，只是设立了一个关于修改和完善关税与贸易总协定体制职能的谈判组，但是在新议题中已涉及到货物贸易以外的问题，如服务贸易、与贸易有关的投资措施和与贸易有关的知识产权。这些非货物贸易的重要议题，很难在关税与贸易总协定的旧框架内谈判，有必要创立一个正式的国际贸易组织来分别谈判解决。因此，在 1990 年初，当时担任欧共体主席的意大利首先提出建立一个多边贸易组织（MTO）的倡议，这个倡议后来以 12 个成员国名义正式提出，得到美国、加拿大等主要西方大国的支持，并于 1990 年 12 月召开的布鲁塞尔部长会议上做出正式决定。经过一年的紧张谈判，1991 年 12 月形成了一份“关于建立多边贸易组织协定草案”，以当时关贸总干事邓克尔的名义形成“邓克尔最后案文”。后来在 1993 年 12 月 15 日乌拉圭回合谈判结束时，根据美国的动议把“多边贸易组织”（MTO）改为“世界贸易组织”，缩写为 WTO，得到各方同意。世界贸易组织的法语和西班牙语缩写是 OMC。1995 年 1 月 1 日，WTO 正式成立，它取代关贸总协定，负责管理乌拉圭回合一揽子协议的实施，负责管理世界经济和贸易秩序，是一个独立于联合国的永久性国际组织。

二、世界贸易组织宗旨

世界贸易组织的宗旨和关税与贸易总协定的宗旨一样，都是为了提高生活水平，保障充分就业、保证实际收入和有效需求的大幅度稳定增长，同时使世界资源得到最有效利用。在此基础上，世界贸易组织又增加了扩大货物和服务的生产和贸易以及可持续发展的目标。为了实现这些目标，世界贸易组织要做出积极努力，以保证发展中国家，特别是最不发达国家在国际贸易增长中获得与其经济发展需要相应的份额；同时，通过互惠互利安排，实质性削减关税和其他贸易壁垒，消除国际贸易关系中的歧视待遇。

三、世界贸易组织职能

1. 负责世界贸易组织多边协议的实施、管理和运作

世界贸易组织的主要职能是负责协定和多边贸易协议的实施、管理和运作，并促进其目标的实现，同时为诸边贸易协议的实施、管理和运作提供框架。多边贸易协议是所有成员都需要承诺的，而诸边贸易协议虽然在世界贸易组织的框架内，但各成员方可有选择地参加。

2. 为谈判提供场所

世界贸易组织为其成员就多边贸易关系进行的谈判和部长会议提供场所。同时提供使谈判结果生效的框架。

3. 争端解决

当世界贸易组织成员发生纠纷时，通过该组织的贸易争端解决机制来解决成员间可能产生的贸易争端，也是世界贸易组织最重要的职能之一。

4. 贸易政策审议

世界贸易组织依靠贸易政策审议机制，审议各成员的贸易政策。主要是对各个成员的全部贸易政策和做法及其对多边贸易体制运行的影响定期进行共同评价和评审。其目的在于促进所有成员遵守根据多边贸易协议及诸边贸易协议的规则、纪律和承诺，增加透明度。

5. 处理与其他国际经济组织的关系

世界贸易组织与负责货币和金融事务的国际组织如国际货币基金组织和世界银行及其附属机构进行合作，以增强全球经济决策的一致性，保证国际经济政策作为一个整体和谐地发挥作用。世界贸易组织分别于 1996 年 12 月和 1997 年 4 月与国际货币基金组织和世界银行已签署了合作协议。

6. 对发展中国家和最不发达国家提供技术援助和培训

给予发展中国家的特殊和差别待遇，包含在乌拉圭回合达成的大多数单独协议和安排中，这些规定中的一项内容是向发展中国家提供技术援助，以使他们能够履行协议所规定的义务。

四、世界贸易组织结构

WTO 的成员国目前有 144 个，我国是第 143 个成员，我国台湾地区以台、澎、金、马单独关税区（简称中国台北）名义加入，是第 144 个成员。成员之间的贸易占世界贸易的 90%以上，现有超过 30 个国家正在申请成员国资格。WTO 决议完全由合议做出，每一成员享有一票，WTO 的协议都经过所有成员国国会的认可。WTO 的最高决策机构是部长会议，它的下面是总理事会，在总理事会下面是货物贸易理事会、服务贸易理事会和知识产权理事会，另外，还有许多专门委员会和工作小组，还设有秘书处。

1. 部长级会议和总理事会

部长级会议是世贸组织的最高权力机构，由全体成员方的代表组成，负责履行世贸组织的职能。部长级会议至少每两年举行一次会议。

在部长级会议休会期间，其职能由总理事会代为行使。总理事会由全体成员方的代表组成（通常由各国驻日内瓦大使和高级代表组成，但有时成员国直接从其首都派出代表），负责处理世贸组织的日常事务，监督和指导各项协定以及部长级会议所作决定的贯彻执行情况。总理事会还有两项具体职能，即履行争端解决机构和贸易政策审议机构的职责。总理事会定期召开会议，通常每两个月一次。

2. 理事会

世贸组织在总理事会下设有三个理事会，即货物贸易理事会、服务贸易理事会和与贸易有关的知识产权理事会(简称知识产权理事会)，它们在总理事会的指导下分别负责管理、监督相关协议的实施，并负责行使相关协议规定的职能以及总理事会赋予的其他职能。

3. 专门委员会

世贸组织在总理事会下还设有五个专门委员会，负责处理三个理事会的共性事务及其他事务，如环境、发展、成员资格申请和区域贸易协定等。专门委员会包括贸易与发展委员会、贸易与环境委员会、国际收支限制委员会、区域贸易协议委员会，以及预算、财务与行政委员会。此外，根据《民用航空器贸易协议》和《政府采购协议》的规定，世贸组织还设立了民用航空器贸易委员会和政府采购委员会，负责监督实施相应的诸边贸易协议。

4. 秘书处及总干事

世贸组织下设秘书处，秘书处由总干事负责。部长级会议任命总干事并明确规定其权力、职责、服务条件及任期，总干事任命副总干事和秘书处工作人员并按部长级会议通过的规则确定他们的职责。设在日内瓦的 WTO 秘书处拥有大约 500 名工作人员，由总干事领导，主要职责是给部长会议和各理事会和委员会提供技术性支持，并为发展中国家提供技术援助，分析世界贸易形势以及向公众和媒体解释 WTO 的活动。

5. 其他机构

除上述常设机构外，世贸组织还根据需要设立一些临时机构，即所谓的工作组，例如加入世贸组织工作组、服务贸易理事会下的专业服务工作组、《服务贸易总协定》规则工作组等。工作组的任务是研究和报告有关专门事项并最终提交相关理事会作决定。有的工作组则直接向总理事会报告，例如加入世贸组织工作组。

世界贸易组织的机构设置如图 11－1 所示。

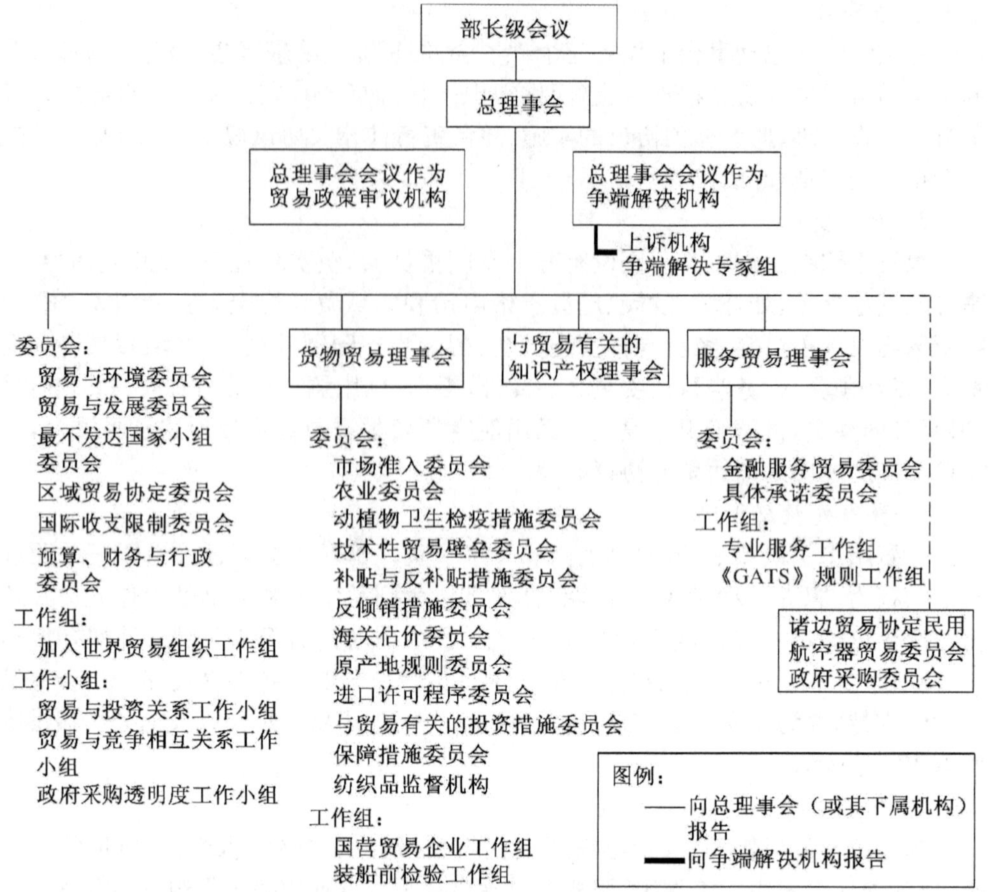

图 11－1　世界贸易组织的机构设置

第三节　世贸组织基本规则

世界贸易组织的规则涉及货物贸易、服务贸易和知识产权等许多领域，但有几个最基本的原则贯穿于各个协议之中，构成了多边贸易体制的基础。这些基本原则包括非歧视原则、透明度原则、自由贸易原则和公平竞争原则。非歧视原则中包括最惠国待遇原则和国民待遇原则。

一、最惠国待遇原则(Rule of Most-Favored-Nation Treatment)

（一）最惠国待遇的含义

在国际贸易中，最惠国待遇是一个很重要的概念，其目的是保证“市场竞争机会均等”。它起源于双边协定中，协定双方规定，一方保证把它给予任何第三方的贸易优惠（如低关税或其他特权），同时也给予对方。关税与贸易总协定第一次把原来作为双边协定中的最惠国待遇条款纳入多边贸易体制，作为其重要的基本原则，但它只适用于关税与贸易总协定缔约方之间的货物贸易。乌拉圭回合谈判将该原则延伸至服务贸易领域和知识产权领域。在世界贸易组织中，最惠国待遇指一成员方应立即和无条件地将其在货物贸易、服务贸易和知识产权保护领域给予第三方的优惠待遇给予其他成员方。上述定义里包含四个要点：

1. 自动性

自动性是最惠国待遇的内在机制，它体现在“立即和无条件地”一词。当一成员方给予第三方的优惠大于其他成员方已享有的优惠时，这种机制就启动了，其他成员方自动地就享有了这种优惠。例如 A 国、B 国和 C 国均为世界贸易组织成员方，当 A 国把从 B 国进口的汽车关税从 20％降至 10％时，这个 10％的税率同样要适用于从 C 国等其他世界贸易组织成员方进口的汽车。

但若一成员方在一方新加入世界贸易组织之时，或两个同时加入世界贸易组织的成员方，在一方加入之时宣布不与对方适用《建立世界贸易组织的协定》，即两者之间的贸易关系不受世界贸易组织约束，则任何一方都不能自动地享有另一方给予第三方的优惠。

2. 同一性

在将给第三方的某种优惠，自动转给其他成员方时，受惠标的也必须和第三方的标的相同。仍以上述 A 国、B 国和 C 国为例。当 A 国给从 B 国进口的汽车以关税优惠，则自动适用于 C 国等其他成员方的只限于汽车，而不能是其他产品。在所有的最惠国条款中，都会找到“相同”字样。例如，关税与贸易总协定下的“相同产品”，服务贸易总协定下的“相同服务与提供服务人”，与贸易有关的知识产权协定下的“相同”专利或商标等特定知识产权种类的所有人。

3. 相互性

任何一成员方既是给惠国，又是受惠国；既享有最惠国待遇的权利，也承担给予对方最惠国待遇的义务。

4. 适用性

界定了适用的范围，即世界贸易组织中的最惠国待遇适用于所有进出口产品、服务贸易的各个部门和所有知识产权种类的权利所有人。

上述定义里所说的“第三方”既包括世界贸易组织成员方，也包括非世界贸易组织成员方。例如，A 国和 B 国均为世界贸易组织成员方，而 X 国不是，当 A 国对 X 国进口的汽车的关税从 30％降至 20％时，这个 20％的税率也应自动地适用于从 B 国等其他世界贸易组织成员方进口的汽车。但对于 A 国降低从 B 国等世界贸易组织成员方进口的汽车关税时，这个降低后的关税并不能自动地适用于X国，X国只能根据与A国签订的双边贸易协定中的最惠国待遇条款来享有这种关税优惠。

对世界贸易组织来说，最惠国待遇原则是维护贸易自由化最有力的工具。

（二）最惠国待遇原则的具体体现

1. 货物贸易领域的最惠国待遇原则

在货物贸易领域，一世界贸易组织成员方给予任何第三方产品的关税优惠或其他与产品贸易有关的优惠、优待、特权或豁免时，应立即和无条件地将这些给予所有其他世界贸易组织成员方的相同产品。该原则的适用对象是产品，但其适用范围不仅是产品的关税税率，它还适用于：

(1) 与进出口有关的任何其他费用（如海关手续费）；

(2) 征收关税和其他费用的方式；

(3) 与进出口有关的规则和程序；

(4) 国内税和其他国内费用；

(5) 有关影响产品销售、转售、运输、分销和使用的政府规章和要求。

2. 服务贸易领域和知识产权保护领域的最惠国待遇原则

在服务贸易领域，一成员方应立即和无条件地将给予任何第三方的服务和服务提供者的优惠，给予任何其他成员方的相同服务和服务提供者。

该原则既适用于服务，也适用于服务提供者。其适用范围包括提供服务的四种形态（即跨境交付、境外消费、在当地设立商业机构提供服务和通过人员流动提供服务）以及中央与地方政府所采取的影响服务贸易的措施，并且，不管一成员方是否就某个具体的服务部门作出了承诺，最惠国待遇原则仍适用于该部门。

服务贸易中的最惠国待遇原则有它的独特之处，它允许各成员方可以在谈判最初的服务贸易承诺时，将暂时不符合最惠国待遇原则的措施附在其承诺表后的《免除最惠国义务清单》，但为期时间最长不应超过10年。若一成员方想增加新的不符合最惠国待遇原则的措施，则需得到世界贸易组织3/4成员方的同意。

在知识产权领域，一成员方给予任何第三方的知识产权（包括版权、商标、地理标识、工业设计、专利、集成电路的外观设计以及未公开信息）所提供的保护水平，应立即和无条件地给予来自任何其他世界贸易组织成员方的相同的知识产权的所有人。

（三）最惠国待遇原则的例外

世界贸易组织最惠国待遇原则的例外主要有以下四种情形：一是由关税同盟和自由贸易区等形式出现的区域经济安排，在这些区域内部实行的是一种比最惠国待遇还要优惠的“优惠制”；二是对发展中国家实行的差别和特殊待遇（如普遍优惠制），其根据是东京回合通过的“授权条款”；三是边境贸易中，为便利毗邻国家间的边境贸易，可对毗邻国家给予更多优惠；四是在知识产权领域，允许各成员方对最惠国待遇原则保留一些例外。

1. 区域经济安排

区域经济安排可分为两个层次：双边和区域的。在双边层次，如美国和以色列之间签订的自由贸易协定，澳大利亚和新西兰之间签订的更紧密经济关系协定等；在区域层次，如欧盟、北美自由贸易区、东盟等。世界贸易组织成员方可参加此类区域经济一体化安排，对相互间的货物贸易或服务贸易实质上取消所有限制，而区域外的世界贸易组织成员方则不能享受这些成果。当然，区域内部的成员方不能提高它在参加一体化安排之前对区域外成员方所设立的贸易限制。

2. 发展中国家的特殊和差别待遇

第二次世界大战后，更多的发展中国家参加了关税与贸易总协定。这些国家在发展本国经济的过程中，面对着十分不利的国际贸易环境。"贸易与发展"成了重大国际课题，同时也对最惠国待遇原则提出了挑战。虽然最惠国待遇原则在处理经济实力相平等国家之间的贸易关系时是平等和有效的，但却不适合于经济实力不相等国家之间的贸易，即最惠国待遇只能达到形式上的平等，而实际上意味着歧视弱国。为解决这个问题，1979 年东京回合通过了"关于有差别与更优惠待遇、对等与发展中国家充分参与的决定"(通称授权条款)。据此，在关税方面，允许发达国家通过制定"普遍优惠制方案"(简称普惠制方案)对发展中国家出口的制成品和半制成品以及某些初级产品提供普遍的和非互惠的比最惠国关税还要优惠的关税优惠。发展中国家之间也可以订立区域性或全球性贸易安排，相互给予关税优惠。在履行有关非关税措施的规则方面，发展中国家可享受差别和更为优惠的待遇，因此，东京回合达成的非关税措施守则对参加这些守则的发展中国家如何履行其义务作了特殊规定。

发展中国家享有的特殊和差别待遇在乌拉圭回合各个协议中都得到了不同程度的体现，如在知识产权领域，发展中国家可享有更长的过渡期；发展中国家可以根据本国服务业的发展情况确定在多大范围和多大程度上开放其服务市场，如可通过谈判不开放某些服务部门或对某种服务交付方式(如跨境交付)不作承诺。

3. 边境贸易

边境贸易一般是指两国边境地区居民和企业在距边境线 15 公里以内地带从事的贸易活动，世界贸易组织允许其成员方为便利此种贸易而只对毗邻国家给予优惠，包括关税优惠。其目的是便利边境线两边的人民互通有无。但由于现实情况不一(例如，边境线 15 公里以内无人居住)，因此，边境贸易的范围并不严格局限于上述 15 公里。

4. 知识产权领域的例外

在知识产权领域，一成员方可对下述权利不适用最惠国待遇原则：

(1) 该成员方在一般司法协助国际协定中享有的权利；

(2) 对 TRIPs 协定下未作规定的有关表演者、录音制品制作者和广播组织的权利；

(3) 在世界贸易组织正式运行前已生效的《国际知识产权保护公约》(包括《伯尔尼公约》和《巴黎公约》)中享有的权利。

二、国民待遇原则(Rule of National Treatment)

1. 国民待遇的含义

和最惠国待遇原则一样，国民待遇原则的目标也是保证市场竞争机会均等。但是，两者有所区别，最惠国待遇要求对其他成员一视同仁，国民待遇要求的是平等地处理本国和其他成员之间的关系。即国民待遇是指在其他成员的产品或服务、服务提供者以及知识产权所有人进入本国后，其所享受的待遇不低于本国产品或本国服务、服务提供者及知识产权所有人享受的待遇。这一定义包含三个要点：

(1) 国民待遇适用的对象是产品或服务、服务提供者或知识产权所有人，但因货物、服务和知识产权领域具体受惠对象不同，国民待遇条款具体规定的适用范围不同，因而在其重要性和具体规则上而有所差别。

(2) 国民待遇只涉及外国产品或服务、服务提供者或知识产权所有人进入本国后，在本国市场上所享受的待遇。

(3) 国民待遇定义中"不低于"一词的含义是指外国产品或服务、服务提供者或知识产权所有人应享有与本国同类产品或相同服务、服务提供者或知识产权所有人同等的待遇，但若一成员方给予前者更高的待遇，也不违背国民待遇原则。

2. 货物贸易领域的国民待遇条款

适用于货物贸易的国民待遇包含三个内容：不对进口产品征收超出对国内相同产品所征收的国内税或其他国内费用；在影响产品国内销售、让售、购买、运输、分配与使用的政府规章管理(即所有法律、规章与要求，统称规章管理)方面，进口产品所享受的待遇不得低于本国同类产品所享受的待遇；一成员方不能强制要求生产某一产品时，必须使用一定数量或比例的国内生产的原材料或半成品(即产品混合使用要求)。

(1) 就产品税费而言，国内税费包括了中央和地方征收的税费在内，这些税费是对产品征收的，从而排除了对个人或法人征收的税费，如所得税。在这方面，下述做法违反国民待遇原则：第一，对进口产品征收某种国内税(如消费税)，而对同类国产品却不征收。或者在征收某种国内税时，对进口产品适用的税率高于对同类国产品适用的税率;第二,对购买国产品者提供退税或免税,而对购买同类外国产品者却无此待遇。

(2) 就规章管理而言,规章管理的范围很宽,这里只限于与产品的购销、运输、分配与使用有关的规章和措施,乌拉圭回合谈判将政府所采取的影响进口产品在国内销售、分配与使用的投资管理措施也列入此类政府规章管理的范围,具体体现在 WTO《与贸易有关的投资措施协议》中。在这方面,下述一些做法就违反了国民待遇原则:第一,进口产品进入本国市场时必须通过某种检验或测试,而对同类国产品却无此规定;第二,销售进口产品必须使用特定的批发或零售渠道,或特定的运输或仓储方式,而对同类国产品却无此限制;第三,《与贸易有关的投资措施协议》例示清单中所列举的两种投资措施:要求企业必须购买或使用当地产品,或购买或使用规定数量或金额的当地产品(即国产化要求)。

三、透明度原则(Rule of Transparency)

为保障国际贸易环境的稳定性和可预见性,世界贸易组织除了要求各成员按照有关市场开放的具体承诺进行约束外,还要求其成员所制定和实施的贸易规章尽可能的透明。因此,透明度原则成了世界贸易组织的基本原则之一。

1. 透明度的含义

透明度是指世界贸易组织成员应公布其所制定和实施的与贸易有关的法律、法规、政策和做法以及有关的变化情况(如修订、增补或废除等),不公布的不得实施;同时,还应将这些法律、法规、政策和做法以及有关的变化情况通知世界贸易组织。世界贸易组织成员所参加的影响国际贸易政策的有关国际协议也在公布和通知之列。上述定义包含三个要点:

(1) 世界贸易组织成员必须公布有关的贸易法规以及其所参加的影响国际贸易的国际协议,包括其变化情况(以下简称“贸易法规的公布”);

(2) 必须将有关制订和修改贸易法规、政策和措施的事项以及缔结或参加影响国际贸易的国际协议的事项通知世界贸易组织(以下简称“贸易法规的通知”);

(3) 透明度的适用范围不仅包括世界贸易组织成员的贸易法律、法规和政策,而且还包括有关法律、法规和政策的变化情况,以及执行这些法律、法规和政策的方法。因此,司法判决和行政裁定也在其中。

2. 贸易法规的公布

一般来说,世界贸易组织成员如果想忽视它在世界贸易组织中所承担的那些最基本的义务(如给予外国产品最惠国待遇和国民待遇等义务),并不太容易。比如,一成员对进口产品征收的国内税大大超过对国内产品所征的数目,从而违反了“国民待遇”原则,这种情况很容易被其他成员发现,该成员也将很快被要求采取措施进行纠正。但在其他方面，比如一成员对进口产品进行反倾销调查，并且最终裁定对有关产品征收反倾销税。这一过程涉及许多法律、政策、信息、统计以及计算等问题，如果有关调查机构不公开这些事项，则外界很难对其进行监督。因此，世界贸易组织要求各成员必须承担公布其所有有关对外贸易的法律、法规、政策、司法判决和行政裁定的义务，以使其他世界贸易组织成员及其贸易商得以知晓。

公布的具体内容涉及到产品的海关归类和海关估价等海关事务；关税税率、国内税税率和其他费用；对产品进出口所设立的禁止或限制或其他要求；对进出口支付转账所设立的禁止或限制或其他要求；影响进出口产品的销售、分销、运输、保险、仓储检验、展览、加工、与国产品混合使用或其他用途的要求；有关服务贸易的法律、法规和政策；有关知识产权的法律、法规、司法判决和行政裁定以及与世界贸易组织成员签署的其他影响国际贸易政策的协议，包括国际服务贸易协议和国际知识产权保护协议。

对于公布的时间，一成员应迅速公布其有关对外贸易的法律、法规、政策、司法判决和行政裁定，最迟应在这些法律、法规、政策、司法判决和行政裁定生效之时公布，以使其他世界贸易组织成员和贸易商及时得以知晓，在公布之前不得采取诸如提高进口产品的关税税率等手段。

四、自由贸易原则(Rule of Free Trade)

世界贸易组织的宗旨是推动贸易自由化，实现这一宗旨的手段通过谈判削减各种贸易壁垒和歧视性待遇，在 WTO 中的各项协议及其主持的多边贸易谈判都体现了这一基本原则。

1. 关税减让

关税是一国政府对进口货物所征收的税项。它是各国增加财政收入、保护国内市场、调整进出口商品结构的重要手段。尽管自由贸易提倡废除所有妨碍自由竞争的做法，但鉴于关税是以使用价格机制为特征的贸易政策工具，透明度高且易衡量，因此，世界贸易组织允许使用关税保护国内市场，但要求关税水平要逐渐下调，不得提高。乌拉圭回合谈判成果之一就是长达 22 500 页的各国关于具体产品和服务的减让表，它包含了对进口产品关税进行削减和约束的承诺。

(1) 关税与贸易总协定前七轮谈判大大降低了全球关税水平。乌拉圭回合谈判结束后，发达国家再次承诺从 1995 年 1 月 1 日起 5 年内将其工业品关税税率从 6.3%降至 3.8%，发展中国家从 20.5%降至 14.4%。

(2) 在药品、医疗设备、建筑机械、矿山及钻探机械、农业机械、钢材、家具、蒸馏酒、木浆纸制品及印刷品、玩具等 10 个部门实行零关税。

(3) 通过约束关税保证市场准入。所谓约束关税是指世界贸易组织成员承诺把进口商品的关税限定在某个水平上，不再提高。约束关税的比例越高，越有利于扩大商品进口。就工业品而言，约束关税税目占整个税目的比例，发达国家从1995年开始，从原来的78%提高到99%；发展中国家从原来的21%提高到73%，经济转型国家从原来的73%提高到98%。

(4) 逐步取消信息技术产品的关税。1996年12月13日，29个世界贸易组织成员签署《信息技术协议》，1997年4月1日生效，同意在2000年1月1日前取消全部关税。

2. 消除非关税贸易壁垒

消除贸易壁垒是世界贸易组织实现自由贸易的重要方式之一。所谓非关税贸易壁垒是指一个国家采取的除关税以外的各种贸易保护措施，主要有进出口许可证，进口配额制，外汇管制，进出口国家垄断，海关估价，苛刻的卫生动植物检验标准，安全、质量标准，严格的包装装潢要求，进出口商品的国内销售限制等。因此，在世界贸易组织的有关协议中，减少和消除非关税壁垒成为推动自由贸易的重要方面。

(1) 为防止海关任意估价，世界贸易组织的《海关估价协议》规定海关估价的主要标准是货物的实际成交价格，如海关对进口商申报的成交价有疑问，则可采取相同货物的成交价格或类似货物的成交价格等取代。

(2) 通过《装运前检验协议》为装运前检验制订原则与规则，确保装运前的检验活动不对世界贸易组织成员贸易构成障碍。

(3) 通过《技术性贸易壁垒协议》规定世界贸易组织成员以国际通行的标准确定技术标准，如有特殊要求，可以保留，但要及时通告世界贸易组织成员。

(4) 通过《动植物卫生检疫措施协议》规定世界贸易组织成员要以国际标准设立动植物卫生检疫措施，如有特殊要求，可以保留，但要及时通告世界贸易组织成员。

(5) 世界贸易组织以《进口许可程序协议》来规范世界贸易组织成员的进口许可程序，避免世界贸易各国因进口许可的程序和方式的不统一，影响贸易的正常运行。

(6) 为使原产地的确定便利国际贸易的发展，不对国际贸易构成障碍，世界贸易组织以《原产地规则协议》来规范世界贸易组织成员原产地的确定办法。强调世界贸易组织成员应当建立一个公正、透明、一致、可预见、可操作的、统一的原产地规则。

(7) 为防止国营贸易企业对其他企业构成不公平的竞争，世界贸易组织规定按"1994年关税与贸易总协定关于解释第十七条的谅解"，要求国营贸易企业按非歧视待遇经营贸易，对其进出口商品或信息保持透明度，并接受货物贸易理事会工作组的审议。

(8) 为促进国际贸易的正常发展，减少对国际资本流动限制，世界贸易组织以

《与贸易有关的投资措施协议》禁止对流入资本所投资项目的商品贸易设置限制条件,包括:当地成分(含量)要求,贸易平衡要求,外汇平衡,国内销售要求等。

3. 服务贸易的市场准入

在货物方面的自由贸易原则体现在关税减让和非关税壁垒的减少。在服务贸易方面则更多地体现在通过不断地提高减让表中市场开放承诺的水平,推进服务贸易自由化的进程。

随着国际服务贸易的迅速发展,客观上要求世界各国相互开放服务领域。但世界各国为了保护本国服务业的发展,对本国服务业的对外开放采取了如下的限制:对服务提供者数量的限制;对服务交易或资产总量的限制;对服务业务总数或服务产出总量的限制;对特定服务部门或服务提供者可以雇佣的人数限制;限制或要求通过特定类型的法律实体或合营企业形式提供服务的措施;对外国资本参与的比例限制或对外国资本投资总额的限制,另外还有实施国民待遇限制。这些限制影响了服务业资源的有效配置,不利于服务业的公平竞争和服务质量的提高。如不减少这些限制,对货物贸易和世界经济的发展都会构成不利的影响。

《服务贸易总协定》要求各成员方为服务产品和服务提供者提供更多的投资和经营机会。世界贸易组织将服务贸易分为12个部门和160个分部门,要求分阶段逐步开放的承诺涉及商业服务、金融电讯、分销、旅游、教育、运输、医疗与保健、建筑、环境、娱乐与服务领域。发达国家就所有服务部门中的2/3作出了承诺,经济转型国家就所有服务部门的1/2作出了承诺,发展中国家对16%的服务部门作出了承诺。最后,就未作出承诺的服务业的自由化将继续谈判。世界贸易组织建立以后,就金融服务和电信服务达成了具体的协议,加深了这两个领域的贸易自由化。

五、公平竞争原则(Rule of Fair Trade)

公平竞争原则也称公平贸易原则。世界贸易组织是建立在市场经济基础之上的多边贸易体制,其规则体系的一项基本原则是鼓励公开、公平和无扭曲竞争。

1. 公平竞争的含义

公平竞争是指竞争者之间所进行的公开、平等、公正的竞争。公平竞争对市场经济的发展具有重要的作用。它可以调动经营者的积极性,使他们不断完善管理,向市场提供质优价廉的新产品。它可以使社会资源得到合理地配置,并最终为消费者和全社会带来福利。在国际贸易中,一些国家为了保护本国的产业和市场,采取一些不公平的限制进口和鼓励出口的措施;一些从事贸易的企业采取假冒或低价倾销等手段,获取不正当的利益。这些行为对正常的贸易活动都产生了不利的影响。因此,世界贸易组织在倡导自由贸易的同时,始终注意对公平竞争的维护,并将其作为制订各项协议的主要原则。从世界贸易组织管辖的三个主要领域看，公平竞争原则都有体现。

2. 货物贸易领域

倾销和补贴一直被认为是典型的不公平贸易行为。倾销是指以低于正常价值的价格在国外销售产品，从而对外国的产业造成了损害；补贴是由于政府的资助而使某些产品增加了竞争优势。在国外产品进行倾销和补贴的情况下，国内产业便处于不利的竞争地位，因而世界贸易组织允许成员采用征收反倾销税和反补贴税的方法，以抵销这两种行为对国内产业所产生的不利影响。

但世界贸易组织《反倾销协议》和《补贴与反补贴措施协议》在作出这种授权的同时，也在防止另外一种倾向，即反倾销和反补贴措施本身成为公平贸易的障碍，也就是政府滥用这两种手段，以达到保护国内产业的目的。为此，世界贸易组织为采取反倾销和反补贴措施规定了严格的程序。例如，对于反倾销，世界贸易组织规定了如何认定进口产品正在倾销，如何认定倾销的进口产品正在对国内产业造成损害或造成损害威胁，以及发起调查、收集信息、征收反倾销税和终止征收反倾销税等方面所应遵循的程序。

事实上，以《1994 年关税与贸易总协定》为代表的多边货物贸易协议，始终在遵循公平竞争的原则。例如，关税与贸易总协定所采取的关税减让谈判，是为了减少关税给外国产品带来的不利影响；取消数量限制和实行国民待遇，是为了使外国产品与本国产品处于平等的竞争地位；实行最惠国待遇，可以使来自不同国家的产品受到同等的待遇。即使某些产品不得不由国家企业经营，或不得不把经营的专有权和特权授予某些企业，那么从事这些垄断经营的企业也必须遵守非歧视的原则，即这些企业的买卖活动应服从商业上的考虑，使其他成员的企业能够进行充分的竞争。

货物贸易的其他具体协议也体现了公平竞争的原则。《农业协议》提出，农产品贸易的目标是“建立一个公平的、以市场为导向的农产品贸易体制”，而实现这些目标的手段是“持续对农业支持和保护逐步进行实质性削减，从而纠正和防止世界农产品市场的限制和扭曲”。具体说，就是在市场准入、国内支持、出口竞争和动植物卫生方面达成协议，鼓励公平竞争。例如在出口竞争方面，除该协议规定和在减让表中列明外，各成员不应以其他方式提供补贴。保障措施是一国在进口增加而对国内产业造成严重损害时所采取的保护性措施，它所针对的并不是倾销和补贴这样的不公平贸易行为，因此保障措施的采取，很可能会形成对国际市场竞争的限制。为了防止出现这个问题，《保障措施协议》对此作出了严格的规定，其中特别禁止采取自愿出口限制和有序销售安排等“灰色区域措施”，防止成员钻多边贸易体制的空子。

3. 服务贸易领域

在服务贸易领域，世界贸易组织鼓励各成员通过相互开放服务贸易市场，扩大和加强公平竞争的领域和范围。因此《服务贸易总协定》就是以逐步开放服务贸易市场为目标，来建立服务贸易原则和规则的多边框架。另外，《服务贸易总协定》要求各成员取消限制竞争的商业做法，即使允许对国内某些行业实行垄断和专营服务，服务提供者的行为也不得违背该成员的最惠国待遇义务及做出的具体承诺，即不能滥用其垄断地位。这一规定与《关贸总协定》中有关国营贸易的规定是类似的。在国民待遇的规定方面，《服务贸易总协定》明确规定，如果一种待遇改变了竞争条件，使本国服务提供者处于较为有利地位，则这种做法就是违反国民待遇的。

4. 知识产权领域

对知识产权进行有效的保护，有利于创造公平竞争的市场环境。在市场竞争中，如果一个企业投入大量资金、耗费大量时间搞出的一项发明被其他企业轻而易举地仿造生产，一个企业苦心经营多年所创造的名牌产品被其他企业仿冒，或者一个企业投巨资拍摄的电影被他人盗版，势必会使拥有知识产权的企业处于不公平的竞争地位。因此世界贸易组织通过《与贸易有关的知识产权协定》，加强对知识产权的保护，维护正常的竞争秩序。

此外，反不正当竞争一直是知识产权保护的一个重要方面。例如，《保护工业产权巴黎公约》就要求各国采取措施，制止不正当竞争行为。《与贸易有关的知识产权协定》除了多次援引《保护工业产权巴黎公约》的有关规定外，还专门对协议许可中限制竞争的行为作出了规定。该协定明确说明，一些限制竞争的有关知识产权的许可活动或条件可对贸易产生不利影响，并会妨碍技术的转让和传播，因此各成员可以采取适当措施，以防止或控制排他性返授条件、阻止对许可效力提出质疑的条件和强制性一揽子许可等商业做法。

第四节　中国加入世界贸易组织

一、中国与 GATT 的关系变迁

中国是关贸总协定的创始缔约国。1947 年 4 月至 10 月，当时的“中华民国”政府代表中国参加了联合国贸易与就业会议第二次筹委会。1948 年 4 月 21 日，“中华民国”政府代表中国作为最后文件签字国之一签署了《关税与贸易总协定临时适用议定书》。

1949 年 10 月 1 日，中华人民共和国成立并成为代表中国的唯一合法政府，国民党政府败退台湾。1950 年 3 月 6 日，国民党政府非法宣布退出关贸总协定，退

出宣布于 1950 年 5 月 5 日起生效，从此中国失去了在关贸总协定的席位。

1971 年 10 月，中国恢复了在联合国的合法席位，此后逐步恢复了与关贸总协定的联系。1986 年 7 月 11 日，中国向关贸总协定秘书处正式提出了恢复中国缔约方席位的申请。关贸总协定理事会决定成立中国工作组，负责审议中国复关问题。概括起来，中国的复关谈判经历了以下三个阶段。

第一阶段，从 1986 年 7 月中国提出复关申请到 1989 年 6 月。这期间，中国工作组召开了七次会议，基本结束了对中国外贸制度的答疑和综合评估工作。中国复关议定书框架草案基本形成。

第二阶段，从 1989 年 6 月到 1992 年 2 月中国工作组第十次会议召开。复关谈判涉及的双边磋商和以日内瓦中国工作组会议形式进行的多边谈判均陷入停滞阶段。

第三阶段，从 1992 年 2 月到 1994 年 12 月。1992 年中国共产党十四大确立了建立社会主义市场经济的目标，并作出了深化改革的一系列重大举措，从而为中国的复关谈判注入了新的动力。但由于美国、日本及欧盟等国家无视中国现实的经济发展水平，不断提出超出我国承受能力的过高要价，导致最终未能达成协议，中国未能恢复关贸总协定缔约方席位，未能成为世贸组织的创始成员。

1999 年 11 月 10 日，美国贸易代表团访华，与中国就中国入世问题进行双边谈判，最终在 11 月 15 日双方签署了《中美关于中国加入世界贸易组织的双边协议》，这标志着中国与美国就此正式结束双边谈判，也为中国与其他主要贸易伙伴的谈判奠定了基础。2000 年 5 月 19 日，中国与欧盟达成双边协议。2001 年 9 月 13 日，中国与墨西哥签署双边协议，至此中国与要求与中国进行双边谈判的 37 个世贸组织成员方全部结束了谈判。

2001 年 9 月 17 日，世贸组织中国工作组第 18 次会议举行正式会议，通过了中国入世的所有法律文件，同时也结束了世贸组织中国工作组的全部工作。2001 年 11 月 10 日，在多哈举行的世贸组织第四次部长级会议上审议并批准了中国加入世贸组织。2001 年 12 月 11 日中国正式成为世贸组织成员。

二、中国加入 WTO 后的权利义务

1. 可享受的权利

(1)享有多边的、无条件的、稳定的最惠国待遇。过去中国只能通过双边贸易协定在某些国家获得最惠国待遇，而这种双方的最惠国待遇是非常不稳定，容易遭到双边政治关系的影响。加入 WTO 后，中国的产品可以在所有成员国中享受有利的竞争条件，从而促进出口的发展。

(2)享受“普惠制”待遇及其他给予发展中国家的特殊照顾。普惠制是对发展

中国家出口制成品和半制成品所享有的单方面减免关税的特殊优惠待遇。目前世界有 32 个给惠国，除美国、匈牙利和保加利亚外，中国已从 29 个国家获得了普惠制待遇，2004 年 5 月 1 日欧盟扩大以后，新增加的 10 个成员国中波兰、捷克和斯洛伐克已给予我国普惠制待遇，出口至其他 7 个国家(马耳他、塞浦路斯、匈牙利、斯洛文尼亚、爱沙尼亚、拉脱维亚、立陶宛)的产品也可以签发普惠制产地证，至此，共有 36 个国家给予我国普惠制待遇。加入 WTO 将使中国在更大的范围内享受到这些优惠。如一些给惠国给中国商品的受惠程度较低，而最大的给惠国美国称按其国内法，对非市场经济国家，必须同时成为国际货币基金组织和关贸总协定缔约方，才能给予普惠制待遇，所以，中国入世后可能获得美国给予的普惠制待遇，这对于中国扩大出口、提高出口效益都有一定好处。除普惠制这种最重要的优惠外，在 WTO 实施管理的多边协议中都规定了对发展中国家成员的某些特殊优惠，这些优惠是单方面给予的，发展中国家无须作出对等的回报。中国以发展中国家的身份加入 WTO，确保了入世后所承担的义务与中国现阶段发展水平相适应，在国内市场受到外来的强烈冲击面招致损害时，可以采取临时措施加以补偿，从而大大减少了入世对中国产业可能造成的负面影响。

(3)充分利用争端解决机制较好地解决中国与其他成员的贸易纠纷。随着中国对外开放程序的扩大，各种经济贸易上的纠纷也会逐渐增多。在双边贸易中，发达国家往往利用国内的、单边主义的、甚至过时的法律条款对中国实行歧视待遇，使我国劳动密集型产品成本低廉的优势得不到应有的发挥，阻碍了我国出口的发展。过去这类问题只能通过双边谈判来解决，而不能诉诸比较公正的、多边的贸易争端解决程序。一旦中国入世，就可以通过 WTO 特设的贸易争端解决机构和程序，比较公平地解决贸易争端，维护中国的贸易利益。

(4)获得在多边贸易组织中的发言权。入世后，中国可以参加各个议题的谈判和贸易规则的制定，有利于维护中国在世界贸易中的地位和合法权益，并在建立和维护公正合理的国际经济秩序等方面发挥更大的作用。还能够利用 WTO 讲台，宣传中国改革开放政策，积极发展与世界各国的经济合作、贸易和技术交流。此外，还将得到 WTO 汇集的世界各国经济贸易的信息资料。

(5)利用 WTO 的基本原则，行使例外与保障措施的权利。

2. 应尽的义务

(1)削减进口关税。1994 年关贸总协定第 28 条附加第一款规定，各成员方在“互惠互利基础上进行谈判，以大幅度降低关税和进出口其他费用的一般水平，特别是降低那些使少量进口都受阻碍的高关税”。目前发达成员方的加权平均进口税率已从以前的 40%下降到 3.8%左右，发展中国家也下降到 12.3%左右。而中国平均税率高于发展中国家的平均水平。所以，中国入世的首要义务，就是要逐步将中国关税加权平均水平降到关贸总协定要求的发展中国家水平，并将最高关税一般约束在 15%以下。

(2)逐步取消非关税壁垒。1994 年关贸总协定第 11 条规定，“不得设立或维持配额、进出口许可证或其他措施，以限制或禁止其他缔约方领土的产品输入，或向其他缔约方领土或销售出口产品”。自 1949 年关贸总协定成立以来，由于进口关税一再降低，各缔约方转而求助于各种非关税壁垒来达到保护贸易的目的，据估计，当今世界各种非关税措施已从上世纪 60 年代的 800 多种增加到目前的 2000 多种。乌拉圭回合谈判中各种非关税壁垒规定了“维持现状和逐步回退”的原则，在谈判结果中要求各参加方拿出基本取消的时间表。中国本来是实行贸易管制的国家，当然也存在除关税以外的种种非关税措施。因此在复关和入世谈判中的主要议题之一，就是要求中国削减如进口许可证、配额以及外汇管制、技术检验标准等非关税措施，作为“入世费”。

(3)取消被禁止的出口补贴。1994 年关贸总协定第 16 条第二节第二、第三款规定，一成员方对某一出口产品给予补贴，可能对其他的进口和出口成员方造成有害的影响，对他们的正常贸易造成不适当的干扰，并阻碍本协定目标的实现。各成员应力求避免对产品的输出实施补贴。中国自 1991 年 1 月始，在调整汇率的基础上，对所有产品，包括工业制成品和初级产品出口实行企业自主经营、自负盈亏的经营机制，已达到了 WTO 的有关要求。取消补贴后，亏损商品主要通过汇率调整和出口退税的方法获得补偿。1994 年关贸总协定附件九第 16 条规定，“退还与所交数量相当的关税或内地税，不能视为一种补贴。”目前中国出口商品退税中，尚存未退足退净的问题。为加强中国商品的出口竞争力，应充分退足退净一切税款。

(4)开放服务市场。乌拉圭回合谈成的《服务贸易总协定》(GATS)要求，成员方对服务贸易执行与货物贸易同样的无歧视、无条件的最惠国待遇、国民待遇、透明度，并逐步降低贸易壁垒，开放银行、保险、运输、建筑、旅游、通讯、法律、会计、咨询、商业批发、零售等行业。WTO 统计的行业多达 150 多种，都将属于开放范围。中国应逐步地、有选择地、有范围地开放一些服务业，引进竞争机制，提高中国服务业质量，带动服务业出口。

(5)扩大对知识产权的保护范围。WTO 实施管理的《与贸易有关的知识产权协定》要求各成员方扩大对知识产权的保护范围。中国作为发展中国家，在知识产权管理方面和法规的执行、行政管理方面，与发达国家水准尚有一定的差距。入世后中国对知识产权扩大保护范围，将使有关企业必须通过支付专利许可证费用来合法购买西方发达国家专利。政府也将严惩任何有损国家和企业名誉的侵权行为，如假冒外国名牌商标的行为将受到法律处理。

(6)放宽和完善外资政策。WTO 实施管理的《与贸易有关的投资措施协议》

与我国引进外资工作有密切的关系。中国自改革开放以来已颁布了有关引进外资的各种条例和法律法规，对外资引进实行各种鼓励和优惠。这些鼓励和优惠不是特定给予某一国家或地区的，而是对一切外国投资者的无差别待遇。但中国在引进外资法规方面还不够完善，特别是在给予外国投资者"国民待遇"方面。一方面在税收等重要项目上给予外国投资者"超国民待遇"，使国内企业遭受不平等竞争；另一方面，在若干国内收费上实行双重作价，造成外商很大抱怨。今后这方面的政策应作重大调整，允许外商投资的范围要进一步扩大，"硬件"和"软件"环境也要进一步改进。特别是随着服务业市场的对外开放、人民币汇率体制的改革，修改外资"三大基本法"的工作已提上了议事日程。

(7)增加贸易政策的透明度。WTO 建立了对各成员方贸易政策定期审查和通报的制度，要求各成员经常提供国内经济情况报告，并定期接受审议。中国一般习惯于制定若干内部决定，因此被认为是缺乏透明度的国家。中国已分步公布或废除了以往众多的内部决定，以适应要求。

(8)接受世界贸易组织的裁决。

(9)缴纳 WTO 活动费用。

三、中国的入世承诺

中国在入世谈判中做出了许多承诺，概括来说，这些承诺主要是：确保贸易政策的透明度；贸易政策的统一实施；价格的逐步放开；实现经常项目下的可兑换；国民待遇的原则；关税的减让；逐步取消非关税措施；保护知识产权；逐步开放服务业的市场。具体包括：

1. 非关税壁垒

进口许可证要求及招标要求于 2005 年被取消，所有的进口配额在 2005 年以前已逐步被取消。

2. 关税减让

工业产品的平均关税 2004 年降至 8.9%。农业产品的平均关税将降至 15%，农产品进口和销售无须通过国营企业和中介机构。中国国内农业补贴上限为 8.5%。取消对大麦、大豆、油菜籽、花生油、葵花籽油、玉米油和棉花籽油的进口关税配额体制。信息技术产品关税最迟于 2005 年被取消。具体参见表 11-1。

3. 贸易权

入世后的第一年，外资占少数股权的合资企业将全部获得进出口权，在加入 WTO 后头两年内进一步扩展至外资占多数股权的合资企业。入世后 3 年，所有中国境内企业都将获得贸易权。

4. 流通领域

2 年内允许外资在合资批发公司内拥有多数所有权，届时地域或数量限制将不复存在。除了图书、报纸、杂志、药品、杀虫剂和农用薄膜商品的分销在 3 年内放开，化肥、成品油和原油在 5 年之内放开之外，1 年之内合资企业将可分销一切进口产品及国内生产的产品。

外国投资的企业可以分销其在中国生产的产品，并针对其分销的产品，提供包括售后服务在内的相关配套服务。所有的省会以及重庆市、宁波市将在两年内向合资零售企业开放，3 年之内将取消地域、数量限制和企业股权比例的限制。除了药品、杀虫剂、农用薄膜和成品油的零售将在 3 年后放开，化肥在 5 年后放开之外，所有产品的零售(除了图书、报纸和杂志)将在入世后 1 年内放开。

5. 特许经营

入世 3 年后将无限制。

6. 交通

对公路运输，将分别在 1 年和 3 年后允许外资占合资企业多数股份和全资拥有子公司；对于铁路运输，将分别在 3 年和 6 年后允许外资占合资企业多数股份和全资拥有子公司。仓储分别在入世 1 年和 3 年后允许外资占合资企业多数股份和全资拥有子公司。

7. 货运代理

分别在 1 年和 4 年后允许外资占合资企业多数股份和全资拥有子公司，合资企业经营 1 年以后可以建立分支机构。外资货运代理公司在其第一家合资公司经营满 5 年后可以建立第二家合资公司。入世 2 年后，此项要求将被减至 2 年。

8. 海上运输

允许开展国际海上货运和客运业务(如航班、散货和不定航线货船)。外资占少数的合资企业还可以中国国旗作为国籍旗进行经营注册。

9. 邮递服务

分别在 1 年和 4 年后允许外资占合资企业多数股份和全资拥有子公司。可以涉及国内一种或多种运输方式的邮递服务，但邮政部门专营的服务除外。

10. 通信和互联网

增值服务(含互联网服务)与寻呼业务：入世后，上海、广州及北京允许合资企业外资占少数 30%股权；入世后 1 年内推广至成都、重庆、大连、福州、杭州、南京、宁波、青岛、沈阳、深圳、厦门、西安、太原、武汉(以下称“其他城市”)，外资所占股份可增至 49%；入世 2 年内取消地域限制，外资所占股份可增至 50%。

移动话音与数据业务：入世后，外资占少数(25%)股权的合资企业可以在上海、广州、北京及这些城市之间开展业务；入世后 1 年内推广至“其他城市”。外资所占股份可增至35％；入世3年后，外资可占49％；入世5年后取消地域限制。

国内与国际业务：入世3年内，外资占少数(25％)的合资企业可以在上海、广州、北京及其之间提供服务；入世5年内推广至“其他城市”。外资所占股份可增至35％；入世后6年内取消地域限制，外资可占49％。

11. 银行金融

所有地域与客户限制将于入世后5年内取消，只根据审慎标准颁发许可证，取消一切现有的限制外国银行所有权、经营及法律形式的非审慎措施，包括有关内部分支机构和许可证的限制；开放金融租赁业务和汽车信贷业务。

入世后外汇业务将取消地域及客户限制。入世时，人民币业务将限于上海、深圳、大连、天津；1年内推广至广州、珠海、青岛、南京和武汉；2年内推广至济南、福州、成都和重庆；3年内推广至昆明、北京和厦门；4年内推广至汕头、宁波、沈阳和西安。入世5年内取消地域限制。入世2年内外资银行可以对国内公司开展人民币业务，5年内外国银行可以为国内个人客户开展人民币业务。

12. 保险

入世时，外国保险公司能在上海、广州、大连、深圳和佛山开展业务；2年内扩展到北京、成都、重庆、福州、苏州、厦门、宁波、沈阳、武汉和天津；3年内取消地域限制。

入世后允许成立外资占51％的非寿险公司分支机构或合资公司，2年内将允许建立独资子公司；入世后外资可以占寿险合资公司50％的股份；入世后，作为分支机构、合资公司或外国独资子公司的外资保险公司可为人寿保险和非人寿保险提供再保险服务，而不受地域或数量的限制；入世后4年内逐步取消中国保险公司再保险20％的要求。

13. 证券

入世3年内，外资证券公司可以建立合资公司(外资占1/3)，承销A股、承销并交易B股和H股以及政府与公司债券；入世后外资证券公司还可以直接跨国界交易B股。

14. 资产管理

入世后外资占少数股权(33％)的合资企业可以从事国内证券投资基金管理业务；入世后3年内外资股权上限可提高至49％。

15. 专业服务

法律：入世1年内将取消外资律师事务所经营地域与数量上的限制。

会计：入世后，通过中国注册会计师资格考试的外国人将获得国民待遇，即可以合伙或合并成立会计师事务所；已有的合资公司不只限于雇佣持有中国注册会计师证的会计师。

16. 企业服务

管理咨询:入世后将允许外方在合资公司中占多数股权,6 年内允许建立全资子公司。

广告:分别在 2 年后和 4 年后允许在合资公司中占多数股权及建立全资子公司。

17. 音像

每年引进 20 部大片,收入分成;允许通过合资公司的形式发行音像视像产品(不包括电影);电影院继续允许外方最多占 49%股权。

18. 建筑业

入世后将允许外资在合资企业中占多数股权,3 年内将允许成立外国独资企业。

19. 旅游业

饭店:入世后外资可占多数股权,4 年内准入不受限制,且可有外资独资。

旅行社:入世 3 年内允许外资在合资企业中占多数股权,6 年内允许成立外国独资企业,并取消地域限制和对成立分支机构的限制。

20. 教育

外资占多数股权的合资学校可以提供小学、初中、高中、成人教育及其他教育服务。

到目前为止,大部分承诺已经履行。中国积极消除各种贸易壁垒及不公平待遇政策,进一步开放服务贸易市场,按时履行了降低关税的承诺,并不断加强双边及多边贸易自由化。另外,中国还修正了许多法律法规以符合世贸组织的要求。但在知识产权保护方面还需要作出进一步努力。

表 11-1　中国关于关税减让的承诺

年份	关税总水平	工业品平均	农产品平均
2000 年	15.6%	14.7%	21.3%
2001 年	14%	13%	19.9%
2002 年	12.7%	11.7%	18.5%
2003 年	11.5%	10.6%	17.4%
2004 年	10.6%	9.8%	15.8%
2005 年	10.1%	9.3%	15.5%
2006 年	10.1%	9.3%	15.5%
2007 年	10.1%	9.3%	15.5%
2008 年	10%	9.2%	15.1%

资料来源:《人民日报·华东新闻》2002.1.14。

第十二章　中国对外贸易的国别(地区)关系

本章目标

1. 理解中国对外贸易国别(地区)关系的基本政策和原则。
2. 掌握中国在亚洲与日韩以及大陆与港台之间的贸易关系及发展趋势。
3. 掌握中国与美国、欧盟之间的贸易关系、影响因素及其发展趋势。
4. 了解中国与发展中国家之间的贸易关系及其发展趋势。
5. 了解中国与俄罗斯及独联体国家之间的贸易关系、影响因素及其发展趋势。

建国以来,我国对外经济贸易国别(地区)关系的发展曲折多变。20 世纪 50 年代由于美国等西方国家对中国实行封锁禁运,我国在政策上倒向原苏联,全面发展与原苏联、东欧等国家的对外经贸关系,与我国有贸易往来的国家与地区也由 1950 年的 46 个发展到 1960 年的 118 个;进入 60 年代以后,由于中苏意识形态的分歧不断扩展,苏方撕毁同我国签订的经济合同,停止对中国的援助,东欧一些国家也追随原苏联疏远同我国的关系,因此我国同原苏联、东欧国家的贸易大幅下降;1971 年 10 月联合国通过决议,恢复我国在联合国大会的一切合法权利,1972 年 2 月美国总统尼克松访华,同年 4 月日本首相田中角荣访华,并实现中日两国邦交正常化,中日两国贸易大规模发展起来;1979 年 1 月中美两国正式建交,同年 7 月签订了《中美贸易协定》,双方提供贸易优惠待遇,中美两国贸易也开始大规模发展起来,与我国有经济贸易关系的国家与地区由 1970 年的 130 个发展到 1980 年的 174 个。

进入 80 年代以后,我国进入改革开放的新阶段,全方位协调发展的国别(地区)政策使我国同世界各国和地区的贸易关系有了突飞猛进的发展,整个对外贸易格局也发生了明显变化。港澳地区、日本、美国成为我国最主要的贸易地区;我国同欧共体各国的贸易发展也十分迅速,与原苏联及东欧国家的贸易全面展开,与发展中国家的贸易也得到了广泛发展。祖国大陆与台湾省的贸易近年来发展很快。

第一节　中国对外贸易国别(地区)关系的基本政策和原则

一、中国对外贸易国别(地区)关系的基本政策

自改革开放以来,我国与世界各国国际关系不断发展,相互间政治经济联系日益密切,对外贸易的外部形势进一步好转。党中央制定了大力发展我国对外经济贸易关系,实行对外开放的基本国策。与此相适应,我国提出了对外经贸工作的基本方针:独立自主、自力更生、平等互利、取长补短,通过各种方式积极开展对外经济技术的交流与合作,充分利用国际上一切有利条件,促进我国社会主义建设事业的迅速发展。这一基本方针是我们制定对外贸易国别(地区)政策所遵循的主要原则和根本依据。

当前,我国对外贸易国别(地区)关系的基本政策是:在改革开放总方针指引下,我国对外贸易实行全方位协调发展的国别地区政策,即坚持平等互利的原则,致力于同世界上所有国家和地区发展多种形式的多边、双边经济贸易关系。这将为我国积极参与国际交换和国际竞争,扩大国内经济与世界经济的联系,使国内经济与国际经济实现互接互补,促进国民经济发展创造良好的条件。

二、中国发展对外贸易国别(地区)关系的原则

在贯彻国别地区政策,积极发展同世界各国家和地区贸易关系的过程中,我国应遵循以下原则:独立自主、自力更生的原则;平等互利、互通有无的原则;互惠、对等原则;外贸与外交互相互配合的原则;进口实现多元化的原则;加强南南合作的原则,等等。

独立自主、自力更生原则要求我们自主决定和处理本国的一切事务而不受外来势力的干涉,在经济建设上应立足本国,主要依靠本国人民的劳动和智慧,依靠自己的经济技术力量,充分利用本国的资源和市场,同时在平等互利的基础上扩大国际经济合作,争取一切可以利用的外部力量和成功经验,加快我国现代化建设。依靠自身力量发展本国经济,绝不是说我们拒绝对外开放和国际经济合作,排斥国外市场、资金、技术和经验;相反,在独立自主、自力更生的前提下,积极发展与世界各国的经济贸易关系,才能进一步促进我国的经济贸易发展。

我们也坚持平等互利的原则。所有国家不分大小、强弱、贫富,应该一律平等,在贸易中不允许强国欺负、歧视和剥削弱国,各国要相互尊重对方的主权和愿望,根据双方的需要和可能,发展经贸关系,反对把贸易作为控制和掠夺别国的工具。

我国与各国进行贸易时，既反对以任何借口、附带任何政治条件去谋求任何特权，也绝不接受对方任何不平等条件和不合理要求。我们坚持在自愿基础上，根据双方需要和可能平等交易，互通有无。

同时，外贸作为外交工作的基础之一，对外交活动会产生相当大的影响。在很多时候，外贸还是外交工作的先锋和桥梁，当然，外交工作的好坏也会直接影响外贸发展。因此，外贸和外交相互影响、相互作用又相互配合。在发展对外贸易国别(地区)关系时，我们必须坚持外贸和外交相互配合的原则。

第二节　中国与亚洲的贸易

一、内地与香港地区的贸易关系

正确处理香港回归后内地与香港之间的贸易关系的政策和原则是：①根据“一国两制”方针和《基本法》的规定，香港特别行政区将保持现行体制，保持自由港地位，继续实行自由贸易政策，保障货物、无形资产和资本的自由流动。在经贸领域享有高度自治的行政管理权，自行制定、实施经济和贸易法律、政策和行政措施。②根据“一国两制”的方针，内地同香港经贸关系的性质，是中国主体同其单独关税区之间的贸易关系，视为对外贸易关系处理，并遵循互不隶属、互不干预、互不替代的原则。③根据“一国两制”的方针，两地贸易往来继续遵循国际贸易活动的规则和惯例，两地间出现的经济合同纠纷制裁，参照国际惯例办理。

改革开放以来，内地与香港货物贸易总体上呈增长态势，两地贸易额剧增，互为贸易伙伴的地位不断上升。据中国海关统计，两地贸易额 1985 年为 120 亿美元，2003 年已上升到 874.1 亿美元(具体详见表 12-1)。香港曾多年为内地第一大贸易伙伴，两地贸易额在内地外贸总额中所占的比重最高时曾高达 36.6%。从 20 世纪 90 年代中期起，双边贸易额在内地外贸总额中所占比重虽然不断下降，但 2003 年香港仍是内地第四大贸易伙伴。据香港方面统计。

1985 年双边贸易额为 1 201.7 亿港元，2003 年达到 15 281.8 亿港元；内地自 1985 年以来一直保持香港第一大贸易伙伴的地位，而且双边贸易额在香港对外贸易中所占比重不断提高，已由 1985 年的 25.8%上升到 2003 年的 43.1%，可见香港对内地贸易的依赖度在增加。

香港是中国最大的出口通道与转口基地，也是内地进口原料与引进技术设备的主要渠道。据香港统计，1990 年两地贸易总额为 512.35 亿美元，2001 年则升至 1 594 亿美元，2002 年增加到 1 727.92 亿美元，年均增长率约为 3%。其中从 1996—2002 年，内地对香港进出口年均增长幅度为 4%左右。

表 12-1　内地与香港地区贸易统计

年份	内地统计(亿美元)					香港统计(亿港元)				
	两地贸易总额	在内地贸易中所占比重(%)	内地出口	内地进口	贸易差额	两地贸易总额	在香港贸易中所占比重(%)	香港产品出口	经香港转口出口	香港进口
1985	120.0	17.2	72.0	48.0	24.0	1 201.7	25.8	151.9	460.2	589.6
1990	409.0	35.4	266.5	142.6	123.9	3 945.1	30.8	474.7	1 109.1	2 361.3
1991	496.0	36.6	321.4	174.6	146.8	5 010.8	32.4	544.0	1 533.2	2 933.6
1992	580.5	35.1	375.1	205.4	169.7	6 284.2	33.4	619.6	2 121.1	3 543.5
1993	428.1	16.6	323.6	104.5	219.1	7 400.9	34.9	633.7	2 745.6	4 021.6
1994	314.9	17.7	220.5	94.4	126.1	8 547.3	35.3	610.1	3 228.4	4 708.8
1995	445.7	15.9	359.8	85.9	273.9	9 870.8	34.8	635.6	3 840.4	5 394.8
1996	407.4	14.1	329.1	78.3	250.8	10 498.1	35.8	616.2	4 177.5	5 704.4
1997	507.7	15.6	437.8	69.9	367.9	11 161.2	36.3	638.7	4 438.8	6 083.7
1998	454.1	14.0	387.5	66.6	320.9	10 440.5	37.6	560.7	4 073.7	5 806.1
1999	455.8	12.1	386.9	68.9	318.0	10 571.5	38.6	504.1	3 991.9	6 075.5
2000	539.5	11.4	445.2	94.3	350.9	12 579.7	38.3	541.6	4 888.2	7 149.9
2001	559.7	11.0	465.5	94.2	371.3	12 281.1	40.3	495.5	4 965.7	6 819.8
2002	692.1	11.1	584.7	107.4	447.3	13 303.1	41.8	413.7	5 718.7	7 170.7
2003	874.1	10.3	762.9	111.2	651.7	15 281.8	43.1	367.6	7 057.9	7 856.3

注：据香港统计处统计方法，两地贸易总额由香港产品出口额、其他地区货物经香港转口出口额、进口额组成。

资料来源：内地统计来自《中国统计年鉴》和《中国对外贸易统计年鉴》各有关统计数据；香港统计来自香港政府统计处数据(http://www.info.gov.hk)。

转口贸易是两地贸易的重要组成部分，香港是内地最重要的转口贸易港，约30%的内地进出口货物是通过香港来进行的。转口贸易发展对香港经济发展有着重要的带动作用。香港对内地的转口贸易一直呈上升趋势，1996—2002 年间，年平均增长率为 7%。同时，香港对内地的转口占香港再出口中的比重也呈明显上升趋势，1990 年为 26.8%，2001 年上升到 37.4%，2002 年则上升到 40%。香港以内地为来源地的转口货值占所有来源地的份额从 2000—2002 年一直保持在 60%～61%。参见表 12-2。

表 12－2　香港与内地转口贸易情况(金额单位:亿港元)

年份	目的地为中国内地(经港转入内地)				供应地为中国内地(经港转入世界各地)			
	金额	增减(%)	在香港对内地出口中所占比重(%)	在香港转口出口中所占比重(%)	金额	增减(%)	在香港从内地进口中所占比重(%)	在香港转口进口中所占比重(%)
1992	2121		77.4	30.7	4038		53.3	58.4
1993	2746	29.5	81.2	33.4	4740	17.4	54.1	57.6
1994	3228	17.6	84.1	34.1	5458	15.1	53.7	57.6
1995	3840	19.0	85.8	34.5	6364	16.6	54.1	57.2
1996	4178	8.8	87.1	35.2	6835	7.4	54.5	57.6
1997	4439	6.2	87.4	35.7	7234	5.8	54.3	58.1
1998	4074	−8.2	63.3	35.1	6912	−4.5	54.3	59.6
1999	3992	−16.7	88.8	33.9	7201	4.2	54.2	61.1
2000	4888	22.4	90.0	35.1	8495	18.0	54.3	61.0
2001	4966	2.2	90.9	37.4	8084	−4.8	54.2	60.9
2002	5719	15.2	93.3	39.9	8640	6.9	54.6	60.4
2003	7058	23.4	95.0	43.5	9671	11.9	55.2	59.7

资料来源:香港特别行政区政府统计,http://www.info.gov.hk。

由于香港受资源约束,自20世纪80年代以来,香港制造业通过“三来一补”、合资与独资办厂等形式,利用内地廉价的土地与劳动力,把以珠江三角洲为中心的广东以至华南地区建成其生产基地。根据香港工业署估计,香港已有75%的厂商到内地设厂。现在香港电子、玩具、制革、制鞋和钟表业80%均转移到内地,形成了“前店后厂”的局面。这些厂商把劳动密集型的加工工业转移到内地,有关资金的筹措、市场营销、产品设计等仍留在香港,把香港有限的人力和土地资源集中在高增值与高附加值产品及高技术水平工序上。

随着香港与内地经济交往越来越密切,香港对内地经济的依存度大大加强,内地因素成为推动香港经济的一个重要力量。首先,香港制造业大量内迁使香港经济结构发生了有利的变化,使附加值较低的产业与劳动密集型产业自然向内地迁移,调整了制造业内部的结构、降低了成本,提高了香港的国际竞争力,使具有竞争力的第三产业得到加强;其次,内地成为香港制造业的生产基地与依托,港商在内地加工生产的制成品的80%以上经香港转口到海外市场。总之,大陆与香港的产业结构相互之间有很强的互补性,大陆的资源优势与香港的技术、贸易优势可以获得有机结合。

过去20多年来,香港与内地形成了日益紧密的经济关系。无论是在贸易、投资、还是产业合作等领域，两地经济日益融合，香港也成为内地对外经济关系的重要桥梁和纽带，内地一直是香港经济增长的动力。目前，香港经济面临着新的转型，同样必须依托内地，更加借助内地经济增长的动力，为内地提供高增值的服务。香港与大陆是最为密切的贸易与投资伙伴。尤其在贸易与投资的融合、互动方面依赖、依存关系远超过与其他经贸伙伴，易产生经济一体化的贸易创造和贸易扩大的利益。

值得一提的是，为复苏香港经济、促进内地与香港经贸关系进一步融合，《内地与香港关于建立更紧密经贸关系的安排》(CEPA)及其附件分别于2003年6月29日和9月29日由中央政府和香港特别行政区政府在香港签署。至此，内地与香港正式建立起了自由贸易关系，标志着内地与香港的经贸交流与合作进入了一个新的历史阶段。为了使CEPA顺利实施，中央政府及内地各有关部门已做了大量准备工作，包括制定相关法规，为CEPA实施提供法律保障；建立网络专线，加强技术保障等。内地与香港有关部门还合作成立了专门的工作组，建立了相应的对口工作机制；召开了内地与香港联合指导委员会，检查落实CEPA的各项准备工作。CPEA签署头两年以来，创造了近3万个新的就业机会。其中在2004年，CEPA所带来的新职位占香港新增职位总数约20%。新增职位分布在制造和服务的各行各业。在服务业的新职位中，专业和非专业的比例约为1∶4,[①]可见，CEPA对改善香港整体就业情况发挥积极和全面的作用。

拓展资料12－1：

内地与香港更紧密经贸关系安排的难点及解决

一、区域内各方利益的协调

利益协调表现在两岸四方之间，也表现在各方内部。长期以来，内地贸易出口到香港容易，而香港货物进口到中国内地相对不易。自由贸易区的建立，香港与内地货物自由流动可能会损害局部地区的利益，可能带来内地税收收入在一定范围和时期内的减少。在资金流动方面，过去一般是香港资金流入内地较容易，而内地资本因外汇管制流入香港不易；在人员流动方面，也是香港人员进入内地相对较易，而内地人员进入香港难。建立自由贸易区以后，内地资本和人员不可能立即自由流入香港。因此，如何在货物、资本和人员等方面做到互惠，会遇到一定难题。但这毕竟是主权国家内部的协调，试想欧盟各主权国家之间，尚能取消本国货币，建立统一的货币联盟，那么对于中央政府与香港特别行政区之间利益协调有什么不能克服的呢？在建立自由贸易区初期，是内地单方面开放，所以，中央政府应从

① http://www.chinanews.com.cn.news/2005/2005－04－28/26/568170.shtml。

大局出发，着眼于长远发展，致力于共同振兴经济，以推动自由贸易区的顺利展开。

二、不同经济管理体制下各方政府的协调

中华自由贸易区的建立，涉及中央政府、香港和澳门特区政府以及台湾当局。在政府功能的发挥上，中央政府与各地政府有着不同的特点。香港特区政府实施积极不干预政策，澳门特区政府遵循市场游戏规则，其功能与香港特区政府功能趋同，而内地各级政府则表现出集中统一领导。

海峡两岸关系的复杂性是建立中华自由贸易区的难点和不确定因素。考虑到两岸关系的政治现实，特别需要指出的是，两岸经济关系的密切与迅速发展，并没有因此产生双方重大的经济协定。因此，两岸制度性经济一体化的推动宜由简而繁、由易到难、由浅入深地逐步推开。一旦两岸在政治上达成共识，可以通过各种途径拉台湾加入到中华自由贸易区中来。

两岸四方建立经济一体化的制度安排的过程是一个两岸四方各自经济权力在一定意义上的弱化、让渡和延伸的过程。意味着两岸四方开始制定或接受某种共同的规则，在某种程度上是放弃某种原先单独制定对外经济政策和干预措施的权力，去服从共同的规则。不可否认，这一过程需要一个执行和监督共同规则的组织，而这一组织的出现很可能其意义会超过规定的领域。

三、建立中华自由贸易区并不会有损香港自由港的形象

自由贸易区与关税同盟或共同市场不同，不需要成员之间协调彼此对外的货物、服务贸易政策，如建立统一对外的关税政策。非关税措施，并不需要香港调整自身经贸政策与内地相一致，香港仍保留自己相对独立的贸易政策，不需建立与内地相一致的关税政策，以影响香港自由经济的形象。另外，自由贸易区的建立将有利于香港的繁荣，使其更好地发挥自由港的功能和地位。

四、对中华自由贸易区过多担忧会错失机遇

就像中国加入WTO前，多数对入世影响的评估是比较消极或持谨慎的乐观，来自国内学术界及利益集团的阻力是导致入世谈判一拖再拖的重要因素。加入世贸组织后，特别是2001—2002年内地经贸发展的状况却表明开放市场并未使国内产业受到所谓的严重冲击。中国加入WTO，几乎涉及所有产业和地区的开放，尚未对内地构成冲击，那么是否有必要对在有限经济规模范畴内实现由易到难、逐步推进的主权国家内部的自由贸易却过于消极和担忧？值得思考。

资料来源：http://business.sohu.com/2004/05/21/25/news220212554.shtml。张汉林，对外经济贸易大学中国WTO研究院院长。

二、内地与我国台湾的贸易关系

根据“一国两制”的方针，两岸贸易的性质，属于中国主体同单独关税区之间的

贸易交流,纳入对外经贸管理体系进行管理。1991年,原外经贸部提出了促进两岸经贸交流的五项原则:直接双向、互惠互利、形式多样、长期稳定、重义守约。1994年,中共中央确定了“积极主动、发挥优势、互利互补、共同发展”的对台经贸工作总方针。

20世纪70年代末,随着大陆改革开放与两岸关系的逐渐解冻,两岸转口贸易开始恢复。但由于台湾当局的严格限制,在80年代中期前,两岸贸易量不大,年贸易额尚未超过10亿美元。1987年,台湾当局开放台湾民众赴大陆探亲后,两岸关系有所改善,加上大陆经济的迅速发展,两岸贸易出现快速增长,贸易量大幅增加。按台湾“陆委会”的估算,1990年,两岸贸易总额超过50亿美元,1992年超过100亿美元,1995年超过200亿美元,2000年超过300亿美元。

时至今日,海峡两岸贸易仍是两岸经贸关系发展的起点与重要内容,两岸贸易依存度很高,近年来,大陆更取代美国成为台湾最大的出口市场。然而,目前两岸贸易仍以间接贸易为主。台湾与内地之间的经济合作呈现出单向性的特征,以台湾对大陆的出口、投资为主,并且这些投资与出口是通过香港、以转口的方式完成的。因此,大陆对台湾存在巨大的贸易逆差,大陆产品受台湾歧视性政策的打击而未能在台湾市场上获得应有的份额。

大陆对台湾地区逆差原因,从政策层面上看,大陆单方面对台湾积极开放市场,增加台湾产品进口以及对来自台湾进口产品实施税收优惠等经贸政策推动了两岸贸易的发展,促使台湾对大陆贸易顺差不断增加。在这一前提下,台湾当局对大陆产品进口的种种限制性政策,则加剧了两岸贸易的严重失衡。从市场因素来看,两岸产业分工与合作的特点、台湾需求结构的调整、两岸在经济技术发展上的差距以及市场竞争机制影响等因素的综合作用,则使大陆对台湾的贸易逆差变动呈增长的趋势。

台湾对大陆贸易呈现巨额顺差,而农产品是其中为数不多的“逆差”项。为促进台湾农产品特别是水果在大陆的销售,祖国大陆已决定扩大台湾农产品进口,把检验检疫准入的台湾水果由12种扩大到18种,对10余种台湾水果实行零关税措施。

“三通”将有助于促进内地与台湾的经济交往,但是显然台湾方面缺乏足够的诚意,利用政治问题阻挠两岸经济关系正常化的进程,这是困扰大陆的根源所在。内地对待台湾的态度是十分积极的,即使在台湾一系列的台独活动愈演愈烈、两岸关系达到历史低潮的阶段,两岸贸易的发展依然很迅速。究其原因,市场经济是一方面的力量,而更重要的是大陆希望实现和平统一,不愿通过军事手段或者经济上封锁来达到政治上的目的。在两岸关系的天平上,缺少的正是台湾的积极合作这一最重的砝码。

迄今为止,中国大陆与中国台北单独关税区之间尚未建立起符合世贸组织原则与规定的正常贸易关系。这种局面是中国台北单方面的限制所造成的。台湾当局对大陆设置了大量歧视性限制措施,不允许两岸的货物、服务和人员正常流动,严重影响了两岸正常关系的交往。而中国大陆对中国台北的经济和贸易政策则是开放的和非歧视性的。

三、中国与日本的贸易关系

中国与日本战后贸易基本分为三个阶段:1952—1972 年主要通过民间“友好贸易”与半官方备忘录贸易展开;1972—1978 年中日贸易迅速展开,但合作尚未开展;1979 年以后中日贸易迅速发展,合作领域拓宽。

20 世纪 80 年代以来,中日贸易出现急剧增长的势头。1980 年进出口贸易总额仅为 86 亿美元,到 1997 年贸易额高达 608 亿美元,10 余年增长了 6 倍多。到 1998 年中日贸易略有下降,但日本仍是中国第一大进出口贸易国。

随出口的增长,日本市场在中国出口中具有重要的地位。整个 80 年代,中国对日本的出口结构没有多大的变化,初级产品占绝对多数,其中石油占了很大比例。在为数不多的制成品中,具有半产品性质的“纺纱、织物、制成品及有关产品”占有重要地位。1991 年是中日贸易的转折点,在劳动密集型产品增长的同时,中国对日出口的制成品和初级产品比重持平。

20 世纪 90 年代初期,在中国经济结构调整的过程中,中国进口压缩、出口增长较快,结构进一步改善。在这种背景下,中国对日本出口能力有了巨大的发展,改变了过去以初级产品出口的模式。到 1993 年中国成为日本的第二大进口来源地,加上当年日本对中国的大量出口,中国成了日本的第二大贸易伙伴。

中日贸易 2002 年首次突破 1 000 亿美元大关,之后 2003 年双边贸易继续增长,据中国海关统计,2003 年 1～10 月份,中日双边贸易达到 1 078 亿美元。其中中国自日本进口增长 39.2%,对日本出口增长 22.7%。1～10 月份,我国对日出口占日本进口总额的比重为 19.5%,中国是日本最大进口来源国。由于中国国内市场需求大,日本矿山机械、机床、钢铁、汽车、高档家电等对华出口大幅增长。2003 年全年中日贸易(1 335 亿美元)占我国对外贸易总额(8 512 亿美元)的 15.7%。日本市场在我国外贸出口中的地位举足轻重。日本连续 11 年成为我国最大的贸易伙伴。2003 年全年双边贸易达到 1335 亿美元。

拓展资料 12－2:

2004 年中日贸易统计

根据日方的统计,2004 年中日双边贸易额达到 1 684 亿美元,为连续第 6 年创下新高。中国是继美国之后日本的第二大贸易伙伴。其中日本向中国出口739.9亿美元,比上年增长了28.7%;日本从中国进口944.3亿美元,比上年增长了24.9%,日方贸易逆差204.4亿美元,比上年增加了12.9%。中国经济的强劲增长对日本企业越来越具有吸引力,对中国出口的快速增长已经成为日本经济增长的推动力之一。

2004年日本向中国出口的产品以电器及电子产品和机械设备产品为主,几乎占日本向中国出口总额的一半。在日本对中国出口的主要商品类别中,除机动车辆、玻璃及其制品、化学纤维短纤和羊毛等动物毛的出口额与上年相比增幅较小外,其余都有大幅增长,其中汽车零配件和电子产品零配件产品的出口增长迅速,比上年分别增长了104.9%和164.8%。

2004年,特别是上半年,日本国内需求比较旺盛,再加上日元升值等因素,日本从中国的进口快速增长。2004年日本从中国进口的主要产品是电器及电子产品和机械设备产品,两类产品在日本从中国进口产品总额中所占的比重达到34.5%。而纺织品也是日本从中国进口的主要产品,所占总进口的比重为17.9%,进口额同比增长了12.3%。另外,随着日本许多电器生产商相继将生产基地转移到中国,在华生产的电脑、打印机等产品出口到日本的规模大幅增加;同时在华日资企业从日本进口的原料数额也相应增加。而日本汽车厂商不断扩大在华的生产,导致了日本向中国大量出口汽车零配件。据日本贸易振兴会预测,2005年中日双边贸易额有可能突破1900亿美元。

资料来源:中华人民共和国商务部,http://www.mofcom.gov.cn/guobie/guobie.shtml。

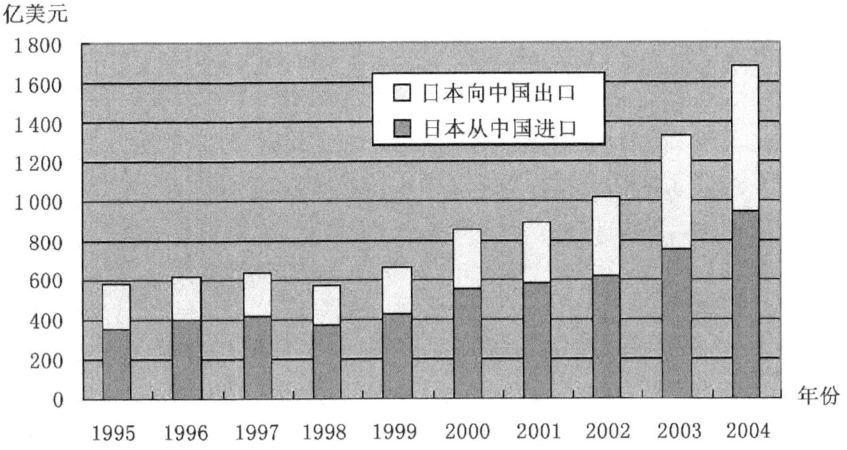

图12-1 1995—2004年中日贸易额

资料来源:日本海关统计。

四、中国与韩国的贸易关系

中韩两国是近邻，1992年两国建交，开始了两国间的经济合作。

中韩两国经贸关系可分为四个时期：1979—1984年初级阶段。贸易方式为间接贸易，贸易额较小；1985—1989年贸易扩大阶段。间接贸易向直接贸易过渡，贸易量明显增加；1989—1991年第三阶段。直接贸易幅度加大，贸易额急剧增加；1992至今为第四阶段。贸易方式基本为直接贸易，20世纪90年代，中国成为韩国最大的贸易伙伴之一。参见表12-3。

表12-3　韩国与中国贸易统计(1980—2001)　　单位:亿美元

年份	1980	1985	1989	1990	1994	1999	2000	2001
韩国对中国出口(A)	1.10	6.83	14.38	15.50	73.00	172.27	232.07	233.9
韩国对世界出口(B)	150.6	347.1	643.9	650.2	960.1	1436.9	1722.9	1504.4
A/B(%)	0.03	1.97	2.23	2.39	8.47	11.99	13.47	15.55
韩国从中国进口(C)	0.73	6.07	17.1	22.68	44.00	78.08	112.92	125.2
韩国从世界进口(D)	222.9	315.8	692.4	698.4	870.0	1197.5	1604.9	1410.9
C/D(%)	0.33	1.92	2.46	3.25	6.21	6.52	7.04	8.87
韩中贸易总额(E)	1.83	12.90	31.43	38.18	117.00	250.35	344.99	359.1
韩国与世界贸易额(F)	353.9	663.0	1336.4	1348.6	1830.1	2534.4	3327.8	2915.4
中国与世界贸易额(G)	381.4	696.0	1116.6	1154.4	1880.5	3606.3	4743.1	5097.7
中韩贸易平衡	−0.37	−0.76	2.67	7.18	−29.00	−94.19	−119.15	−108.68

资料来源：张蕴岭，孙士海. 亚太地区发展报告[M]. 北京：社会科学出版社，2002。

从表12-3可以看出，韩国对中国的出口，20世纪80年代初数额较小，1980年仅为1.1亿美元，90年代开始急剧增长，1999年高达172.27亿美元，到2001年出口额更是高达233.9亿美元。韩国对中国的进口也具有同样的态势，2005年韩国甚至成为中国第二大出口国，仅次于日本。

中国和韩国自1992年建交以来，双边经贸关系发展迅速。据中方统计，2005年双边贸易规模首次突破1 000亿美元大关，达到1 119.9亿美元。韩国成为继欧盟、美国、日本、中国香港和东盟之后第六个和中国贸易规模超1 000亿美元的国家或地区。2005年，中韩两国政府发表了《中韩联合公报》，为未来双边贸易的发展提出了明确目标：2012年双边贸易规模突破2 000亿美元大关。而目前中国对韩国日益扩大的逆差成为贸易发展中的一个不和谐音。1992年中韩建交时双边贸易规模为50.3亿美元，中国对韩贸易逆差只有2.2亿美元，到2005年逆差达到417.6亿美元，13年增长189倍，并且自2003年以来，中韩之间的贸易逆差额就已经超过中国对韩国的出口额。[①]

中韩之间的逆差产品以技术和资本密集型产品为主,顺差产品以劳动密集型产品为主。以 2005 年为例,中国对韩贸易的 99 类产品中(HS 两位编码),贸易逆差前几位的商品主要包括:机电产品、光学仪器类产品、有机化工和塑料类产品、车辆及其零部件和钢铁;贸易顺差产品主要是:服装及其衣着附件、谷物、水产品、铁道车辆及其信号装置、矿物原材料和家具制品。2005 年中国进口额最大的是机电产品,为 438.9 亿美元,同比增长 26.0%,而从韩国进口的该类产品就达 331.4 亿美元,同比增长 30.2%,占该类产品总进口的 75.5%。

韩国对华外商直接投资快速增长引致。中韩建交以来,韩国对华直接投资增长迅速,实际利用金额从 1992 年的 1.2 亿美元增加到 2005 年的 51.6 亿美元。截至 2005 年底,韩国累计对华直接投资项目 38 868 个,合同金额 703.2 亿美元,实际利用金额达到 311.1 亿美元。由于中国劳动力成本相对较低,直接设厂还可以绕开贸易壁垒的限制,许多韩资企业将生产和加工贸易转移到中国。在华韩资企业主要从韩国进口设备、零部件和原材料,进行深加工,然后再销往韩国和其他国家。据韩国贸易协会 2003 年对 1 180 个在华韩资企业的调查表明,这些企业对韩原材料的进口依赖度达 40%,而把产品返销到韩国的比率只有 16%左右。韩国产业资源部一份报告称,2003 年中韩贸易逆差中,加工贸易和设备投资逆差所占份额为 57.4%,一般贸易引致的逆差占 42.6%,即中韩贸易逆差中的大部分是由于加工贸易和设备投资引致的。[②]

商务部部长薄熙来在"2005 年中韩经济合作大论坛"上说,目前韩国企业对华投资 80%集中在制造业,韩国已成为中国第三大外商直接投资来源地,仅次于我国香港地区和维尔京群岛。在中国吸收外商直接投资中,韩资所占比重已由 1992 年的 1.1%升至目前的 10%。他还透露,根据两国对经贸合作中长期发展规划的研究,到 2010 年中韩双边贸易规模将超过 1500 亿～2000 亿美元。

拓展资料 12－3:

2004 年中韩贸易统计

根据韩国官方的统计,2004 年中国仍是韩国第一大贸易伙伴,全年双边贸易额达 793.5 亿美元,比上年增长 39.2%。在出口方面,中国是韩国第一大出口国,2004 年向中国出口额达 497.6 亿美元,比上年增长了 41.7%,远高于韩国 31%的出口增速;在进口方面,中国是韩国第二大进口国,2004 年从中国进口额为 295.9

①② 中华人民共和国商务部网站:http://ccn.mofcom.gov.cn/swxw/sdbg/2006/05/15265.htm。

亿美元，比上年增长35%。2004年韩国实现贸易顺差201.8亿美元，比上年增长了52.9%。

2004年中韩双边月度贸易基本呈逐月扩大之势，其中10月份的双边贸易额达到74 328.5万美元，为全年双边贸易额最多的月份(见图12-2)。由于中国经济快速增长的吸引，中国已成为韩国企业直接投资的重要地区。据韩国产业资源部统计，2004年韩国对中国投资36.3亿美元，占韩国海外投资总额的45.8%，连续三年排名第一。

2004年韩国多数商品对中国的出口都有较快增长，按金额大小依次为：电器及电子产品、机械设备、有机化学品、塑料及其制品和钢铁，占比分别为：24.0%、19.5%、9.7%、7.5%和6.8%，分别比上年增长了37.2%、38.2%、54.8%、43.9%和26.5%。由于中国对船舶的大量需求，2004年韩国对中国的船舶出口增长迅猛，比上年增长了1740.5%。尽管2004年韩国多数商品对中国的出口都有较快增长，但也有少量商品的出口呈小幅下滑：化学纤维长丝、生皮及皮革、非针织或非钩编的服装及衣着附件、玻璃及其制品分别比上年下降了2.1%、4.7%、7.8%和17.6%。

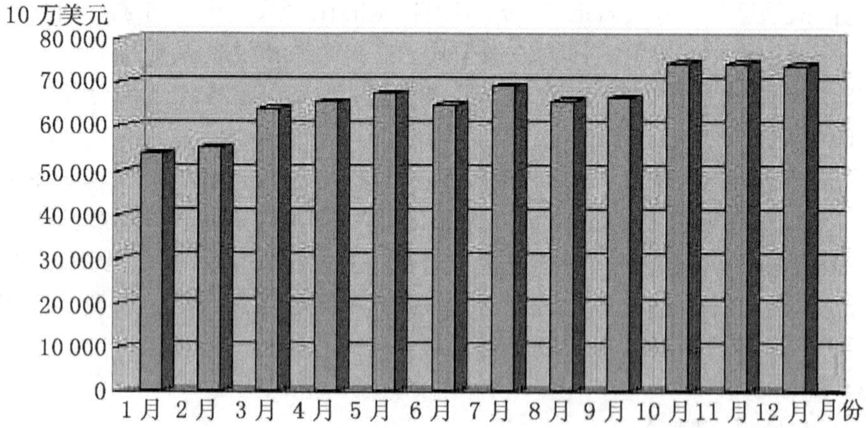

图12-2　2004年1～12月中韩双边贸易额的走势

资料来源：韩国海关统计。

2004年韩国从中国进口的商品主要包括：电器及电子产品(占比25.9%)，比上年增长38.7%；机械设备(占比10.6%)，比上年增长51.3%；从中国进口的贱金属及其制品出现大幅增长，其中钢铁(占比8.9%)比上年增长236%，铝及其制品(3.2%)的进口增长61.7%，钢铁制品(1.9%)的进口增长了54.4%，铜及其制品(0.7%)的进口增长了81.8%；矿物燃料和服装及衣着附件(HS编码61和62章)也是从中国进口的主要商品类别，分别比上年增长了29.9%和9.8%。

资料来源：中华人民共和国商务部，http://www.mofcom.gov.cn/guobie/guobie.shtml。

五、中国与东盟的贸易关系

20世纪70年代以后,随着中国同东盟国家的陆续建交,以及中国实行对外开放政策,双方的贸易关系有了引人瞩目的发展。从1975年起,中国与部分东盟国家相继签订了贸易、航空、海运、投资保护协定,相互给予最惠国待遇,双方贸易的发展进入了健康发展的新阶段,当年的贸易额达到5.24亿美元。20世纪80年代后,随着中国改革开放步伐的不断加快和东盟国家经济快速增长,双边贸易成倍增加,1989年中国与东盟的进出口贸易总额达66.5亿美元,比1979年增长了5.36倍。进入90年代,双边贸易的增长势头继续加快,每年平均以20%以上的速度增长,至1997年,东盟与中国的贸易总额已达243.71亿美元。1994年,中国—东盟经贸和科技两个联委会成立,启动了双方在经贸、科技领域的合作。双方贸易额逐年增加,双方的商品贸易结构趋向优化。中国与东盟贸易额从1991年130亿美元上升到1998年235亿美元。东南亚金融危机后,双边贸易额快速回升,1999年为269.42亿美元,比上年增长13.98%。2000年中国与东盟双边贸易额为395.22亿美元。进入21世纪,中国东盟贸易额继续保持快速增长的势头,2003年,中国东盟贸易额达782.52亿美元,是1975年的近150倍。自1993年起,东盟已连续11年保持中国的第五大贸易伙伴地位。据东盟方面统计,中国已成为东盟的第六大贸易伙伴。

近年来,中国与东盟贸易关系的发展具有以下几个主要特点:

第一,中国与东盟贸易增长迅速,其增长速度快于中国和东盟各自的总体对外贸易的增长速度。根据中国海关面统计,1990至2003年间,中国与东盟贸易总额年均增长20.86%,比同期中国整体对外贸易的年均增长率(16.61%)快4.25个百分点。根据东盟方面统计,1993至2001年间,东盟与中国贸易额年均增长22.69%,比同期东盟整体对外贸易年均增长率(6.05 %)快16.19个百分点。

第二,中国与东盟贸易在各自对外贸易总额中的比重不断增加。中国和东盟的贸易额在双方进出口总额中所占的比重尽管还不是很高,但却一直呈现上升趋势,双方已经互为重要的贸易伙伴。据统计,中国与东盟的贸易额在中国对外贸易总额中的比重在1975年为3.55%,1995年上升到7.25%,2000年增至8.33 %,2003年进一步增至9.19%。据东盟方面统计,1993年,东盟与中国贸易额占东盟对外贸易总额的2.06%,这一比重2001年上升至6.61%,提高了4.55个百分点。

第三,中国与东盟进出口商品结构不断优化,交换的主要商品实现了由初级产品向工业制成品的转变,机电产品和高新技术产品在进出口贸易中所占的比重不断增长。20世纪90年代以前,中国对东盟出口的主要是农副产品和轻纺产品,从东盟进口的主要是原料性商品。近年来,我国对东盟出口的机电产品逐年扩大,

2003年中国对东盟国家出口的机电产品达166.38亿美元，同比增长29.71%，占对东盟出口的53.8%。对东盟出口的高新技术产品也同步增长，2003年，对东盟出口的高新技术产品达85.86亿美元，同比增长31.03%，占对东盟出口总额的27.76%。与此同时，我国从东盟进口的机电产品也大幅增长，2003年，从东盟进口的机电产品达267.8亿美元，同比增长66.28%，占自东盟进口总额的56.6%。

第四，在双边贸易中我国出口的增长速度低于进口的增长速度，中国对东盟的贸易逆差逐步扩大。20世纪90年代以前，中国与东盟的贸易都是中方顺差。自1993年起，中国对东盟贸易出现了中方逆差。自此以后，由于中国从东盟的进口增长速度一直高于对东盟的出口增长速度，双边贸易中中方的贸易逆差逐年扩大。2000年，中国对东盟的贸易逆差达48.4亿美元，东盟成为中国对外贸易逆差的主要地区之一。2003年，中国对东盟贸易逆差又高达164亿美元。马来西亚、泰国、菲律宾和印尼是中国与东盟贸易逆差的主要来源，2003年与三国的贸易逆差分别为78.5亿美元、50亿美元、32.1亿美元和12.7亿美元。

第三节　中国与美国及欧盟贸易

一、中国与美国的贸易关系

1. 中国与美国的贸易关系概况

中美两国是亚太地区重要国家，一个是最大的发展中国家，一个是最发达的国家，两国经济互补性很强，发展经贸合作潜力巨大。自1979年7月《中美贸易关系协定》签订后的20多年来，中美经贸合作发展迅速，已经成为中美关系的一个重要支柱。

根据中国海关统计，1979年至2000年，中美双边贸易额累计已经超过5 000亿美元。2000年，中美双边贸易额近745亿美元，相当于1979年中美建交之初的30多倍。今天，美国是中国的第二大贸易伙伴，中国则是美国的第四大贸易伙伴。中国是美国飞机、化肥、电站、电子、化工和机械设备等产品不可多得的市场；美国则吸收了中国制造的大量价廉物美的商品。

中国加入世贸组织后，根据中美关于中国加入世贸组织的双边协定，美国将结束对华正常贸易关系地位的年度审议，确立对华永久性正常贸易关系地位，这将消除长期以来阻挠中美关系改善和中美经贸发展的重大障碍，这是中美关系中具有历史性意义的事件，为中美经贸关系的健康发展奠定了坚实的基础。中国将根据对外承诺和国民经济发展的需要，继续平衡有序地开放市场，在更为广泛的领域内积极参与经济全球化的进程。在不断开放的中国市场中，美国将获得更大的市场准入机会,美国在国际市场上具有竞争优势的农产品和工业产品,如石化产品、化肥、木材、纸浆、电子及通讯产品等将有机会扩大对华出口。而美国也将履行其在中美关于中国加入世贸组织的双边协议中的承诺,这将为中国产品进入美国市场提供更多的机会。

随着双边贸易投资规模的扩大及经济技术合作的加强,中美经贸关系发展过程中难免会出现一些问题。长期以来,中美双边贸易摩擦与纠纷往往导致单边贸易报复或经济制裁,这严重影响了中美经贸关系的发展,成为发展与扩大双边经贸合作的的制约因素。特别是从 1983 年起,按美方统计,美国对华贸易从这一年起出现赤字,美方单方面宣布限制中国纺织品进口;而中方也宣布不再进口美国的棉花、大豆及合成纤维,并减少谷物的购买量。中美贸易出现波折。此后还陆续遇到其他问题,如美方指责中方进行商品倾销,出口强制劳动产品;而中方则认为美方在高技术出口方面对中国进行限制。美方还针对中国在知识产权保护方面存在的问题,提出进行违反特殊 301 条款调查,而后,又提出对中国进行市场准入方面违反 301 条款的调查。所有这些摩擦和冲突,都对中美双边贸易的发展构成威胁。

1992 年中美在经贸关系上突破了一个个障碍,中美经贸关系取得了新进展。1 月 27 日两国政府签署了保护知识产权谅解备忘录,中方保证制订新的法律,并加强现有保护版权、专利等;美方中止了根据特殊 301 条款对中国发起的调查,取消把中国作为重点观察国家的做法。6 月 20 日布什再度决定延长中国最惠国待遇,并否决了国会提出的有条件延长提案。10 月 10 日两国政府签署了中美关于市场准入谅解备忘录,中方承诺按关贸总协定对发展中国家的要求逐步降低关税税率,取消部分进口限制;美方承诺坚定支持中国取得关贸总协定缔约国地位,放松对中国高科技产品的管制。

进入 20 世纪 90 年代以来,中美经贸关系发展十分迅速。按中国海关统计,1990 年中美贸易额为 117.7 亿美元,1994 年双边贸易额增长到 354.3 亿美元,翻了一番半。按美国海关统计,1990 年双边贸易额为 200.3 亿美元,1994 年增加到 480.7 亿美元,翻了一番多。这种增长速度与规模是不多见的,它说明了中美两国经济的互补性很强。1994 年美国是中国第三大出口贸易伙伴,也是第三大进口贸易伙伴。按美方统计,1990 年,中国是美国第十大贸易伙伴,1994 年已升至第 6 位。

中国加入世贸组织后,中美两国可以将双边贸易纠纷诉诸世贸组织的争端解决机制,这为双边贸易纠纷的解决增添了一条建立在国际公认的法律基础上的较为公平公正的解决途径。

同时也应注意到,尽管世界已经告别了冷战,但美国仍以冷战思维对待中国,对中国实施极为严格的技术出口管制,使得中美之间正常的技术贸易面临重重障碍。美国还一直歧视性地视中国为“非市场经济国家”，在对华反倾销调查中选用第三国的同类产品来确定中国产品的价值，造成对中方企业无端损害。希望美方能从中美经贸关系的大局出发，排除消极影响，为中美经贸关系的健康、稳定和持续发展创造良好的环境。

维护中美关系特别是中美经贸关系的健康发展对中美两国都很重要，符合两国人民和企业界的共同利益，同时也有利于世界的和平与发展。回顾历史，可以看出中美经贸关系取得今天的成就来之不易，非常值得我们珍视。两国由于社会制度、理念、历史文化和习惯都有所不同，在处理两国关系时难免会出现这样或那样的问题，但是只要两国政府和企业界能从两国人民的根本利益出发，把握两国关系发展的大局，中美经贸关系也一定会稳定、健康地向前发展。

拓展资料 12－4：

2004 年中美贸易统计

中美互为重要的贸易伙伴。根据美国海关统计，2004 年中美双边贸易额为 2 314.2亿美元，同比增长 28%。其中，美国对中国出口 347.2 亿美元，进口 1967 亿美元，同比分别增长 22.4%和 29%。美国对中国贸易逆差额为 1619.8 亿美元，较 2003 年的 1241 亿美元攀升 30.6%。2004 年中国成为美国第五大出口市场，第二大进口市场。

2004 年，美国对中国出口增幅较高的产品是谷物（1 277.2%）、矿砂（176.7%）、无机化学品和金属化合物（90.6%）、矿物燃料（61.3%）、杂项化学品（52%）、非铁路交通工具（51.5%）、铝及其制品（50.1%）、玻璃及其制品（49.1%）、化学纤维短丝（45%）。按 HS 四位编码分类，2004 年美国对中国出口的十大类商品中，棉花出口增长最快，同比增幅为 87.1%，大豆的出口则下降了 19.4%。

2004 年美国从中国的进口比上年增加了 29%，进口增加较多的产品有钢铁（377.5%）、矿产品（125%）、机械和电机设备（分别占从中国进口总额的 22.3%和 20.4%，增长 29%和 46.5%）、纺织、针织品和服装（分别增长 20.5%和 28.2%）、钢铁制品（44.2%）、橡胶及其制品（43.9%）、木制品（43.5%）、非铁路交通工具（37.2%）。按 HS 编码四位分类，美国进口中国前十类商品中，占比重较大的是自动处理设备及其部件（占比 12.4%）、专用于打字机及文字处理的办公机器零、附件（4.6%），增幅分别为 60.2%和 41%；美国从中国进口的无线电话、电报、广播电视发送等电信设备及视频器材（占比 4.1%）则增长了 78.1%。美国从中国进口的纺织品和服装同比增加了 24.4%，其中从中国进口的长筒袜、连裤袜同比增加了 1 倍多，运动服同比增加了 55%，汗衫同比增加了 32.3%，儿童服装同比增加了 28.5%，男式衬衫同比增加了 20%。

2004 年是中美经贸关系发展重要的一年,双方共同点大于分歧、合作多于摩擦,两国经贸关系保持了强劲的发展势头。当然,由于中美之间贸易额巨大,发展速度较快,其中存在的贸易摩擦隐患也不少。如中国市场经济地位的确立问题、反倾销问题、知识产权保护问题、人民币汇率、纺织品配额问题以及贸易发展不平衡问题等。2004 年 5 月 14 日,美国国际贸易委员会裁决中国彩电制造企业在美国倾销了价值 2.76 亿美元的彩电,对中国彩电征收反倾销税。6 月 18 日,美国又对价值 12 亿美元的中国寝室木家具征收 198%的反倾销税。美国商务部还明令禁止美国进口中国购物袋。美国一直要求中国的人民币升值,认为人民币不升值是造成美国贸易逆差的重要原因。一项由美国两党议员联合向国会提出惩罚中国的法案,建议对中国出口到美国的产品征收 27.5%的惩罚性关税。从 2005 年 1 月 1 日起,国际上实行了 45 年的纺织品和服装贸易配额制度被彻底取消,而美国主要纺织品服装协会和工会要求推迟取消纺织品配额。这些均有可能对未来的中美贸易关系产生影响。

资料来源:中华人民共和国商务部,http://www.mofcom.gov.cn/guobie/guobie.shtml。

2. 影响中美经贸关系的主要因素①

(1) 影响中美经贸关系的积极经济因素

第一,经济全球化为中美经贸关系发展提供了更广泛的合作平台。中美经贸关系反映的虽然是世界上最发达的资本主义国家与最大的发展中国家之间的贸易关系,但中美两国在国际分工中的形式却不是简单的垂直型或者水平型分工,而是体现出各自优势基础上的混合型国际分工格局。另外,中国正在成为世界制造业中心的趋势,对中美经贸关系的发展将产生重大影响。近年来,美国不断加大对发展中国家的直接投资力度,其重点就是制造业。中国制造业中心的不断扩大,为美国资本投资中国提供了空前良机,成为未来一段时期中美加强经贸关系的合作平台。

第二,中美经济的互补是两国经贸关系持续发展的动力。中国拥有丰裕的劳动力资源、耕地、石油天然气,因此在纺织品和服装业、家电业、煤炭业、建筑和国际工程承包以及农业和机械业等行业中的劳动力密集型产品拥有比较优势,而资本、技术密集型产品,对美国存在比较优势,对中国却存在不同程度的比较劣势。从当前中美贸易的实际情况来看,也确实表现出了双边贸易优势互补、互利共赢的特点,为中美两国带来了很多就业机会。美国对华出口为美国人创造了约 40 万个高

① 参考王宵鸣、苗迎春:中美经贸关系影响因素论,哈尔滨工业大学学报(社会科学版)2004 年 7 月第 6 卷第 4 期。

薪工作岗位，中国对美出口为中国人创造了约 100 万个就业机会。[①] 尽管如此，由于美方对华高技术出口管制的原因，这种互补性仍没有充分发挥出来，更没有达到不可替代的相互依存性。究其原因，主要在于美国担心对华出口高技术产品后，能够帮助中国在这些产业取得较快的发展，从而对美国在该领域的绝对优势形成挑战，使美国丧失在这些领域的最佳利益。

第三，跨国公司对外直接投资对中美经贸关系的影响。自 20 世纪 80 年代初开始，随着中美关系的改善，美国跨国公司投资中国的步伐逐渐加快。截至 2005 年 5 月底，美对华投资项目累计达 46 693 个，合同美资金额 1 035 亿美元，美方实际投入 491 亿多美元。[②] 在华美国跨国公司对外出口已经成为中国对外出口的重要支柱之一。美在华跨国公司打破了美国经济制裁的基础，恢复和加强了中美经贸关系，并推动了中国加入 WTO 的进程，深化了中美经贸关系的发展。另外，美在华跨国公司的投资遏制了中美贸易战的爆发，成为维系中美经贸关系发展的桥梁。

第四，中国加入 WTO 对中美经贸关系的影响。2001 年 12 月 11 日中国正式成为 WTO 的第 143 个成员。中国加入 WTO 对中美经贸关系带来了重大而深远的影响。中国加入 WTO，消除或弱化了中美经贸关系发展中美方的人为政治因素干扰，为中美经贸关系的发展增添了新的强劲动力。同时，中国加入 WTO 逐渐消除了中美经贸关系发展中的摩擦因素，为进一步减少摩擦和改善中美经贸关系提供了良好的基础。

拓展资料 12－5：

相互依赖下的中美经贸关系

近期，中美贸易争端硝烟再起，布什政府在贸易逆差、人民币升值和知识产权保护等问题上对华加大压力。8 日，布什总统再次敦促中国实施人民币汇率改革。而此前，美方的一些专家学者和主要媒体则对于美国政府近期不断对华施压、要求人民币升值的做法表示异议，甚至认为逼迫人民币升值可能在美国产生“事与愿违”的恶劣结果。联想到中美近期围绕经贸问题出现的争执，这些现象令人回味。

自上世纪后半叶以来，全球化进程加速推进，全球产业格局出现重大调整。一些劳动力密集型产业向拥有廉价劳动力的发展中国家转移，而中国以其良好的投资环境成为美资企业海外投资的一个重要场所。

---

① Yafei H. *China-U. S. relations in the 21 st century: challenges and opportunities* [J]. US-China Review, Summer 2001, Vol. XXV. No. 3.

② 参见《人民日报》2005 年 7 月 11 第 2 版。

正是在这种大背景下，中美贸易发展日新月异。双边贸易额已从1979年的不足25亿美元，增加到2004年的1696.3亿美元，速度令人瞩目。自中国加入世贸组织以来，两国贸易更加活跃。2000年至2004年的4年间，美国对中国的出口翻了一番，中国成为美国的第五大出口国。目前美国是中国的第二大贸易伙伴，中国是美国的第四大贸易伙伴。按照目前的势头，中国很快就会成为美国最大的贸易伙伴。中美经济相互依赖日益加强是不争的事实。

中美两国间的经贸关系符合经济学中的比较优势定律，优势互补明显。美方企业为中国的改革开放提供了资金技术和先进的管理经验；而中国价廉物美的产品则为美国的中低收入家庭节约了大量开支。不仅增加了就业机会，还减轻了美国经济通胀的压力。美国的消费者和零售商都十分欢迎中国价廉物美的产品。即使美方不从中国进口，也需要从其他国家如墨西哥进口替代产品。中美经贸关系中出现一些分歧和摩擦也属正常，和美日间的贸易摩擦还是有明显的不同。美日实际上是在同产业高科技领域肉搏，竞争十分激烈。

中美经贸相互依赖的加深，还在美国国内构筑了维护对华关系的利益群体。过去二十多年，许多美国公司在华投资都获得了丰厚的回报。出于维护自身利益的需要，以美国工商业、进出口业、农业和零售业为主体的利益集团积极游说美国政府，主张发展对华关系，在特定情况下部分抵消了要求对华采取贸易保护主义的压力。

随着中国经济的高速腾飞，中美相互依赖关系还发生了一些微妙的变化。2004年，我国进出口贸易额首次突破万亿大关，成为世界第三大贸易国。中国的经济实力不断增强，反报复威慑力加大，迫使美国以更为平等的心态处理对华经贸关系。尽管总体上中国对美国市场的依赖性还很强，但美方一些产品对于中国的市场依赖明显加大。况且，美国不仅需要中国的廉价商品，也需要中国购买美国国债。

在全球化时代的今天，早已不是“零和”游戏规则，而大国之间的争端可能会给全球的经济发展带来冲击。如果贸然压迫中国仓促升值人民币，则可能会带来潜在的经济风险。中国经济稳定的增长，带来亚洲经济的稳定与繁荣，也有益于世界经济的良性发展。一旦中国经济出现问题，则可能产生连锁反应，造成比1997年亚洲金融危机更严重的后果。因此，无论是德高望重的格林斯潘，还是诺贝尔经济学奖获得者蒙代尔都对人民币升值持有谨慎态度。

相对民主党而言，共和党政府更推崇小政府和自由贸易的理念，强调市场调节作用。此前一段时间，布什在人民币升值等问题上还是保持了相对克制的态度。近期之所以立场趋向强硬，主要出于以下两个方面的因素：其一是布什政府试图对华施压，进一步打开中国市场，扭转对华贸易巨额逆差的状况；其二是应付美国国内不断加大的贸易保护主义压力。在美国国内，一些人将失业问题归结为中国对美的大量出口。美国国会提出了一项提案，除非北京在六个月之内停止操纵人民币汇率，否则美国应对从中国进口的所有商品加征27.5%的关税。来自国内的压力迫使布什政府作出回应，敦促中国进行汇率机制改革。

两强相争，只能是两败俱伤；平等协商，才能共赢。早在两年前，温家宝总理访美期间就曾提出过发展中美公平贸易和经济合作的"五条原则"，希望其能为中美经贸的良性发展提供指导方向。

资料来源：《南方都市报》2005.6.12.袁征专栏，作者单位：中国社科院美国所。

(2) 影响中美经贸关系的消极经济因素

第一，中美贸易不平衡问题。中国加入WTO后，中美经贸关系取得了快速发展，据国家海关等部门统计，2005年上半年我国出口同比增长32.7%，而进口仅增长14%，这种高出低进的局面，使得贸易顺差达到396.5亿美元，突破了2004年全年水平。鉴于我国2005年上半年贸易顺差形势，预计全年将超过700亿美元，其中对美贸易顺差可达1000亿美元(美方预计2005年对华贸易逆差更高达1900亿美元)。但据摩根士丹利公司统计，从1996年到2003年，中国的廉价商品为美国消费者节省了6000多亿美元，大大高于中国海关统计的这8年期间中国对美国的2291.8亿美元贸易顺差，几乎等于美方统计的这8年里美国对中国的6087.6亿美元的贸易逆差。[①] 然而，中美贸易不平衡问题的凸显，仍旧再一次引起了美国各界的高度重视。尤其是美国纺织品制造商协会、彩电制造商品协会、"健全美元联盟"等利益集团不断加大对美国政府的压力，要求对中国纺织品、彩电等一系列中国输美产品展开反倾销调查，美国国会还在2003年下半年就美对华不断增长的贸易赤字问题举行了联合听证会。可以说，中美贸易不平衡问题已经上升为影响未来中美经贸关系发展的最重要的消极经济因素(参见拓展资料12－6)。

拓展资料12－6：

中美贸易平衡问题简析

一、中美贸易平衡背景简介

自从中美两国建交以来，中美双边贸易迅速发展。2001年，美国已成为中国第二大贸易伙伴和最大的出口对象国，中国则是美国的第四大贸易伙伴。从历史上看，中美贸易一直处于不平衡状态，而且中美双方的统计数字也存在很大差异。据中国海关统计，从1979年到1992年的14年里，中方一直为逆差。1993年中方

① 《中国经济时报》2005年7月27日。

顺差为63亿美元,2000年中方顺差297.4亿美元,2001年则为281亿美元。据美方统计,自1979年至1982年美国为顺差,1983年开始出现逆差。1993年美方逆差为3亿美元,2000年高达838亿美元。甚至超过了中方统计的对美贸易总额。2001年美方也有831亿美元的巨额逆差。

目前,中国已经超过日本,成为美国最大的贸易逆差国。

二、中美贸易平衡原因分析

中国对美确实存在贸易顺差,但是不像美方统计的那样大。造成这种双方贸易统计差异的原因主要在于双方统计方法的差异和进出口计价标准的差异。1994年,中美双方曾经在中美商贸联委会下成立双边贸易统计小组,就中美两国贸易统计差异进行专题研究。最后经过一年多的努力,形成了双方都认可的《中美商贸联委会贸易和投资工作组贸易统计小组工作报告》。在双方贸易统计差异的原因方面达成如下共识:

第一,美方的进口统计,因忽视转口和转口增加值而高估了从中国的进口。中美两国贸易的很大一部分是经第三方转口的。据中方统计,中国对美出口的60%是经过以香港特区为主的第三方转口的;据美方资料分析,中国的货物只有20%直接运往美国,其余80%都是经过第三方转口到美国的。货物离开中国后在第三方增加的价值,显然不应计算为中国的出口。中美商贸联委会贸易统计小组分析的结论是,中国出口货物经香港特区转口到美国的平均增值率高达40%以上,远高于一般情况下的转口增值率。美方将香港特区转口增加值也统计成自中国的进口,从而大大高估了从中国的进口值。

第二,美方的出口统计,因忽视转口因素而低估了对中国的出口。根据中美商贸联委会专家的分析,美国对中国的出口统计中,经香港特区对中国的转口只占香港方面统计的1/4左右。这样仅因为忽视转口和转口增加值这一因素,美国1992年和1993年统计的对华贸易逆差分别被高估大约70亿美元和86亿美元,即美国当年公布的对华逆差平均被夸大了60%以上。

第三,美国确定货物原产地所采用的方法,导致双方统计上的差异。对一般进口货物原产地的判定,通常是根据进口商的申报。被判定原产地为中国的货物被记录为来自中国的进口,无论是否实际上由中间方出口,或者货物在中间方是否有增加值,某些被美国记录成自中国的进口,很有可能是应该记录为自其他中间方的进口。双方专家认识到,需要进一步对原产地的判定问题进行研究。

即使按照国际贸易统计中的原产地规则,美国统计的中国对美出口中,也应该扣除中国经香港特区转口商品中的增值部分,这样2001年我国对美实际贸易顺差大约只有400亿美元,美方高估了大约430亿美元。

除中美商贸联委会双边贸易统计小组确认的上述三个原因之外,中美贸易不平衡还有另外一些原因：

首先，各国出口统计以FOB(离岸价)计价，进口统计以CIF(到岸价)计价，由于对进出口使用不同的统计标准，双方统计的进出口数据存在一定差距。

其次，美方在统计对华贸易逆差时只计算商品贸易，而不包括服务贸易。如果将近年来不断增加的美对华服务贸易顺差统计在内，对华贸易逆差还将缩小。

第三，美国对华政策是影响中美贸易平衡的一个重要因素。多年来，美国一直坚持对华出口管制，而中国在经济迅速发展时期，正需要大量进口先进的技术支持经济的持续发展。

三、全面看待中美贸易失衡问题

第一，中美贸易不平衡是国际贸易和国际分工的客观结果。自20世纪80年代中期以来，中国周边国家和地区进行产业调整，把劳动密集型产业和对欧美出口摩擦较大的商品的加工组装工序转移到中国，由此形成了中国从这些国家和地区进口原辅材料及零配件等，在国内进行加工组装，然后出口到美国和欧洲国家的加工贸易格局，同时也把这些国家和地区对美国的贸易顺差转嫁到中国头上。中美贸易不平衡是由一定时期内世界经济贸易发展的客观规律决定的，是由国际贸易的比较优势原理引致的，也符合中美两国的经济利益。

第二，美国跨国公司在华的投资和经营很大程度上取代了其母公司同类产品的对华出口。随着经济全球化的不断发展，跨国企业和集团在中美贸易中的地位越来越重要。近年来，在华美资企业生产的美国产品在中国占据了越来越大的市场份额。在华美国公司的生产和销售在很大程度上代替了其美国母公司同类产品的对华出口，从而在统计上减少了美国对中国的出口。

第三，中国的对美出口使美国消费者受益匪浅。中国的劳动力成本相对低廉，中国向美国出口大量鞋类、服装、玩具等劳动密集型产品，这有助于降低这些产品在美国市场的零售价格，缓解美国的通货膨胀，并使美国的广大消费者得到好处。世界银行1994年的分析报告指出，如果从中国以外的国家进口同样的商品，美国消费者每年需要增加140亿美元支出。

第四，即使单纯就贸易利益考虑，不仅要看到贸易数量之间的差异，还要注意到贸易质量方面的不同。美国是经济、科技高度发达的国家，在中美贸易中，美国出口中国的主要是飞机、动力设备、机械设备、电子器件、通讯设备和化工等资本技术密集型产品，产品附加值非常高；与此相反，中国主要向美国出口一些劳动密集型产品，从中美贸易中获取的利润不可能比美国高。

四、结论

中国对美国贸易存在顺差，这是一个不争的事实，但是这种贸易顺差没有美方统计的那么大，这也是一个事实。应该看到，中美之间的贸易格局是由一定时期内中美的经济结构和世界贸易发展的客观规律决定的，而且美国和中国都从中美双边贸易中获益匪浅。

资料来源：陈星，对外贸易经济合作部计划财务司，《中国统计》，2002.7.24。

第二，中美纺织品贸易问题。纺织品及服装是中美贸易中贸易量最大的商品，也是中国对美出口最主要的商品。入世前，美国限制中国纺织品出口的主要手段，一是通过配额限制产品出口的数量，二是通过制定新的原产地规则，提高计算中国对美出口纺织品的数量和额度。入世后，纺织品和服装虽然被逐步纳入到WTO统一框架中，但美国通过配额限制中国纺织品出口的政策并没有变。一方面在中国入世工作组报告中建立了美国纺织品进口的安全阀，规定在2005—2008年期间，如果中国某一类纺织品对WTO成员的出口激增造成市场扰乱，WTO成员可临时实行限制；另一方面利用"特保条款"对中国纺织品出口实行数量限制。例如，根据世界贸易组织纺织品服装有关协议，自2002年1月1日起，美国取消部分设限纺织品配额，这使中国纺织品出口量陡增。因此，2002年9月5日，美国纺织品制造商协会(ATMI)以2002年上半年中国5种纺织品(文胸、手套、袍服、针织布、纺织面料箱包)对美出口激增119%，价格下降导致市场扰乱为由，向美国纺织品协议执行委员会提出申请，要求对这些纺织品实施选择性保障措施。2003年11月17日，美国正式提出对来自中国的针织布、胸衣和袍服三类纺织品实行保障措施。

2005年1月1日纺织品配额取消后，为了稳定中国的出口，同时也是促使中国企业转变贸易增长方式，中国分别于1月1日和5月20日两次加征出口关税。但由于欧美无视中国政府宣布加征关税政策而相继对中国毛衫、裤子、衬衫等9种纺织品设限。5月30日，国务院关税税则委员会决定自6月1日起对纺织品出口关税作出调整，自2005年6月1日起共对81项纺织品取消征收出口关税。

第三，中美农产品贸易问题。对于目前中国的农产品进口政策，美国官员和农业团体不时抱怨称，在实施农产品以及禽肉关税税率配额等方面，中国未能很好地履行加入WTO承诺。为了扩大对中国农产品的出口市场，巩固美国农业集团对布什政府的支持力度，美国农业部长安·维纳曼(An Veneman)于2002年7月访华，就美国的大豆出口及中国的进口许可证发放问题与中方进行会谈。2003年8月，中国农业部部长杜青林应邀回访美国，双方签署了中美农业部间农业及相关领域合作谅解备忘录，一致赞同进一步发展中美两国农业领域的长期合作，在平等互利的基础上建立21世纪新的农业合作伙伴关系，推进双方在农业科研、生产、加工、营销与贸易、农业资源保护等领域的合作。但是就在同年11月17日，中国将派大宗农产品政府采购团赴美之前，美国商务部决定对来自中国的针织布、乳罩、长袍三大类纺织品设立新的配额限制，中国被迫延缓了此次行程。之后，虽然中国与美国签署了价值总额达24亿美元的农产品采购合同，但双边农产品贸易的争端依然存在，中美农产品贸易的未来发展仍然面临众多挑战。

第四，中美相互反倾销问题。反倾销几乎贯穿了中美经贸关系发展的整个历程，在中美正式建交之后的第二年，美国就开始了对中国产品的反倾销调查。根据中国商务部的统计，从1980年到2003年，美国反倾销立案指控的中国产品涉及范围非常广泛，包括涤棉印花布、氯化钴、漆刷、蜡烛、搪瓷厨具等近百种产品，在已经结案的产品种类中有80%左右被美国加征反倾销税。美国视中国为“非市场经济国家”，采用替代国的价格，并征收较高的反倾销税。由于美国确立的市场导向型三大标准条件苛刻，中国行业应诉难以获得美国市场经济地位，使企业很容易遭遇反倾销。同时，美国2000年10月通过的《2000年持续倾销和补贴抵消法》(又称《伯德修正案》)将反倾销税和反补贴税返还给企业的政策，也助长了企业通过反倾销申诉限制进口产品，对中国产品出口造成不利影响。

中国加入WTO后，中国对美国的反倾销不再像以往那样被动，而是开始积极主动地应对美国的反倾销。中国商务部于2003年7月1日应两家中国企业的要求，开始对美国、日本、韩国等国的光纤企业展开反倾销调查。中国商务部初裁全球最大的光纤企业美国康宁公司和其他几家外国公司向中国倾销光纤产品后立即展开实地调查，并要求康宁产品的中国进口商把相当于进口额16%的保证金存入中国海关。2005年1月，商务部作出最终裁定[①]：在本案调查期内，原产于美国、日本、韩国的进口非色散位移单模光纤存在倾销，被调查产品对中国国内非色散位移单模光纤产业造成了实质损害，且倾销与实质损害之间存在因果关系。中国光纤企业打了一场漂亮的反倾销战，反倾销的胜出无疑将为国内企业营造一个公平竞争的市场环境。中美相互展开反倾销，已经成为中国加入WTO后双边经贸关系的新特征，有可能成为今后中美贸易摩擦的新焦点。

第五，知识产权问题。近年来，中国对知识产权的保护已经取得了很大进展，并已初步建立起一个比较完善的知识产权法律保护体系，中国的知识产权立法在世界上也得到了普遍的肯定，但美国一直没有停止过对中国关于该问题的指责。美国每年都要发表一份年度特别301报告，多次把中国列为“重点观察国家”名单。在美国贸易代表办公室向国会提交的《2003年中国履行WTO承诺报告》中，美方仍然认为“缺乏有效的执行力度是中国履行知识产权承诺的主要障碍”。该报告还

---

① 终裁与初裁结果相比有不同比例的调整，如美国康宁公司的倾销幅度从初裁的16%下降到终裁的1.51%，属于微量倾销幅度，免于征收反倾销税。另外韩国株式会社OPTOMAGIC公司的倾销幅度也由初裁的32%下降到终裁的13.72%。而美、日、韩其他公司的终裁倾销幅度则基本与初裁结果持平。

声称,“中国 90%以上的版权部门存在盗版行为,使美国的年度版权损失额超过 18 亿美元。”[①]2004 年 10 月,美国商务部部长埃文斯称,知识产权保护状况被美国列为其承认中国市场经济地位需要讨论的重要问题之一。美国贸易代表办公室 2005 年 4 月 30 日公布针对全球知识产权保护的“特别 301”年度报告,以保护知识产权不力为由,将中国提升为“301 优先观察”名单,并继续保留在 306 条款监督国家名单中。为了施压成功,美国更是首度将中美知识产权纠纷“国际化”,威胁向 WTO 进行控诉。

除了上述经济因素影响中美经贸关系外,中美两国政治制度、意识形态与社会文化的差异、台湾问题、美国国内利益集团的影响以及美国对华高技术出口管制等非经济因素也制约着中美经贸关系的发展。以美国对华高技术出口管制为例,美国仍然认为中国是一个威胁。由于其他国家并不像美国那样对中国实行严格的出口管制,美国必须强化现有的多边出口管制制度,进一步协调许可证政策,以便缩小国际出口管制体系中存在的一些差异。但“中国是世界上发展最快的外国贸易和投资市场,特别是在技术领域。”“如果美国厂家不能同他们的国外竞争对手在中国市场竞争,其结果将使美国失去工作机会,并扼杀在某些领域中的技术创新。”美国的这种两难处境,在某种程度上标志着美国的对华出口管制政策正在走向失败。

而且值得注意的是,与日美半导体贸易摩擦不同,在现阶段,中美高新技术产品的贸易摩擦不是由中国对美高新技术产品出口扩大对美国同类产业造成冲击而引发的贸易摩擦,而是由美国严格限制对华高科技产品出口引发的贸易摩擦。2002 年,布什又敦促国会尽快通过新的《出口管理法》,通过对包括中国在内的国家实施更为有效的出口管制方式,保护美国的“国家安全利益”。近年来随着中国半导体工业的发展,美国国内少数人也认为,先进的半导体制造技术属于敏感的军民两用技术,这种技术在中国的转移扩散,对美国的国家安全造成了潜在威胁。主张通过各种手段,对中国半导体行业的发展,实行力所能及的限制。

二、中国与欧盟的贸易关系

1. 中欧贸易关系回顾

我国与欧盟的经贸关系可以分为以下几个阶段:

第一阶段,1975 年建交之前。这一期间双边的贸易发展属于民间交往的性质,由于与欧共体没有外交关系,双边贸易发展也只能通过与各个成员国分别进行。

① USTR. *2003 report to congress on China's WTO compliance* [R].

第二阶段，1975 年至 20 世纪 90 年代中期。1975 年 5 月 8 日，欧洲经济共同体委员会副主席克里斯托弗·索姆斯访华后，中国与欧共体建立了正式外交关系。1978 年 4 月 3 日，中国同欧洲经济共同体之间的贸易协定在布鲁塞尔签字。这是一个有效期五年的贸易协定。其中包括创建欧共体——中国联合会，并定期举行年会，协定目的在于加强双方的贸易往来。1984 年 9 月 26 日，国务委员兼对外经济贸易部部长陈慕华，同欧洲共同体委员会副主席威廉·哈费尔坎普进行会谈，开始了首次中国—欧洲共同体之间的部长级会晤。双方还草签了中国和欧洲经济共同体贸易和经济合作协定，为中欧今后合作创造了新的基础。1985 年 5 月 21 日，在中欧建交十周年之际，中国和欧洲共同体在布鲁塞尔正式签署了贸易和经济合作协定。这项协定为期五年，内容包括双方将在工业、农业、科技、能源、交通运输、环境保护等方面加强合作，采取合作生产、合资经营、技术转让、人员交流等多种形式。双方还准备成立一个混合委员会来落实这个协定。1989 年 6 月 26 日，欧盟各成员国首脑在 1989 年 6 月举行的马德里峰会上通过了对华制裁的《对华声明》。决定冻结对华关系，并对中国采取包括暂停双边部长级及高层接触，中断共同体成员国与中国的军事合作，实行对华武器禁售等 6 项制裁措施。1990 年 10 月 22 日，欧洲共同体 12 国外长政治合作会议作出决定，立即取消共同体在去年 6 月以后对中国采取的限制措施，恢复同中国在政治、经济和文化领域的正常关系。欧共体与中国的经济合作将“逐步恢复”，但 12 国仍将维持禁止向中国出售武器的措施。到 1992 年，中国与欧共体的关系主体已恢复正常。

第三阶段，20 世纪 90 年代中期至今。1994 年欧盟开始实施亚洲新战略。1994 年 6 月，中国与欧盟开始了新的双边政治对话，并相继制定了三个专门针对对华关系的政策性文件。1995 年通过了第一个对华战略文件——《欧中关系长期政策》，欧盟开始从战略高度调整对华政策，并确定了长期发展对华关系的基本框架。文件指出，“欧盟必须发展起能够与中国在世界及地区范围内的经济和政治影响力相适应的长期关系”，将对华关系作为“欧盟对外关系，包括对亚洲和全球关系的一块基石”。1996 年通过了《欧盟对华合作新战略》。1997 年 12 月 17 日，欧洲委员会提出建议，鉴于中国在市场经济改革方面已取得重大进展，要求欧盟不再将中国列入“非市场经济名单”，并修改对中国的反倾销政策。1998 年 1 月，欧盟倡议在举行第二届亚欧会议期间举行中欧领导人首次会晤，进而建立中欧领导人定期会晤机制。1998 年 3 月，欧盟理事会通过决议，把中国从“非市场经济”国家的名单上删除，并通过《与中国建立全面伙伴关系》的政策性文件，确定了欧盟对华政策的长期战略目标，并再次提出“把中国当作世界伙伴同其全面接触”，主张将中欧关系提升到“与欧美、欧日和欧俄同等重要的地位”，标志着中国与欧盟经贸关系进入了一个成熟稳定的发展阶段。一系列文件的主导思想是确立了欧中关系为欧盟亚洲新战略的核心。

2000 年 5 月，经过友好磋商，中国与欧盟就中国加入世界贸易组织达成双边协议。原外经贸部部长石广生和欧盟委员会贸易委员帕斯卡尔·拉米分别代表中欧双方签署了协议。中欧双边协议的签署，标志着中国加入世贸组织的进程又向前迈出了一步，并将有力促进中欧双边经贸关系的发展。

2002 年 3 月 1 日，欧洲委员会批准了关于中国的《国家战略文件 2002—2006》，为今后 5 年欧盟与中国的合作提供了一个总体框架，以支持其对华政策的广泛与长期目标。2003 年 9 月 10 日，欧盟委员会出台了欧盟对华关系第四个战略文件《欧中关系的共同利益与挑战——走向成熟的伙伴关系》，欧盟新文件再次确认对华战略要实现的五大目标是：通过加强政治对话"使中国进一步融入国际社会"，"支持中国向建立法制国家和尊重人权的开放社会的转变"，通过使其充分参与世界贸易体系加强中国在世界经济中的融合，更好地使用欧盟拥有的资源，扩大欧盟在中国的视觉形象。

2003 年 10 月 13 日，中国政府发表了《中国对欧盟政策文件》，阐述了中国对欧盟的政策目标和今后 5 年的合作措施。这份政性策文件表达了中国政府在政治、经济、军事等五个方面与欧盟进行全面合作的愿望。这既是中国政府首次制定的针对欧盟的对外政策文件，也是对近年来欧盟制定的一系列对华政策文件的积极回应。

2. 我国与欧盟间贸易存在的问题

中国对欧盟贸易的主要问题集中表现在反倾销、单方面数量设限、普惠制框架和市场准入等方面。

(1) 反倾销调查问题。根据世界贸易组织的最新统计，中国是世界上出口产品受到反倾销调查最多的国家，自 1978 年以来，已经有 29 个国家和地区对中国出口产品发起了 422 起反倾销调查，而其中欧盟占 90 起，排名第一。此外，欧共体也是对中国出口产品第一家提出反倾销调查的经济体。尽管 1998 年欧盟已经把中国从其反倾销政策中的"非市场经济"国家名单中排除，但是也附加了关于市场经济地位的五条标准和分别税率的八项条件。中国企业尤其是国有企业在对欧贸易中仍受到较大的歧视，欧盟认定国有企业享受政府补贴，不接受相关企业提供的成本数据，而采取所谓的按照市场经济第三国同类产品成本的方法来判断与推算中国产品的倾销事实与幅度。

(2) 单方面的数量限制问题。1994 年欧盟颁布了对从非市场经济国家进口的产品进行配额管理的办法，以欧盟统一的配额管理取代了国别限制，提高了数量限制的力度。目前仍对中国部分商品，如部分鞋类、陶瓷餐具、蘑菇罐头、大蒜等实行配额或单边数量控制。

(3) 非关税壁垒问题。在中国向欧盟出口的部分农产品中,通过农药残留等技术标准限制中国部分农产品对欧盟的出口,如 1996 年停止了从中国进口禽肉和部分水产品。有资料显示,欧盟是在国际贸易中最早利用技术壁垒保护其市场的经济体,也是技术壁垒种类最多、条件最苛刻的贸易体。尽管至今尚未形成统一的、公开的技术性贸易壁垒政策,但相对其他国家或区域而言,欧盟的技术壁垒措施已经比较完善,且效果比较明显。各种各样的技术壁垒如质量标准、卫生检验检疫标准、环保指数等,在很大程度上缩减了中欧贸易额,中国由于经济发展水平不高,很多标准还达不到欧盟严格的要求。

(4) 普惠制问题。1980 年欧共体给予中国出口产品以普惠制待遇,促进了中国对欧共体的产品出口。但是欧盟于 1995 年开始分三个阶段实施为期 10 年的新普惠制度,旨在限制竞争力强的国家和地区享受这一待遇,只提供给最穷的发展中国家。中国被列入第二类国家即属于竞争力较强的国家,被划在不再给予普惠制待遇的范围内,中国的部分产品已经在第一个阶段(1995—1998 年)中毕业。

(5) 市场准入问题。市场准入是欧盟手中持有的一个重要的谈判筹码,以正在逐渐扩大的欧盟市场的开放为条件,来换取对方国家开放市场。欧盟的贸易壁垒法规是采取市场准入措施的基本法规,据此欧盟可以单方面地暂时停止其所承诺履行的义务,单方面采取提高进口关税、实施数量限制的措施,作为向对方开放市场的要价。

拓展资料 12-7:

中国与欧盟的贸易关系:突破瓶颈

一、欧盟与中国已成为重要的贸易伙伴

在 2002 年,中国成为位于美国、瑞士之后欧盟的第三大贸易伙伴,欧盟成为位于日本、美国之后中国的第三大贸易伙伴。2002 年欧盟—中国贸易量增加 8.7%,2003 年 1~3 季度欧盟从中国进口增加 15.9%,向中国出口增加 31.9%。欧盟与中国的贸易将会持续,并成为对外贸易中最重要的贸易伙伴之一。

二、欧盟对华贸易赤字增加及欧盟之态度

欧盟与中国贸易赤字在 2002 年也创新纪录,达 474 亿欧元。中欧贸易赤字增大,主要由于欧盟在华合资企业享有充分的出口权利,有一些行业关税、配额与非关税壁垒存在以及对一些服务业进入限制等因素造成。

然而,欧盟仍然支持中国融入世界贸易体系。

(1) 欧盟认为中国成功的经济发展对世界贸易的作用愈来愈重要,已成为中国进入世界经济一体化过程的强有力的提供者;

(2) 1998 年欧盟委员会作出“建立与中国全面合作伙伴”的决议;

(3) 欧洲议会强调加强与中国的关系符合欧洲的利益；

(4) 中国融入世界贸易体系是建立良好的欧洲—中国关系目标的重要一步；

(5) 欧盟委员会在“欧盟对华战略”中和上半年的欧洲议会会议上反复重申要达到这个目标。

三、欧盟支持中国加入 WTO

(1) 欧盟完全支持中国加入 WTO 的申请；

(2) 中国已于 2001 年 12 月 11 日正式加入 WTO；

(3) 中国进入 WTO 后成果巨大。2002 年中国进出口贸易额已达 6 208 亿美元，外贸增长率达 21.8%，举世无双。中国加入 WTO 支持国际直接投资进入中国；

(4) 中国通过削减关税、修正法律与法规、建立与经济发展相适应的新的政府机构，为适应 WTO 新的规则而作了巨大的努力。

但是中国仍然存在自由贸易中的一些壁垒：

(1)尚缺乏经济治理的透明度和规则实施的连贯性；

(2)一些行业进入规则严格，如部分服务业；

(3)一些行业国民待遇不能保证，关税和配额的透明度仍不够；

(4)知识产权保护仍有待改善；

(5)应向国际标准看齐，有效改进国内标准。

四、中国欧盟商会支持中国突破瓶颈

(1) 有 350 家企业作为会员的非政府机构——中国欧盟商会的建立是与中国政府进行建设性对话的渠道，以促进中国经济发展；

(2) 中国欧盟商会具有 20 个行业工作小组指导和支持在不同行业的 WTO 规则的贯彻；

(3) 中国欧盟商会每年提供反映行业工作小组经营经验和建议的刊物(2000 年已出版 4 期)，刊物提供给中国政府机构，也向中外媒体公布；

4. 中国欧盟商会刊物被广泛认为是中国政府和关于欧洲问题决策者的重要信息来源之一；

5. 随着欧盟与华贸易的扩大，中国欧盟商会预计会有更多的会员加入，行业工作小组将发挥更大的作用。

资料来源：《世界经济研究》2004 年第 1 期。此文系 2003 年 12 月 9 日“中国与 WTO 成员贸易关系——新问题与新发展”高层国际研讨会上的发言摘要。

第四节 中国与其他发展中国家的贸易关系

中国是发展中国家，曾经历过与大多数发展中国家相类似的苦难，面临着共同的问题和任务，在许多国际问题上同广大发展中国家休戚与共，互相同情和支持。因此，加强同发展中国家的团结与合作，是中国外交工作的基本立足点。中国一贯重视同发展中国家的经济贸易关系，不断探索南南合作的新途径。通过发展同广大发展中国家的贸易，促进中国经贸关系的多元化。

一、中国与发展中国家贸易关系的指导原则

1983 年 1 月，中国宣布了对非洲国家进行经济合作的四项基本原则，即："平等互利，讲求实效，形式多样，共同发展。"这四项原则不仅对非洲发展中国家适用，也是中国同广大发展中国家和地区发展经济贸易关系的指导原则。

平等互利，既不屈服和依附于强国，也不欺负弱小国家。我们在与发展中国家进行贸易往来时，严格尊重对方的主权，从不附带任何条件，不要求任何特权。这是中国在处理国际经济关系中一贯坚持的原则，它体现了中国主权的独立性。

讲求实效，是指中国同发展中国家进行经济贸易、技术合作，从双方的实际需要和可能条件出发，发挥各自的长处和潜力，获得良好的经济效益。

形式多样，是指中国同发展中国家进行经济贸易、技术合作的方式可以多种多样，因地制宜，可以采取承包工程、劳务合作、合资经营、技术服务、培训技术和管理人员、进行科学交流等方式，使合作朝着多样化的方向发展。

共同发展，是中国同发展中国家进行经济贸易、技术合作的目的。通过平等互利的贸易关系和经济技术合作，互相取长补短，以利于增强双方自力更生的能力和促进各民族经济的发展。

二、中国与非洲的贸易关系

非洲有 58 个发展中国家和地区，幅员辽阔，资源丰富。中国重视同非洲国家的团结合作，并本着平等、互利、互助的原则，积极同他们发展贸易往来。经贸合作是中非合作十分重要的组成部分。

1979 年中非贸易额为 8.17 亿美元，2000 年中非贸易额首次突破 100 亿美元，而 2003 年双边贸易总额达 190 亿美元，2004 年中非贸易更是大幅增长。2004 年 1 至 10 月中国对非洲进出口 231 亿美元，比上年增长了 54.4%，其中出口 109 亿

美元、进口121亿美元，分别增长34%和79%。① 据中国海关统计，2005年前10个月，中非贸易额达到321.7亿美元，已经超过了2004年全年总额。② 2005年达到397亿美元，是50年前的800多倍。

自2005年1月1日起，中国给予有外交关系的28个③非洲最不发达国家190个税目的输华商品免关税待遇，拉动相关非洲国家受惠产品的对华出口增长1倍多(参见拓展资料12-8)。中国政府鼓励企业到非洲投资设厂。中非经济合作规模不断扩大，领域不断拓宽，多元化格局正在形成。中国对非投资项目分布范围广泛，涉及贸易、资源开发、交通运输、农业及农产品综合开发等多个领域。据初步统计，2005年1到10月，中国企业在非洲投资额达1.75亿美元。截至2005年10月，中国企业在非洲投资累计已达10.75亿美元。中国已和28个非洲国家签署了《双边互利和保障投资协定》，与8个非洲国家签订了《避免双重征税协定》。与此同时，中国企业在非洲承包劳务业务也保持快速增长。2005年前10个月，中国企业在非洲新签承包劳务合同额达63.4亿美元。④

拓展资料12-8：

以战略眼光解读"零关税"

为便利非洲商品进入中国市场，实现中非双边贸易互利双赢的目标，中国政府采取重大举措——自2005年1月1日起，对来自苏丹等25个非洲最不发达国家的190个税目的进口商品实施特惠零关税，商品涉及食品、矿产品、纺织品和机电产品等。与此相得益彰的是，2004年，中非经贸合作进入历史最佳发展时期，中非贸易额首次突破200亿美元大关。那么，在中非经贸关系处于飞跃性发展的今天，如何解读"零关税"政策及其影响？

中国缘何提出"零关税"动议

此次中国对部分非洲国家实施"零关税"政策，是中国政府履行《中非合作论坛》第二届部长级会议通过的《亚的斯亚贝巴行动计划(2004—2006年)》承诺，是中方"务实合作、重在行动"论坛精神的体现，更是"平等互利、形式多样、注重实效、共同发展"的中非经贸合作原则的一个注释。中国政府实施的"零关税"政策，从中

---

① 中华人民共和国商务网站:http://www.mofcom.gov.cn/aarticle/s/200502/20050200345486.html。

② 中华人民共和国驻博茨瓦纳共和国大使馆网站:http://bw.china-embassy.org/chn/zt/TRADE/t240244.htm。

③ 此数据因时间不同在文中不同地方有差异。

④ 中华人民共和国驻博茨瓦纳共和国大使馆网站:http://bw.china-embassy.org/chn/zt/TRADE/t240244.htm。

可看出中国在对非经济政策的连续和发展，以及审时度势的时代特征。这项特殊关税政策是中国作为发展中国家，根据自身经济能力，以积极方式深化中非经济合作的体现。

“零关税”背后的问题是解决中非贸易中失衡问题。自1965年开始，中国在对非洲的双边贸易中一直保持顺差地位，进出口不平衡问题日益突出。1987年，中国对非洲出口额为8.54亿美元，进口额为1.55亿美元，出口是进口的5.53倍。1998年贸易顺差为25.8亿美元。2000年以来，在石油进口量激增(约占中国从非洲商品进口总额的一半)的拉动下，中国从非洲进口额和出口额表面上大致持平，但除个别能源输出国外，对于绝大多数非洲国家来说仍存在贸易不平衡问题。对此，非洲国家颇有微辞。目前，非洲国家把扩大对非洲产品的市场准入，看作是对非洲发展的支持。有鉴于此，中国政府及时调整中非贸易的瓶颈问题，切实体现中国所强调的共同发展的贸易原则，显现贸易公平的要义。

值得注意的是，近年来，随着非洲内部和国际形势的变化，西方大国为扩大与非洲的经贸往来，适时推出了新的对非贸易鼓励政策和措施，国际市场对非洲产品也日益开放。2000年欧盟与非加太国家签署的《科托努协议》，使除南非外，撒哈拉以南所有国家继续享有对欧盟贸易的优先权。从2001年起，欧盟取消对这些国家所有出口商品的配额和关税。同样，美国对人均GNP低于1 500美元的42个非洲国家的某些出口商品给予免关税和免配额待遇，并根据2000年5月《非洲增长与机遇法案》，给予与美国没有自由贸易关系的非洲国家最优惠的市场准入待遇。由此，西方国家对非洲实行的越来越优惠的贸易和投资政策，已对中国与非洲发展经贸合作造成一定的冲击，同时也使中国有一种紧迫感，迫使其开拓新思路，探讨将中非经贸关系向更高更深层次推进的新思路。

“零关税”给非洲国家带来什么

“零关税”政策实施的直接后果是，非洲国家通过中国提供的免税准入，减少了出口到中国产品的贸易成本支出；通过扩大贸易机会，受益国可相应增加出口收入，进而提升非洲国家商品出口能力。此次享受“零关税”的非洲国家均是经济落后的欠发达国家，这些国家大多属外向型经济，在某种程度上说，对外贸易是这些国家经济增长的发动机，商品出口对非洲经济有着巨大的外汇贡献。因此，借助“零关税”利好因素，非洲国家可充分发掘外贸潜力，藉此进一步带动非洲的经济发展。

从减税的商品品种来看，被列入特惠税率名单的一些农、矿初级产品正是非洲国家对中国出口具有活力的产品，如埃塞俄比亚、乌干达和坦桑尼亚盛产咖啡，咖啡出口收入占国家外汇收入的30%以上；坦桑尼亚、马达加斯加、几内亚、乌干达和刚果(金)均是非洲渔业资源丰富的国家，有20余种鱼产品及其他海产品享受特惠税率;刚果(金)的钴和铜、苏丹的硅灰石、几内亚的铝等矿产品在各国商品出口总值中占重要地位。

从非洲在国际贸易体系中地位的视角来看,"零关税"政策对非洲国家的意义则更为深远。非洲是世界贸易体系中必不可少的组成部分,但它在全球经济一体化中的弱势是显而易见的,主要表现在非洲的商品贸易在世界商品贸易总额中所占比重相当低。据联合国贸发会最新统计数据表明,2003 年非洲大陆商品出口总额为 1742.36 亿美元,仅占世界商品出口总额的 2.3%。而该项政策的实施,恰恰发生在非洲国家在世界贸易中不断被边缘化的时候。因此,中国为非洲国家提供的市场准入,有助于这些国家能有效地参与世界贸易体制,更广泛地融入全球化进程。

"零关税"会对非洲国家经济产生积极影响,但有些影响会相对滞后,这主要缘于中国在这些国家对外贸易中的地位总体不高。25 个非洲国家,除苏丹外,与中国的双边贸易规模相对较小。2003 年,莫桑比克、中非和埃塞俄比亚 3 国向中国出口商品总额分别为 2 668 万美元、231 万美元和 474 万美元,分别占这些国家出口总额的 3%、0.8%和 0.5%。因此,对非洲国家的影响很多是滞后的。

"零关税"对中国意味着什么

随着"零关税"政策的实施,非洲国家商品对中国进口增长趋势不可避免。对于非洲商品进口增多的现象,它在一定程度上反映了中国国内商品供需结构和资源禀赋特征,是市场因素的结果。中国从非洲进口的商品分为补偿性进口和竞争性进口,如冻鲱鱼、咖啡、可可、丁香、钻石、钴粉、宝石制品等是补偿性进口,而纱线、面料、衬衫等纺织品及一些机电产品是竞争性进口。中国无论从非洲进口哪一类商品,均是国内市场供需存在缺口的表现。况且,适当的农、矿、纺织、机电产品进口,有利于增加国内消费,解决相关产业原料短缺问题,满足中国社会和经济发展对资源不断增长的需求。中国提供给非洲国家的贸易优惠在给后者适当好处的同时,更从根本上保证了中国原料来源的稳定性和长期性,这对于中国经济的可持续发展具有战略意义。

"零关税"政策不仅给非洲国家带来益处,而且对中非双方来说可以说是一种双赢,双边贸易增长是互动的。中国通过这一政策密切了双方的经济贸易关系,从而保证了中国在这些国家有较稳定的贸易市场。可以预见,在非洲国家的工农业产品可免税进入中国的同时,非洲国家也会将逐步向中国生产的产品开放国内市场,中国对非出口额也将呈现上扬之势。

中国企业也会从"零关税"政策中受益。在农矿初级产品"零关税"出口刺激下,势必会带动非洲国家相关产业的发展。目前,由于非洲国家资源开发能力有限,而中国企业在一些农(包括鱼产品)、矿初级产品,以及纺织、机电产品的生产和加工方面,具有比较优势,中国企业由此可以通过具体的合作项目,带动中国技术、设备和原材料的出口,继而扩大中国与这些国家的贸易和投资,有效落实中国企业的"走出去"战略。

"零关税"将成为中非经贸关系的助推力

"零关税"政策给中国和非洲国家带来的积极影响,为突飞猛进的中非经贸关系注入新的活力,毋庸置疑,它为中非经贸关系的发展开辟了更为广阔的前景。首先,该政策将推动中国与非洲国家之间进出口贸易总额的增长,为提高中非贸易规模提供重要牵引力;其次,有利于解决中非贸易伙伴过于集中的问题,提高中国或非洲国家在对方对外贸易伙伴中的地位。目前中国对非洲的贸易往来过多地重视一些经济发展水平较高和资源较丰富的国家,不利于中非贸易未来的全面发展。中国给予"零关税"市场准入的25个非洲国家,除苏丹外均不是中非贸易大国,因此,随着中国与这些国家贸易活动取得不断进展,双方的贸易关系将更加密切。再次,推动中非贸易产品向多元化渐变,提高双边贸易水平,减少中非贸易顺差。从当前中非贸易结构来看,中国对非洲出口主要以机电产品和日用品为主,进口的主要是原油、原木、铁矿砂、钻石等初级产品。事实上,中国与一些非洲国家的商品贸易并没有真正互动起来,与其资源禀赋不相适应,存在较大的增长空间。若非洲国家能够借助"零关税"政策带来的契机,实现对中国出口产品的多元化,中非贸易长期存在的顺差难题也能迎刃而解。

资料来源:中华人民共和国商务部,http://cbitc.org/article/200502/20050200341890_1.xml,有删节。

2000年成立的"中非合作论坛"目前已成为中国和非洲进行集体对话与多边合作的有效机制,构筑了中非间长期稳定、平等互利新型伙伴关系的重要框架和平台。在论坛框架内,中国免除了非洲31个国家欠华到期债务156笔,总金额105亿元人民币;给予29个非洲最不发达国家190种输华商品免关税待遇;最近3年,将为非洲国家培训各类人员1万名;给予16个非洲国家中国公民自费出国旅游目的地国地位。50年来,中国为非洲援建了近900个经济和社会发展项目,惠及非洲各国人民;向非洲47个国家派出了1.6万人次医护人员,为非洲人民救死扶伤;为非洲50个国家提供政府奖学金;共3000多名中国官兵先后前往非洲执行联合国维和任务,成为非洲和平的守护使者。

到目前为止,中国已同非洲50多个国家建立了贸易关系,并同其中40多个国家签定了政府间的贸易协定;已与35个非洲国家建立了双边经贸混(联)委会机制。这些机制在协调双边经贸合作、妥善解决双边经贸合作中存在的问题等方面起到了积极的作用。

中国同非洲的贸易主要是北非地区,占中国对非贸易的47.4%,其次是中非地区，占41.5%，东南非地区占11.1%。从国别上看，主要是指扎伊尔、埃及、摩洛哥、利比亚、突尼斯、苏丹、津巴布韦等。1999—2003年中国对非洲出口年均增长率达到了25%。过去我国对非洲出口是以轻工和日用百货商品为主。现在商品结构发生了变化，机电产品为我对非洲出口的主要产品。在对非洲出口中，机电产品和高科技产品占整个对非洲出口的比重达到45%。2004年中国对非洲出口上亿元的商品是：机电产品、纺织纱线、织物及制品、服装及衣着、高新技术、鞋类、钢铁及其制品、谷物、茶叶、旅行用品及箱包、医药品、塑料制品。2004年中国从非洲进口1亿元以上的产品有原油、原木、铁矿砂、钻石、钢材、棉花、机电产品、铜材及天然气及其他类。

中非经济合作前景广阔，有很大的发展潜力。40多年来，中非经济合作有很大发展，在形式与内容上也从单向的经济援助为主转向全方位的多种形式的互利合作，顺应了中非经济发展的潮流，拓宽了合作领域和思路，增加了援助比重，推动了中国企业与受援国企业的直接合作，对双方的经济发展发挥了积极的作用，促进了中国与非洲国家的友好关系。

2006年1月12日，中国政府发表《中国对非洲政策文件》，旨在宣示中国对非政策的目标及措施，规划今后一段时期双方在各领域的合作，推动中非关系长期稳定发展、互利合作不断迈上新的台阶。文件指出，加强同非洲国家的团结与合作，始终是中国独立自主和平外交政策的重要组成部分。中国对非政策的总体原则和目标是：真诚友好，平等相待；互利互惠，共同繁荣；相互支持，密切配合；相互学习，共谋发展。这是中国政府首次发表对非洲的政策文件。目前，非洲53个国家中有47个同中国建立了外交关系。《中国对非洲政策文件》的发表，将进一步巩固中非友好，促进中非合作，推动国际社会更加关注和重视非洲，从而有助于促进世界的和谐与均衡发展。

三、中国与拉美国家的贸易关系

拉丁美洲指美国以南的美洲地区，包括墨西哥、中美各国、西印度群岛和南美洲。新中国成立后，中国政府十分重视发展同拉美国家的贸易关系，在平等互利、互通有无的原则上，中国和拉美各国的贸易规模不断扩大。迄今，中国同拉美46个国家和地区有贸易往来。其中最大的贸易伙伴是巴西，约占中国与拉美国家贸易额的三分之一。中国对拉美国家出口的主要商品有：粮油食品、纺织品、轻工产品、机械设备、化工产品等；进口的主要商品有：钢材、铁砂、生铁、纸浆、鱼粉、原糖、玉米等。

中国和拉美国家的贸易经过双方40多年的努力，已经打下一个较好的基础；中国和拉美各国经济发展水平接近，相互有着良好的国家关系。20世纪90年代初,江泽民主席访问墨西哥等五国,签署了一系列经贸合作文件,为双方今后开展更广泛的贸易合作创造了有利条件。近年来,拉美一些国家宣布了对外开放政策,采取了降低关税、简化进口手续的措施,为我扩大对拉美的出口提供了良好的机会。

现在,中国和拉美的经贸往来正在向纵深发展。虽然中国和拉美国家的沟通还不够深厚,双方的贸易关系还有待进一步加深,但是中国和拉美国家有较大的经济互补性,是颇具潜力的贸易合作伙伴。中国和拉美的双边贸易关系得到空前发展。根据中国官方的统计数据,中国与拉美国家之间的双边贸易额在2003年首次超过了250亿美元而至268亿美元,比2002年提高50.4%。国家统计局的数据显示,2003年中国进口值提高了40%,而从拉美国家的进口则提高了79.1%,与从全球其他地区的进口相比增幅最高。

巴西、阿根廷、智利和秘鲁都承认了中国的市场经济地位。中国还与巴西签定贸易协议,到2008年将把中巴贸易额由目前的80亿美元提高到200亿美元。中国与智利签署贸易协定,将使双边贸易额由目前的21亿美元增长到2008年的100亿美元。[①] 2000年以来中国与巴西的双边贸易额增长了4倍;2003年巴西和阿根廷对中国的贸易顺差达到了33亿美元;2004年头4个月阿根廷对中国的出口增长了66%;中国目前已成为智利的第三大贸易伙伴。中国目前高度重视与拉美地区发展经贸关系,并努力将拉美发展成其能源原材料的供应地。拉美地区盛产大豆、铜、石油、黄金、镍等原材料,拉美出口的大豆占国际市场的47%,铜占40%,石油占9.5%,而这些物资都是目前中国经济发展所急需的。另一方面,由于中国的旺盛需求,导致原材料价格不断上涨,拉美国家因此也从中受益匪浅。实际上中国与拉美国家发展经贸关系是双赢的结果。

总部设在智利首都圣地亚哥的拉丁美洲和加勒比经济委员会(简称拉美经委会)2005年9月6日公布的一项研究报告称,中国在拉美对外经贸关系中的地位迅速提升,2005年上半年中国已成为智利和秘鲁在全球范围内第二大出口市场和巴西的第三大出口市场。拉美现已成为中国最大的供货来源区。如鱼粉,拉美的供货占中国进货的81.4%;大豆,占60.7%;葡萄,占60.2%;食糖,占49.3%;铜,占39.4%;镍,占35.4%;铁,占20.6%;木材和纸浆,占21.2%。中国从拉美地区的进口额由1990年的15亿美元增至2004年的216.68亿美元,其中2000年至2004年期间年均进口增幅达到42%,高于中国对外贸易同期的年均进口增幅

---

① 宋晓平:中国开发拉美市场的重大战略决策,参见中国社会科学院网站:http://www.cass.net.cn。

26%。[①]

同时,中国也不断加大在拉美国家当地企业的投资力度,以求降低生产成本。例如,中国已参与秘鲁的铁矿生产、厄瓜多尔的油田开发和委内瑞拉的金矿开采等多个项目。胡锦涛主席在2004年对拉美四国的访问中,承诺了将要在该地区进行700亿美元的投资项目。访问期间,中国和智利两国政府同意正式开始两国间的自由贸易谈判,智利便成为第一个与中国开始自由贸易谈判的拉丁美洲国家。据商务部2005年最新通报,我国实施“走出去”战略取得新进展,境外加工贸易增长加快,拉丁美洲超过我国香港跃升为我境外投资最主要地区,2004年1至11月,我国非金融领域对外投资总额18亿美元,其中在拉美的投资达8.89亿美元,占对外投资总额49.3%,超过香港成为中国的最大投资区域,其中有55%进入矿业领域。同期我国对外投资在亚洲为5.15亿美元,占28.6%;在欧洲2.96亿美元,占16.4%。[②]

值得注意的是,也有专家指出,中国在拉美地区的市场拓展也给一些国家的发展带来了“威胁”,特别是那些出口结构与中国相近的国家,比如轻工业较发达的墨西哥和中美洲加勒比国家,由于中国产品的大量进入,其在世界特别是美国的市场份额正在减少。因此,发展与拉丁美洲国家的经贸关系,仍然要坚持平等互利、对等互惠的原则,避免产生不必要的经贸摩擦,影响双边经贸关系的发展,同时我们也应抓住当前拉美各国新的对外开放契机,认真总结归纳开拓拉美市场的具体策略,努力开创对拉美贸易的新局面。

四、中国与俄罗斯和独联体的贸易关系

1995年6月,李鹏总理访问俄罗斯时,提出了发展中俄经贸关系的三原则,即:鼓励两国有实力、信誉好的大型企业开展直接联系,发挥贸易主渠道的作用;进一步扩大现汇贸易,使双边贸易向规范化发展;双方应按国际贸易惯例开展多种形式的经贸合作。

1996年,叶利钦总统访问中国时,两国领导人就两国建立“面向21世纪的战略协作伙伴关系”达成协议,并认为两国应本着“睦邻友好、平等信任、互利合作、共同发展”的原则,积极推进战略协作伙伴关系的发展。

2001年7月16日签署的《中俄睦邻友好合作条约》将两国关系作了定性、定位与定向,堪称是指导中俄关系发展的“宪法”。2004年10月14日至16日,俄罗

① 中华人民共和国商务部网站,http://www.mofcom.gov.cn。

② 《人民日报》2005年1月8日。

斯联邦总统普京对我国进行国事访问期间，中俄两国领导人签署的《联合声明》将其视为“两国关系发展进程中的重要里程碑，是指导中俄关系发展的纲领性文件”，联合声明指出，“双方将恪守条约确定的原则和精神，继续采取必要措施，全面贯彻落实条约和双方达成的所有合作协议，不断以新的内容充实中俄战略协作伙伴关系”。中俄双方在《联合声明》中强调，“双方将共同采取有效措施，制订全面合作的中长期规划，改善双边贸易结构，扩大机电产品贸易，完善经贸及投资合作的形式和方法，重点落实好各领域的大型合作项目，促进双方在能源领域的合作取得切实进展，扩大在和平利用核能领域的合作，加强在航天、核能和其他能源、动力、新材料、化工、生物、通信和信息技术等优先发展领域的科技合作”。

中俄两国领导人同时批准的《〈中俄睦邻友好合作条约〉实施纲要(2005年至2008年)》实际上是两国间具体的中期合作规划，它把两国在今后4年内在各个领域内和各个部门间的重要合作内容，用可操作的制度的形式确定了下来，使两国间今后的合作有章可循，有规可依。这将极大地避免双边合作进程中人浮于事、流于形式和政治热、经济冷，高层热、地方冷的现象，从而给中俄两国加强和巩固战略协作伙伴关系，增添了具体而实在的内容。该《实施纲要》无疑是中俄深化战略协作的有力保障。俄罗斯驻华大使罗高寿在谈到《〈中俄睦邻友好合作条约〉实施纲要(2005年至2008年)》时表示：“这份计划的实施将在很大程度上决定两国近期各领域合作的性质和水平。”因此，他认为普京此行对于巩固俄中长期战略伙伴关系，具有“里程碑”的意义。俄罗斯国内许多媒体更是将其视为是“深层次的中俄战略协作元年开始的标志”。

2003年，中俄进出口贸易达到157.6亿美元，同比增长32.1%。据俄罗斯海关统计，2005年中俄贸易额达到203亿美元，同比增长36.7%，其中俄罗斯对中国出口130.5亿美元，同比增长29.1%，自中国进口72.5亿美元，同比增长52.7%。俄方贸易顺差58亿美元，占两国贸易总额的28.6%，呈下降趋势。目前中俄贸易占俄罗斯对外贸易的比重约为5.5%，与2004年基本持平。①

2004年9月，中俄总理第九次定期会晤期间，两国领导人提出到2010年，双边贸易要达到600亿～800亿美元，2020年实现中国对俄投资120亿美元的目标。2004年10月，两国元首会晤时，批准了上述目标。2006年3月，普京总统访华，签署了29个文件，其中绝大多数涉及两国经贸合作问题。俄罗斯媒体在评论普京这次访华时，普遍认为，访华签署的许多文件都很务实，它不仅有利于加强政治关系，同时更加具有经济意义。双方除了签署了一系列能源合作文件外，还在金融、铁路运输等领域签署了一些协议，这对改善两国经济合作环境都有重要作用。目前俄

① 中华人民共和国商务部网站，http://www.mofcom.gov.cn/guobie/guobie.shtml。

罗斯是中国第八大贸易伙伴,也是中国在欧洲的第二大贸易伙伴,中国是俄罗斯第四大贸易伙伴,也是俄罗斯在亚太地区的第一大贸易伙伴。

2005年俄罗斯对华出口的传统的原料性商品,如钢材、化肥、木材等依然保持强劲增长,出口同比分别增长18.0%、85.3%和46.4%。但能源产品贸易更为突出。2005年石油及其制品占了俄罗斯对华出口的39.4%,比2004年上升4.3个百分点,俄罗斯对华石油及其制品出口总量合计约为1300万吨,出口额为43.9亿美元,同比增长52.6%,其中,原油贸易额增长77.3%。在中国对俄出口的主要商品中,除纺织服装鞋帽等劳动密集型产品外,目前机电产品已成为中国对俄罗斯出口的主要商品。根据俄罗斯海关统计,2005年中国对俄电机和音像设备及零附件、机械器具及零件出口分别为18.4亿美元和14.2亿美元,同比增长62.2%和95.3%,成为中国对俄出口的大宗商品。在无线电话、电热水器、视频信号录制或重放设备、自动数据处理设备及其部件、玩具上,中国为俄罗斯的第一大进口来源国。①

投资方面,1992年在俄罗斯注册登记的中俄合资企业只有57家,到2000年5月中旬,在俄罗斯国家注册局正式注册的中资企业已达3190家,其中合资企业890家,中资独资企业2205家。截至目前,中国在俄非金融类投资项目已达750多个,中方协议投资额约10.5亿美元。中国在俄投资分布在莫斯科、圣彼得堡等大城市及西伯利亚和远东地区,主要从事进出口贸易、微电子、通讯、服装加工、电器组装、木材加工、农业、餐饮业等。俄罗斯在华投资分布在黑龙江、吉林、辽宁、内蒙古、山东、江苏、浙江和天津等地,主要集中在核电、汽车和农机组装、化工、建筑、医药等领域。到2005年底,俄罗斯累计吸引外资已达1180亿美元。而目前双方的投资规模和投资结构与两国各自在国际上的地位、两国的战略协作伙伴关系还不相称,无论对两国各自的经济增长,还是对形成稳固的市场,拉动双边经贸关系的战略升级所起的作用都十分有限。因此,为落实中俄总理第九次定期会晤期间提出的到2020年中国对俄投资达120亿美元的目标,两国启动了投资促进机制。2005年以来,两国投资合作机制运转高效,投资规模稳中有升,2005年1至9月,中方协议对俄投资额3.68亿美元,超过2004年全年协议投资额的2倍以上。中国企业在俄工程承包、加工组装等项目取得突破性进展。②

① 中华人民共和国商务部网站,http://www.mofcom.gov.cn/guobie/guobie.shtml。

② 《经济日报》2006年3月24日。

拓展资料 12－9：

2004 年中俄贸易统计

根据俄罗斯海关的统计，2004 年中俄双边贸易额为 128.8 亿美元，比上年增长了 28.5%。中国已成为俄罗斯第四大出口对象国和第三大进口来源国，2004 年俄罗斯向中国出口 82.3 亿美元，比上年增长了 21.4%；从中国进口 46.5 亿美元，比上年大幅增长了 43.5%。俄罗斯实现贸易盈余 35.7 亿美元，与上年基本持平，增幅仅为 1.1%。

俄罗斯向中国出口的商品以资源类产品为主，最多的三类产品为矿物燃料、钢铁、木及木制品，2004 年这三类产品占俄罗斯对中国出口总额的比重分别为 35.0%、15.7%和 12.2%，分别比上年增长了 79.2%、7.8%和 28.7%。在俄罗斯向中国出口的主要产品中，有三类产品的出口呈现大幅增长，它们分别是矿砂、矿渣及矿灰；船舶及浮动结构体；洗涤剂、润滑剂、人造蜡、塑型膏等，分别比上年增长了 524.2%、197.6%和 513.5%。尽管俄罗斯对中国的出口总体上为增长态势，但机械设备，电器及电子制品，光学、照相、医疗等设备及其零附件，铝、铜及其制品，钢铁制品等产品对中国的出口出现了不同程度的下降，降幅分别为 43.3%、7.2%、14.7%、35.2%、49.8%和 27.9%。

2004 年俄罗斯从中国进口的产品以电器和电子产品、机械设备为主，这两类产品占俄罗斯从中国进口总额的比重分别为 24.3%和 15.6%，且都有大幅的增长，分别比上年增长了 83.4%和 104.7%。钢铁制品、贱金属器具、车辆及其零附件、玻璃及其制品等产品从中国的进口也出现了大幅增加，分别比上年增长了 84.8%、94.3%、106.5%和 103.9%。鞋类，针织或钩编的服装及衣着附件，皮革制品、旅行箱包，肉及食用杂碎等产品从中国的进口出现不同程度的下降，降幅分别为 17.5%、24.4%、5.8%和 32.8%。

2004 年是中俄经贸关系发展中重要的一年。双方领导人和高层官员频繁互访，中国总理温家宝于 9 月下旬访问俄罗斯，中俄总理在莫斯科举行第九次定期会晤时，双方商定将共同努力争取到 2010 年使双边贸易额达到每年不低于 600 亿美元的水平。在访问期间温家宝总理还宣布，中国计划到 2020 年向俄投资 120 亿美元。俄罗斯总统普京于 10 月访问中国，他和胡锦涛主席签署了《中华人民共和国与俄罗斯联邦联合声明》，并批准了《〈中俄睦邻友好合作条约〉实施纲要》，还出席了其他 12 个双边合作文件的签字仪式。另外，俄罗斯和中国结束了关于俄罗斯加入世界贸易组织的双边谈判，中国成为首批与俄罗斯签署入世协议的国家之一，为进一步推动两国合作展现了新的良好前景。

资料来源：中华人民共和国商务部网站，http://www.mofcom.gov.cn/guobie/guobie.shtml。

与独联体的经贸关系方面，中国政府于1991年12月27日正式宣布承认独联体11国和格鲁吉亚的独立。随后，双方为发展双边经贸关系做了一系列工作：双方高层领导人频繁互访，就发展双边关系的原则达成一致意见，确立了双边关系的指导原则；与所有的独联体国家都签署了一系列关于开展经贸科技合作的双边协议，为发展双边合作奠定了良好的基础。目前中国与这些国家已签的政府经贸文件包括：经贸合作协定、投资保护协定、避免双重征税协定、进出口商品质量保证协定等，中国与主要独联体国家的经贸合作在顺利发展。

中国与独联体各国具有良好的国家关系；中国与独联体国家都具有发展双边贸易合作的积极性；中国与独联体各国贸易合作具有很强的互补性；中国与独联体某些国家的地缘优势得天独厚；中国与独联体各国的易货贸易仍有生命力，这都使其经济合作具有广阔的前景。除了开展贸易和投资外，在资源、能源、电力、基础设施、航空宇航、农业、轻工业、劳务等领域，还存在较大的合作潜力。

但我们也应看到，独联体国家与中国之间的经贸合作目前仍未找到有力的契合点。无论从总体上看，还是从中国与其在独联体最大的贸易伙伴俄罗斯的情况看，相互之间的经贸合作仍处于较低层次和水平，现有的合作规模与各国的经济潜力及相互关系不相符，在经贸发展的可能性与现实性、可操作性与合理性、希望与结果之间存在着巨大的反差，这主要表现在以下三方面：①

(1) 贸易结构低度化、贸易方式单一化。独联体国家与中国经贸合作的主要领域和形式是双边贸易，在贸易合作中，基本以货物、商品贸易为主，科技贸易和服务贸易很少。而在商品贸易中，又以低加工、初加工、技术含量和附加值较低的资源密集型和劳动密集型产品为主。中国对独联体国家出口的商品中，食品和轻纺产品占出口额的50%以上，而从独联体国家进口的产品中，80%左右是化肥、化工产品、钢铁、有色金属、矿物燃料、纸浆、鱼和海产品等。如中亚国家对中国的出口以化肥、各类金属、棉花等为主，从中国进口的主要是轻工产品、家电产品、食品等。根据中国海关统计，在1993—1999年间，俄罗斯从中国进口的商品品种已从8种逐步减少到食品、轻纺产品、日用消费品及其他轻工品约5种；而俄罗斯对中国出口的商品也基本稳定在钢材、化肥、木材、纸浆、鱼类制品和少量机电产品等10种。白俄罗斯从中国进口的大宗商品主要有各类服装、玉米、医疗器械、汽车及拖拉机零配件等；对中国出口的主要商品有拖拉机、载重汽车、钢材、化肥、化工原料等。中亚国家对中国出口多以黑色金属和有色金属、化工产品、农业机械及矿产品为主，而从中国主要进口轻纺产品、食品、机电产品及高科技产品。这种低度化的进

① 郑羽主编：《独联体十年(1991—2001)——现状、问题、前景》(下卷)，世界知识出版社2002年版。

出口商品结构显然未能体现出独联体国家与中国的比较优势，特别是占俄罗斯出口额40%左右的石油、天然气等能源产品在俄中贸易商品结构中未能得到充分体现。

(2) 经贸合作形式缺乏多样性。独联体国家与中国的经贸合作表现在相互投资项目少、规模小，传统的工程承包和劳务合作项目不断减少。以俄罗斯与中国为例，目前，俄中相互投资规模约2.5亿美元(中国对俄投资1亿美元左右，俄罗斯对中国投资约1.5亿美元，俄资在中国全部外来投资中占0.1%)。俄罗斯与中国的相互投资主要分布在餐饮服务、农机组装、维修和零配件加工、家电组装、服装加工、食品加工、木材加工、建材等领域，由于缺少大型投资项目，投资规模小，还不能对双边贸易起到有效的带动作用。除此之外，以农业合作、林业采伐和建筑工程承包为主要内容的中俄工程承包和劳务合作项目亦逐年减少。目前林业采伐是两国劳务合作的重点，既有较大潜力，也存在许多问题。哈萨克斯坦等中亚国家同中国虽然签署了多个有关在石油和天然气、建筑、冶金、纺织和电子等不同领域的经济协定和合作意向书，但有效的合作并未真正开展起来。

(3) 有关贸易法律及安全保障机制迟迟未能完全建立和运作起来，银行结算、信用保险和贸易仲裁仍是制约双边经贸合作规范发展的三大"瓶颈"。独联体国家与中国的经贸合作长期在缺乏有效的贸易法律约束和可靠的安全保障机制条件下进行。以结算为例，由于该问题迟迟未能解决，一度使现汇贸易变成了现钞贸易，不仅不符合国际惯例而且危及到携款人的人身安全。而包机包税等违法业务的大规模发展也大大限制了正规贸易的开展。这些问题不解决，势必阻碍独联体国家与中国经贸关系健康、稳定、有序地发展。

制约独联体国家与中国开展经贸合作的因素是多方面的，归纳起来有以下几点：

一是经济发展障碍。贸易和经济发展之间是一种相辅相成的制约关系，经济的快速发展和增长是贸易稳定发展和大幅度增长的前提。苏联解体以后，独联体各国生产下滑，经济长期处于危机状态，这是俄罗斯、哈萨克斯坦等国与中国贸易规模上不去的重要原因。

二是体制障碍。独联体各国与中国均属于经济转型国家，在各自的管理体制方面均存在许多不符合市场经济要求和国际惯例之处，贸易立法和管理体制的建设跟不上贸易合作发展的需要。

三是经济实力障碍。目前独联体国家与中国在相互投资方面还缺少明显成功的范例。独联体各国经济虽然已经开始走出危机，但仍面临资金短缺等困难，现难以开展对华投资；从中方来看，除独联体的投资环境差外，重要的原因是中国企业自身的经济实力有限，资金不足，缺乏海外投资管理经验，加之中国政府对在独联体国家投资的企业还缺乏应有的保护，在投资项目选择上未能遵循市场规律，目前只能小规模展开。

四是认识观念障碍。从思想认识上讲,独联体国家与中国在如何理解“经济互补性”,在哪些领域能进行合作,如何进行合作等问题上仍未取得完全共识,合作过程中错位现象时有发生。

体制障碍、经济发展障碍和实力障碍不是短期内能够消除的,需要一个长期的过程,而认识观念障碍和机制障碍则应该是可以尽快解决的。当前,独联体国家与中国的经贸合作正面临新的机遇。独联体各国与中国均拥有参与国际经济活动的许多优势,要改变独联体国家与中国经贸合作低水平的问题,必须根据各自国内经济结构调整的需要,积极探讨经济合作的新形式,设计和优化合作领域,在更大范围和更高层次上谋求国际比较利益。尽管有很多不利因素制约着中国同独联体国家发展经贸关系,但只要我们实事求是地分析形势,制定正确的对独联体各国贸易战略及具体可行的政策措施,中国与独联体各国贸易的发展前景是极为广阔的。中国与独联体国家的贸易发展应当进一步趋利避害,充分发挥相互间的地缘优势和资源优势,充分利用已经建立起来的经贸合作体制和区域组织架构。

参 考 文 献

1. 保罗·克鲁格曼，茅瑞斯·奥伯斯法尔德. 国际经济学. 第 4 版. 北京：中国人民大学出版社，1998.
2. 薛敬孝，佟家栋，李坤望. 国际经济学. 北京：高等教育出版社，2000.
3. 李左东. 国际贸易理论、政策与实务. 北京：高等教育出版社，2002.
4. 马克思. 资本论. 第 3 卷. 北京：人民出版社，1975.
5. 王绍熙，王寿椿. 中国对外贸易概念. 北京：对外经济贸易大学出版社，1998.
6. 刘向东. 邓小平对外开放理论的实践. 北京：中国对外经济贸易出版社，2001.
7. 黄晓玲，宋沛. 中国对外贸易. 北京：中国人民大学出版社，2004.
8. 徐复，刘文华. 中国对外贸易概论. 天津：南开大学出版社，2002.
9. 薛荣久. 国际贸易. 北京：对外经济贸易大学出版社，2003.
10. 海闻，P·林德特，王新奎. 国际贸易. 上海：上海人民出版社，2003.
11. [美]曼昆. 经济学原理. 梁小民译. 北京：北京大学出版社，2001.
12. 斋藤优. 技术开发论. 北京：科学技术文献出版社，1996.
13. 刘京焕. 财政学案例. 北京：中国财政经济出版社，2001.
14. 张蕴岭，孙士海. 亚太地区发展报告. 北京：社会科学出版社，2002.
15. 郑羽. 独联体十年(1991－2001)——现状、问题、前景(下卷). 北京：世界知识出版社，2002.
16. 陈林光，赵芳. 中国技术引进模式与策略的思考. 国际经贸探索，1994(1).
17. 聂名华. 发展中国家对外直接投资理论述评. 经济学动态，2000(3).
18. 江小涓. 国外跨国投资理论的最新进展. 世界经济，2001(6).
19. 齐晓华. 对外投资理论及其在国内的研究. 经济经纬，2004(1).
20. 冒洁生，费兴旺. 简论日本贸易立国战略. 求是学刊，1998(1).
21. 宋魁. 论韩国的贸易立国及其发展[J]. 东北亚论坛，1997(2).
22. 杨圣明. 国际服务贸易：新世纪中国面临的议题. 财贸经济，1993(3).
23. 薄熙来. 服务业成为中国下一轮对外开放的重点. 新华社，2005. 6. 9.
24. 王子先. 中国加入世贸组织后的评估与展望. 科技日报. 2003. 3. 21.
25. 王霄鸣，苗迎春. 中美经贸关系影响因素论. 哈尔滨工业大学学报(社会科学版)，2004(4).
26. [德]Ernst H. Behrens. “中国与 WTO 成员贸易关系——新问题与新发展”高

层国际研讨会上的发言摘要. 世界经济研究，2004(1).

27. Yafei H. China-U. S. relations in the 21st century: challenges and opportunities[J]US-China Review, Summer 2001, Vol. XXV. No. 3.

28. USTR. 2003 report to congress on China's WTO compliance [R].

29. 对外经贸大学. 国际贸易问题.

30. 中国统计年鉴相关年份.

31. 中国对外贸易统计年鉴相关年份.

32. 中国商务部. http://www. mofcom. gov. cn.

33. 中华人民共和国海关统计. http://www. customs. gov. cn.

34. 中华人民共和国商务部条约法律司. http://tfs. mofcom. gov. cn.

35. 上海市国际服务贸易行业协会网站. http://www. servtrad. org. cn.

36. 香港特别行政区政府统计处数据. http://www. info. gov. hk.

图书在版编目(CIP)数据

中国对外贸易概论新编/谢国娥 孙定东 编著. —上海:华东理工大学出版社,2007.1
(2019.8 重印)
ISBN 978-7-5628-2015-4

Ⅰ.中... Ⅱ.谢... Ⅲ.对外贸易—概论—中国
Ⅳ.F752

中国版本图书馆 CIP 数据核字(2006)第 146963 号

中国对外贸易概论新编

编　　著/谢国娥　孙定东
责任编辑/欧聿红
封面设计/戚亮轩
出版发行/华东理工大学出版社有限公司
地　址:上海市梅陇路 130 号,200237
电　话:(021)64250306(营销部)
传　真:(021)64252707
网　址:www.ecustpress.cn
印　　刷/江苏凤凰数码印务有限公司
开　　本/787mm×960mm　1/16
印　　张/22.75
字　　数/433 千字
版　　次/2007 年 1 月第 1 版
印　　次/2019 年 8 月第 12 次
书　　号/ISBN　978-7-5628-2015-4/F·164
定　　价/35.00 元

联系我们:电 子 邮 箱 zongbianban@ecustpress.cn
官 方 微 博 e.weibo.com/ecustpress
天猫旗舰店 http://hdlgdxcbs.tmall.com

華東理工大學出版社
客户端扫码进入天猫旗舰店